사례기반학습을 위한

교수설계 사례집

Peggy A. Ertmer · James Quinn 편저

정선영 역

학지사

Authorized translation from the English language edition,
entitled I.D. CASEBOOK: THE CASE STUDIES IN INSTRUCTIONAL DESIGN, 3rd Edition,
ISBN: 0131717057 by ERTMER, PEGGY A.; QUINN, JAMES, published by Pearson Education, Inc.
publishing as Prentice Hall

역자 서문

법학, 의학, 경영학 등의 전공 영역에는 많은 사례집이 있다. 사례를 통한 학습은 복잡하고 다채로운 현장의 실제를 더욱 정확하고 심도 있게 다룰 수 있게 한다. 그렇게 함으로써 이해력과 사고력 및 문제해결력 등을 배양하기에 더 생생하고 효과적일 수 있다. 어쩌면 타인의 인명과 재산을 다루는 많은 문제 해결의 상황을 수반하는 전공 영역에서 사례를 통해 인재를 양성하는 것을 더 선호하는지도 모르겠다. 실제 사례의 내용을 이해하는 데는 많은 집중력과 분석, 종합 및 평가 등의 고차원적 사고가 요구된다. 왜냐하면 현장의 실제는 다양한 사람과 환경에 의해 매우 다각적이고 복잡한 양상을 띠고 있으며, 간접체험으로 이해해야 하는 한계를 극복해야 하기 때문이다. 실제 사례를 묘사한 사례집은 반복적인 결론을 바탕으로 쓰인 이론집보다 학습자를 그 분야의 실천가로 양성하는 데 한 발 더 나아가도록 통합적인 안목과 지식, 기술, 태도 등을 불러일으킨다.

역자가 미국에서 경영학 석사과정을 공부할 때 많은 경영대 교수들이 하버드 대학에서 출간하는 『하버드 비즈니스 리뷰(Harvard Business Review)』라는 학술지의 사례를 바탕으로 토론수업을 진행하는 것을 보았다. 그 방법은 학생들이 먼저 사전에 배부된 사례를 읽고 제시된 질문에 대한 답을 생각해 온 뒤 수업시간에 그 질문에 대해 자신들의 의견을 자유롭게 발표하는 것이었다. 교수는 중간중간에 '왜 이러한 상황에서 이러한 결정을 내렸을까? 만약 여러분이 주인공이라면 어떻게 했겠는가? 가장 중요한 관건은 무엇인가?' 등 사례집에 쓰여 있지 않은 정보에 관한 돌발질문을 내놓기도 했다. 그런데 놀라운 것은 학생들의 반응이었다. 매 수업시간마다 학생들은 자신의 의견을 말하고 싶어 안달을 냈다. 급기야 교수는 노란 카드와 빨간 카드를 학생들에게 나눠 주며, 너무 급하고 중요한 말을 해야 하는 사람은 이 카드를 한 번씩 사용할 기회가 있고, 반드시 말할 기회를 갖게 된다는 원칙을 세우게 되었다. 학생들은 수업이 끝나면 하고 싶은 말을 좀 더 하지 못해 아쉬워하는 모습이었다. 또한 각 사례에 등장하는 주인공과 상황은 학생들에게 오래 회자되었고, 학생들은 마치 자신이 그 회사를 운영하는 사장이라도 된 것처럼 각각의 사례에 무척 심취해 있었다.

정보화사회 패러다임에서는 교사가 일방적으로 지식을 전달하고 권위를 행사하는 것이 아니라 학생들이 수업의 주체가 되어 적극적으로 참여하고 소통하고 문제를 해결하며 지식을 생성하는 것을 강조한다. 실제로 대학 강의를 진행하다 보면, 학생들은 자신의 의견을 피력하여 토론해 보는 기회를 좋아한다. 그런데 특정 주제에 관하여 일반적인 토론을 하다 보면 한계가 있기 마련이다. 토론 참가자들이 공유하고 있는 경험과 지식이 제한적이기 때문이다. 그러나 학생들에게 공유된 지식과 실질적인 경험이 많다면 그만큼 할 말이 많아지고, 토론에도 깊이와 즐거움이 따른다. 역자는 '사례'가 교수자, 학습자 그리고 현장 전문가들이 함께 공유할 수 있는 스키마와 지식 및 경험을 제공하는 것이 아닌가 하는 생각을 한다.

현재 우리나라의 대학에서는 현장기반학습, 프로젝트 기반학습, 문제기반학습, 비평적 사고학습, 창의적 문제해결학습 등의 용어가 많이 언급되고 있다. 그러나 정작 학생들에게 그러한 학습이 이루어지도록 하려면 교수자가 해야 할 고민이 많아진다. 학생들 또한 그에 흥미롭게 심취하기보다는 그것을 부담으로 생각하기 쉽다. 아마 학습의 과제나 문제가 실제 현장과 연결된다는 느낌이 적고, 실제 사례처럼 현장의 복잡성과 현실성이 덜 반영되기 때문일 것이다. 교수나 학습자가 획일화된 인위적 상황과 답을 만들려다 보니, 한마디로 과제를 위한 과제가 되기 쉬운 것이다. 그러나 사례를 통해 자신이 추구하고 싶은 직업의 실제 현장에서 발생하는 일들의 주역이 되어 문제를 들여다보면 자신이 소망하는 미래를 미리 가 보는 느낌이 들어 흥미진진할 수 있다. 그리고 수업시간에 배우는 이론이 그냥 이론으로 사장되는 것이 아니라 현장에 어떤 방식으로 적용될 수 있는지와 관련해 그 상황의 복잡성과 현실성이 보이기 시작할 것이다. 학생들은 자신의 전공 분야에서 어떤 경력을 어떻게 쌓아야 하는지 미래의 비전을 보게 된다. 질문에 대한 답을 고민해 보고, 토론에 참여하는 데 있어서도 비판적 사고력이 많이 요구된다. 여기에는 획일화된 정답이 있을 수 없다. 이를 통해 학생들은 대학에서 강조하는 창의적 문제해결력, 비판적 사고력, 고차원적 사고력 등을 자연스럽게 배양하게 되고, 학습에 심취되어 학습 동기와 욕구가 고취될 것이다.

그러나 안타깝게도 이러한 사례기반학습의 효과성에도 불구하고 국내 교육공학 분야에 교수설계 사례를 모아 놓은 책은 거의 없다. 역자는 교수자와 학습자 모두가 이 책을 통해 수업하면서 '바로 이거였어.' 라는 탄성을 자아내길 기대한다. 아쉬운 점이 있다면 이 사례집의 사례들이 미국과 호주 등의 외국 사례여서 상황과 배경이 한국의 것과 다소 거리가 있을 수 있다는 점이다. 그러나 교수설계의 역사와 경험이 앞선 나라에서 제기되는 문제들이 우리의 상황과 비교해서도 좋은 토론거리가 될 수 있을 것이라 믿는다.

역자는 이 사례집을 수업에 사용하고자 하는 교수자와 학생을 위해 '교수자를 위한 가이드' 를 특별히 추가하였다. 원할한 수업을 위해 조금이나마 더 도움이 되길 바란다. 또한 독자들이 이 책을 통해 사례기반학습의 정수를 느껴 보길 바라며, 머지않은 미래에 한국의 기업, 학교, 행정 및 군대의 교육현장에서 발생하는 다양한 교수사례를 기반으로 한국판 사례집이 발간되기를 기원한다.

이 책이 나오기까지 도움을 주신 많은 분들께 감사의 마음을 전한다. 특히 이화여자대학교 교육공학과 정재삼 교수님(Dr. Jaesam Chung)과 그의 학습 공동체인 L&P Lab(http://learning-performance)의 대학원생들에게 진심으로 감사드린다. 그들은 유미나(Ms. Mina Yoo)를 중심으로 이 책의 원고 개발에 도움을 주었고, 학부 수업에 이 내용을 여러 번 사용하면서 내용 검증을 하기도 했으며, 원고의 최종 수정에도 협력을 아끼지 않았음을 밝힌다. L&P Lab의 계속적인 발전을 기대한다. 또한 학지사의 김진환 사장님과 백소현 선생님을 비롯하여 이 책이 수정 · 보완되는 데 정성을 다해 주신 관계자님께 진심으로 감사의 마음을 전한다.

북한산 자락에서
역자 정선영

추천사

나는 내가 매년 가르치는 고급교수이론 세미나 수업에서 실제 사례기반수업을 처음 가르쳤을 때를 결코 잊을 수가 없다. 나는 내가 사례에 기반한 시나리오를 수년 동안 학생들에게 분석하고 토론시켜 왔기에 '정말 실제다.' 라고 말할 수 있다. 이 시나리오는 실제 사실에 기반하여 내가 가정해 만든 짧은 문제 상황에 대한 기술이지만, 동시에 교수설계 의사결정에 유용한 특정 원리나 이론을 묘사하도록 구조화되었기 때문에 가상일 수도 있다. 시나리오에는 문제 상황과 본질에 대한 최소한의 기술적 정보를 제공하는 문제를 제시한 다음, 학생들에게 그 해결책을 브레인스토밍하도록 지시했다. 나의 평상시 전략은 학생들에게 소집단으로 시나리오에 대해 연구하게 한 다음 전체 학생들에게 해결책을 토론하게 하는 것이다. 이 전략은 대부분 매우 성공적이었다(나는 그렇다고 생각한다.). 학생들은 많은 창의적 아이디어들을 생각해 냈고, 우리는 그러한 아이디어가 실제에서 어떻게 작용할 수 있을까에 대한 생생한 토론을 했다. 나는 나의 교수설계 과제 경험을 바탕으로 토론을 사실적으로 조절해 나갈 수 있었다.

이러한 수업은 교수적이고 재미있었으나 학생들에게 실제 상황에서 발생하는 교수설계의 불확실하고 비구조적이며 애매모호한 본질을 드러내게 할 수는 없었다. 나는 학생들이 문제를 해결하는 과정에서 발생하는 가정과 결정이 무엇이든지 그 결과를 더 잘 이해할 수 있는 복합적이고 비구조적인 문제를 다루는 것이 어떤 것인가를 경험하게 하고 싶었다. 별로 놀랍지 않게도, 이러한 생각은 최근의 구성주의와 그 당시 이론과 연구문헌에서 나타나고 있던 상황적 교수이론에 영향을 받은 것이었다.

그래서 사례기반 방식에 관심이 있는 몇몇 학생들과 협력하여 내 수업을 철저히 분석해서 사례기반 문제해결을 교수전략으로 추가하게 되었다. 그 수업은 학생들이 사례기반수업에 대해 배우는 동시에 실제로 그것을 경험할 수 있도록 설계한 것이었다. 그러나 학기가 시작되고 몇 주 후에 나는 학생들로부터 큰 반발의 목소리를 듣게 되었다. 학생들은 내가 그들을 가르치지 않고 있고, 그들이 무엇을 할지 모르겠으며, 수업에서의 기대치에 미치지 못할 것이라는 게 너무나 확실해서 두렵다고 불평했다.

나는 재미있게도 교수자로서 유사한 느낌의 걱정을 하게 되었다. 학생들이 수업에서 그들의 달라진 역할에 대해 불편해하는 만큼 나도 불편해하고 있었고, 복잡한 문제해결에서 학생들을 지도하는 데 기술이 부족함을 느꼈다. 나는 학생들에게 학습자로서 더 많은 권한을 줄 것을 기대하고 있었으나, 권위자나 전문가로서의 나의 역할을 포기해 버리는 것이 어려움을 알게 되었다. 학생들에게 문제해결 과정을 통해 고민하도록 권고하기보다는 '그 해결책은 이것이다.' 라고 그들에게 말해 버리는 실수를 범하기가 쉬웠다. 학기가 끝나갈 즈음, 나는 결과(다시 말해, 우리가 서로를 죽이지 않고 학기를 끝내고, 그 결과로 무엇인가를 실질적으로 배우게 된 것)가 만족스러울지에 대한 확신이 서지 않았다. 다행히도, 이 이야기는 행복한 결말을 보았다. 우리는 모두 살아남았다. 학생들은 내 기대를 능가하는 양질의 성과를 이루어 냈다(그들도 그렇게 생각했을 것이라 믿는다.). 우리는 모두 엄청난 양의 학습을 했으며, 그 경험으로부터 뭔가 설명하기 어려운 만족감을 느꼈다.

사례기반학습의 장점에 대한 이론적 · 경험적 증거들은 막강하지만, 나 자신이 그것을 믿게 된 것은 그것을 직접 사용해 본 경험을 통해서였다. 이 책의 저자인 Ertmer와 Quinn은 수업에서 사례연구를 이용하는 것에 대해 학생들이 종종 걱정스럽고 어색하게 여긴다는 점을 지적하면서, Part I에서 학생들이 사례연구에 접근할 수 있도록 유용한 제안과 전략을 제공하였다.

나는 교수자들이 사례연구를 활용하여 가르치는 것을 준비하는 게 아주 중요하다고 생각한다. 이렇게 가르치는 방식은 우리에게는 안전권 밖의 방식으로, 우리가 성취하고자 하는 일을 부주의하게 파괴하는 행위가 될 수도 있다. 학생들이 사례기반학습의 연습에서 더 자신감을 얻게 되고 더 잘할수록 교수자들도 좀 더 자신 있게 할 수 있을 것이다. 교수자들뿐만 아니라 학생들도 반성적인 자세를 취해야 하고, 열린 마음과 질문 및 가정의 자세를 유지해야 하며, 사례기반학습의 경험을 성찰할 수 있어야 한다. 마지막으로, 사례기반학습은 매우 재미있고 기억에 남을 만한 학습경험이 될 것이니, Ertmer와 Quinn처럼 당신도 즐기기 바란다.

Marcy P. Driscoll

저자 서문

30여 년 전, Ken Silber(1981)는 교수설계자가 특정한 교수설계 기술을 학습하고 적용하기 위해서 본질적이고 기반이 되는 인지전략을 획득할 필요가 있다고 했다. Silber는 이러한 기반적인 인지전략이 근본적인 문제해결 과정을 포함한다고 했다. 또한 성공적이기 위해 교수설계 전문가는 이러한 문제해결 과정뿐만 아니라 구체적인 교수설계 기술을 적용하는 데 능통해야 한다고 했다. 그때 이후로 교수설계모형이 과다하게 개발되어 왔고(Gustafson & Branch, 2002), 교수설계의 본질은 폭넓게 논의되어 왔다(Rowland, 1993; Spector, 2001). 게다가 교수설계 전문가의 주요 역량(Richey, Fields, & Foxon, 2001; Tennyson, 2001)과 교수설계자로서의 적합한 준비에 관한 상당한 양의 연구와 논의가 있어 왔다(Bannan-Ritland, 2001; Winn, 1997). 여전히 우리는 교수설계의 핵심으로서 문제해결 과정과 학습자가 고차원적 사고기술을 개발하고 적용해야 한다는 점에서 Ken에게 동의하는 바다.

교수설계를 복합적이고 비구조화된 영역의 지식으로 보는 견해에서, 우리는 전문적 교수설계 역량은 기술적인 전문성 이상의 것을 요구한다는 것을 인정한다. 비록 몇몇의 설계 상황은 일련의 기술적인 절차를 직접적으로 적용해도 될 만큼 잘 구조화되고 명확하게 정의된 문제를 다루기도 하지만, 대부분의 상황들은 비구조화되고 엉성하게 정의된 경우가 많다. 필요한 공학적인 기술과 지식에 더하여, 그러한 상황은 모호하고 불확실하고 개방적인 맥락에서 창의적이고 효과적으로 작업을 수행하기 위해 교수설계 전문가의 기술과 예술적 기교에 의존해야 한다.

그러나 시간과 다른 자원의 제한적인 상황과 교수설계의 비구조적인 본질과 복합성에 대해 전달해야 하는 상황에서 교수자는 교수설계 실제를 위한 선수요소인 공학적 기술을 어떻게 가르칠 수 있겠는가? 많은 사람들처럼 우리는 이 책에서 사용된 사례교수적 접근이 공학적 교수설계 기술의 학습을 생생한 현장 상황 속으로 끌어들일 수 있는 잠재성이 있음을 믿는다.

사례기반교수의 정의가 다양한 만큼, 그것을 활용하는 방법은 아마도 매우 다양할 것이다. 본문에서 우리는 경영대학 모형에 기초한 사례연구적 접근을 사용한다. 다시 말해, 사례연구들은 설계 상황에서의 문제중심적 기술이고, 교수설계자의 실제 경험으로부터 발전시켜 나간다. 이 책에서의 사례들은 딜레마에 기초하고, 각 사례는 해결책이 명백해지기 전에 끝이 난다. 학습자는 가능한 증거들을 평가하고, 필요하다면 이성적인 가정을 하고, 대안적인 해석과 수행을 판단하도록 기대된다. 이러한 과정에서 설계 결정에서 공통적으로 수반될 수 있는 불확실성을 경험한다. 특히 학습자들은 이 책에서 제시된 사례들을 분석하면서 교수설계의 문제와 하위 문제를 인식하고, 그러한 문제를 해결하기 위한 상황의 중요성을 인정하고, 교수설계의 문제를 해결하기 위한 대안적인 계획들을 개발하고 정당화하고 시험한다.

학습활동 설명

이 책은 두 부분으로 나누어져 있다. Part I '사례연구의 학습 및 지도 방법'에서는 학습자가 사례기반수업을 통해 어떻게 학습에 접근해 나가야 하는지에 대한 제안과 전략을 제공한다. 우리의 경험상 비록 학습자들이 교수 상황에서 사례연구를 사용하는 것에 대해 흥미진진해하지만, 그들은 또한 그러한 접근에 익숙하지 않기 때문에 종종 그것에 대해 두려워하기도 하는 것 같다. 우리는 보조적인 제안을 서두에 제공함으로써 학습자들의 초기 걱정이 상당히 누그러지는 것을 보았다.

Part II는 다양한 교육과 경영의 맥락에 있는 32개의 사례들을 포함한다. 사례의 제목은 독자와 상황에 의해 분류되었으며, 제목의 알파벳 순서에 따라 정렬되었다. 또한 18쪽에는 사례로 제시되는 다양한 내용 영역을 한눈에 알아볼 수 있도록 표를 제시했다. 이 표는 특히 교수자가 학생의 필요에 가장 적합하다고 여겨지는 사례를 선택하는 데 도움이 될 것이다(주의: 교수자 매뉴얼은 각 사례에서 제시되는 이슈와 하위 이슈에 대한 추가적인 정보를 제공한다.).

제3판의 특징

이번 제3판은 총 32개의 교수설계 사례연구로 구성되어 있는데, 이는 9개의 대표적인 사례들과 제2판에서 선호되는 23개의 사례들을 포함한다. 전체적으로 새로운 사례들은 제2판의 사례들보다 더 길고 더 복잡하다. 새로운 사례들과 기존의 사례들은 학생들에게 폭넓은 내용과 맥락 및 대상을 포함하는 다양한 상황을 조사할 좋은 기회를 제공한다. 예를 들면, 몇몇 새로운 사례들은 국제적인 상황에 처해 있고 다양한 대상(예: 군대 인력, 영어학습자, 병원 인력, 동성애자와 양성애자들)을 다룬다. 우리는 학습객체, 평가 그리고 온라인 교수 설계 및 평가와 관련된 이슈들을 다루는 다양한 사례들을 늘렸다.

앞선 두 차례의 간행에서 각각의 사례들은 사례 이야기와 교수설계 실제를 촉구하기 위해 설계된 일련의 질문으로 구성되었다. 사례 이야기는 문제 상황, 주요 수행자, 사용 가능한 자원, 현존하는 장애물 등과 같은 관련 배경 지식을 포함한다. 더욱이 각각의 사례는 다양한 양식과 형식에 의해 제시된 관련 자료를 포함한다. 또한 각 사례 뒤에는 학생들의 사고를 자극하고 수업의 논의를 위한 초점을 제공하기 위해 두 세트의 논의 질문이 제시된다. 첫 세트의 질문은 예비 분석 질문으로서 학생들에게 사례로부터 이슈를 인식 및 논의하고, 다각적인 시각에서 이슈를 고려하고, 문제를 해결하기 위한 수행계획을 개발하고, 그들이 추천하는 계획으로부터 발생 가능한 결과들을 구체화할 것을 요구한다.

이 책의 사전 감수자와 사용자의 요구에 따라 우리는 본문을 더 쉽게 인식할 수 있게 재구성하고 학생들과 관련된 사례들을 선택했다. 무엇보다도 각 사례의 제목에는 사례나 그 발생 상황에 대한 내용을 반영하는 부제가 더해져 있다. 때때로 이러한 부제는 사례에 대한 더 정교한 세부사항이나 해결책을 제시하지 않아도 구체적인 이슈에 대한 정보를 제공한다.

그러나 아마도 교수자들에게 사례의 부제 추가 이상으로 도움이 되는 것은 본문을 새롭게 재구성한 것일 것이다. 사례의 경우 일군의 사례들이 발생하는 구체적인 상황을 대표하는 부분으로 각각 통합되어 있다. 예를 들면, 사례연구의 첫째 부분은 K-12(초 · 중등교육) 환경에 기초한 8개의 사례로 구성되어 있고, 둘째 부분은 고등교육에 기초한 9개의 사례로, 셋째 부분은 기업과 제조업 환경에 기초한 14개의 사례로, 그리고 마지막 부분은 군대 상황에 기초한 1개의 사례로 구성되어 있다. 이러한 구성은 어떠한 사례가 당신의 필요에 가장 연관되는지 인식하도록 도와줄 것이다. 앞서 언급한 것처럼, 18쪽의 표는 이 모든 정보를 함께 끌어올 수 있고, 당신의 학생들에게 어떠한 사례들이 가장 적합한지를 결정하기 쉽도록 해 줄 것이다.

마지막으로, 우리는 Part I '사례연구의 학습 및 지도 방법'을 확장하여, 독자들이 사례를 통해 학습할 수 있도록 소개하고 사례분석을 완성하는 데 필요한 전략의 선택을 위한 안내를 제공한다.

보조물

이 책을 위한 교수자 매뉴얼은 Prentice Hall의 웹사이트를 통해 온라인으로 참고할 수 있다. 그곳에 접근하기 위해서는 http://www.prenhall.com에 가서 'Instructor Support' 버튼을 클릭한 다음 'Download Supplements' 부분으로 간다. 여기서 당신은 로그인을 하거나 사용자 이름과 비밀번호로 일회적인 등록을 할 수 있다. 만약 이러한 과정이나 온라인에서 제공 가능한 자료에 대해 질문이 있으면 지역 Prentice Hall 영업대표에게 연락하기 바란다.

- 사례 매트릭스: 교수자가 각 사례의 특정 이슈와 하위 이슈에 대해 볼 수 있게 해 주는 종합 매트릭스(또한 이 책의 18쪽에 제시됨)
- 교수 제안: 다른 수준의 학생들에게 다른 방식으로 사례를 사용할 수 있도록 하는 교수자들을 위한 아이디어
- 사례 개요: 학생들이 사례를 통해 얻어야 할 '큰 아이디어'를 포함한 사례의 간략한 설명
- 사례목표: (학습자가 사례 이슈를 분석할 때 사용해야 하는 개념과 원리를 보조하는) 사례의 구체적인 초점, 학생들이 사례분석과 토론을 통해 획득해야 할 지식, 기술 그리고/또는 태도
- 보고 지침: 사례에 대해서 어떻게 생각하는지에 관한 사례 저자들의 제안

『교수설계 사례집』과 교수자 매뉴얼의 통합된 특징이 학생과 교수자 모두에게 도전적이고 보람 있는 학습경험이 될 것을 희망한다. 우리는 이 모든 모험을 계속적인 과정으로 지속적으로 바라볼 것이다. 만약 당신과 당신의 학생들이 다음의 개정판에 대한 제안이 있다면 우리는 당신에게 듣기를 진심으로 희망한다. 우리의 이메일 주소는 pertmer@purdue.edu와 quinn@oakland.edu다.

감사의 글

이 노력의 결실을 이루는 과정에서 우리는 집필을 해 준 저자들, 도움을 준 동료들, 인내해 준 가족들, 통찰력 있는 학생들, 치밀한 비서들, 우수한 편집자들 그리고 사려 깊은 논평가들을 포함해 수많은 사람의 도움, 충고, 격려로부터 혜택을 받았다. 이 책은 이 모든 사람들의 헌신 없이는 나오지 못했을 것이다.

우선 우리는 이번 간행에서 집필해 준 저자들 모두에게 감사를 표하고 싶다. 우리 분야 최고의 지성인들의 작업이 이 책에 포함되어 있다는 것에 당신도 동의할 것이라고 확신한다. 우리는 그들이 우리의 작업을 재미있고 즐겁고 상대적으로 고통 없이 해 주었기 때문에 그들 모두와 일하는 것을 즐겼다. 우리는 각 저자들이 본문에 독특한 무엇인가를 부가해 주었음을 굳게 믿고, 그들의 사례를 우리가 개발하고 수정할 수 있도록 해 준 것에 대해 깊이 감사한다. 정보를 위하여 '저자 소개' 에 각 저자들의 간략한 전기를 제공한다.

우리의 현재와 과거 학생들은 본문의 세세한 부분들, 특히 사례학습 과정에 관해 어떻게 생각해야 하는지에 대한 제안 부분을 다듬는 데 지속적으로 영향을 주고 있다. 또한 그들의 수업에서 사례를 기꺼이 안내해 주고, 사례의 다방면을 개선할 수 있도록 가치 있는 형성적 피드백을 제공해 준 우리의 동료들에게 깊은 감사를 표한다.

더불어 우리는 편집자인 Debbie Stollenwerk, 그리고 Merrill/Prentice Hall과 Carlisle Publishing Service의 관계자들에게 깊은 감사를 드린다. Debbie와 그 팀은 전 과정에서 우리가 원하는 만큼 훌륭하고 유용한 제3판을 만들기 위해 우리와 함께 일해 주었다. 또한 설계와 개발 과정에서 다방면의 감수자의 통찰과 제안으로 도움을 받았는데, 그들은 Boise State University의 David L. Breithaupt, Baker College of Flint의 Carrie Dale, University of South Dakota의 Mary Engstrom, University of Oklahoma의 Patricia L. Hardré, University of Nevada, Las Vegas의 Kendall Hartley, Penn State University, Great Valley의 William Milheim, 그리고 University of South Dakota의 Susan Santo다.

참고문헌

Bannan-Ritland, B. (2001). Teaching instructional design: An action learning approach. *Performance Improvement Quarterly, 14*(2), 37-52.

Gustafson, K. L., & Branch, R. M. (2002). *Survey of instructional development models.* Syracuse, NY: ERIC Clearinghouse on Information and Technology.

Richey, R., Fields, D., & Foxon, M. (2001). *Instructional design competencies: The standards* (3rd ed.). Syracuse, NY: ERIC Clearinghouse on Information and Technology.

Rowland, G. (1993). Designing and instructional design. *Educational Technology Research and Development, 41*(1), 79-91.

Silber, K. H. (1981). Applying Piaget's stages of intellectual development and Guildford's structure of intellect model to training instructional developers. *Journal of Instructional Development, 4*(3), 33-40.

Spector, J. M. (2001). A philosophy of instructional design for the 21st century? *Journal of Structural Learning and Intelligent System, 14*, 307-318.

Tennyson, R. D. (2001). Defining core competencies of an instructional technologist. *Computers in Human Behavior, 17*, 355-361.

Winn, W. (1997). Advantages of a theory-based curriculum in instructional technology. *Educational Technology, 37*(1), 34-41.

▪ 사례 매트릭스 ▪

분야	사례 번호	사례 이름	내용	대상자/맥락
K-12 (초 · 중등 교육)	1	Scott Allen	구성주의 학습환경	K-12 호주 학습자들
	2	Denny Clifford	과학수업	중학교 교사들
	3	Carla Fox	학교개혁	초등학교 교사들
	4	Suzanne Garner	테크놀로지 훈련	고등학교 교사들
	5	Don Garthon & Susan Harper	원격에서의 수학교육	K-6 호주 교사들
	6	Jacci Joya	소프트웨어 훈련	고등학교 교사들
	7	Tina Sears	테크놀로지 통합과 영향력	5학년 교사들
	8	Maya Thomas	위태로운 학생들을 위한 기초기하학	7학년 교사들
Post-Secondary (고등교육)	9	Jackie Adams	테크놀로지 교육자들을 위한 교수개발	대학교와 고등학교 강사들
	10	Ross Caslon	교수개발 코스 전달도구	대학
	11	Jennie Davenport & Pedro Lopez	HIV/AIDS 예방	성인 동성애자와 이중성애자 남성
	12	Malcolm Gibson	컴퓨터 과학	전문적 지격증
	13	Pat Kelsoe & Jean Fallon	소아과 교육	의과대학
	14	Ricardo Martinez	인력자원개발 코스	대학 온라인 코스
	15	Beth Owens	요리학과 프로그램	전문 교육
	16	Frank Tawl & Semra Senbetto	교수설계 훈련	아시아 훈련소의 교수설계 컨설팅
	17	Elizabeth Ward & Catherine Peterson	다문화적 간호	컨설팅 교육
Corporate Settings (민간부문/기업)	18	Abby Carlin	장비 작동법	제조업
	19	Iris Daniels	제조관리 소프트웨어 CBT	국제 기업 컨소시엄
	20	Sam Gonzales	승무원 기술	항공산업
	21	Craig Gregerson	생산품 책임 훈련	기업 교수설계 컨설팅
	22	Scott Hunter	판매 컨설턴트 자격증	자동차산업
	23	Margaret Janson	학습객체에의 상호작용성 통합	석유탐사산업
	24	David Jimenez	석유탐사 소프트웨어	천연가스산업 교수 컨설팅
	25	Davey Jones	제조업 보조 도구	제조업
	26	Daine King	팀 리더 훈련	기업 교수설계 컨설팅
	27	Austin McGwire & Ken Casey	엔지니어 프로젝트 관리를 위한 통합교육	제조업
	28	Natalie Morales	현장훈련과 자격증	제조업
	29	Catherine Nelson	감독자 훈련	제조업 교수설계 컨설팅
	30	Andrew Stewart	수송훈련	기업 교수설계 컨설팅
	31	Alan Wydell	사전 동의	병원
Public (공공부문)	32	Andrew Brown & Deborah Frye	웹 기반 훈련의 형성평가	군대
계	32개			

차 례

PART

I

사례연구의 학습 및 지도 방법

A. 독자를 위한 가이드

B. 교수자를 위한 가이드

A. 독자를 위한 가이드: 사례학습의 과정

여기에서는 Part Ⅱ(교수설계 사례연구)의 총 32개의 사례들을 독자들이 스스로 학습하는 데 도움이 되도록 사례학습을 하는 과정을 설명하고자 한다. 독자들을 위하여 사례학습경험, 반성적 사고 발달시키기, 사례분석 전략, 그리고 교수설계 전문가 되기 등의 내용이 사례학습의 가이드로 제공된다.

교수설계(instructional design: ID)는 복합적 · 비구조적인 기술이고, 전체적으로가 아니라면 일반적으로 상황에 의존적이다(Jonassen, 사적인 대화, 2005. 3. 15). 이것은 모든 상황에서 같은 방식으로 적용될 수 있는 단일한 일련의 원칙과 과정이 존재하지 않는다는 것을 의미한다. 잘된 설계라는 것의 공식이 존재하지는 않지만(Cates, 2001), 우리는 교수설계에 대해 더 많은 것을 알수록 교수설계 문제를 더 잘 해결해 나갈 수 있고 더 전문가가 될 수 있다(Atherton, 2003; Bransford, Brown, & Cooking, 2000; Ertmer & Stepich, 2005; Hadré, Ge, & Thomas, 2005).

이 책에서의 사례들은 당신에게 필요한 교수설계 전문성의 개발 기회를 제공할 것이다. 사례연구는 의도적으로 복잡하고, 설계를 통해 당신에게 단순한 해답을 주지는 못한다. 사례방법의 목표는 당신이 모든 가능한 설계문제에 대한 해결책을 찾도록 도와주는 것이라기보다, 전문적 교수설계자가 일상의 현장에서 직면하는 복잡한 문제의 형태에 대한 이해를 증진시켜 주는 것이다.

복합적이고 다양한 설계 상황을 분석하고 반영함으로써, 우리는 당신이 당신의 현장에서 유사한 문제가 발생했을 때 문제를 더 잘 해결할 수 있도록 준비될 것을 기대한다.

사례학습 경험

비록 사례방법은 경영학, 법학, 의학, 약학 분야에서 100년 넘게 사용되어 왔지만, 이것은 사례적 접근을 이용한 당신의 첫 경험 중의 하나가 될 것이다. 이것은 폭넓은 감정, 즉 흥분, 초조, 호기심, 친근감 등을 야기할 수도 있다. 게다가 당신은 많은 질문이 있을 것이다. 내가 어떻게 사례를 분석해야 하나? 사례분석은 얼마나 오래 걸릴까? 내가 그것을 바르게 했는지 어떻게 알 수 있을까? 사례문제를 해결하기 위해 내게 필요한 자원과 정보를 어디서 찾을 수 있을까? 우리는 이러한 질문의 답을 본 섹션을 쓰면서 당신에게 구체적으로 제시한다. 왜냐하면 당신이 완성하게 될 과제의 유형과 당신이 본 '사고방식' 을 학습하는 데 조정이 필요하다는 것을 미리 설명함으로써 초기의 걱정을 줄일 수 있기 때문이다. 우리의 이전 학생 중의 하나는 다음과 같이 언급했다.

> 나의 견해로는 만약 학생들이 이런 학습방식(사례기반수업)에 대해 듣는다면 처음에는 그것이 느리고 성가시다고 느낄 것이다. 그러고는 사례에서의 정보를 몇 차례 읽고 또 읽어야 하고, 시나리오를 시각화하고 더 잘 이해하기 위해 그들에게 필요한 것을 행할 것이다. 어쩌면 그것에 적응하는 것이 더 쉬울지도 모른다. 나는 사례기반학습이 대부분의 학습자들이 늘 하는 것과는 다른 마음자세를 갖도록 하는 가치 있고 상호작용적인 방식이라고 생각한다.

우리는 이 학생이 두 가지 훌륭한 제안을 한 것이라고 생각한다. 한번 학생들에게 이 방식이 어떤 느낌이고 그것을 어떻게 하는 것인지(즉, 사례 분석하기) 말해 보라. 우리는 당신에게 사례로부터 배우는 것이 어떤 느낌이고, 혹은 당신이 사례를 분석하기 위해 무엇을 해야 하는지를 정확히 말해 줄 수 있다고 믿지만, 사례학습 경험의 두 가지 요소와 관련된 몇 가지 생각과 제안을 하고자 한다. 우리는 반성적인 사고방식을 어떻게 받아들일 수 있는지에 대한 제안부터 시작하여 사례를 분석하기 위한 전략과 절차를 제공할 것이다.

반성적인 사고방식 발달시키기

전문교육의 주요 목적 중 하나는 초보자가 전문가와 같이 생각할 수 있게 돕는 것이다(Shulman, 1992). 이것은 경험을 이해하는 방식으로서 실제를 뒤돌아보게 할 수 있을 뿐만 아니라(Schön, 1983), 미래의 실전을 향상시키기 위한 방식으로서 반성과 질문의 내적 과정에 참여하는 것 등을 수반한다. Hartog(2002)에 따르면, 이러한 종류의 기술적 질문은 '시간, 책임, 실습' 등을 요구한다(p. 237).

Kitchener와 King(1990)은 다각적인 시각으로 상황을 보고, 사건의 대안적인 설명을 찾아보고, 결정과 위치를 지지하거나 평가하는 증거를 사용하면서 상황을 볼 수 있는 성숙하고 반성적인 사색가를 묘사한다. 이러한 자질들은 사례연구로부터 학습이 촉진될 것이라고 믿는 사고방식의 본질적인 부분을 형성한다. 우리는 아래에 우리 자신의 경험과 우리 학생들의 경험으로부터뿐 아니라 각각의 저자에 의해 수행된 경험적 연구의 결과로부터 발견된 추가적인 안내를 제공한다(Ertmer, Newby, & MacDougall, 1996).

- 어떤 것도 하나의 정답이란 없다. 만약 당신이 이 아이디어를 확고히 발전시켜 사례학습 경험을 시작한다면 사례학습 접근에서 발생하는 모호성에 의해 덜 좌절될 것이다. 각 사례에서의 문제에는 많은 답이 있다. 당신이 제안하는 해결책은 당신이 인식하는 문제에서 취하는 시각에 많이 의존하게 될 것이다. 각각의 사례를 해결하는 방법을 당신이 알게 될 것이라는 사실을 받아들여라. 더욱이 당신이 어디서 시작해야 할지 단서를 모른다면 자신이 모른다는 것을 허용하라. 그런 다음 그들의 개인적 경험에 기초하여 다른 사람들이 사례를 어떻게 분석하는지에 주의하면서 분석과정을 시작하라.

  당신은 사례를 분석한 후에 사례에서 설계자들이 문제를 어떻게 해결하는지를 아는 것이 도움이 된다고 생각할지도 모른다. 그러나 이것은 당신이 생각하는 것만큼 도움이 되지 않을 수도 있다. 해답이 부족하여 좌절되는 것은 사실상 매우 동기 유발적이다. 만약 당신이 사례를 읽은 후에도 좀 더 시간이 있다면 그것이 그 문제에 대해서 오랫동안 깊이 생각할 수 있는 기회가 될 것이다.
- 사물을 보는 하나 이상의 방식이 있다. 사례 논의에 참여하는 것의 장점 중 하나는 어떻게 다른 사람들이 분석하는지를 듣는 기회를 갖고 다각적인 시각을 고려해 볼 수 있다는 것이다. 그리하여 더 완벽한 조사를 하는 것과 그 이슈를 이해하는 것 등이 따르게 된다. 다른 사람들의 아이디어를 듣고 다른 시각에서 그 이슈를 보도록 할 뿐만 아니라 당신이 정확히 어디에 있는지를 고

려하도록 할 것이다. 다른 사람들이 말하는 것에 면밀히 주의를 집중함으로써 당신은 어떻게 그들의 시각이 당신의 시각과 맞는지를 평가할 수 있을 것이다. 그렇게 해서 당신은 자신이 누구인지, 당신이 어디로부터 왔는지, 당신이 무엇을 대표하는지에 대해 더 많은 것을 배울 것이다. 다른 사람들뿐만 아니라 당신 자신에 대한 시각이 확장될 것이다.

- 열린 마음을 유지하라. 모든 아이디어가 고려될 때까지 판단을 보류하라. 이 제안은 이전의 것 위에 형성된다. "무엇이 개발될지 보자."라는 태도를 가지고 사례 논의를 하러 오는 것이 중요하다. 당신의 초기 해결책을 잠정적인 것으로 여기면서 시작하라. 당신 동료의 의견을 신중하게 들어라. 부가적인 정보를 명확히 하기 위해 질문하라. 그리고 당신과 다른 아이디어에 대해 판단을 내리지 말라. 당신의 학생 중 하나가 주장하듯이, "유동적이고 열린 마음을 가져라. 문제는 다른 많은 각도로부터 공격받을 수 있다는 것을 기억하라." 사례 논의를 사용하는 것을 부가적인 정보를 얻는 수단으로 사용하라. 종국에는 당신의 마지막 주장은 학급 전체의 총체적인 지혜에 의해 정보를 얻어야 한다. 그러나 당신 자신의 최선의 결정을 반영하라.
- 전제와 일반화된 지식을 의심하라. 극단적으로 사물을 보는 것을 피하라. 만약 자료가 모호하거나 왜 사례 주인공들이 그렇게 했는지 보조해 주는 증거가 부족하면 당신이 만들어 놓은 전제에 대해 신중하라. 불확실성을 제안하면서 당신의 전제를 잠정적으로 언급하는 것에 특히 주의하라. 하나의 해결책을 따라가기 전에 당신이 만들어 놓은 전제가 사례의 사실에 기초한 실질적인 것인지 당신 자신에게 물어보라.

같은 선상에서 제공된 자료 이상으로 당신의 관찰을 일반화하지 않도록 주의하라. 사람들이 한결같이 말하는 명칭이나 표어 같은 것을 사용하는 것을 피하라. 만약 당신이 모든 사물을 흑백으로 보거나 전부 아니면 전무로 보는 경향이 있다면 뒤로 물러서서 당신이 분석하는 데 사용한 단어들을 살펴보라. 당신은 '언제나, 결코, 모두가, 아무도' 와 같은 단어를 피하는 것이 안전하다고 말할 수 있다. 문제들을 묘사하고, 결론을 내리고, 추천을 할 때는 사실에 가깝게 접근하는 것이 좋다.

- **상황이 더 좋아지는 것을 기대하라.** 분석과정에 초점을 맞춰라. 사례기반수업의 초기에는 당신이 사례의 문제를 해결하려는 시도가 벅차게 느껴질 수도 있다. 첫째로, 사례기반수업이 일반적인 것이라고 인식하는 것이 중요하다. 많은 학생들이 처음에는 벅차거나 염려하는 느낌을 갖게 된다. 둘째로, 다른 기술들과 마찬가지로 설계 기술과 지식이 연습을 통해 향상될 것이라고 인식하는 것이 중요하다. 더욱이 대부분의 학생들은 문제의 상황을 분석하는 것과 관련된 도전을 즐기기 시작할 것이다. 만약 당신이 잠정적 해결책을 발견해 내는 만큼 분석과정에서 배우려는 사고방식을 강화시켰다면, 당신의 사례학습 경험은 덜 좌절될 것이다. 분석과정은 사례방식의 정수다. 당신의 성공을 당신의 해결책과 저자가 낸 해결책을 비교함으로써가 아니라 당신이 분석과정에 접근하는 방식에 의해 판단하라. 당신은 관련된 모든 일들을 고려했는가? 관련된 모든 일들을 주요 역할자들의 다양한 시각으로 보았는가? 당신은 가능한 자료에 기초하여 제안하였는가? 만약 당신의 기술이 이러한 영역에서 향상된다면 확실히 사례접근에 의해 촉진된 방식을 획득하였다는 것을 의미한다. 그리고 학습은 평생에 걸친 과정이라는 것을 기억하라. 당신은 결코 설계에 대해서 모든 것을 알 수 없다. 그러나 설계 상황에서의 각 경험은 당신이 전문적 설계자에 가깝게 생각하고 수행하도록 해 줄 것이다.
- **반성적으로 생각할 시간을 가져라.** Campoy(2005)는 "훌륭한 문제 해결자는 그들의 노력과 결과를 되돌아보고, 그들이 배운 것을 미래에 참고하기 위해서 통합시킨다."(p. 197)라고 한다. 반성적 사고는 사례연구에 어떻게 접근하는지에 관한 우리의 논의에서 발생하는 주제다. 매우 단순하게, 반성적 사고는 사례방식에서 발생하는 모든 것을 강화시킨다. Shulman(1996)에 따르면, "우리는 경험으로부터 배우지 못하고, 우리의 경험에 관해 생각함으로써 배운다"(p. 208). 초인지 전략의 형태인 반성적 사고는 심오한 학습의 선수요건이다.

사례분석은 전통적인 수업과제보다 완성하는 데 더 많은 시간이 필요하다. 그러나 과정을 서두름으로써 얻을 수 있는 것은 거의 없다. 급하게 행하고 반응하는 것은 모든 관련된 정보를 입수할 기회를 감소시킬 것이다. 수행의 모든 잠재적 과정을 검사하고, 가능한 한 확실한 결과를 고려하라. 생각할 시간을 가져라. 당신 자신과 동료 그리고 당신의 교수자에게 질문을 던져라. Hills와 Gibson(Crimmett & Erickson, 1988에서 인용)은 어떻게 반성적 실천가들이 그들의 일을 수행하는지를 설명하는데, 이러한 반성적 사고방식의 개발은 다음의 경우와 관련된 당신의 작업과 함께 시작될 것이다.

> 현상에 반응하고, 문제를 인식하고, 문제를 진단하고, 표준적인 판단을 내리고, 전략을 개발하는 등에 관한 당신의 수행을 되돌아볼 때, 그런 상황에서의 당신의 반응은 어떠했고, 그 상황에서는 무엇이 있었고, 당신이 그렇게 반응하도록 이끈 것은 무엇이고, 당신의 판단이 기초한 표준과 가치는 무엇인지 생각해 보라. 그리고 당신이 문제를 규격화한 방식에 대해 생각해 보라. 아울러 '당신의 역할에 대한 당신의 개념' 에 대해 생각해 보라. 당신의 암묵적인 이해를 표면화하고 비평해 보라. 당신 자신의 이론을 세워 보고 시험해 보라(p. 151).

- 당신 자신의 것을 즐겨라. 이전에 지적했듯이, 사례방식은 처음에는 학습에 관한 낯설고 어려운 방식처럼 느껴질 수 있다. 하지만 심지어 학생들도 사례연구로부터의 학습이 매우 좌절스럽고 무기력하게 만드는 방식일 수 있으나 매우 흥미 있고 가치 있는 것이라는 것을 인정한다. 적극적으로 개입하여 사례자료를 파고 공부하면서, 당신의 아이디어를 표현하고 다른 사람의 아이디어를 들을 기회를 가져라. 이것은 모두 즐길 수 있는 사례학습의 측면이 될 것이다. 우리는 우리 학생 중 하나가 그것을 다음과 같이 아주 잘 요약했다고 생각한다. "나는 사례가 당신을 도전시키고 좌절시키는 방식이 좋다. 이건 정말 불가능하다고 말하지 말라. 그리고 무엇보다 당신이 지금 하고 있는 것이 미래에 보상해 줄 것임을 확신하라."

사례분석 전략

사례연구를 분석하는 효과적인 방식은 매우 다양할 것이다. 우리는 다음을 하나의 가능한 방법으로 제시한다.

1. 사례가 분석되고 논의되는 상황에 대해 이해하라. 만약 당신의 교수자가 다른 내용을 보충하기 위해 이 교재를 사용한다면, 당신이 논의하고 있는 내용이나 설계 단계의 실제 예를 제공하는 데 사용하는 것일 것이다. 이 상황은 관련 이슈, 질문, 그리고 당신의 읽기나 다른 수업과 관련된 문제와 관련하여 당신의 주의를 집중하도록 도울 수 있을 것이다. 또한 각각의 사례는 마지막에 집중적인 질문들을 포함하고 있다. 당신은 처음에 이러한 질문을 촉진제로서 읽기 원할 수도 있다. 사례를 읽기 전에 질문을 읽는 것은 당신이 사례를 더욱 의미 있고 효과적으로 읽을 수 있도록 도울 것이다.
2. 사례를 읽어라. 당신이 처음 읽을 때는 주요 역할자와 주요 이슈, 상황 등과 관련해 사례가 무엇인지 대략적인 감각을 얻을 수 있도록 꽤 빨리 읽어야 한다.
3. 사례를 다시 읽어라. 당신이 두 번째 읽을 때는 더 느려야 한다. 메모를 하고, 다각적인 견해를 고려하고, 대안적인 해결책과 결과를 생각하라. 사례분석을 통해 당신이 얻는 혜택은 반드시 당신이 읽는 데 얼마나 많은 시간을 보냈는가가 아닌 반성적으로 사고해 보는 것에 당신이 얼마나 많은 시간을 보냈는가와 관련될 것이다.
4. 사례를 분석하라. 이것은 아마도 가장 모호한 것이므로 사례분석의 전체 과정에서 가장 벅찬 단계가 될 것이다. 당신이 벌써 사례의 사실들, 즉 관련 정보, 주요 역할자, 맥락, 자원, 제한점 등을 인식했다고 전제하고, 우리는 당신이 분석하는 동안 다음의 질문과 관점을 드러낼 것을 권장한다.
   a. 사례에서의 주역은 누구인가? 각각의 주역은 사례에서의 주요 설계 이슈에 대해 어떻게 설명하는가?

b. 주어진 주역의 다각적 견해에서 당신은 사례에서의 가장 주된 이슈는 무엇이라고 보는가?
c. 사례에서 빠진 정보와 관련해 당신이 가정하는 것을 열거하라. 가능한 한 사례에서의 증거를 가지고 당신의 전제를 보조하라. 왜 당신의 전제는 논리적인가?
d. 각각의 이슈와 관련하여 잠재적 해결책의 목록을 작성하라.
e. 각각의 해결책에 관한 가능한 결과(찬반)를 구체화하라.
f. 각각의 해결책에 대한 장점과 한계점을 저울질한 후에 수행할 것을 추천하라.
g. 위의 처음 두 사항에서 열거된 문제에 대해 당신은 어떻게 하도록 추천했는지 설명하라. 제안된 해결책이 주요 이슈를 해결했다고 당신이 생각하는 정도를 숙고해 보라.

5. 수업의 토론에 적극적으로 참여하라. 사례학급은 학습 공동체로서 당신과 당신의 교수, 당신의 동료가 함께 사례와 가능한 해결책에 대해 더 완전한 이해를 얻기 위해 일할 것이다. 당신이 적극적인 참여자이자 경청자가 되는 것이 중요하다. 당신은 당신의 질문 및 공헌과 토론이 잘 진행되도록 하기 위해 다른 사람이 말하는 것을 주의 깊게 들어야 한다. 준비된 자세로 수업에 참여하는 것이 사례학습 경험에 참여하고 이점을 획득하는 데 매우 중요하다.
6. 사례학습 경험을 깊이 반성해 보라. Boud(2001)는 학습경험 중에 반성적 사고 활용의 세 시기에 대해 옹호했다. (1) 시작 시 준비 단계로, 당신이 필요한 것을 탐색하기 시작하고 상황과 자원의 요구를 인식하는 시기, (2) 경험의 중간 단계로, 광대한 투입 정보를 다루고 생성된 감정에 대응하는 시기, (3) 경험 단계로, 그것을 인식하도록 시도하는 시기다.

사례방식은 학습에의 반성적 접근을 촉진하는 비옥한 토지를 제공하는 방식이다. 분석과정의 첫 단계부터 시작하라. 당신이 사례를 연구하는 맥락을 고려하고 당신 자신을 반성적인 과정에 젖어들 수 있게 하라. 분석적 접근을 활용함으로써 당신은 반성적 설계접근을 통한 다양한 활동들을 완성할 수 있다. 다시 말해, 이것은 당신의 이전 경험을 고려하는 과정을 통해 '물을 시음해 보라' 는 것으로, 당신의 감정을 연결하고 당신의 기존의 이미지, 은유 그리고 이론을 그려내라는 것이다(Smith, 2001).

끝으로, 사례분석의 마지막에 반성적 사고는 당신의 경험이 의미가 통하도록 도울 것이고 사례에 대한 당신의 이해를 심오하게 할 것이다. 당신은 당신의 학습경험 과정과 결과를 모두 반성함으로써 미래의 수행을 향상시키는 데 필요한 기본적인 안목을 얻게 될 것이다. 반성적 사고는 당신이 학습과정과 학습과제에서 획득한 결과물에 사용한 전략에 관한 정보를 제공함으로써 과거와 미래의 수행을 연결시킬 수 있다. 그것은 당신에게 지금까지의 과제를 허용하고, 당신이 미래의 수행을 위해 준비하도록 허락할 것이다. 우리의 이전 학생 중 하나는 다음과 같이 언급했다.

> 나는 나의 사례분석에 관한 수행을 반성적으로 생각해 볼 기회를 매우 즐겼다. 왜냐하면 내가 지금까지 해 왔던 곳, 지금 내가 있는 곳, 그리고 전문성을 얻기 위해 나아가야 할 곳까지 판단할 수 있도록 용기를 준다고 생각했기 때문이다. 자기반성은 때때로 고통스러울 수 있지만, 그것의 성취는 최고의 교수설계자가 되는 데 필요한 성장과 향상을 촉구한다.

교수설계 전문가 되기: 본인의 사례경험 반영

교수적 접근으로서 사례연구를 사용하는 우리의 주목적 중 하나가 교수설계 전문가처럼 생각하는 능력을 발달시키도록 촉진하는 것이라는 것이 지금쯤은 명확해져야 한다. 전문가로서 설계자처럼 생각하는 것을 모두 배우는 것은 하룻밤 사이에 일어나는 것이 아니다. 더욱이 반성적 사고는 이 과정에서 가치 있는 부분으로 확고해졌다.

Weil과 Frame(1992)이 언급했듯이, "경험과 수행은 그 자체가 학습을 보장하지는 못한다. 우리는 행함으로써 배우고, 행한 것을 반성적으로 생각해 봄으로써 배운다." (p. 63).

이 책에서 당신이 사례를 분석해 가면서, 특히 당신이 이 책을 사용하게 되었듯이, 우리는 당신이 사례연구로부터 어떻게 배웠는지와 더 폭넓게는 교수설계 전문가의 입문으로써 당신의 설계 작업에서 사례를 어떻게 사용할 수 있는지를 고려해 보도록 요구한다.

우선 사례연구로부터 학습을 시도하는 것을 고려해 보라. 사례학습 경험의 구체적인 측면에 관한 당신의 생각을 자극하는 다음의 질문을 사용하라.

✓ 사례적 접근은 얼마나 재미있고 가치 있고 관련성이 있었는가?
✓ 그것은 얼마나 도전적이고 좌절되었는가? 어떠한 특징이 도전적 수준에 도달하도록 공헌하였는가? 이러한 특징은 변경되어야 하는가? 만약 그렇다면 어떻게 변경되어야 하는가?
✓ 사례연구를 학습도구로 사용하는 당신의 태도를 어떻게 설명하겠는가?
✓ 각각의 사례를 분석하기 위해 어떤 전략을 사용하였는가? 체제적 접근을 사용하였는가, 아니면 그것이 무계획적으로 이루어졌는가?
✓ 당신의 접근은 학기 중에 계속 변화하였는가? 만약 그렇다면 어떻게 그렇게 되었는가?
✓ 당신은 뜻하지 않은 장애물에 어떻게 대처했는가?(포기하였는가? 다른 자원을 찾아보았는가? 혹은 다른 학생들에게 말을 하였는가?)
✓ 교수설계를 지금 막 시작하려는 다른 학생들이 이 책을 가지고 시작하려고 한다면 당신은 어떤 조언을 해 주겠는가?

또한 우리는 당신이 다른 입장에 서 보기를 요청한다. 다시 말해, 설계하는 학생의 시각이 아닌 설계자의 시각으로 사례연구의 사용을 바라볼 것을 요청한다.

교수전략으로서 사례방법의 유용성에 관한 당신의 생각을 촉구하도록 다음의 질문을 사용하라.

✓ 사례적 접근에 잘 맞는 특정 설계 상황으로는 무엇이 있는가?
✓ 사례방법이 적합하지 않는 상황이 있는가?
✓ 이 접근에 의해 이득을 취할 수 있거나 취할 수 없도록 하는 구체적인 학습자의 특징이 있는가?
✓ 사례가 어떤 다른 목적을 위해 교수설계자의 교육에 기여할 수 있는가(예: 재미와 동기 쌓아가기, 학습 구조화하기, 문제 진단과 문제해결 기술 강화하기)
✓ 사례가 초보 학습자 그리고 진보된 초보자에게 어떻게 사용될 수 있는가? 사례가 교수설계 전문가가 되기 위한 전문개발 수업에서 어떻게 사용될 수 있는가?

우리는 당신이 이러한 질문을 반성해 봄으로써 당신의 수업과 워크숍에서 가르치고 설계하기를 시작했을 때 사례접근을 사용하는 것이 편안하게 느껴지기를 희망한다. 우리는 사례가 교수설계 전문성 개발을 촉진하는 강력한 수단을 제공할 것이라고 믿는다. 이 책 『교수설계 사례집』을 사용하여 당신 자신의 경험을 되돌아볼 때, 우리는 확실히 이것이 당신에게 사실이 되고 당신이 미래의 교수설계 연습에서 사례방법을 자신 있게 잘 적용하게 될 것을 소망한다.

참고문헌

Atherton, J. S. (2003). *Doceo: Competence, proficiency and beyond.* Retrieved August 1, 2005, from http://www.doceo.co.uk/background/expertise.htm.

Boud, D. (2001). Using journal writing to enhance reflective practice. In L. M. English & M. A. Gillen (Eds.), *Promoting journal writing in adult education. New Directions in Adult and Continuing Education* (No. 90, pp. 9–18). San Francisco: Jossey-Bass.

Bransford, J. D., Brown, A. L., & Cocking, R. R. (Eds.). (2000). How experts differ from novices. Chapter 2 in *How people learn: Brain, mind, experience, and school* (pp. 31–50). Washington, DC: National Academy Press.

Campoy, R. (2005). *Case study analysis in classroom: Becoming a reflective teacher.* Thousand Oaks, CA: Sage.

Cates, W. M. (2001). Introduction to the special issue. *Educational Technology, 41*(1), 5–6.

Ertmer, P. A., Newby, T. J., & MacDougall, M. (1996). Students' approaches to learning from case-based instruction: The role of reflective self-regulation. *American Educational Research Journal, 33*(3), 719–752.

Ertmer, P. A., & Stepich, D. A. (2005). Instructional design expertise: How will we know it when we see it? *Educational Technology, 45*(6), 38–43.

Grimmett, P. P., & Erickson, G. L. (1988). *Reflection in teacher education.* New York: Teachers College Press.

Hardré, P. L., Ge, X., & Thomas, M. K. (2005). Toward a model of development for instructional design expertise. *Educational Technology, 45*(1), 53–57.

Hartog, M. (2002). Becoming a reflective practitioner: A continuing professional development strategy through humanistic action research. *Business Ethics: A European Review, 11*, 233–243.

Kitchener, K. S., & King, P. M. (1990). The reflective judgment model: Ten years of research. In M. L. Commons, C. Arman, L. Kohlberg, F. A. Richards, T. A. Grotzer, & J. Sinnott (Eds.), *Adult development: Models and methods in the study of adolescent and adult thought* (Vol. 2, pp. 63–78). New York: Praeger.

Schön, D. A. (1983). *The reflective practitioner: How professionals think in action.* New York: Basic Books.

Shulman, L. (1992). Toward a pedagogy of cases. In J. H. Shulman (Ed.), *Case methods in teacher education* (pp. 1–30). New York: Teachers College Press.

Shulman, L. S. (1996). Just in case: Reflections on learning from experience. In J. A. Colbert, P. Desberg, & K. Trimble (Eds.), *The case for education: Contemporary approachers for using case methods* (pp. 197–217). Boston: Allyn & Bacon.

Smith, M. K. (2001). Donald Schön: Learning, reflection and change. *The encyclopedia of informal education.* Retrieved November 2, 2005, from www.infed.org/thinkers/et-schon.htm.

Weil, S., & Frame, P. (1992). Capability through business and management education. In J. Stephenson & S. Weil (Eds.), *Quality in learning: A capability approach in higher education* (pp. 45–76). Lodon: Kogan Page.

B. 교수자를 위한 가이드: 사례연구 1(예)

여기에서는 Part Ⅱ(교수설계 사례연구) 중에서 사례연구 1(즉, scott Allen의 사례)을 교수자 또는 강사가 어떻게 학습자들에게 사용할 것인가를 설명한다. 교수자는 먼저 사례를 개관하고, 사례의 목표를 제시하고 난 뒤에 학습자들로 하여금 (1) 학습객체의 주요 특징을 결정하게 하고, (2) 교수설계자가 구성주의적 교육전략을 채택할 때 직면하는 도전들을 논의하게 해야 한다.

사례연구 1(예)

초등학생을 위한 학습객체의 설계
(Scott Allen의 사례)

사례 개관

이 사례는 고객의 요구를 이해하는 것에 관한 것이다. 그 요구는 설계문서의 형식에 적합하게 반응하여 개발하는 것에 기초해 있다. Scott Allen은 4명의 대학 교수설계자 중의 하나로, 주요 정부 발주의 하나인 학습객체 프로젝트를 위한 설계 명세서를 개발하는 일을 하고 있다.

이 사례에서는 설계에 관한 초기 의사결정을 내리고 프로젝트 요구사항을 이해하기 시작하는 설계자로서 팀의 토의를 시작하는 초기 단계를 묘사하고 있다.

Scott과 그의 팀의 도전은 모호한 설계 개요를 이해하고, 애매하고 개방된 프로젝트 목표를 해석하고, 그것들이 프로젝트를 완성하는 데 어떻게 함께 작용할 것인가를 결정하는 것이다.

사례목표 제시

사례를 분석하고 토의한 후, 교수설계를 학습하는 학생들은 다음의 것을 수행할 수 있다.

- 다른 주역들과의 효과적인 상호작용(예: 팀 구성원들뿐만 아니라 교수설계 팀과 다른 주역들 간)을 촉진하기 위해서 프로젝트 관리자에게 필요한 기술을 논의할 수 있다.
- 학습객체의 특징을 결정할 수 있다.
- 교수설계자가 구성주의적 교육전략을 채택할 때 직면하는 도전을 설명할 수 있다.

교수자의 역할

학습객체의 주요 특징 논의

프로젝트는 팀이 학습객체를 위해 새로운 형태의 최종 결과물을 설계하도록 요구한다. 그러므로 이 프로젝트에서 도전이 되는 것 중의 하나는 학습객체의 특징을 결정하는 것이다. 토의에서 팀 구성원들은 설계와 연구문헌의 기본 지식을 그려내고 프로젝트의 개요를 검사함으로써 이러한 특징을 알아내기 시작한다. 그들은 프로젝트 개요가 단지 학습객체의 본질에 관한 일반적인 안내들만 포함하고 있고, 그 일부는 문헌에서 발견되는 학습객체의 설명과 다르다는 것을 빨리 발견한다. 예를 들면, 어떤 학습객체 제안자는 학습객체가 상황과 독립적이고 교육과도 독립적이어야 한다고 주장한다. 이것은 학습객체를 더 재사용할 수 있게 해 줄 것이고, 그러므로 그것들은 아주 많은 다른 상황에서 사용할 수 있다는 점을 주장한다. 더욱이 어떤 이는 학습객체가 용량이 매우 작아야 한다고 주장한다. 그 아이디어는 많은 학습객체로 수업이나 코스를 형성하도록 통합하는 것에 기인한다. 그러나 이 프로젝트에서 설계해야 할 학습객체는 이러한 개념을 따르지 않는다. 대신에 설계에서 반영된 교육적 접근에 의해 구체적인 안내가 제공될 것이다(예: 학습객체는 교육적인 것과 독립적이지 않다). 그리고 그것들은 특정 지역에 사는 초등학교 학생들을 위해 개발될 것이다(예: 학습객체는 상황과 독립적이지 않다).

팀은 프로젝트 요구사항에 관한 일반적인 논의에서 한 발 더 나아가 팀의 작가에 의해 준비된 설계 개요 초안을 더 구체적으로 만드는 것에 초점을 맞춘다. 이러한 초안 개요는 단지 초기의 아이디어에 불과하고, 더 나아가 그것들이 개발에 적합한지 아닌지를 결정하는 것은 팀의 책임이다. 그러나 설계 개요에 있는 이러한 아이디어의 일부는 프로젝트 개요와 일치하지 않는다. 가령 '화성으로 가는 미션' 에 관한 논의 개요는 팀이 그들의 학습객체에서 요구하는 설계 특징을 더욱 명확하게 인식하고 있다. 고객에게 있어서 프로젝트에 대한 모호하고 애매한 아이디어를 제공하는 것은 매우 흔한 일이다. 고객은 그들이 원하는 것에 대해 항상 일관적이지는 않다. 그것은 이 사례에서의 프로젝트처럼 특히 프로젝트가 혁신적이거나 새로운 접근 혹은 테크놀로지를 활용하는 경우에 더욱 그러하다.

이러한 유사한 사례에서는 설계자가 고객의 프로젝트 요구사항에 의해 제시된 제한점을 고려하고, 고객이 원하는 것에 대한 이해를 발달시키는 것이 더욱 필요하다. 설계자는 그들의 기초 지식이나 프로젝트에 관한 전문적인 경험으로 대안을 제안하거나 고객의 아이디어를 확장시켜야만 한다. 학생들은 팀에 의해 사용된 기준과 그들이 제시한 설계 개요 초안의 장점을 인식하도록 요구되어야 한다. 팀 구성원들은 또한 화성으로 가는 미션에서 부족함을 인식하고 기초적인 개념을 강화시키는 한편 설계를 향상시키려고 노력한다. 이것은 이 프로젝트를 위해 생성될 학습객체의 본질에 관한 논의를 이끌 것이다. 그리고 그것들을 재사용하는 것의 특징을 적용할 것이다. 예를 들면, '작은 규모의 학습객체는 재사용하는 것이 더 가능한가?' '재사용의 한계는 무엇인가?' 등이 있다.

구성주의 전략 채택 시 직면하는 도전에 대한 논의

프로젝트 개요는 학습에의 구성주의적 접근을 기초로 한 학습객체의 설계를 명확히 언급한다. 그러한 것에는 상황을 넘나들며 이해하기, 탐험과 탐구를 고무시키기, 실제 세계의 상황을 제공하기 등이 있다. 이것은 교수설계 팀의 학습에 대한 철학적 견해, CD-ROM과 온라인 학습 패키지를 설계한 이전의 경험 및 교수경험과 일치한다.

그러나 팀이 화성으로 가는 미션에서 임무 설계 개요 작업을 시작할 때 도전이 발생하기 시작한다. 예를 들면, 구성주의적 학습환경에서는 학생들의 자기주도 수준과 학생 탐험을 허용하는 개방적인 종결을 가지고 있다. 또한 학습객체 용량의 제한은 프로젝트 개요에서 강조되었듯이 학습자들에게 제한된 선택권을 제공하는 더 근접한 설계이고, 학생들을 위한 적합한 피드백을 확신시킬 수 있다. 학생들은 구성주의적 학습관을 적용하는 것과 관련된 이 사례에서의 이슈들에 대해 논의하도록 요구될 수 있다. 그리고 이와 같은 프로젝트에 대한 그들 자신의 반응을 반영한다.

구성주의적 접근의 가치와 적합성에 관한 논의는 촉진될 수 있다. 학생들을 위한 가능한 질문은 다음과 같다.

- 초등학습자를 위한 구성주의적 접근의 장점은 무엇인가?
- 이 프로젝트 개요의 다른 요구사항은 구성주의적 설계에서 어떤 제한점을 갖고 있는가?
- 구성주의적 설계에서 프로젝트 개요를 충족시키기 위해서는 어떠한 타협이 필요한가?

참고문헌

Bannan-Ritland, B., Dabbagh, N., & Murphy, K. (2002). Learning object systems as constructivist learning environments: Related assumptions, theories, and applications. In D. A. Wiley (Ed.), *The instructional use of learning objects* (pp. 61–98). Bloomington, Indiana: AIT/AECT.

Boyle, T. (2003). Design principles for authoring dynamic, reusable learning objects. *Australian Journal of Educational Technology, 19*, 46–58. Retrieved January 28, 2006, from http://www.ascilite.org.au/ajet/ajet19/boyle.html

Bratina, T., Hayes, D., & Blumsack, S. (November/December, 2002). Preparing teachers to use learning objects. The Technology Source. Retrieved January 28, 2006, from http://technologysource.org/article/preparing_teachers_to_use_learning_objects/

Collis, B., & Strijker, A. (2003). Re-usable learning objects in context. *International Journal on E-Learning, 2*(4), 5–16.

Duffy, T. M., & Cunningham, D. J. (1996). Constructivism: Implications for the design and delivery of instruction. In D. H. Jonassen (Ed.), *Handbook of research for educational communications and technology* (pp. 170–198). New York: Macmillan.

England, E., & Finney, A. (2001). *Managing multimedia: Project management for web and convergent media.* Harlow, England: Addison-Wesley.

Grabinger, S. (1996). Rich environments for active learning. In D. H. Jonassen (Ed.), *Handbook of research for educational communications and technology* (pp. 665–692). New York: Macmillan.

Littlejohn, A. (2003). Issues in reusing online resources. *Journal of Interactive Media in Education, 1.* Retrieved January 28, 2006, from http://www-jime.open.ac.uk/2003/1/reuse-02.html

Schwier, R. A., Campbell, K., & Kenny, R. (2004). Instructional designers' observations about identity, communities of practice and change agency. *Australasian Journal of Educational Technology, 20*, 69–100. Retrieved January 28, 2006, from http://www.ascilite.org.au/ajet/ajet20/schwier.html

Visscher-Voerman, I., Gustafson, K., & Plomp, T. (1999). Educational design and development: An overview of paradigms. In J. van den Akker, R. M. Branch, K. Gustafson, N. Nieveen, & T. Plomp (Eds.), *Design approaches and tools in education and training* (pp. 15–28). Dordrecht, Netherlands: Kluwer.

Wiley, D. A. (Ed.). (2000). *The instructional use of learning objects.* Bloomington, Indiana: AIT/AECT. Retrieved January 28, 2006, from http://www.reusability.org/read/

PART
II

교수설계 사례연구

A. 초 · 중등교육(K–12)

B. 고등교육(대학)

C. 민간부문(기업)

D. 공공부문(군대)

A. 초 · 중등교육(K–12)

사례연구 1. 초등학생을 위한 학습객체의 설계
(Scott Allen의 사례)

사례연구 2. 중학교 과학교사를 위한 학습경험
(Denny Clifford의 사례)

사례연구 3. K–12 환경에서의 변화 실행
(Carla Fox의 사례)

사례연구 4. 다양한 요구에 응하기 위한 자원 배치하기
(Suzanne Garner의 사례)

사례연구 5. 격지 근무 초등학교 교사의 전문성 계발
(Don Garthon과 Susan Harper의 사례)

사례연구 6. K–12 교사의 테크놀로지 필요성
(Jacci Joya의 사례)

사례연구 7. K–12 랩톱 프로그램의 효과 평가
(Tina Sears의 사례)

사례연구 8. K–12에서의 새로운 교수접근 실행
(Maya Thomas의 사례)

사례연구

1

초등학생을 위한 학습객체의 설계 (Scott Allen의 사례)

Sue Bennett
(Wollongong 대학교)
Lori Lockyer
(Wollongong 대학교)
Barry Harper
(Wollongong 대학교)

Scott Allen은 초 · 중등학교를 위한 온라인 자원을 개발하는 국가 차원의 프로그램 'SchoolsOnline' 의 주요 프로젝트 입찰을 따냈다는 희소식을 자신의 설계 팀원들에게 이메일로 보냈다.

Scott은 같이 준비해 온 팀원들과 함께 매우 기뻐했다. Jeff Parker, Penny Johnson, Tracey Ward 그리고 자신을 포함한 모든 팀원들은 교육학자였다. 그들은 경험이 많은 교수설계자이기도 했다. 그리고 그들은 이전에 함께 프로젝트를 수행한 적이 있다. Jeff는 멀티미디어 설계 분야에서 잘 알려져 있고, 대학의 멀티미디어 부서의 부장이기도 하다. 그리고 그는 국제 규모의 상을 몇 차례 수상한 혁신적인 교육용 CD-ROM을 개발하기도 했다. Penny와 Tracey는 멀티미디어를 전공으로 한 교육공학과의 교수로 일했다. 이 두 사람은 다양한 범위의 CD-ROM 제작 작업을 했고, 기업교육, 고등교육 그리고 초등교육을 위한 웹 기반 프로젝트를 지난 10년간 해 왔다. 그리고 Scott의 설계경험은 테크놀로지와 관리 기술을 그룹 내로 끌어들일 수 있게 했다. 모든 팀 구성원들은 현재 교육의 학습객체에 대해 연구하는 데 투입되었다. Scott은 그의 팀이 연구를 수행하면서 앞으로의 프로젝트에 대한 추가적인 통찰력을 획득하기를 기대하고 있다.

Scott은 이 프로젝트가 두 가지 이유에서 흥미롭다고 생각했다. 첫째는 다른 소규모의 두 팀과 협력 작업을 하는 동안 설계 작업에서 그들이 주요 역할을 담당할 것이라는 것이었다. 소규모의 두 팀 중 한 팀은 설계 개요에 대한 제안과 연구를 책임지고, 다른 한 팀은 개발 작업을 하게 될 것이다. 둘째는 풀버전의 CD-ROM이나 웹 기반 프로젝트에 대립하는 교육적 학습객체를 창조할 것이라는 것이다.

몇 주 뒤, Scott은 'SchoolsOnline' 프로젝트의 첫 모임에 참석했다. 각 프로젝트 팀의 대표들도 참석했다. 또한 내용 전문가, 교육 전문가이며 전체 프로젝트 매니저인 Gordon Anderson과 다른 'SchoolsOnline' 프로젝트의 대표들이 참석했다.

프로젝트 이해하기

첫 프로젝트 회의에서 돌아온 Scott은 설계 팀을 소집했다. 그는 그 프로젝트의 요구조건들과 공정이 어떻게 이루어질 것인지를 설명하면서 이야기를 시작했다. '우리 국가와 사회(Our Nation and Society)' 프로젝트 개요(〈부록 1-A〉 참조)를 나누어 주며 말했다. "시작에 앞서 프로젝트 개요를 쭉 읽어 봅시다. 제안서를 준비하려고 받았던 정보와 비슷하군요. 여러분이 보듯이 개요가 전체 프로젝트에 걸쳐 적용된 원리를 설명하기 때문에 부분적으로 개발될 구체적인 학습객체라고 하기보다는 아직 매우 일반적입니다."

팀 구성원들은 프로젝트 개요를 몇 분간 읽었다. 읽고 나서 Scott은 몇 가지 중점을 강조했다. "기본적으로 학습객체 측면에서 'SchoolsOnline' 은 매우 소규모의 수업자료를 원하는데, 이는 전체 수업에서 교사가 사용하고 학생이 자립적으로 학습할 만큼 충분히 유연해야 하기 때문입니다. 규모가 작다는 것은 단 한 개나 두세 개의 학습목표로 이루어져야 하고 파일 크기도 작아야 한다는 말입니다. 그렇지만 학습객체가 수업이나 활동에 주의를 집중하기 위해 사용될 필요가 있기 때문에 대부분의 사람들이 보통 생각하는 학습객체보다 훨씬 클지도 모릅니다."

"그리고 개요를 보면 그들은 특정 교육전략을 적용하기를 바라는 것이 분명합니다."라고 Tracey가 덧붙였다.

"맞습니다." Scott이 말했다. "학습객체가 내용을 제시할 뿐만 아니라 학습자로 하여금 활동에 참여할 수 있게 해야 한다는 것에 대해 많은 토론을 했지요. 그리고 활동들은 처방적이기보다는 구성주의적이어야 합니다. 그들이 우리에게 준 내용을 수정한다는 점에서 융통성이 있다고 할 수 있습니다." Scott은 회의에서 증명한 학습객체를 계속 설명했는데, 이 증명은 학생들이 범죄를 해결하도록 하면서 이루어졌다. 즉, 학습객체는 학생들로 하여금 강도사건 후 범죄현장에 가서 증인과 접촉하고 증거를 수집하게 했다. 프로그램은 학생들로 하여금 가능성 있는 목록에서 몇몇 증거를 선택하도록 한 다음, 누가 범죄를 일으켰는지 확인하기 위해 용의자에 대한 정보와 비교하도록 요구했다. 교사는 학생들이 수업과정을 논의하게 하거나 그들이 발견한 것을 보고서로 작성하게 함으로써 과제를 확장할 수 있다고 Scott은 설명했다.

Scott이 덧붙여 말했다. "학습객체는 단순한 애니메이션, 텍스트, 오디오가 사용되었습니다. 'SchoolsOnline' 에서는 고색상의 그래픽이나 비디오의 사용을 피하는데, 이는 그것들이 파일 크기를 증가시키기 때문입니다. 수업객체는 플래시 형태로 개발될 필요가 있습니다. 왜냐하면 여기에는 최종 사용자를 위한 특별한 설명서가 구성되어 있기 때문입니다. 이런 방식으로 모든 학습객체는 일관적인 기술적 요구가 있을 것입니다. 이것은 개발 팀이 주로 하는 고민이지만,

우리는 설계요소를 개발하면서도 학습객체의 크기를 작게 유지하는 쪽으로 어느 정도 고려해야 할 필요가 있습니다."

"파일 크기 문제뿐만 아니라, 내 생각에 이러한 아이디어는 문헌에서 나타나는 학습객체의 다른 개념과는 특히 맥락이라는 측면에서 크게 다르다고 봅니다. 기존 문헌에서는 학습객체가 앞뒤 맥락에 구애받지 않고 독립적이어야 한다는 것을 강조합니다. 하지만 우리가 이 프로젝트를 위해 개발하고 있는 학습객체는 맥락과 독립될 수 없습니다."라고 Jeff가 덧붙였다.

"그렇습니다. 나 또한 그 맥락에 관해 궁금했습니다."라고 Penny가 이어서 말했다.

Jeff는 "분명히 학습객체는 호주의 K-12 학생들에게 맞추어질 것이고, 호주 내 상황에서 확실히 재사용이 강화되도록 하는 국가의 교육과정 요구에 특별히 맞추어져 설계될 것입니다."라고 대답했다.

Scott은 프로젝트의 목표는 호주 학생들을 위해 무엇인가 만드는 것이라고 생각했다. 그래서 이 프로젝트 범위 내에서 학습객체를 재사용할 수 있게 해야 한다는 것과 호주 밖의 상황에 대해서는 걱정할 필요가 없다는 것을 명백히 했다. Scott은 팀 구성원들에게 종이([그림 1-1] 참조)를 나누어 주며 말했다. "프로젝트가 어떻게 진행될 것인지에 대해서 약간 말해 주겠어요. 회의에서 건네받은 유인물 중 하나에서 도식을 발췌해 복사해 왔어요. 여러분이 볼 수 있도록 나누어 드리지요."

Scott은 이어서 말했다. "이 도식에서 볼 수 있듯이, 그들은 과정과 조직 구성을 제시해 두었어요. 우리가 설계 팀이고 우리가 함께 일할 다른 두 팀이 있지요. 작가 팀에는 세 사람이 있는데 운영위원회에 소속되어 있는 내용주제 전문가가 제시한 내용에 근거한 설계 개요를 만드느라 줄곧 바쁩니다. 작가 팀의 구성원들은 전문적이고 창의적으로 글을 쓴 경험이 있는 반면에 교육 배경 지식은 없습니다. 그래서 작가의 역할은 프로젝트 운영위원회가 제공한 아이디어를 포착하고 그것들을 문서화하는 것, 그리고 요구한 대로 추가적인 내용을 조사하는 것입니다. 학습결과와 의도된 교육적 접근은 운영위원회로부터 만들어지게 됩

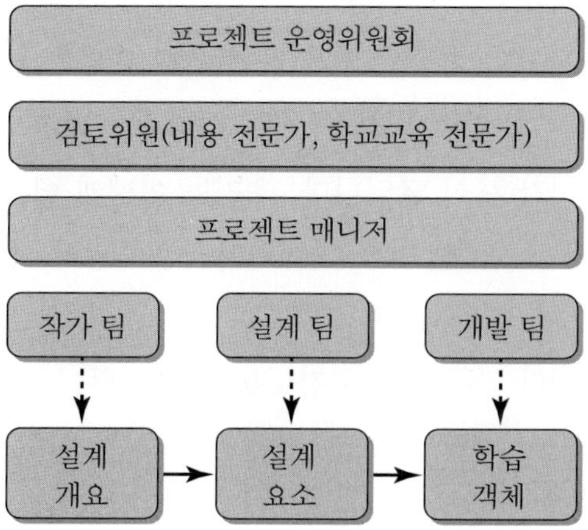

[그림 1-1] '우리 국가와 사회' 프로젝트의 조직구조

니다. 이때 학습객체가 초점을 맞춰야 할 내용이 무엇인지에 대해서 결정을 합니다."

Scott은 이어서 작가들은 32개의 초안 개요를 준비했고, 각 초안은 두 페이지 분량이며 다듬어지지 않았다는 설명을 했다. 그리고 더 개발하려면 설계 팀은 15개의 최상의 아이디어를 택해야 하며 작가 팀은 개요들을 수정하고 필요한 내용을 준비해야 한다고 말했다.

Scott이 설명했다. "모든 과정은 사실상 회의가 어느 정도 수반되어야 해서 보는 것만큼 단순하지 않습니다. 그래서 각 단계 사이에는 재검토와 확인서명 지점이 있습니다." "예를 들어, 작가 팀이 우리가 한층 더 진보된 개발을 위해 선택 개요 내용을 준비하고 나면 우리가 개요를 되돌려 받아서 자세한 설계요소 전체를 개발합니다. 그다음에는 내용주제위원회와 교육 전문가가 이를 재검토해 볼 것입니다. 우리는 그들의 피드백을 받을 것인데, 이는 설계 수정의 기초과정입니다. 최종 설계요소는 운영위원회에 넘겨져 개발 전에 서명이 이루어질 것입니다. 모든 것은 우리 프로젝트 매니저인 Gordon의 손을 거칠 것인데, 그의 일은 바로 일들이 전체적으로 순조롭게 돌아가도록 하는 것입니다.

운영위원회가 설계요소를 승인하고 나면 ScarletMedia의 개발 팀 손에 넘겨집니다. ScarletMedia라는 회사는 전에 함께 일해 보지 않은 곳인데 Jeff가 총책임자를 압니다. 그때부터 설계 팀은 더 이상 관여하지 않을 것입니다. 어쨌든 설계 일에 분할된 총 시간은 석 달입니다. 우리는 어떻게 이 시간 안에 요구된 작업을 할지를 결정해야 할 필요가 있습니다. 여러분의 생각은 어떻습니까?" Scott이 물었다.

Tracey가 대답하였다. "글쎄요. 재검토를 얼마나 많이 받아야 하는지 알고 있나요? 그 과정은 시간이 걸릴 수 있고, 특히 다른 참가자가 시간을 오래 들여 우리에게 피드백을 보내 준다면 기한을 둘 것이라는 점에 대해 말해 줘야 할 필요가 있다고 생각합니다."

"나도 동의합니다." Jeff가 말했다. "일정을 세울 필요가 있는데 모두가 그것을 지키는지 봅시다. 내가 염려하는 것은 설계요소가 얼마나 자세할 필요가 있는가입니다. 개발자들이 우리가 무엇을 원하는지 알 수 있을 정도로 설계요소는 충분히 자세할 필요가 있을 것입니다. 그리고 학습객체를 개발하는 데 있어 기술적인 한계를 넘어서는 일은 추천하지 않는다는 점을 확실히 할 필요가 있습니다. 그때쯤 우리는 진행과정에서 빠질 것이기에 변동을 주지 않을 것입니다. 모두 그에 대해서 어떻게 느끼죠?"

Scott이 대답하였다. "우리가 알고 조심해야 할 필요가 있습니다. 작가들과 개발자들을 모셔 놓고 각 팀에게 기대되는 것을 확실히 할 수 있도록 연구회 같은 것을 열어야 하지 않을까 하고 생각합니다. 이를 Gordon에게 얘기했고, 그는 좋은 아이디어라고 생각하는 듯 보였습니다."

Penny가 덧붙였다. "설계의 기초를 이해할 수 있도록 개발자들을 과정에 참여시키는 것은 좋은 방법일 것입니다. 그렇게 기술적인 한계 때문에 변화시킬 필요가 있다면 본래 설계에 맞는 사항을 더욱 선택하려고 할 것입니다.

"다른 팀들 간의 제안된 작업관계에 대해 궁금하기도 합니다." Jeff가 이어서 말했다. "Scott, 그들이 어떻게 제안했는지 알고 있습니까?"

"글쎄요, 프로젝트 초반에 전체 팀 접근법을 사용했다고 생각합니다. 하지만 작업을 더욱 잘하기 위해 전체팀 접근법이 최상의 인력 배합을 제공했다고는 확신하지 않습니다. 내 생각에는 그들이 이런 식으로 진행하기로 결정한 이유는 누가 관여되는지 되풀이해서 말하기 위해서인것 같습니다." Scott이 대답했다.

Tracey가 덧붙였다. "음, 이유가 무엇이든지 우리는 직접적으로 다른 팀과 작업할 기회를 많이 가지지 않을 것입니다. 그래서 세미나를 열면 우리 모두가 같은 사고방식을 갖고 있는지 확인하도록 시도할 수 있습니다."

"좋습니다. 회의를 하기 위해서 일정과 가능한 날짜를 정하는 일을 착수해 보도록 하겠습니다. 그러고 나서 모두에게 이메일로 알려 드리겠습니다." Scott이 제안했다. "그다음에 저는 Gordon 및 다른 사람들과 협상해 볼 수 있습니다. 다음 단계로 우리는 개요 중 하나를 자세히 작업해 볼 가치가 있을 것이라고 생각합니다. 이전에 언급했듯이, 32개의 설계 개요가 있고, 각각이 2~3페이지 정도의 분량입니다. 그리고 개요마다 설계 아이디어와 학습객체로서 활용할 수 있는 가능한 수단에 대한 설명을 제공합니다. 지난주 프로젝트 모임에서 돌아오는 길에 개요들을 읽어 볼 기회가 있었습니다. 그리고 시작할 과제 하나를 자유롭게 선택했습니다. 그것이 32개의 개요 중 최고의 아이디어를 선택해서 작업할 수 있는 학습객체로 변환하는 일을 어떻게 할지 알 수 있도록 도와줄지도 모릅니다."

모두들 동의하며 고개를 끄덕였다. 그리고 Jeff가 말했다. "좋은 생각이에요. 프로젝트를 좀 더 잘 다루기 위해서는 구체적인 무엇인가로 시작할 필요가 있다고 생각합니다."

"알겠습니다." Scott이 대답했다. " '화성으로 가는 미션' 으로 시작하도록 하지요. 꽤 수월해 보입니다. 일단 각자 독자적으로 잘 생각해 보고 나중에는 머리를 맞대어 의논해 봅시다." 다른 사람들도 모두 동의했다. Scott은 이번 주말에 만날 시간을 정하자고 제안했다. 모두 일정을 확인해 보고는 이틀 뒤로 회의시간을 정했다.

개요 논의하기

'화성으로 가는 미션' 에 대한 개요(〈부록 1-B〉 참조)를 논의하기 위하여 팀은 계획대로 다시 모였다. "모두들 개요를 쭉 읽어 보셨습니까?" 라는 Scott의 시작 질문에 모두가 읽어 봤다고 대답했다. "좋습니다. 그렇다면 개요의 기본을 시작으로 해 봅시다. 가장 먼저 이것은 유치원생부터 초등 2학년까지를 대상으로 삼았으며, 그들이 필요한 것들과 원하는 것들 사이의 차이점을 알도록 했습니다."

"개요를 보면 알 수 있듯이, 이것은 사람들이 공동체에서 행복하게 살기 위해서 어떻게 하는지에 관한 것입니다. 그렇게 하기 위해서는 필요한 것과 원하는 것 사이의 균형이 필요합니다." 라고 Penny가 덧붙였다.

"맞습니다. 학생들이 화성에서 새 공동체를 시작하고 살기 위해서는 우주선에 가지고 갈 물건을 선택할 필요가 있지요. 제 첫 질문은 우리는 이런 개념이 잘 작동할 것이라고 생각하는가입니다." 라고 Scott이 말했다.

Jeff는 개요의 중점을 간략하게 잘 보았다고 언급하고, 그렇지만 학습자들이 의사결정을 할 기회는 여전히 있다고 밝혔다. 이런 이유로, Jeff는 설계 개요가 훌륭한 학습객체가 될 수 있을 것이라고 말했다. Tracey는 도전정신을 가지고 몰입하는 학습자에게는 이것이 판타지의 요소이기 때문에 동기를 부여하기에 매우 용이할 것이라고 했다.

Penny는 이에 대해 회의적인 시각으로 바라보았다. "그래요, 하지만 그것이 그렇게 현실적이지는 않습니다, 그렇죠? 저는 아이들이 정말로 그것에 그렇게 몰입할 수 있을지 확신이 서지 않아요. 프로젝트의 개요에서 언급했던 중요한 원칙 중 한 가지는 현실 상황에서 이루어질 수 있는 활동을 설정하는 것입니다."

"화성으로의 여행은 그 원칙과 그렇게 멀지 않은 설정입니다." Jeff가 말했다.

"예, Jeff의 말이 맞아요. 하지만 그들이 지금 당장 할 수 있는 것은 아닌 것 같습니다." 라고 Penny가 대답했다.

"좋습니다. 아마도 그것은 적절한 상황 설정이 아닐지도 모르겠군요. 다른 방도를 생각해 볼 수 있지 않을까요?" 라고 Scott이 물었다. 팀은 개별적으로 개요를 한 번 더 훑어보고 문제를 고심해 보면서 1분간 침묵했다.

"핵심은 그들이 일종의 외딴 환경에 놓이는 것이라고 생각합니다. 그렇지 않으면 공동체가 필요로 하는 모든 것들은 이미 그곳에 있을 테니까요." 라고 Tracey가 제안했다.

"상황을 우주로 설정함에 따른 어려운 점은 아이들이 다른 것들을 챙기기에 앞서 산소와 물이 꼭 필요하다는 것입니다. 그것은 다소 앞서가는 것이고, 너무 혼란스러운 것일 수 있습니다. 그것은 학생들이 쉽게 관련시킬 수 있는 무엇인가는 아닐 것입니다. 그리고 학습객체는 작은 규모여야 하기 때문에 너무 복잡하게 만들 수가 없습니다." 라고 Penny가 덧붙였다.

"무슨 말인지 알겠습니다. 그렇다면 다른 상황은 어떨까요? 모르겠네요. 무인도는 어떻습니까?" Jeff가 제안했다. "아이들은 보트에 물건을 챙겨 가야 합니다. 우린 섬에 무엇인가를 추가할 수 있는데요, 민물 강이나 건축에 필요한 초목 등을 들 수 있습니다."

"만약 아이들이 필요한 모든 것을 챙기지 않았다는 것을 깨달을 경우, 본토로 돌아가서 물건들을 바꿀 수 있도록 할 것입니까?" 라고 Tracey가 물었다.

"안 될 것도 없지요. 학습과정에서 중요할 텐데 말입니다. 아이들은 자신들이 결정한 일에 대한 피드백을 얻을 필요가 있고, 그들의 결정을 바꿀 수 있는 기회를 가질 필요가 있습니다." 라고 Jeff가 대답했다.

Scott은 "그래서 그들은 섬에 정착하거나 마을을 형성할까요?" 라고 물었다.

"네, 개요 원본에서 보면 의사나 경찰관과 같은 몇몇 사람들이 필요합니다. 그들은 사람들의 역할을 정하고 공동체에 필요한 역할을 추가하는 것들에 대한 문제들을 탐색할 수 있습니다. 그리고 우리는 그들의 선택이 어떤 결과를 빚어내는지를 보여 줄 수 있습니다." 라고 Jeff가 말했다.

"잠시만요, 일이 복잡해지기 시작하는군요. 우리는 SimCity를 제작하는 게 아닙니다. 우리가 어떻게 이 모든 것을 학습객체로 적합하게 만들 수 있을지 모르겠군요. 너무 많은 내용이 들어가게 될 것 같아요. 제가 생각하기에 우리가 생각해 봐야 할 내용은 교사가 수업에서 어떻게 하면 성공할 수 있는지에 대한 것입니다. 그리고 우리는 주의집중 시간이 매우 한정된 아이들에 대하여 이야기하고 있습니다." 라고 Tracey가 주장했다.

"사실입니다. 프로젝트 개요와 회의에서의 토론에 근거하면 학습객체는 매우 유동적이어야 합니다. 그래서 개별 학생이나 소집단이 교사의 직접적인 지도 없이도 그것을 사용할 수 있다는 점을 확실히 할 필요가 있습니다. 하지만 교사 역시 Tracey가 말한 대로 학습객체를 수업으로 통합할 필요가 있습니다. 그래서 어쨌든 선택안을 제한할 수밖에 없을 것입니다. 방법은 보트에 정해진 공간만을 두어서 아이들이 제한된 수의 품목을 가져가도록 하는 겁니다." 라고 Scott이 말했다.

"제한방법은 조심스럽게 해야 합니다. 그렇지 않으면 현실적이지 않을 것입니다. 우리는 그 부분의 도전에 대해 다시 생각해 볼 필요가 있다고 생각합니다." 라고 Tracey가 말했다.

"그렇다면 아마도 우리는 더욱 제한된 상황을 설정해 볼 필요가 있습니다." 라고 Scott이 제안했다.

"동의합니다. 그런데 저는 여전히 상황 설정에 문제가 있다고 생각해요. 그리고 무인도로는 그 문제를 해결해 줄 수 없습니다." 라고 Penny가 말했다.

이에 Jeff는 "왜 그렇죠?" 라고 물었다.

"글쎄요. 약간 진부하군요, 그렇지 않나요? 실생활이라기보다는 오히려 동화책에서 나오는 뭔가에 더 가까워요. 이 나이 아이들은 그들의 가까운 환경 안의 것들과 가장 잘 연결됩니다. 그것은 기본적으로 그들의 가정이지요. 그래서 우리는 '공동체' 를 그들의 가족으로 간주한다면 매우 도움이 될 것 같습니다." 라고 Penny가 설명했다.

"Penny, 좋은 지적이에요. 우리는 아마도 교사들이 교실에서 이와 같은 상황을 어떻게 접근할 것인지 자문해 봐야 합니다. 이 나이 아이를 대상으로 이러한 상황을 연출하기 위해 그들이 어떤 장면을 사용할까요?" 라고 Scott이 물었다.

Tracey가 "캠핑 여행은 어때요? 대부분의 아이들은 캠핑 경험이 있지 않나요?" 라고 제안했다.

"예, 그거 괜찮겠네요. 그들은 무엇을 가지고 갈 것인지 결정해야 할 필요가 있을 거예요. 그들은 가방 속의 정해진 공간이나 차의 뒤쪽 혹은 다른 것에서 공간을 마련할 것입니다. 우리는 그것을 '캠핑 떠나기' 라고 부를 수 있겠네요." 라고 Jeff가 동의하며 말했다.

"그것은 또한 매우 개인적인 것으로 아이들에게 매우 중요하죠. 경찰과 의사를 배제해야 하지만, 그들의 개입이 이야기에 큰 영향을 끼칠지 확실치 않군요." 라고 Penny가 말했다.

"그래서 학습자들은 그들의 선택으로부터 어떤 피드백을 받을 수 있습니까? 작가들이 쓴 개요를 보니 매우 행동주의적으로 보였습니다. 예를 들면, 학습자의 선택은 매우 제한되어 있고 피드백은 실제적이지 않습니다. 가령 아이들이 필요한 것들을 선택하지 않으면 지구는 사라지기 시작하죠. 이렇게 하면 사람들이 죽어 가는 것보다 낫다고 생각하겠지만 매우 현실적이지 않습니다. 우리가 무슨 설정을 선택하든지 학습자들은 그들이 한 결정이 초래한 결과에 대해 어떤 피드백을 얻을 필요가 있을 것입니다." 라고 Tracey가 제안했다.

"우리는 아마도 가이드와 해설자와 같은 인물들이 피드백을 주도록 할 수 있을 거예요. 아마도 다른 가족 구성원으로부터 피드백을 받을 수도 있겠지요. 그래서 시나리오는 아이들이 캠핑 여행을 위해 짐을 싸고, 그런 후 아이들이 목적지에 다다르면 피드백을 받게 하는 것입니다."

Penny는 그녀의 노트북으로 학습과정의 순서도를 그리기 시작했다. 그리고 "아이들의 가방에 공간이 얼마 되지 않으면 그들은 선택을 해야만 합니다." 라고 덧붙였다.

Jeff가 고개를 끄덕이며 덧붙였다. "아이들은 캠프를 세우고, 적절한 장비를 가져오지 않았기에 어떤 일이 발생할 수 있습니다. 예를 들면, 아이들이 따뜻한 모자를 가지고 있지 않아서 밤에 추위를 겪는 거지요."

"그리고 그들은 저녁식사로 초콜릿과 과자를 먹고서 복통을 겪을 수도 있겠지요." Penny는 또 제안했다. "그리고 난 후 아이들이 챙길 물품들을 바꾸고 모든 일들을 다시 겪도록 합니다. 그리고 그들이 좀 더 나은 선택을 하는지 보는 겁니다. 잠깐만요, 이 생각들을 도식화할 수 있게 좀 기다려 주세요." 팀은 Penny가 순서도 작성을 끝내는 동안 기다리다가 그것을 보았다([그림 1-2] 참조).

"괜찮겠는데요. 어쨌든 그들이 마지막 장면과 상호작용할 수 있고, 아마도 더 많은 것을 알아내기 위해 장면의 부분들을 클릭할 것입니다. 가이드는 무엇이 더 나은 선택이었는지 물을 수 있겠네요." 라고 Jeff가 설명했다. "여전히 행동주의자처럼 보이네요? 옳고 그른 답에 초점을 맞추고 학습자들의 선택을 제한하는 것은 우리가 목표로 하는 구성주의 접근법과 일치하지 않습니다. 피드백의 성질

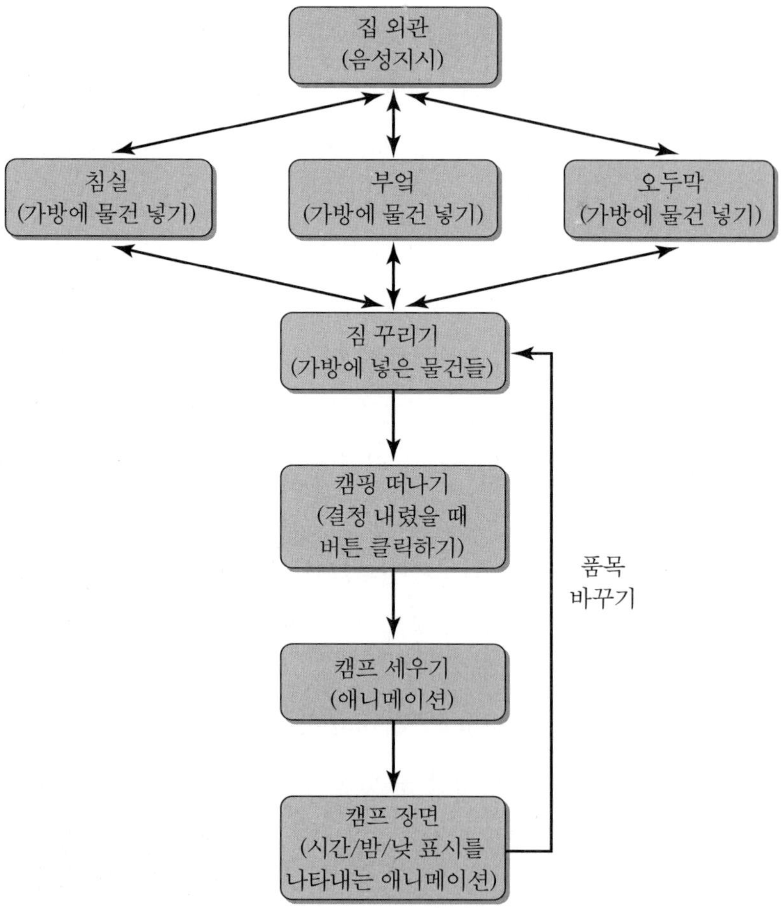

[그림 1-2] '캠핑 떠나기'를 위한 순서도

에 대해 의문을 제기하고 싶네요." 라고 Penny가 사려 깊게 말했다.

"제 말은 필요한 것과 원하는 것 사이를 어떻게 구별하느냐는 겁니다. 다른 이가 생각하기에 무조건 중요하다고 생각한 것이 아주 보잘것없다고 여겨질지도 모르지요. 그리고 균형을 위해서 그들은 필요한 것이 아니라 원하는 것들을 가질 수 있도록 해야 할 것입니다. 그것은 행복을 추구하기 위해 매우 중요하다고 말할 수 있습니다."

"동의해요. 하지만 우리는 살기 위해 필요한 것들과 원하는 것들 사이에 차이가 있다는 생각을 이해시켜야 합니다. 그래서 다른 선택보다 더 좋은 선택이 있어야 합니다." 라고 Jeff가 대답했다.

"학습자들이 선택한 물건들이 그들이 필요로 하거나 원하는 것인지에 대한 그들의 생각을 표현하는 방법을 포함하는 게 어떨까요? 그래서 피드백을 제공함으로써 그들의 선택이 옳거나 그른가를 단순히 말해 주기보다는 그들의 선택에 대해 질문을 던지는 것입니다. 예를 들면, 그들이 가진 유일한 음식이 초콜릿이 아니라는 전제하에 초콜릿을 가져가기로 한 선택이 잘못된 게 아니라고 하는 겁니다." 라고 Penny가 제안했다.

"상당히 다양한 물건의 결합이기 때문에 짐꾸리기는 더욱 복잡해집니다." Scott이 말했다. "우선 선택의 폭을 제한한 이유 중 하나는 학습객체를 작게 유지할 필요가 있기 때문입니다."

"그 아이디어 마음에 듭니다. Penny의 음식 예시와 같이 품목들의 선택에 대한 피드백을 주면서 해 볼 수 있을 것입니다. 예를 들어, 우리는 학습자들에게 세 끼 식사로 무엇을 먹고 싶은지 결정하도록 요구할 수 있습니다. 그런 다음에 그들의 결정에 대해서 생각하도록 질문할 수 있습니다. 그리고 교수자는 아이디어를 매우 쉽게 학급 토론으로 확장할 수 있습니다." 라고 Jeff가 말했다.

Scott은 팀원들이 생각해 볼 수 있게 다른 것을 추가했다. "또한 학습객체가 다른 연령집단을 위해서 어떻게 수정될 수 있는지에 대해서 SchoolsOnline은 우리에게 생각해 보도록 하는 데 매우 민감합니다. 설계 개요의 끝부분에 몇몇의 아이디어가 열거되어 있지만, 만약 우리가 확장시키기를 원하면 다른 연령집단에서도 가능하다고 생각합니다."

"왜 안 그렇겠어요. 목표는 연령이 높은 학습자들과도 관련되어 있고, 똑같은 구조를 사용하여 그 내용을 연령에 맞게 적응시키고 복잡성을 더 증가시킬 수 있습니다."라고 Tracey가 제안했다.

"적어도 초등 3~4학년과 5~6학년 그리고 중학생을 대상으로 더 정교한 개념을 도입할 필요가 있습니다."라고 Jeff가 덧붙였다.

Tracey가 여전히 걱정하고 있는 것을 알아채고 Penny는 "Tracey, 당신은 이것에 대해 확신이 서지 않는 것 같네요."라고 말했다.

"음, 저는 여전히 그 판타지 요소를 좋아해요. 그것은 동기를 부여할 수 있고 좀 색다를 거라고 생각합니다. 현실성이 정말 얼마만큼 문제가 될지 모르겠어요. 당신의 주장을 이해할 수 있고, 캠핑 여행이 괜찮을 거라 생각하지만 여전히 저의 흥미를 끌지 못하네요. 전 어떤 설계가 더 나을지 정말 확실치가 않습니다."라고 Tracey가 대답했다.

"글쎄요, 시간이 별로 없어서 오늘은 해결할 수가 없겠네요. 우리가 원래 개요로부터 꽤 벗어났지만 가장 기본적인 개념은 정한 듯합니다." Jeff가 덧붙였다. "우리 그럴 수 있나요, Scott? 그런 근본적인 변화를 추천할 수 있는 건가요?"

"물론입니다. 저는 이것이 분명히 우리의 역할이라고 이해했습니다. 사실 개요는 아이디어를 나타내는데, 아이디어는 우리 설계 팀이 단순히 시작점으로 사용해야 합니다. 만약 우리가 Gordon과 SchoolsOnline 운영위원회에 우리의 이론을 설득시킬 수 있다면 아이디어를 받아들이고 바꾸거나 버릴 수 있습니다. 우리가 설계 개요에 관해서 보류를 했다면, 지금이 바로 우리가 의견을 표명할 때이고 목표를 달성하기 위해서 대체적인 설계안을 제시해야 할 때입니다."라고 Scott이 말했다.

예 비분석 질문

1. 설계팀은 재검토하도록 요구된 각 설계 개요의 장점과 적절성을 결정하기 위해서 어떤 기준을 사용해야 하는가?
2. 설계 팀이 작업하는 데 있어서의 제약하에, 처음에 받은 초안 개요(〈부록 1-B〉 참조)를 프로젝트 개요(〈부록 1-A〉 참조)에서 요구되는 초안 개요로 바꿀 구체적인 방법을 제시하라.
3. 질문 1번의 대답으로 만들어진 기준을 가지고, 이 사례에서 제시된 '화성으로 가는 미션'과 '캠핑 떠나기'의 설계 아이디어를 비평해 보라.
4. [그림 1-1]에 화살표를 첨가하여 3개 프로젝트 팀 사이의 작업 흐름의 윤곽을 그려 보라. 이 작업 구성 때문에 생겨날 수 있는 가능한 도전들에 대해 토론해 보라.

ID 실천을 위한 적용

1. 교수설계 프로젝트를 작업하는 다른 팀들(예: 설계, 그래픽, 프로그래밍) 사이의 상호작용을 효과적으로 촉진시키기 위해서 프로젝트 매니저에게 필요한 기술에 대해 토론해 보라.
2. 학습객체를 정의하는 핵심적인 특징을 설명하라. 각각의 이런 특징들이 학습객체의 재사용에 미치는 영향은 무엇인가?
3. 컴퓨터 기반 학습객체 환경 내에서 구성주의 교육전략을 적용하는 것과 관련된 도전에 대해 토론해 보라.

부록 1–A

프로젝트 개요
'우리 국가와 사회' – 학교 온라인화 주도

'SchoolsOnline' 은 온라인 디지털 학습자원(예: 학습객체)을 개발하는 국가 차원의 주도사업이다. 이 프로젝트는 유치원생부터 고등학생까지를 위한 '우리 국가와 사회(Our Nation and Society)' 에 초점을 맞춘 것이다.

이 프로젝트 개요는 이 분야에 관한 온라인 교과과정 내용 개발의 주요 목적과 범위에 대한 개관을 제공한다.

온라인 내용

이 주도사업에서 온라인 내용의 특징은 다음과 같다.

- 학생들이 유의미하고 상호작용적인 학습경험에 몰입하게 한다.
- 의도된 결과와 관련되며 국가, 주 그리고 지역사회 수업계획서와 연관되어 있다.
- 학생들의 학습을 새롭고 효율적인 방법으로 도와준다.
- 학습경험 촉진을 위한 새로운 매체와 테크놀로지의 가능성을 활용한다.
- 개인 또는 소집단 맞춤형이다.
- 학습 맥락의 범위에 잘 적용된다.
- 개념개발과 실제 생활로부터 및 실제 생활로의 기술과 이해의 전이, 그리고 학습 영역 간 및 학습 영역 내의 연결을 도와준다.
- 평생학습 기술의 개발을 도와준다.

- 학생들이 질문하고 조사할 수 있도록 고무시킨다.
- 실생활에 맞는 맥락과 시나리오를 제공한다.
- 교양과 수리적 사고를 돕는다.

프로젝트 내용 초점

이 프로젝트를 위한 온라인 디지털 자원은 역사, 지리공부, 지역공부, 환경공부, 가치와 문화 공부, 그리고 특정 지역과 지방 사람들의 시민사회에 대한 학습을 도와준다.

프로젝트 목표와 범위

이 프로젝트는 학생들에게 도움이 되는 다음과 같은 점을 지시하는 자료를 제공할 것이다.

- 선호되는 특징들을 발생시키는 데 필요한 공헌점들을 조사하고 자신과 타인에 대한 이해를 돕기 위해 현 사회에 대한 이해를 발전시킨다.
- 서로 연결되는 사회적, 문화적, 생태적 및 경제적 시스템과 정치적 · 윤리적 이슈 그리고 대체적인 세계관을 조사한다.
- 민주적 과정과 유지할 수 있는 미래, 그리고 사회정의의 원리와 사회적 결정과 연관된 가치, 이해, 기술, 기질 및 행동을 개발한다.

이 프로젝트의 범위는 다음 주제 중 하나 또는 그 이상의 것을 담고 있는 고품질 온라인 디지털 콘텐츠를 설계하고 개발하는 데 있다.

- 지리적, 경제적, 환경적, 윤리적, 이데올로기적, 정치적 시스템과 이슈에 대해
- 현재 우리의 방향에 대해
- 미래에 우리가 원하는 것에 대해

이 프로젝트에서 개발되는 전체 콘텐츠를 통해 위의 모든 것이 학습 가능할 것이다. 그러나 개별 학습객체에 이 모든 요소들이 필요한 것은 아니다.

우수한 교수법

구성주의 교육은 모든 학습객체 설계의 기초가 되어야 한다. 구성주의는 학습자들이 그들의 지식, 가치 그리고 윤리적 외관의 구성가라고 본다. 구성주의적 학습은 다음과 같은 과업을 기초로 한다.

- 실생활의 사실성과 복잡성에 대한 다양한 현상을 제공한다.
- 개념화를 고무시키는 사실에 기반한 과제들을 제시한다.
- 실제 세계와 사례를 기반으로 한 상황들을 제공한다.
- 깊은 사고를 지향한다.
- 종종 학생들의 협동학습 구조와 사회적 협상을 특징으로 하는 학습자 협력을 연관시킨다.
- 학생들이 문제에 대한 다양한 종류의 가능한 해결책이나 접근법으로부터 선택할 수 있도록 돕는다.
- 학습자로 하여금 원칙과 관점을 가로질러 연관성을 만들도록 한다.

부록 1-B

학습객체 설계 개요

제목: 화성으로 가는 미션

대상 학습자: 유치원생~초등 2학년

전제적인 개념

학습객체는 다음과 같은 점에서 학생들의 이해를 도울 것이다.

- 가치
- 존속
- 복지의 측면

하위 개념

학습객체는 다음과 같은 점에서 학생들의 이해를 도울 것이다.

- 사람들이 어떻게 지역사회의 필요와 복지에 기여하는가
- 모두가 어떻게 지역사회에 생산적이고 공정한 방법으로 기여하는가

학습 결과물

학생들은 다음과 같은 수행을 하게 될 것이다.

- 지역사회의 필요와 요구를 인식하게 될 것이다.
- 필요와 요구를 구분하게 될 것이다.
- 적절하고 부적절한 선택에 대해 인정하게 될 것이다.

인터페이스 설계 시 고려사항

- 깨끗한 인터페이스
- 넓은 드래그 앤 드롭 영역
- 큰 서체
- 음성 지시
- 화려한 색깔과 재미있는 그래픽

학습활동의 목적

유치원생부터 초등 2학년 학습자를 위한 학습활동의 목적은 그들의 필요와 요구 사이의 차이점을 이해하고, 다른 사람들의 필요와 요구에 대해 생각할 수 있게 하는 것이다.

학습활동 설명

단계 1: 학생들은 그들에게 무엇이 중요한지, 그들이 살기 위해서 무엇이 필요한지 사람과 자원의 측면에서 결정한다.

화려한 색의 우주선이 화면의 전경에 나타난다. 어두운 우주, 별 그리고 행성들은 배경에 나타난다. 학생들이 화성 탐사 미션을 위해 가고 있다고 말해주고, 화성에서 살기 위해 어떤 것들이 필요한지 묻는다.

학생들은 화성에서 살기 위해서 필요한 자원들이 무엇인지 적합한 선택을 통해 고려해 보고, 그들이 필요한 자원(예: 사람과 물건)을 가지고 그 행성에 정착한다.

학생들에게 메뉴바에 제한된 선택권이 주어지고, 그들이 그중에서 고를 수 있는 자원의 수는 한정된다. 선택할 수 있는 종류에는 가족, 친구, 농부, 건축가, 경찰관, 물, 건강음식, 식물, 동물, 초콜릿, TV 등이 포함될 것이다. 그들이 선택할 수 있는 것은 행성의 그래픽 아이콘으로 제시된다.

만약 학생들이 물이나 사람들과 같은 기초적인 필요를 충족시킬 적합한 자원을 선택하지 않는다면 행성은 사라지기 시작한다. 즉시 효과음으로 학생들에게 정말 필요한 것이 무엇인지 고려해 보도록 요구한다.

각각의 적절한 선택을 한 학생들은 어떤 형식(예: 박수 소리, 웃는 화성인 등)으로든 확인시켜 준다. 학생들은 행성들로부터 선택한 자원들을 제거하고, 그들이 만족스러운 결과물을 얻을 때까지 다른 자원들을 선택한다. 학생들은 자신이 선택한 이유를 화면에 쓰거나 말로 설명할 수 있다.

단계 2: 학생들은 그들이 이전에 선택한 사람들과 물건들이 정말 필요한 것인가를 심사숙고해야 한다. 학생들이 자원적인 면에서 다른 사람들의 필요가 무엇인지를 생각해야만 하고, 선택할 수 있는 것들 중에서 적절한 선택을 하는 또 하나의 선택과정이 있다. 학생들은 특정 요소가 장면에서 사라지거나 삽입될 때 어떤 일이 발생하는지 시각적으로 목격한다. 학생들은 만족될 때까지 장면을 조작할 수 있다. 행성은 전체적으로 유지 가능한 공동체로 재생산될 때까지 성장한다.

단계 3: 공동체가 완성되면, 학생들은 주어진 옵션으로부터 원하는 것들을 선택할 수 있다. 원하는 것에는 친구, 애완동물, 초콜릿과 같은 여분의 식량 등이 포함되어 있다.

추가 정보

학습객체는 다른 정보와 다른 상황에서 반복될 수 있다.

또한 더 나이 많은 학습자를 위해 복잡하게 확장될 수도 있다. 그것은 학생들의 결정의 흔적인 '생태학적 발자국' 의 크기를 늘림으로써 가능하다. 참고사항은 소비된 물의 양, 생성된 우주 오염물, 그리고 농업, 공업, 쓰레기 처리 등으로 차지하게 될 공간 등이 될 수 있다.

사례연구

2

중학교 과학교사를 위한 학습경험 (Denny Clifford의 사례)

Peggy A. Ertmer
(Purdue 대학교)
Katherine S. Cennamo
(Virginia Tech)

독립적으로 일하는 교수설계 컨설턴트인 Denny Clifford는 그렇게까지 당황스러웠던 적이 없었다. Cynthia Oakes 박사는 그가 만난 고객 중 가장 까다로웠다. Denny는 그 자신이 어려움을 느끼는 이유가 그들의 나이와 성별, 교육적 경험이 다르기 때문인지, 아니면 프로젝트의 특성 때문인지 확실히 알 수 없었다. Denny는 도무지 Cynthia 교수와 의미 있는 대화를 할 수 없다고 생각했다. 그들은 같은 언어로 말하고 있는 것 같지가 않았다.

Denny는 경험 많은 설계 컨설턴트다. 그는 지난 5년간 비디오를 생산하는 회사에서 일해 왔고, 그 전에는 공군의 기술설계자이면서 동시에 훈련가였다. 그는 컴퓨터 기반학습, 멀티미디어 시뮬레이션, 원격학습 과정을 포함한 매우 다양한 교수매체를 만들어 왔다. 이전에도 Cynthia가 개인적으로 중학교 과학교사를 위한 혁신적 학습도구를 요구한 적이 있었지만, 이것은 그가 지금까지 맡은 가장 어려운 일이었다. 처음에 그는 그 자신이 과학과 테크놀로지에 대해 잘 알고 있으므로 그 프로젝트가 다른 어느 프로젝트보다 쉬울 것이라 생각했다. 그러나 지금 그는 프로젝트에 대해 그렇게 확신할 수 없는 상태다. 만약 그가 Cynthia의 교육철학을 좀 더 잘 이해하고 있었더라면 그렇게까지 힘들어하지는 않았을 것이다.

지역 대학의 과학교육과 교수인 Cynthia는 교수–학습의 구성주의적 접근을 확고히 믿었다. 얼마 지나지 않아 Denny는 구성주의적 관점을 갖고 있는 Cynthia에게 '목표' '준거지향평가 문항' '직접교수법' 정답'과 같은 단어를 사용하는 것은 반감을 살 수 있다는 사실을 알게 되었다. 또한 Cynthia는 학교개혁 발의에서도 일관된 방식으로 지역의 중학교 교사를 돕기 위한 독창적이고 새로운 교육자료를 만들도록 Denny에게 요청했다.

대부분의 중학교에서 학생들은 다양한 과목의 수업을 듣기 위해 교실을 옮겨 다니는데, 이것은 한 교사가 다양한 집단의 학생들을 가르쳐야 한다는 것을 의미하기도 한다. 이러한 교사들의 일부는 과학에 관심이 있지만, 대부분은 과학에 대한 충분한 훈련이나 관심 없이 그저 그들에게 맡겨진 일이기에 과학을 가르치는 경우가 많다. 몇 년 전에 Cynthia는 이러한 교사집단을 위한 과학학습자료를 개발해 달라는 임무를 맡았다.

과학교육 분야의 지역 리더로서 Cynthia는 사회적 구성주의자의 관점에서 혁신적인 과정을 개발하였다. 그 과정은 학생들이 풀게 될 문제 세트로 구성되어 있었다. Cynthia는 그녀의 구성주의적 철학을 설명하고, 교재의 개관을 제공하는 연수에서 그 과정을 소개했다. 그 과정은 많은 인기를 얻었고, Cynthia는 다른 여러 지역의 학교로부터 그들 학교에서 그녀가 만든 과정에 대한 연수를 해달라는 요청을 받았다. 이 연수에 참가한 많은 사람들은 Cynthia에게 전문적인 개발자료를 만들어 줄 것을 요청하였다.

지금 Cynthia는 전문성 개발자료를 개발하기 위한 자료를 대상자들에게 제공해 주는 큰 계약을 수주했다. 비용은 문제가 아니었다. 그녀는 그 프로젝트의 여러 제한점에 대해 언급했다.

중학교 과학 프로젝트

우선 Cynthia는 이 프로젝트의 목적은 중학교 과학교사들이 (1) 그들의 학생들로부터 다양한 과학적 문제 해결법을 생성해 내고, (2) 과학에 관한 학생들의 생각을 듣고 이해하며, (3) 이러한 생각을 가지고 교사가 무엇을 해야 할지(즉, 학생들의 생각을 평가하고 학생들 스스로가 그들의 문제해결 전략을 해석할 수 있는 기회를 제공하는 것 등) 아는 것을 돕는 것이라고 하였다. Cynthia는 Denny가 중점을 두고 있는 과학 교과과정의 특정한 내용에 대해서는 관심이 없었다. 대신에 그녀는 교사들이 중학교 과학교수의 대안적 방법을 배우길 원했다. 그것은 그녀가 교수-학습 과정에서 가장 관심 있었던 내용이었다. 사실 그녀는 자신의 내용을 가르치는 것은 관심이 없었다. 그녀는 교사들에게 사회적인 지원이 이루어지는 환경에서 개혁에 기초한 과학교수와 관련해서 안건을 탐구할 기회를 주고자 했다.

둘째, Cynthia는 과학적 추론을 개발하는 그녀의 접근이 효과적이라 믿었다. Denny는 초기의 그녀와의 토론에서 과학수업은 전형적으로 문제에 기반한 협동학습의 형태로 학습자가 둘씩 짝지어 시작하고, 전체 학급의 대집단 토론을 통해 그들의 문제해결 전략과 해결책에 대해 공유하는 것으로 종료된다는 것을 알게 되었다. Cynthia에게는 중학생들이 문제의 정확한 답을 구하는 것이 중요하지 않았다. 그녀의 관심은 특정 내용의 학습결과를 성취하는 것이 아니라 문제 해결의 과정을 전개하는 데에 있었다. 사실 그녀는 모든 지식이 사회적으로 구성되어 있기 때문에 과학에 절대적인 답은 없다고 하였다. 또한 그녀는 교사들이 과학교수의 교육학적 지식을 똑같은 방식으로 더 잘 알길 원했다.

셋째, Cynthia는 특히 참가자들의 요구에 민감하게 반응했다. 그녀는 담임교사가 극도로 바쁜 사람들이라는 것을 잘 알고 있었다. 그녀는 가능하면 학교 또는 집에서 교사들이 원하는 시간에 교수법을 제공하고 싶어 했다. 물론 교사들이 교실에서 과학교수에서의 혁신적 접근을 시도하길 기대하고 있었다.

넷째, Cynthia는 시간이 없었고 또 연속적으로 연수나 워크숍을 수행하는 것을 원치 않았다. 그녀는 지난 몇 년 동안 이러한 것들을 계속 해 왔고 더 이상 그렇게 하고 싶지 않았다. 그녀의 주요한 관심은 연구였다. 그녀는 학생들의 과학적 사고에 대한 교육과정의 효과에 매우 관심이 많았다. 전형적으로 그녀는 워크숍에 참가한 교사들에게 광범위한 사후 점검을 실시했다. 그녀는 주기적으로 그들의 학급을 관찰하고 그녀의 관찰에 대해 토론하는 개인적인 미팅도 가졌다. 사실 그녀는 문제 기반의 과학학습 과정에 관한 많은 논문을 쓰기도 했다.

Denny가 보기에 Cynthia는 워크숍에 대한 요구를 만족시키기 위한 방법을 찾기 위해 노력하는 반면에 워크숍을 전달하는 방법에는 관심이 없는 것 같았다. 사실 그녀는 수업을 어떻게 조직할 것인지에 대해서는 관심이 없어 보였다. Denny는 그녀의 교육과정에 대한 이전의 교수가 왜 교사들과의 일대일 미팅으로 이루어졌는지에 대해 의문이 생겼다. 비록 Cynthia는 연수를 하는 데 시간을 할애하는 것을 원치 않았지만, 반나절을 교사들의 경험과 이야기를 나누는 데 쓰고 있었다. 그러나 그녀가 그러한 것을 시도했을 때 그 프로그램이 전국적으로 배포되어 있지 않았다면 불가능했을 것이다. 이러한 교사들과의 만남은 워크숍에 대한 요청이 많아지면서 불가능해졌다. 그러한 이유로 그녀는 정보를 배포하기 위한 또 다른 방법을 설계하기 위해 Denny에게 연락을 취하게 된 것이다.

무엇을 해야 하나

Cynthia는 Denny와의 이전 회의에서 일주일 내로 잡혀 있는 다음 미팅에서 그가 제안한 자료와 전달방법에 대한 제안 목록을 제시해 줄 것을 기대한다고 아주 명쾌하게 말했다. 그러나 Denny는 당일까지 그가 늘 하는 교수설계 과제 중 그 어떤 것도 완성해 놓지 못했다. 예를 들면, 그는 목적과 측정도구의 목록조차 작성해 놓지 않았다. 그는 일하기 위해 필요한 특정 내용에 대한 그 어떠한 것도 가지고 있지 않았다. Cynthia만이 그에게 도움을 줄 수 있는 유일한 내용 전문가였다. 사실 그는 학습자 특성 목록조차 가지고 있지 않았다. Cynthia와 네 번의 미팅을 가졌음에도 불구하고, Denny는 보통 프로젝트 초기에 얻게 되는 일반적인 정보조차 얻지 못했다.

그러나 Denny는 Cynthia와의 미팅에서 언급되었던 다음과 같은 가능한 자원을 떠올리면서 그것이 그에게 적어도 시작점이 될 수 있는 어떤 방향을 제공해 줄 것이라 믿었다.

- 전년도에 연수를 마친 24명의 교사 목록. 그들 중 많은 수는 지역 학교에서 학생들을 가르치고 있으며, 대부분은 그들이 배운 교수법을 연습하고 있는 중임
- 새롭게 배운 방식으로 접근하면서 경험을 쌓아가고 있는 교사들의 교실에서의 모습을 담은, 관찰 날짜가 기록된 한 박스의 비디오테이프
- 교사의 교재개발을 위한 기금을 허가하는 조성금 제안서 복사본
- 새로운 방법으로 과학을 가르치는 데 관심을 표방한 교사들의 목록
- Cynthia가 주창하는 방법으로 5년째 과학을 가르치고 있는 이전의 참가자들과 Cynthia가 쓴 두 개의 논문

Denny는 이러한 미팅에서 쓴 기록([그림 2-1] 참조)과 Cynthia가 제공한 자원에 관한 기록을 가지고 있다. 그러나 그가 가진 정보는 과제와는 많이 동떨어져 보였다. 그는 현재 설계를 시작조차 할 수 없는데, 어떻게 하면 효과적인 교수 프로그램을 전달할 수 있을까?

- 학생들에게 그룹 토론을 하게 하는 것은 과학적 아이디어의 공유된 의미를 창출하게 한다는 점에서 매우 중요하다.
- 생산적인 토론은 학생들이 과학적 추론을 개발하게 하고, 그들의 생각을 정교화하고, 그들의 추론과 다른 사람의 추론에 대해 반성적으로 사고하게 하는 능력을 발달시킨다.
- 교사는 토론의 훌륭한 대화 촉진자가 되어 도울 필요가 있다.
- 교사는 학생들의 실행이 변화되어 가는 과정에서 지속적으로 도움을 주어야 한다.
- 학생들의 과학적 추론기술을 발달시킬 수 있는 능력을 배양시켜 주는 것은 교사의 매우 중요한 역할이다.
- 실행과정에서의 변화는 과학에서의 성공적인 수업 토론을 수행하도록 한다는 점에서 특히 중요하다.
- 교사에게는 실행을 반영하는 데 필요한 사회적 지지와 시간이 매우 부족하다.
- 교재는 새로운 교사와 경험 있는 교사를 대상으로 하고, 과학교육 분야의 혁신적 변화의 관점에서의 교수를 강화한다.
- 자발적으로 참가한 사람들은 대개 그들의 실제를 개발시키는 데 긍정적인 태도를 가지고 있는 경우가 많다. 새로운 것을 시도하는 것에 대한 많은 걱정을 수반한다. 신뢰할 수 있고 비판단적인 환경을 조성하는 데 중요하다.
- 참가자들이 그들과 타인의 교실에서의 실습을 반성적으로 되돌아보고, 실제를 지속적으로 발전시켜 나갈 수행계획을 개발하길 원한다.

[그림 2-1] Cynthia와의 미팅 내용에 대한 Denny의 기록

예 비분석 질문

1. 이 사례를 수행함에 있어 의사소통의 장벽에 대해 기술해 보라. 이러한 어려움을 줄이기 위한 전략을 제안해 보라.
2. 기존에 정해진 자원이 특정한 교수설계 요구를 만족시키기 위해 어떻게 바뀔 수 있는지 기술해 보라.
3. 어떤 종류의 매체, 전달방법, 교수기술이 이 내용과 대상 및 고객을 위해 가장 적합한가? 당신이 추천하고 싶은 것을 정당화해 보라.

ID 실천을 위한 적용

1. 서로 다른 철학적 배경을 가진 사람들이 서로 유익한 관계로 발전할 수 있는 전략에 대해 제안해 보라.
2. 과학교수에 있어 구성주의적 접근을 교사에게 소개하기 위한 모의수업을 고안해 보라.
3. 전달방법과 매체, 교수기술을 고객과 학습자의 요구에 부합시키는 것의 중요성에 대해 기술해 보라.

사례연구

3

K-12* 환경에서의 변화 실행 (Carla Fox의 사례)

Kara Dawson
(Florida 대학교)
Rose M. Pringle
(Florida 대학교)
Skip Marshall
(Tampa 소재 기업훈련 그룹)

9주 중 3주째 있었던 첫 교무회의에서 Carla의 마음은 1분에 1마일씩 달리고 있었다. 지금 그녀는 Thompson Run 초등학교에서 첫해의 중간쯤을 보내고 있다. 그녀는 5학년 학생의 진전을 매우 기쁘게 여기고 있다. 그녀의 생각은 교장인 Shannon Ensman이 그녀를 고용했을 시절로 옮겨 갔다. "Carla, 나는 당신에게 Thompson Run에서 자리를 줄 수 있다는 것이 기쁩니다. 당신이 최우선시해야 할 그리고 책임져야 할 가장 중요한 부분은 당신의 학생들과 당신의 수업입니다. 그러나 당신의 배경이 되는 교수설계와 혁신적인 교육에 대한 인상 깊은 기

* K-12는 미국 정규 학교교육과정을 의미하며 유치원, 초, 중, 고 과정을 모두 포함한다.

록들은 나로 하여금 당신이 더 혁신적인 교수전략을 가지고 우리 학교가 더 나아갈 수 있도록 도울 것임을 기대하게 합니다." 그때 Carla는 이것(관리자가 교수자와 교수설계자로서 그녀의 전문성을 인정해 주는 것)을 꿈이 실현되는 것으로 보았다. 지금 그녀는 그녀의 동료들이 잠재적 학교환경의 변화에 대해 논의하는 것을 앉아서 들으며, 과연 그 두 가지 역할이 가능한지 의문이 들었다.

Shannon에 의하면, 이것은 물론 가능한 것일 뿐만 아니라 Carla Fox를 고용한 이유이기도 했다. Shannon은 Thompson Run 초등학교의 교장으로 한 해를 보냈고, 교장 비서로 이 학교에서 지난 5년간 그녀의 새로운 학교 모델의 비전을 가지고 일했다. 그녀는 구성주의적 교수학습전략과 지난 몇 년간 지역에서 집중적으로 자본을 투자한 테크놀로지 기반 자원들과 많은 경험적 자료들의 이점을 취할 수 있는 학제 간 접근을 촉진시키고 향상시키는 것에 대한 비전을 가지고 있다. 반면에 많은 교원들은 학제 간 수업, 테크놀로지 통합 및 대안적 평가방법에 대해서 탐구하고 실행하는 데 흥미를 표했지만 어떤 이들은 암기학습과 표준화된 주 단위의 평가항목을 가르치는 것에 대해 지속적인 관심을 갖고 있다. 교사로서 Carla는 새로운 교수 연구법의 모델과 다른 교사들을 위한 역할 모델이 되기를 기대받고 있다. 교수설계자로서 Carla는 학교에 대한 Shannon의 비전에 수반되는 필요한 변화를 인지하고 계획하고 적용하는 데 노력을 이끌도록 기대되었다.

Shannon은 관리자로서 교사들이 그들의 전략을 수정하는 것을 어떻게 도울지에 정통하며, 그 과정에서 손실될 비용에 대해서도 인식하고 있다. Shannon은 그 과정을 용이하게 하도록 자금을 공급할 수 있기를 바라고, 학교의 예산 안에서 모든 방법을 동원 가능하도록 하고 있다. 그녀의 계획은 비용을 교원들에게 서비스 세션을 제공하는 데 쓰는 것이다. 대체할 교사들을 고용하여 그녀의 교사들이 전문적인 컨퍼런스에 참석하고 동료 참관에 참여하도록 하는 것이다. 그리고 교육과정의 개발에 관심을 보이는 교사들에게 인센티브를 제공하는 것이다. 아울러 구성주의적인 철학(이념)을 받아들이며 교원들 사이에 변화를 장려하는 분위기를 만들고 다른 사람들에게 모델이 될 수 있는 그녀는 Carla와 같은 혁신적인 교사를 고용하는 일에 신념이 차 있다.

Carla는 '올해의 공립학교 선생님'과 '지역의 혁신적인 교수 10인'을 포함하여 가르침과 학교 단위 개혁에 대한 열정을 인정받은 전문교사이다. 그녀는 그녀의 창의성, 지성 그리고 동기부여 전략으로 주목되며, 그녀의 학생들은 지속적으로 주(州)의 평균 학습성취도에서 상위권을 차지했다. 이에 대해 지역 언론은 그녀가 어떻게 자신의 학급을 이끄는가를 묘사하는 것으로 그녀의 성취에 대해 기록하고 있다. 학생들과의 편안한 상호작용, 기존 학제의 교수법과 학습에 대한 지식, 대안적인 평가방법의 사용, 특별한 요구를 가진 학생들과 일하는 능력 그리고 기술 통합에 대한 열정이 그녀의 관심사였다.

6년 전, Carla는 그 주에서 명성을 얻고 있는 사범대학의 두 과정(하나는 수학, 과학, 기술이고, 다른 하나는 사회, 언어예술, 제2언어로서의 영어)이 통합된(두 학기를 포함하는 혁신적인) 5년 과정을 졸업했다. Carla는 또한 교육공학으로 졸업 학위를 받았다. 최근에 그녀는 교수설계로 석사학위를 취득했다. Thompson Run 학교에 자리가 비었을 때, Carla는 이것이 그녀의 이러한 많은 기술을 그녀의 일에 통합해 볼 수 있는 좋은 기회가 될 것이라고 믿었다.

회의가 계속됨에 따라, 친숙하지만 유쾌하지 않은 경력 교사 Hodge의 목소리에 Carla의 생각은 방해받았다. "나는 왜 우리가 이런 논의를 해야 하는지 모르겠어요. 나는 지난 25년 동안 6명의 교장을 겪었고 우리는 언제나 우리의 성취에 대해 편안했습니다. 우리 학생들은 언제나 주의 표준화된 시험에서 평균점을 얻고 있는데, 이 외에 뭐가 문제가 됩니까? 이 모든 개혁에 대한 이야기는 우리의 귀중한 시간을 낭비하는 불필요한 것일 뿐이에요." Hodge 선생은 계속해서 Thompson Run이 지역에서 제일 나쁜 학교가 아님을 말했다. "나도 알아요. 우리가 완벽하지는 않다는 것을. 그렇지만 내가 들은 대부분의 이야기는 무슨 일이 일어나더라도 이곳은 변하지 않는다는 거예요." Carla는 5, 6명의 다른 교사들이 Hodge의 말에 끄덕이는 것을 눈치챘다.

Schlegelmilch가 답했다. "나 역시 Hodge 선생의 말에 동의합니다. 나는 당신 이 외의 분들에 대해 잘 모르겠습니다. 그러나 나는 이미 많은 시간을 학교에

바쳤습니다. 우리가 일을 끝냈을 때 추가적인 일에 대한 보상을 기대할 수 있겠지만, 나는 내 시간의 추가적인 요구에 대해서는 전혀 기쁘게 생각하지 않아요." Carla는 보상문제에 대해서는 명백히 동의했고, 그녀의 시간을 추가로 요구받을 때 종종 불쾌감을 느꼈다. 그러나 그녀는 교사들의 발전을 지지하는 환경 속에서 왜 교사들이 지속적인 발전을 위해 일하기를 원하지 않는지 이해하기 힘들었다. 결국 학교 교육의 최종 목표는 의미 있는 학습이고 거기에는 항상 향상을 위한 여지가 있다.

신임 교사 Puskorius가 주저하는 듯한 목소리로 말했다. "나는 내 학생들이 정말로 잘하기를 원합니다. 나는 개혁에 전적으로 동의하지만, 지금 당장 내 모든 에너지는 학급운영 문제에 집중되어 있습니다. 이것이 내가 가장 지원이 필요한 부분입니다."

불편한 침묵이 흐른 뒤, 경력 교사인 Zurovachak이 자신감에 찬 목소리로 말했다. "나는 교육자로서 우리는 우리 학교가 지역에서 최악의 학교는 아니라는 사실에 위안하면서 편안하게 지낼 수는 없다고 생각합니다. 내 기억이 맞다면 우리 대부분은 새 교장선생님의 아이디어 때문에 자진해서 그녀를 환영했고, 그렇기에 이제 우리는 그녀가 이끌려는 변화에 대해서도 환영하고 지지해야 합니다. 네, 우리는 이미 성공했습니다. 그러나 나는 또한 우리가 우리 학생들을 더 많이 발전시킬 수 있다고 생각합니다. 이것은 경력 교사와 신임 교사 간의 리더십과 협동심을 지원해 줄 좋은 기회입니다."

부임 첫해이며 외향적인 성격을 가진 Fitzgerald가 밝혔다. "알다시피, 나는 아주 최근에 졸업했기 때문에 대학에서 배웠던 많은 전략과 기술들을 나의 동료들과 함께 실행해 보며 협동하는 것에 매우 깊은 관심을 가지고 있습니다. Ensman 선생님의 목표와 비전은 이 일을 해야만 한다고 나에게 확신을 줍니다. 나는 협력적이고 혁신적인 학교환경에서 성장하고 발전하길 원하기 때문입니다."

Hodge는 대답했다. "Thompson Run이 보장할 수 있는 것 중 하나는 여태까지 협동해 왔다는 것입니다. 특히 교사 라운지와 학교 기능 면에서 그렇지요. 나는 이러한 대학에서 개발된 혁신들, 대안적 평가방법이나 기술 통합, 학제 간 교수법과 같은 것들이 어떻게 우리 학생들의 시험 성적을 높일 수 있을지 모르겠습니다. 우리는 과거에 그런 것들을 경험해 보았는데 점수에는 아무런 변화도 없었지요. 그러나 교실은 혼란스러워졌고 수업계획에 더 많은 시간과 노력이 들어가게 되었습니다."

Hodge가 말했을 때, Carla는 Lynn이 주춤하며 불편해하는 것을 알아챘다. Lynn과의 협력을 통해서, Carla는 Lynn이 조용하고 수줍음 많은 동료이지만 그녀는 수업에 혁신적인 교수전략을 통합하고 있는 열정적인 교사라는 것을 알고 있다. Carla는 Lynn과의 대화를 통해서 Hodge와 같은 교사들이 과거에도 이러한 개혁의 노력을 하지 못하게 한 원인이었다는 것 역시 알고 있었다. Lynn은 Carla에게 과거 교장이 분리된 시간에 개별 과목을 가르치는 것보다 의미 있는 방법으로 과목을 통합해서 수업하자는 학제 간 교수법과 관련된 워크숍을 시행하려고 했을 때의 반응에 대해 상세히 말해 주었다. 지원 교사 수의 부족 등의 이유로 학교 단위 시행에는 실패했지만, Lynn은 그녀의 학급에서 그 수업을 시행하도록 지원하였다. Lynn은 또한 Carla에게 그녀는 교장과 다른 신임 교사들이 학교에 변화를 가져올 것을 희망한다고 말했다. Carla가 교사 회의에 관해 Lynn과 이야기한 내용을 머릿속에 정리했을 때, Shannon은 교사들에게 그들의 의견과 제안에 대한 감사의 말을 전하고 다음 교무회의에서 이야기를 이어 가자고 했다. 버스들이 도착하기 시작하면서 새로운 날의 시작을 알렸다. 회의는 미루어졌고, Shannon은 Carla에게 방과 후에 자기 방에 들러달라고 요구했다.

Carla의 5학년 학생들이 줄지어 그녀의 교실로 들어갔고, 그들은 즉시 Lynn의 1학년 학생들과 협력하기 위해 준비하고 있는 그들의 곤충 프로젝트에 착수했다. 몇몇 학생들은 자연 하이킹을 했을 때 찍어 둔 디지털 사진을 바탕으로 프레젠테이션을 준비하고 있었고, 다른 학생들은 관찰된 곤충의 수와 종류를 차트로 구성하고 있었다. 10시가 되자 Carla는 마지막으로 학생들에게 Lynn의 학생들과 협동학습을 할 내용에 대해 몇 가지 상기시켰다. 그리고 그들은 재빨리 흩어져 흥분한 듯 그녀의 방으로 들어갔다. 몇몇 교실들은 매우 조용했고, 학생들은 줄지어 놓여 있는 책상에 앉아 학습지를 풀고 있었다. 다른 학생들은 둥그런

원형 테이블에 모여 앉아서 여전히 개인학습을 하거나 대화를 주고받으며 협동하고 있었다. 그녀는 Puskorious의 교실로 걸어가면서 혼란을 목격한다. 그의 크고 직접적인 목소리는 상황을 통제하고 있는 듯 보인다. Carla를 발견하자 그는 머리를 빼꼼히 내밀고는 말했다. "내가 무슨 말을 하고 있는지 봤습니까? 이 아이들은 통제가 불가능하다고요!" Carla는 또한 Hodge의 교실이 완전히 조용한 것을 눈치챘다. 그녀는 교실 앞의 자기 책상에 앉아 종이를 나눠 주고는 학생들이 방대한 양의 활동지를 채우는 동안 칠판에 목록을 적었다. 그녀의 학급이 Lynn의 교실에 다다랐을 때, Carla는 Lynn이 수행하는 교수접근과 달성될 Lynn과의 협력 수준 때문에 흥분을 느꼈다. Carla와 Lynn은 이 협력이 공동으로 후원하는 과학박람회 또는 지역사회 행동 프로젝트로 이어질 것을 상상한다. Carla는 만족감과 자신감에 찬 자신의 학생들을 바라보면서 그녀의 학급과 학교를 위해 그녀가 하고 싶은 모든 것들에 대해 생각하지 않을 수 없었다.

학생들이 집으로 돌아간 뒤, Carla는 Shannon의 사무실로 향한다. Shannon의 첫 말은 "나는 지금 막 한 학생의 어머님과 이야기를 끝냈어요. 당신의 곤충수업이 가족 저녁식사에서 많이 화제가 되고 있고, 그녀는 그 이상 기쁠 수가 없다고 하네요. 참 잘하셨어요." 였다. Carla는 미소를 지었다. 교장은 계속 말했다. "나는 오늘 아침의 회의 내용 때문에 당신이 용기를 잃지 않았으면 좋겠어요. 나는 그것을 굉장히 긍정적으로 봤어요. 작년부터 지금까지 단 한 번도 이런 논의 자체가 없었거든요. 심지어 아침 회의에서 아무 말도 하지 않았던 선생님들에게서 '그 방식에 관심이 있고 자신들의 수업에서 기꺼이 새로운 방식을 시도해 보고 싶다.' 는 몇 통의 이메일도 받았어요." 교장이 말하는 동안, Carla는 오늘 오후에 Lynn의 교실과 학습 환경의 조건 그리고 간략하게 관찰했던 복도의 상황에 대해 생각했다. 이어서 교장은 "나는 오늘 중앙 본부로부터 장기간의 예산 지원을 받았어요. 우리는 자유재량의 기금을 지원받아 우리가 여태까지 논의해 왔던 다양한 종류의 변화에 적응할 수 있어요." 라고 말했다. Carla의 태도는 즉시 더 긴박해졌고 앞으로 기대면서 물었다. "정말로 그 예산이 차이를 만들어 낼 수 있다고 생각하세요?"

Shannon은 답했다. "음, 몇몇 선생님들의 시간, 인센티브 그리고 보상에 대한 우려를 해결할 수 있을 거에요. 게다가 우리는 더 많은 장비와 자원을 제공할 수 있어요. 그러나 나는 여전히 개혁을 위해 교사를 이끌 수 있는 계획에 대해서는 걱정이에요. 이것이 내가 이 문제에 대해 연구하는 특별위원회를 모으고 싶은 이유예요. 내 생각에는 당신이 그 위원회의 의장을 맡는 게 좋을 것 같아요. 위원회에 반드시 넣어야 한다고 생각하는 선생이 있나요?"

"네, 당연히 Lynn 선생님과 Zurovachak 선생님이요." 교장은 그 이름들을 메모하면서 미소 지었다. 그 두 선생님이 교사 회의가 끝난 뒤에 자신에게 이메일을 보내서 개혁에 대한 지지 의사를 표명했기 때문이었다. "훌륭해요. 이제 우리는 위원회도 생겼으니 최대한 빨리 모임을 가집시다!"

예 비분석 질문

1. (변화를 시작하고 유지하기 위한 노력에 영향을 줄 수 있을)Thompson Run 초등학교의 특성을 확인해 보라.
2. 동료의 수업과 그들의 수업방식을 관찰했을 때의 Carla의 생각에 대해 당신은 어떻게 생각하는가? 이 사례에서 묘사된 Carla의 수업방식에 대해 어떻게 생각하는가?
3. 임시 특별위원회의 조직에 대해 평가하라. 당신은 변화를 추천하겠는가? 그렇다면 혹은 그렇지 않다면 그 이유는 무엇인가?
4. Carla가 위원회의 첫 회의에서 반드시 할 것으로 예상되는 계획에 대한 개요를 작성하시오. 개요의 각 요소에 대한 근거를 포함하시오.
5. Carla와 위원회 위원들이 실천계획의 개요를 짤 때 반드시 포함할 요소는 무엇인가?
6. 위원회가 살펴야 할 진보의 지표들은 무엇인가?

ID 실천을 위한 적용

1. 문화와 맥락(context)이 어떻게 교수설계 과정의 구현에 영향을 끼치는지 묘사하라.
2. 시스템의 변화가 일어났을 때, 그 시스템의 구성원으로서 변화를 주도한 사람들이 직면할 수 있는 문제는 무엇인지 간단하게 말해 보자.
3. 어떻게 채택 단계의 지식이 설계자로 하여금 변화를 위한 계획을 실행하도록 도울 수 있는가?

사례연구

4

다양한 요구에 응하기 위한 자원 배치하기 (Suzanne Garner의 사례)

Teresa Franklin
(Ohio 대학교)

Spring Wells 고등학교의 테크놀로지 조정자인 Suzanne Garner는 State Education Agency를 통해 교사 전문성 계발 조성기금(Teacher Professional Development Grant Fund: TPDG)으로부터 2만 달러를 확보했다. TPDG 기금은 새로운 학습환경을 제공하면서 교사의 지식과 테크놀로지를 향상시키는 데 사용되곤 했다. 조성금을 인수했을 때, Suzanne은 그 기금을 테크놀로지 훈련에 사용하는 상상을 했다. 그 테크놀로지훈련은 고등학교 교실의 테크놀로지 통합을 지원하고 테크놀로지 투자를 위한 정부의 전문성 계발 요구에 응하기 위한 것이다. Suzanne은 테크놀로지의 사용이 교과과정을 자극하고 지원함으로써 새롭고 다양한 학습방법을 장려할 것이라고 믿었다. 그녀는 전자 포트폴리오와 프로젝트 기반학습의 가능성, 그리고 테크놀로지로 문제를 해결할 수 있는 가능성을 발견하고 매우 흥분했다.

그러나 기금을 받은 후에 교장인 Terrence Oren과 교과과정 조정자인 Alicia Graham은 기금을 국가에서 주관하는 숙련도 테스트에서 더 높은 점수를 얻기 위해 내용 영역에 사용한다면 더 좋을 것이라고 주장했다. Terrence과 Alicia는 교사들을 위해 평가와 교과과정 기준의 수행에 초점을 두는 세미나를 개최해야 한다고 주장했다.

교장과 교과과정 조정자, 테크놀로지 조정자 그리고 내용 영역 리더들로 구성된 전문성 계발 팀(Professional Development Team: PDT)은 전문성 계발을 위해 기금을 어떻게 사용할 것인지 결정하기 위해 모였다. Suzanne은 Terrence를 힐끗 보고는 그에게 테크놀로지를 사용하는 많은 학교에서 교실에서의 교수-학습 능력을 향상시키는 데 성공했다는 사실을 주지시킬 필요가 있음을 상기했다. 최근 여러 학군을 방문하면서 Suzanne은 테크놀로지를 학생들의 동기유발 방법으로 사용하는 선생님들이 요구된 숙련도 테스트에서 다른 지역들보다 더 나은 성과를 내는 사례들을 목격했다. Suzanne은 서류가방에서 그녀가 모아 두었던, 학업성취도를 높이기 위한 테크놀로지 사용에 관한 연구결과를 꺼냈다. 그녀는 그 복사본을 모든 팀원들에게 배부했다. 팀원들이 그 자료를 훑어보자 Suzanne은 숙고했다. '어떻게 해야 우리가 함께 테크놀로지와 이 학교의 테스트 요구를 만족시키고 모두를 행복하게 할 수 있을까?

Spring Wells 고등학교의 현재

Spring Wells 고등학교는 미국 중서부의 도회지에 속한 사회경제적 수준이 낮은 학교로, 대략 1,800명의 학생과 120명의 교사와 직원으로 구성되어 있다. 최근 이 학교는 비즈니스 교육, 인터넷 소개 그리고 컴퓨터 과학 과목들을 위해 30개의 컴퓨터가 배치된 연구실 두 곳을 설치했다. 연구실의 기계들은 3년 미만의 것으로 모두 인터넷이 연결되어 있다. 더불어 각각의 교실에는 교사용 컴퓨터 1대와 학생용 컴퓨터 2대가 마련되었다. 도서관은 여러 대의 새 컴퓨터를 보유하고 있는데 모두 시립 도서관과 지역 대학교 도서관과 연계되어 있다. 고등학교 건물에는 3년 전에 교실과 연구실, 도서관 그리고 학교 사무실에 각각 인터넷을 보급하기 위해서 전선을 가설했다. 컴퓨터들은 또한 고등학교의 행정실과 직원관리 사무실에도 설치되고 있다.

지난 3년간, 학교 안의 모든 테크놀로지 구입품들은 국가로부터 지원되는 학교기술형평법(SchoolTech Equity)에 의한 것이었다. 개별 학교에 지원되는 학교기술형평법 기금의 규모는 지역의 사회경제적 지위에 의해 결정되었고 교장의 통제하에 있었다. 이 기금의 조건으로 일선 학교들은 교사들에게 초심자, 개발자 그리고 전문가 자격증을 차례대로 취득하는 전문성 계발을 제공해야만 했다. 초심자 자격증은 교사들이 컴퓨터를 도구로 사용할 수 있는 정도가 되었음을 의미한다. 개발자 자격증은 교실의 학생과 교사들이 도구를 응용할 수 있을 정도로 전문성이 계발되었음을 의미한다. 그리고 전문가 자격증은 교사가 저작 소프트웨어를 사용하고 온라인 강좌를 개발할 수 있을 정도로 전문성이 계발되었음을 가리킨다.

학교들은 학교기술형평법 기금을 받은 지 3년 안에 100%의 교사가 초심자 자격증을 취득하고, 75%의 교사는 개발자 자격증을 취득하도록 요구받았다. Spring Wells 고등학교는 학교기술형평법 기금을 받은 지 3년째가 되었다. 만약 이러한 기준이 올해 충족되지 않는다면 이 고등학교는 테크놀로지 장비 구입을 위한 기금을 잃게 될 것이다. 학교의 교사들 120명 중에서 30명은 여전히 초심자 자격증을 취득하지 못했다. 40%의 교사들은 작년의 훈련결과로 개발자 자격증을 취득했다.

게다가 Spring Wells 고등학교는 숙련도 테스트 점수가 낮은 탓에 State Education Agency로부터 '위급'이라는 판정을 받은 상태다. 올해 학교 교장과 교과과정 조정자는 국가의 숙련도 테스트 과목인 읽기, 쓰기, 수학, 과학 그리고 사회 과목에서의 학생들의 점수에 대한 세밀한 정보를 제공받고 있다.

학교는 2년 동안 학교의 숙련도 점수를 '위급' 에서 '지속적인 성장' 등급으로 올려야 한다. 그렇지 않으면 State Education Agency가 학교와 예산 집행을 통제할 것이다. 그리고 숙련도 기준에 응하기 위한 교육적 처치들이 감행될 것이다. 관련자들은 모두 Spring Wells 고등학교에 영향을 주는 높은 기금 이슈들을 잘 알고 있다.

테스트 요구에 부응해서 테크놀로지 조성금을 계속 받아야 한다는 Terrence와 Alicia에게 가해지는 압박을 걱정하면서, Suzanne은 그녀가 교사들에게 제공하기로 계획한 전문성 계발이 어떻게 해야 효과적일 수 있을지 궁금해했다. Suzanne은 2년간 Spring Wells 고등학교의 테크놀로지 조정자로서 이전에 6년간 컴퓨터 과학 101을 가르쳤다. 최근 그녀의 석사과정에서의 직업은 Suzanne에게 교수–학습법을 향상시키기 위해 사용된 교수설계 테크놀로지를 실험할 기회를 많이 제공해 주었다. Suzanne은 교사들이 어떻게 교수설계가 숙련도 점수뿐 아니라 테크놀로지의 수행까지 지지할 수 있는지 더 잘 이해하도록 돕는 데 전문성 계발 기금을 사용할 계획을 세웠다.

작년에 Suzanne은 방과 후 워크숍과 여름 워크숍을 개설하여 교사들이 초심자와 개발자 자격증을 취득할 수 있도록 도왔다. 교사들은 이러한 훈련이 자신들이 출석할 수 있는 시간에 제공되지 않았으며, 수업에서의 그들의 요구를 충족시키지 못한데다 코치와 수업의 의무에 컴퓨터 사용 능력은 포함되지 않았다고 불평했다. Suzanne은 조성금을 모든 교사들이 초심자 자격증을 취득하고 나머지 30명의 교사들을 포함한 75%의 교사들이 개발자 자격증을 취득하게 하는 데 사용할 계획이다.

충돌하는 역할과 관점

Terrence는 전문성 계발 팀 회의를 가진 후, 위원회의 위원들에게 각각의 내용 영역을 위한 국가의 숙련도 테스트 결과의 복사본을 배부했다.

"여름 휴가와 휴양으로부터 돌아온 것을 환영합니다." 그는 미소 지으며 말했다. "저는 우리 학생과 교사들 모두가 굉장한 성취도를 이룰 후일을 맞이할 준비가 되어 있다고 확신합니다. 숙련도 점수에 대한 좋은 소식이 있습니다. 우리가 6%나 점수를 올린 것입니다!"

팀 구성원들은 Terrence가 계속 말할 때까지 기분이 좋아 보였다. "그러나 점수는 아직 '지속적인 성장' 기준보다 낮습니다. 저는 우리가 현재 이 기준에 도달해 있으리라 생각했습니다. 그러나 명백히 아니지요. 우리는 그저 더 열심히 일하고 학생들의 학습을 유발할 수 있는 새로운 방법을 생각해 내야만 합니다." 그리고 그는 덧붙여 말했다. "오늘 우리의 목표는 우리를 돕고 우리 학생들의 학습을 돕는 연간 워크숍 계획을 세우는 것입니다."

영어과 부장교사인 Peggy Goodwin과 사회과 교사인 Bill Ellis는 서로 괴로워하는 표정을 지어 보였다. Bill이 속삭였다. "또 시작이야, 아무에게도 소용이 없는 더 '혁신적인' 워크숍 타령!"

Peggy는 눈살을 찌푸렸다. 그녀가 비록 숙련도 점수를 향상시키기 위해 무엇을 할 수 있는지 정확하게 확신할 수는 없었지만, 작년 워크숍은 쓰레기나 다름없었다. Peggy는 워크숍이 이미 계획되고 실시될 준비가 되어 있다는 것을 듣고 싶었다. 그녀는 어째서 읽기와 쓰기의 점수가 낮은지, 그리고 어떻게 해야 점수를 향상시킬 수 있을지에 대한 구체적인 대답을 듣고 싶었다.

Terrence는 계속 말했다. "우리는 올해 전문성 계발을 위한 추가 기금으로 2만 달러를 받았습니다. Suzanne이 우리를 위해 이 기금을 확보하는 데 도움이 되었지요. 그리고 그녀는 이 기금을 기술훈련을 위해 사용해야 한다고 제안했습니다. 그녀는 국내의 여러 학교들을 방문하여 교실에서 테크놀로지를 사용하는 것이 어떻게 학생들의 학습 동기를 유발하는 데 도움이 되는지 목격했습니다. 어쨌든 저는 우리가 교실에 많은 장비들을 구비하고 있다는 사실에 관심을 갖게 되었습니다. 그리고 비즈니스 교육처럼 매일 컴퓨터를 사용하는 과학 과목이나 강좌, 극소수 교사의 개인적인 수업에서만 장비들을 사용하고 있다는 사실에 걱정이 되었습니다. 저는 복도를 걸어 다니면서 대부분의 컴퓨터들이 꺼져 있고 많은 컴퓨터들이 한 번도 사용된 적이 없다는 것을 목격했습니다."

Terrence는 그의 발언이 그룹 내에 끼친 영향을 파악하기 위해서 잠시 멈추었다. 잠시 후 그는 계속했다. "저는 Suzanne에게 국가의 요구와 학교기술형평법 기금에 대해서 잠깐 묻고 싶군요."

Suzanne이 말을 시작했다. "여러분이 모두 기억하듯이, 작년에 우리는 선생님들이 국가의 목표대로 100% 초심자 자격증을 취득했고, 그다음으로 올해는 개발자 자격증을 취득하는 데 헌신하고자 했지요. 우리는 75%의 초심자 자격증과 40%의 개발자 자격증을 작년에 보유하는 데 성공했습니다. 우리는 올해 국가기준을 달성해야만 합니다. 그렇지 않으면 우리의 기술장비 기금을 잃게 될 것입니다. 저는 정말로 걱정됩니다. 우리는 이 기금을 잃을 수 없습니다. 그러나 저는 또한 숙련도 테스트 요구에 부응해야 한다는 것 또한 알고 있습니다."

Sandy Green은 주의 깊게 들었다. 그녀는 15년 이상 테크놀로지를 사용해 오고 있었다. 기술기금의 상실은 그녀의 프로그램에 지독한 악영향을 끼칠 것이었다. Sandy는 천천히 그녀의 손을 들어 Suzanne의 말을 잠시 중단시켰다. Suzanne은 Sandy에게 의견을 말해 보라는 의미로 고개를 끄덕였다. "이것은 굉장히 걱정되는 사안이군요. 과학 과목은 컴퓨터를 빈번하게 사용합니다. 우리는 학생들이 과학 탐사 팀, 디지털카메라, 소프트웨어 등과 함께 컴퓨터를 사용할 수 있도록 우리가 보유한 장비를 유지하고 새로운 장비를 구입하기 위해 이 기금이 필요합니다. 과학 점수는 국가기준에 적합합니다. 저는 왜 교사들이 기술훈련에 참여하지 않는지, 그리고 교과과정이 어떻게 숙련도 기준과 일치하는지 알아보기 위해서 왜 숙련도 템플릿을 사용하지 않는지 궁금합니다. 이러한 것을 간과해서 기금을 잃는다는 것은 말도 안 됩니다!"

테이블에 둘러앉은 그룹에서 의견이 나오기 시작했다. 수학 교과의 Phil Nelson이 말했다. "저는 작년에 자격증을 받지 않았습니다. 저는 정말로 그게 왜 필요한지 모르겠습니다. 저는 2년 안에 퇴직합니다. 그리고 테크놀로지에 투자하는 시간이 너무 많습니다. 우리 수학 교과의 점수가 낮다는 것은 인정합니다. 그러나 우리 학생들에게는 컴퓨터로 게임을 하는 게 아니라 컴퓨터 사용 자체가 필요합니다."

물리교육의 Jim Wilkins가 물었다. "제 수업에서 어떻게 테크놀로지를 사용하라는 건가요? 저는 그 훈련을 받는 것은 상관하지 않습니다. 하지만 저는 다른 많은 선생님들처럼 방과 후 지도를 하고 있습니다. 만약 우리가 계속 기금을 받기 원한다면 훈련 일정이 방과 후가 아닌 우리가 여기에 모두 있는 낮시간에 잘 이루어질 수 있도록 더 좋은 방법이 강구되어야 할 것입니다."

Peggy Goodwin이 덧붙였다. "우리 신임 교사들은 테크놀로지 사용을 원하고 있습니다. 그러나 우리는 학생들이 인터넷을 하게 된다는 점이 우려됩니다. 저는 정말로 제 수업에서 테크놀로지를 어디서부터 적용해야 할지 모르겠습니다."

"시작점은 한 학기 이상 컴퓨터가 작동되게 하는 것에서 이루어져야 합니다." Bill Ellis가 말했다. "네트워크나 컴퓨터는 제가 컴퓨터를 사용할 계획이 있는 일을 하는 낮시간에는 절대 작동되어선 안 됩니다. 저는 장비가 작동되는지 여부에 따라 제 수업을 계속 바꿀 수는 없습니다."

Terrence는 그룹 토론이 끝난 후 대답했다. "저는 여러분이 테크놀로지에 대해서 하는 말을 들었습니다. 하지만 우리는 국가기준을 충족시키는 숙련도 점수를 받아야만 합니다. 그렇지 않으면 단순히 기술기금을 잃는 정도가 아니라 더 큰 문제점에 봉착하게 될 것입니다."

Alicia가 덧붙여 말했다. "저는 교사들 중 일부가 그들의 교과과정을 어떻게 국가 숙련도 기준에 일치시킬 것인지 모른다고 생각합니다. 또 그렇기 때문에 교사들이 숙련도 템플릿을 사용하지 않는다고 믿습니다. 이는 교사들로 하여금 그들이 수업의 교육적 요구를 숙련도와 관련하여 결정하는 것을 방해합니다. 또한 교사들은 숙련도 기준에 적합한지 평가하는 데 있어서 새롭고 더 혁신적인 방법을 필요로 합니다. 교사들은 매년 숙련도 점수를 받을 때까지 기다리는 게 아니라 일별 그리고 주별 기준에 맞게 이러한 평가가 이루어지기를 바랍니다. 반복 훈련과 연습, 강의법의 사용이 우리의 수업에서 이루어졌던 활동적인 학습을 대신해 오고 있습니다. 저는 이것이 매우 걱정스럽습니다."

Terrence가 말했다. "우리가 국가 숙련도 결과를 모두 갖고 있으니, 저는 여러분이 각자 자신의 교과 영역 선생님들을 만나서 전문성 계발 기금이 어디에 쓰일 수 있을지 토의해 보길 바랍니다. 우리는 반드시 테크놀로지 초심자 그리고 개발자 자격증뿐만 아니라 숙련도 기준까지 충족시켜야 합니다. 각각은 우리 학생들의 성공에 중요합니다. 우리는 교사 전문성 계발 기금의 사용처 결정을 마무리하기 위해 일주일 안에 다시 만날 것입니다."

회의가 끝나자마자, Suzanne은 Alicia에게로 몸을 기울이고 비밀을 털어놓았다. "교사들은 계속 테크놀로지 사용의 필요성에 대해서 듣습니다. 그러나 여러 교사들은 Terrence가 테크놀로지를 사용하지 않는데 왜 우리는 사용해야 하냐고 말합니다. 당신은 우리가 Terrence에게 그가 컴퓨터를 단지 서진으로밖에 사용하지 않는다는 것을 깨닫게 할 수 있다고 생각하나요?"

Alicia는 부드럽게 웃었다. "네, 교사들로 하여금 교장도 사용하지 않는 테크놀로지를 사용하도록 독려하는 것은 어렵습니다. 제 경우에는 교사들이 숙련도 템플릿을 사용하게 하는 일 역시 어렵습니다."

Suzanne은 그녀가 교실에서의 컴퓨터 사용에 대해 Alicia의 지지를 받았다는 것을 알았다. Alicia는 줄곧 매우 열성적인 컴퓨터 사용자였고 숙련도 템플릿을 개발했다. 이 템플릿은 교사 개개인이 자신의 교과과정상의 목적들을 국가 숙련도 기준과 일치시킬 수 있게 했다. 교과과정상의 목적들이 입력되면 숙련도 템플릿은 숙련도를 낱낱이 출력한다. 학교의 숙련도 점수를 해당 숙련도 템플릿 구역에 입력함으로써 교사는 교과과정을 점수와 비교할 수 있었다. 각 교사들은 그 기준에 따라 수업의 강점과 약점을 철저하게 평가받을 수 있었다. 숙련도 템플릿을 개발하는 데 있어서, Alicia는 각각의 교과 영역에서 충족되지 못한 숙련도 기준들을 위치시키는 소프트웨어를 사용하여 교사들의 시간을 줄여 주고 싶었다.

"잘 모르겠네요." Suzanne이 대답했다. "당신은 교사들이 그들의 수업에서 어떤 일이 벌어지는지 알기 위해서 템플릿을 이용할 것이라고 생각했겠죠. 그것은 교사들에게 어느 영역이 수업자료를 향상시키거나 내용을 더 추가할 필요가 있는지 정확하게 말해 줍니다."

"당신은 그렇게 생각할 수 있겠지요. 하지만 실제로는 그렇지 않습니다. 그리고 그들 구성원의 소수를 포함하여, 저는 더 많은 강의와 반복 훈련과 연습을 생각하고 있습니다. 재미있는 포스터 발표, 학생 제작의 연극 그리고 사회과학 견학은 점점 더 줄어들 것입니다. 교사들은 이 숙련도 테스트 때문에 괴로워하고 있습니다. 저는 적지 않은 교사들이 숙련도 테스트 때문에 해고당하지 않기 위해서 테스트에 나오는 것을 가르치려 한다는 것을 들었습니다." Alicia는 한숨을 쉬며 말했다.

Suzanne이 덧붙였다. "이 힘든 테스트의 초점이 교사들로 하여금 교실 수업에서 더 활동적인 학습전략들을 제거하도록 하는 것처럼 보인다는 것은 상당히 유감스러운 일입니다. 우리는 한 단계 더 뒤처지는 것 같군요. 저는 교사들이 이러한 일을 할 수 있도록 돕기 위해서 그들에게 테크놀로지를 사용하게 한 것입니다. 하지만 저는 그저 교사들을 훈련에 참가하게 하는 것조차 힘듭니다."

예 비분석 질문

1. 이번에 Spring Wells 고등학교가 직면한 중요한 요구의 범위를 기술하라.
2. 이 사례에서 적용되는 가능한 자원과 가해지는 압박을 확인하라.
3. 1번 질문에서 확인된 요구에 응하기 위한 계획을 기술하라.
4. 당신이 3번 질문에서 세운 계획을 이행하기 위해 필요한 단계를 자세히 써라.
5. 원래 테크놀로지 전문성 계발을 위한 허가가 승인되었을 때, 교과과정과 일치하는 평가를 위한 기금 사용과 관련된 윤리적인 이슈는 무엇인가?

ID 실천을 위한 적용

1. 제한된 자원으로 다양한 요구를 충족시키고자 하는 교수설계자를 안내하기 위한 질문 목록을 하나 개발하라.
2. K-12 환경에서 가해지는 압박을 상기하면서 여러 교사들의 전문성 계발 요구를 충족시키기 위한 적절한 전략을 추천하라.
3. 자격증의 국가적인 목표에 부합하는 데 있어서, 교수설계자는 자격증을 유지하는 데 필요한 윤리적인 이슈에 어떻게 대처할 수 있는가?

사례연구

5

격지 근무 초등학교 교사의 전문성 계발 (Don Garthon과 Susan Harper의 사례)

John G. Hedberg
(Macquarie 대학교)

Terri Lee가 우연히 Don Garthon에 대해 조사할 때 Don은 정기적으로 방문하는 곳인 주 교육부의 중앙 교육과정 사무실에 있었다. Terri는 이전에 Don이 지역 대학에서 교수설계를 가르치는 교수이면서 창작예술 분야에서 새롭게 통합된 교수 요목을 소개하는 CD-ROM을 개발하는 교육과정 팀의 리더를 맡고 있을 때 그를 만난 적이 있었다. 그녀는 과학 교육과정을 위한 문제기반학습패키지 등 Don의 이전 프로젝트들을 보기도 했다. 그녀가 그 프로젝트 가운데서 주목한 특징은 그것들이 교사에게 실제적으로 호소한다는 것과 설계 팀이 사용하기 쉬운 자료를 개발했다는 것을 강조한다는 것이었다. 그녀는 만일 시간이 된다면 그에게 그녀가 요즘 걱정하고 있는 전문성 계발 문제에 대해 이야기하고 싶다고 했다. Terri는 그녀가 주 격지의 작은 학교에서 근무하는 시골 학교 선생님들의 전문성 계발 프로그램을 개발하는 일을 맡았다고 설명했다.

"꽤 광대한 지역이군요!" Don이 말했다. "당신만 괜찮다면 이 문제에 대해 당신 사무실에서 이야기를 나누고 싶습니다. 저는 다음 미팅 시작까지 한 시간 정도 여유가 있어요."

그들은 Terri의 작지만 안락한 사무실에 들어와서 자리를 잡은 후 프로젝트에 대한 설명을 계속했다. "우리는 구체적으로 퀸즐랜드 경계 부근이나 모리와 같은 조금 더 먼 서쪽에 있는 몇몇 작은 학교에 전문성 계발 프로그램을 안내하려고 생각하고 있어요."라며 Terri가 나섰다.

"과제는 격지에서 근무하는 선생님들이 교수 및 K-6 수학의 평가를 위해 CD-ROM을 기반으로 하여 수행을 도와주는 도구를 사용하도록 돕는 것입니다. 그것은 321 Countdown이라 부릅니다." 그녀는 이야기를 이어 나갔다. "격지에서 근무하는 선생님들은 전문성 계발을 위한 과정에 참여할 기회가 많지 않아요. 그런 도시의 먼 지역에 있는 선생님들은 짧은 시간 내에 그들을 대체해 줄 선생님을 찾기가 힘들기 때문이지요. 그래서 우리는 그들에게 어떻게 하면 전문성 계발의 기회를 주면서 동시에 최신의 교육과정 자료들을 제공할 수 있을지 찾기 시작했어요."

Terri는 몇 년 정도 작은 마을에서 학생들을 가르친 적이 있었기 때문에 격지에서 근무하는 선생님들을 돕는 데 열정을 가지고 있었다. 그녀의 팀이 새로운 아이디어를 내려고 교실의 갖가지 상황을 수집할 때, 그녀는 격지에서 근무하는 선생님들이 당면한 특별한 과제에 대해 깨달았다. K-6 교육과정에서의 그녀의 경험과 그녀가 갖고 있는 교수설계 능력은 그녀가 중앙 교육과정 사무실의 K-6 전문 팀과 함께 일하도록 하였다.

"재미있는 도전인 것 같군요. 그런데 제가 어떻게 도와주길 바라는 건가요?" Don이 대답했다.

Terri는 계속 설명해 나갔다. "우리는 한두 명의 선생님밖에 없는 학교에서 근무하는 선생님들을 지원하는 데 쓰라고 기금을 지원받았습니다. 우리가 전 주에 걸친 전문성 계발을 위한 교육을 할 수 있도록 지역을 확장할 수 있을 것이라는 기대와 함께 말이죠. 저는 정말이지 우리가 이런 격지에서 근무하는 선생님들에게 민감하게 반응할 수 있는 방법을 개발하고 싶습니다."

"우리는 연구 대상이 될 만한 몇몇 학교의 선생님과 몇 달에 걸쳐 이야기를 나누었고, 우리가 접촉하고자 하는 학교들이 모두 인터넷에 안정적으로 접속하기는 어렵다는 것을 알았습니다. 더구나 몇몇 학교는 학교 내에서도 파일을 전송하기 힘들 정도로 대역폭이 제한되어 있었습니다." Terri는 계속 말했다. "저는 Chris Green이라는 시간제 컨설턴트와 함께 일하고 있습니다. 그녀를 아시리라 생각되네요. 그녀는 기술적인 문제들을 짚어 주고 지금 주력해야 할 부분들을 결정해 주었습니다. 우리 둘은 321 Countdown CD-ROM과 그 밖에 제공되는 지원자료들을 개발하기 위한 제작 팀과 함께 일하고 있습니다."

Don은 Terri의 이야기를 들으면서 이 프로젝트의 초점이 새로운 자료들을 많이 개발하는 데가 아니라 기존의 자료들을 효과적으로 활용해서 교사들을 돕는 데 있다는 것을 깨닫게 되었다. 생각을 정리해서 그가 물었다. "정확하게 CD-ROM에는 어떤 자료들이 들어 있고, 당신은 어떻게 선생님에게 CD-ROM을 쓰도록 제안할 건가요?"

Terri가 제작 팀이 CD-ROM 설계와 함께 무엇을 했는지 설명했다. "우리는 CD-ROM을 수행을 지원해 주는 도구로 개발했어요. 선생님들은 각 학생들의 시험결과를 입력하고, 그러면 프로그램이 각 하위 영역에서 발달 수준에 맞춰 학생들을 나누게 되죠. 이건 선생님이 같은 수준의 학생들의 명단을 빠르게 가질 수 있다는 것을 의미해요. 학생들의 수행이 증진하면 선생님은 새로운 점수를 입력하고, 프로그램은 자동적으로 학생을 새로운 그룹에 넣게 되죠. 물론 모든 학생들이 같은 속도로 진보하지는 않기 때문에 이 그룹은 학생들의 새로운 능력의 향상과 함께 바뀝니다. 사실 그룹의 구성은 매일 바뀔 수 있습니다. 그리고 CD-ROM에는 학생들에게 다양한 하위 능력을 설명하는 영상물과 함께 학습에서 사용할 수 있는 연습문제의 예시도 들어 있습니다. 우리가 선생님들과의 대화에서 밝혀낸 것에 의하면, 아무리 소그룹 활동에 익숙한 선생님이라도 아이들이 셀 수 없이 많은 기능들 중 무엇에 속하는지 지속적으로 평가하고 그것들을 실행 가능한 일정으로 만드는 능력이 필요하다는 것입니다."

"당신의 두 번째 질문에 대답해야 하는데, 이 문제는 당신이 우리를 도와줄 수 있을 것 같습니다. 우리의 주된 과제는 프로젝트에서 함께 일할 검증된 사람을 찾는 것입니다. 불행히도, 우리 팀에 있는 사람들은 누구 한 사람도 교사에게 제공할 적절한 지원자료를 개발할 시간과 능력이 없습니다. 저는 당신이 그들이 교실에서 그 자료들을 사용하도록 도울 가능성을 갖고 있다면 우리를 도와줄 수 있을 거라 희망합니다. 이런 격지에서 근무하는 선생님들은 종종 기능이 부족하곤 합니다. 그래서 우리는 전문성 계발을 위한 활동을 고안해 주길 바라고 있습니다."

Don은 그 도전을 정리했다. "제가 잘 이해한 건지 봐 주세요. 우리는 격지에서 근무하는 선생님들에게 전문성 계발의 기회를 줄 방법을 찾고 있습니다. 당초에 목표는 이 몇몇 학교들을 안내하여 최종적으로는 전 주에 걸쳐 전문성을 계발하는 것이었습니다. 당신은 321 Countdown CD-ROM과 교사가 수학을 가르칠 때 그들을 도와줄 수 있는 부가적인 자료들을 가지고 있습니다."

"맞습니다." Terri가 말했다. "그리고 우리는 이상적으로는 다른 주제에서도 전문성 계발 활동을 위한 모형으로 사용할 수 있는 전문성 계발 접근을 좋아합니다. 우리가 가지고 있는 자료들을 보시겠어요?" Terri가 권했다.

이에 Don은 동의했고, Terri는 그를 크고 개방된 사무실로 인도했다. 그곳에는 교육과정 자료들이 몇몇 책상에 높게 쌓여 있었다. 그녀는 321 Countdown CD-ROM 복사본과 함께 교사 지원자료들의 복사본을 챙겼다.

Don은 그 도전에 대해 생각하고 제안했다. "제가 Susan Harper와 이야기해 보는 게 어떨까요? 그녀는 최근 제게 박사학위를 받은 제자인데 함께 일할 수 있을 것 같습니다. 그녀는 훈련에 대한 대단한 배경 지식을 갖고 있거든요. 더불어 수학에 대한 배경 지식도 가지고 있습니다. 하지만 그 지식이 K-6 수준은 아닐 것 같네요. 그러나 그녀는 훌륭한 교수설계자이기도 하고 같은 나이대의 두 어린 딸이 있기 때문에 이런 과제에 관심 있을 것입니다."

"잘됐군요! 여기 있는 것들을 둘러보시고 나중에 저와 새로운 아이디어나 예산 문제에 대한 것을 나눠 보는 게 어떨까요? 2주 정도 드리면 될까요?"

Don은 동의했고, 321 Countdown CD-ROM 복사본과 지원자료 복사본, 그리고 시험 실행을 위해 제안된 사이트 목록을 가지고 중앙 교육과정 사무실을 떠났다. 그는 그 프로젝트에 대해 생각할수록 격지의 선생님들에게 전문성 계발 프로그램을 안내하는 방법을 개발하는 것뿐만 아니라 전 주에 걸친 광대한 영향력을 가져올 것을 생각하면서 그 가능성에 흥미가 더해 갔다.

가능성 논의하기

Don은 Susan과 주말에 만났다. 그리고 격지에서 근무하는 선생님들을 위한 전문성 계발 프로그램을 위한 프로젝트에 관심이 있는지 물었다. Susan은 최근 교수설계 프로그램을 이수하였고 수학과 컴퓨터 과학 그리고 훈련에 사려 깊은 경험이 있었다. 그러나 학급교사가 해야 할 준비에 대해서는 익숙하지 않았고, 게다가 K-6는 어떤 식으로 진행되는지 전무한 상태였다. Susan은 전문적인 컴퓨터 사용자들을 위한 훈련 코스를 개발한 적이 있었다. 그러나 이번 경우에는 그 대상이 전문가와 같은 수준도 아니며 그녀의 이전 대상들에게 사용했던 만큼의 기능을 사용할 수도 없다.

Don은 그녀에게 Terri가 준 자료들을 살펴보기를 권했고, 그 후 격지에서 근무하는 선생님들을 위한 전문성 계발 경험을 어떻게 설계할 것인지 생각해 보기로 했다. Susan은 그들이 어떤 자료들을 사용할 수 있을지 고려해 본 후에 대답해 주기로 했다.

이틀 후, Don과 Susan은 자료들을 넓은 테이블에 흩뜨려 놓고 골똘히 생각해 보았다. CD-ROM을 시연해 보면서 Don과 Susan은 자료들이 세 가지 주요 영역으로 묶인다는 것을 알아내었다([그림 5-1] 참조).

Don은 Terri로부터 하나의 기능을 다양한 하위 기능로 나누는 것에 초점이

1. 정해진 구조에 맞춰 수학 가르치기
   - 구조 개관하고 안내하기
   - 교사 전문성 계발(보고하기, 계획하기, 구연하기, 평가하기)
   - 연결된 섹션
     - 학습 구조
     - 시험관리
     - 연습문제

2. 교실 전략 및 운영
   - 교실 수행: 전략, 모델, 운영전략
   - 교실에서의 연습, 측정, 기록
   - 연결된 섹션
     - 모델의 종합
     - 운영전략
     - 그룹 활동의 모델

3. 학습을 위한 활동
   - 적절한 수학활동 고안하기
   - 학생을 위한 자료(계획하기 및 구연하기)
   - 연결된 섹션
     - 교사를 위한 활동
     - 시험 분석하기
     - 활동 데이터베이스

[그림 5-1] CD-ROM의 구조

있다고 들었다. 각 학습활동은 학생들이 단계를 하나씩 밟아 가도록 설계되었다. Don은 주요 아이디어가 교사들이 각 하위 기능의 점수를 합하는 것도 아니고 그렇다고 각각의 점수를 개별적으로 보는 것도 아님을 주목했다. 학생의 점수보다는 하나의 기능을 완수하는 것에 초점을 두는 것이 더 중요한 것이다. 수행 수준이 비슷한 학생들을 모으는 것에 더하여, Don과 Susan은 CD-ROM에 각 수준의 기능을 강화할 뿐 아니라 상위 수준으로 이동할 수 있도록 돕는 학습활동이 있으면 좋겠다고 생각했다. 그들은 각기 다른 요소들을 한데 모아 놓은 두 화면을 찾았다([그림 5-2], [그림 5-3] 참조). Susan은 비록 도표의 각 수준이 나타내는 세부 내용은 알지 못했지만 학생 점수의 합이 아닌 각 기능의 점수를 중요하게 보았던 Don의 생각을 알 것 같았다.

Susan이 제안했다. "선생님들을 위한 다양한 과제들을 수립하는 데 321 Countdown을 사용할 수 있겠네요. 교사들이 학생의 점수에 접근하고 이를 바탕으로 이후의 학습활동을 결정하도록 하면 어떻겠어요?"

"좋아요. 이 과제는 다양한 기능에 걸쳐 분명 교사들을 기쁘게 할 수 있을 것 같아요. 그러나 우리가 각각의 기능에 집중한다면 선생님들은 아이들에게 가르칠 40개가 넘는 기능들을 훑어봐야만 합니다. 도전해 볼 만은 하지만, 나는 우리가 321 Countdown을 그들의 교수계획을 돕기 위한 발판으로 사용했으면 해요.

Don과 Susan은 학생들이 각각 다른 수준으로 수행을 선보이는 모델과 모범적인 교수 모델의 수행평가 기준의 예시를 보여 주는 비디오를 포함하는 보조교재를 살펴보았다. 그들은 교재들이 수학 교육과정을 넘어 교사를 개인적으로 도와줄 만한 몇 가지 주제를 담고 있다고 했다. 예를 들어, 교육과정을 넘어 학생

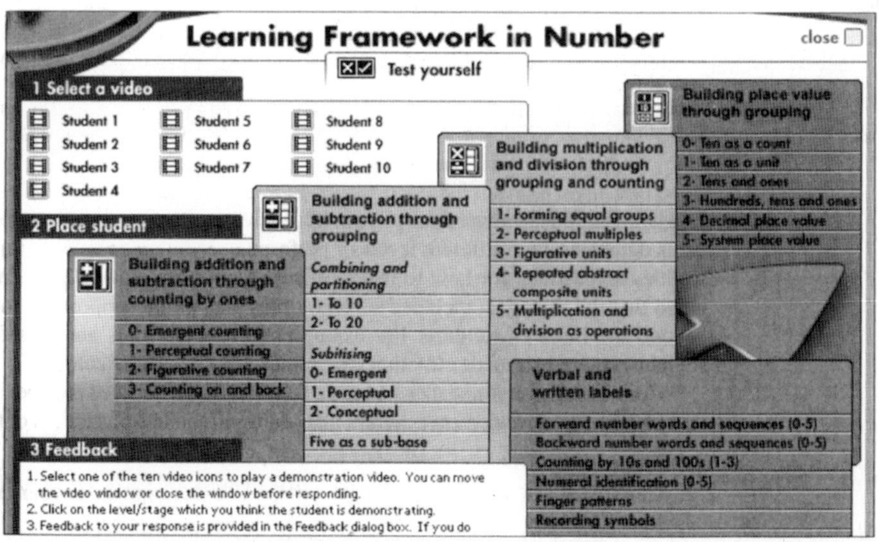

[그림 5-2] 321 Countdown이 다루고 있는 수학기능 및 그 하위 기능

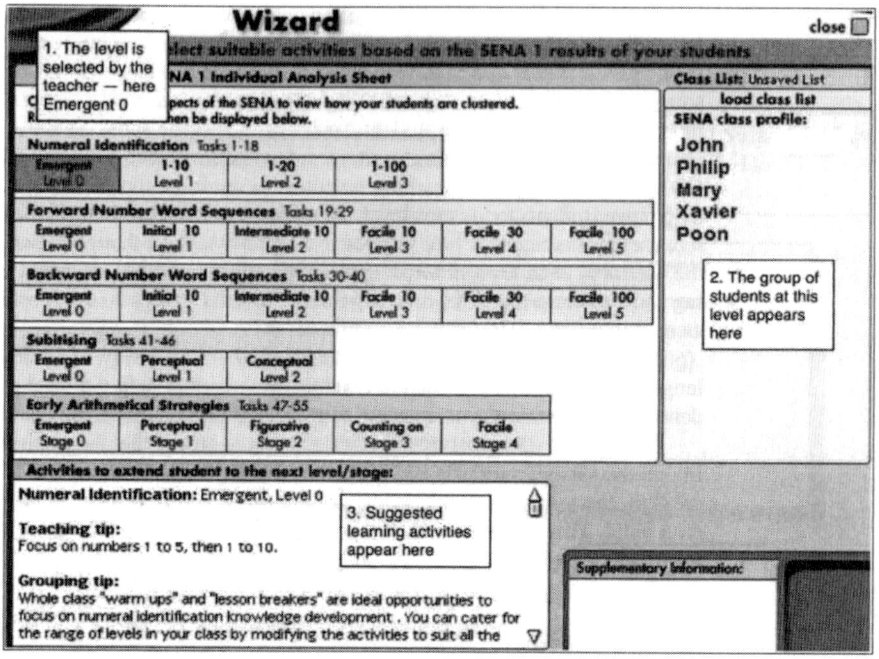

[그림 5-3] 321 Countdown에서 사용 가능한 지원자료를 보여 주는 화면

중심 전략을 수행할 수 있는 힌트와 팁이 있었다.

그들이 본 모든 것들을 고려하여, Don과 Susan은 각각의 다른 영역을 드러내고 통합할 전문성 계발 활동을 고안할 필요성이 있다고 믿었다.

1. 321 Countdown을 활용하여 수학을 가르치는 방법
2. 교사가 활용할 수 있는 교실활동 및 운영전략
3. 소그룹을 위한 학습활동

Susan은 교사를 위한 전문성 계발의 경험이 없어 걱정하였지만 이것이 매우 흥미로운 프로젝트가 될 것이라 느꼈다. Don이 이야기했다. "우리 언제 만나 의견을 나눌지 정하죠. 나는 다음번에 Terri를 만날 때까지 우리의 자세한 계획

이 완성되었으면 해요. 좋은 아이디어가 떠오를 것으로 기대합니다. 그러나 우리는 격지에 있는 교사들에게 어떻게 전문성 계발 활동을 전달할 것인지도 고민해야 해요." "좋아요."라고 Susan이 대답했다. 그리고 그들은 다음 미팅 날짜를 잡았다.

예 비분석 질문

1. 목적과 주제, 그리고 이 사례의 제약 상황을 이야기해 보라.
2. 교사들이 321 Countdown을 사용할 때 발생할 수 있는 장애물에는 무엇이 있는가?
3. Terri는 교사들이 321 Countdown을 사용하는지의 여부와 적합하게 사용하는지의 여부를 어떻게 결정하였는가?
4. 321 Countdown이 어떻게 교사들의 학습과 연습을 위한 비계로써 사용될 수 있는가? 교사들이 교실에서 321 Countdown을 지속적으로 사용하도록 소개하고 보조할 수 있는 전문성 계발계획을 세워 보라.

ID 실천을 위한 적용

1. 열악한 제반 상황에도 불구하고 격지 근무 교사들에게 전문성 계발의 기회를 제공할 수 있는 가능성의 범주를 설명해 보라.
2. 전국적으로 파일럿 프로그램을 배포할 때 전문성 계발 프로그램의 설계자들이 당면할 수 있는 도전에 대해 논의해 보자.
3. 수행을 지원해 줄 도구를 사용하기 시작하고 지속적으로 사용할 잠재적인 이용자를 모으는 데 생길 수 있는 도전을 묘사해 보자. 묘사된 각각의 도전에 대한 가능한 해결책들을 고안해 보라.

사례연구

6

K-12 교사의 테크놀로지 필요성 (Jacci Joya의 사례)

Julie Muehlhausen
(Crawfordsville 대학교)
Peggy A. Ertmer
(Purdue 대학교)

현재 상태: 5월(첫해)

Jacci Joya는 걱정스러운 마음으로 행정실을 나왔다. 그녀와 동료 교사 Brandon Stohl이 Cunningham 고등학교(CHS)의 43명 교사들의 테크놀로지 코치로 일해 줄 것을 부탁받았기 때문이다. 최근 그 고등학교는 성적 등록 프로그램인 'Quick-Grader' 와 관리 프로그램인 'School Manager' 를 교내 인트라넷에 설치하였고, 관리자 측은 일대일 교육을 제공함으로써 교사들의 활용도(그리고 만족도)를 높이기를 바라고 있었다. 코칭은 좋은 생각 같아 보였으나, 2월부터 일어난 일을 감안하였을 때 Jacci가 기뻐하기에는 무리가 있었다. 긍정적인 면에서 그녀는 인근 대학의 박사과정에서 최근에 배운 교수설계 테크놀로지를 활용할 수 있다는 점이 마음에 들었다. 그러나 부정적인 면에서는 최근에 일어난 일을 감안했을 때 보통 수준의 성공의 기미조차 보이지 않았다. 그녀는 확실히 회의적으로 느끼고 있었다.

Cunningham 고등학교

Cunningham 고등학교는 자원이 부족하지 않았다. 1만 6,000명이 조금 넘는 인구의 작은 시골에 위치해 있었지만, 새로운 고등학교 시설이 7년 전 80에이커의 땅에 3,100만 달러의 비용을 들여 지어졌다. 새 시설 때문에 관리자 측은 학교 내 테크놀로지의 활용을 위해 막강한 공약을 만들었다. 건물을 개장했을 때, 건물 전역에 9개의 서버가 하나로 연결되어 있는, 적어도 8개의 실습실을 포함한 다양한 공간에 약 575개의 컴퓨터가 있었다. 게다가 독립적으로 운영되는 매킨토시 쓰기 실습실이 있었다. 모든 교사, 관리자, 비서에게는 프린터가 있는 데스크톱 컴퓨터가 제공되었다. 지난 2년 동안 쓰기 실습실의 매킨토시를 제외한 건물 내 모든 컴퓨터들은 업그레이드되었다. 게다가 수학, 산업공학, 과학, 사회, 외국어를 위한 실습실은 학급 간에 공유되는 전체 28개의 기계로 구성된 2개의 랩톱 카트로 교체되었다. 관리과에는 1개의 데스크톱을 보유한 2개의 실습실이 있었다. 교사들은 이제 데스크톱보다 랩톱을 사용하고 있었다. 각 교과실에는 프린터가 한 대씩 있었다. 개교한 지 2년 후 고용된 감독관은 중고등학교를 랩톱 학교로 바꿔 달라는 청탁을 받았다.

회상: 2~4월(첫해)

Jacci는 IT 스태프가 지난 2월 새로운 프로그램 2개가 네트워크에 설치되었다는 것을 알려 주고, 교사들이 그것을 즉시 사용하기 시작해야 한다는 지시가 담긴 메모를 보냈을 때 모든 사람들이 얼마나 혼란에 빠졌는지를 기억한다. 교사들은 School Manager 프로그램을 사용하여 출석을 확인하고 QuickGrader 프로그램을 사용하여 그들의 성적을 기록하기를 요구받은 것이다. 물론 교사들은 이들 프로그램에 친숙하지 않았다. 그들은 1년 반 동안 다른 통합 프로그램을 사용해 온 것이다.

말할 필요도 없이 설치시간 때문에 훈련은 달성되기 어려웠다. IT 스태프는 일대일 교수방법을 총동원했지만, 불행히도 그것이 무엇이든 거의 교수가 일어나지 않은 결과로 나타났다. IT 스태프뿐만 아니라 교사들의 훈련자로 선발된 교사도 그 프로그램을 효과적으로 사용하는 방법을 모르고 있었다. 그것을 가르칠 수 있는 사람이 없었던 것이다.

더 복잡하게도, QuickGrader 4.0 인터페이스는 윈도우를 기반으로 하지 않기에 DOS 환경에서 작업하는 것이 익숙하지 않은 사람들에게는 소프트웨어가 어떻게 돌아가는지 이해하는 것조차 어려웠다. 게다가 144페이지나 되는 사용자 가이드는 잘 쓰이지 못했다. 가이드의 복사본은 단 한 부만 팔렸고, 그것은 테크놀로지 사무실에 파일로 보관되어 있었다. 결과적으로 가장 도전적인 교사들만 QuickGrader의 사용을 시도하였다.

교사들이 실제로 QuickGrader와 School Manager를 사용할 것이라면, 아직이 엄청난 일을 달성할 수 있을 만한(또는 충분히 잘 알고 있는) 사람이 없는 것처럼 보이더라도 새로운 훈련계획이 개발되어야 한다는 것이 단시일 내에 명확해졌다. IT 스태프들은 중학교에서의 랩톱 컴퓨터의 급증과 4개의 초등학교에 설치된 새로운 테크놀로지와 관련된 책임으로 당황하였다. 그 고등학교에서의 컴퓨터 사용과 관련된 무수한 문제들을 다룰 수 있는 사람들이 충분하지 않았다.

더군다나 IT 스태프, 관리자, 사무직원, 교사들 간의 의사소통이 효과적이지 못했다. 극히 중요한 정보들이 전체 스태프에게 분명하게 전달될 수가 없었다. 그리하여 테크놀로지의 사용을 둘러싼 긴장은 점차 증대되어 갔다.

코치를 만나다

이 상황에서 누군가가 성공할 수 있다면 분명히 Jacci와 Brandon이라고 할 수 있을 것이다. 그들은 둘 다 오랫동안 테크놀로지 위원회의 위원이었으며 관리자, 교사, IT 스태프들에게 존경을 받고 있었다. 그리고 그들은 그들의 문제해결 접근에 융통성이 있었고, 동료들을 돕는 것에 열성적이었다. 예비군 장교이면서 고등학교 과학교사인 Brandon은 특히 컴퓨터 분야 전문가로서의 일을 수행하는 데 능숙했으며 하드웨어, 소프트웨어, 네트워크의 작은 문제들을 해결하는 역할을 할 수 있었다. Brandon은 C++를 가르쳤으며 어설프게나마 컴퓨터 만지는 것을 좋아했다. 불행히도, 그는 문제를 해결할 때 떠맡는 경향이 있었다. 그래서 그가 수행한 비법에 대해 다른 사람들에게 알리지 않고 비밀로 하였다.

25년간 노련한 교사였던 Jacci는 9~12학년의 영어와 언어를 가르쳤으며, 더불어 대학 수준에서 작문과 영어교육 방법 과정을 가르쳤다. 그들의 구체적인 테크놀로지는 언어, 교수와 관련이 있었다. Jacci는 고등학교 스태프의 구체적인 요구를 위해서 서면 또는 구두로 된 테크놀로지 언어를 해석하기 위한 견고한 기교를 가지고 있었다. 더군다나 그녀의 대학에서의 학습과제는 많은 뛰어난 교수 산출물로 나타났다. 그녀는 여러 가지의 테크놀로지 요구를 가지고 대상들에게 다가설 수 있는 방법에 대해 잘 이해하고 있었고, 교섭자로서 일하기를 열망했다.

Jacci와 Bill은 예전에 문제를 해결하고 훈련을 제공하며 그룹 교육과 의사소통을 촉진하기 위하여 교사들, 다른 스태프 구성원들과 일대일로 일을 했다.

Brandon은 당장이라도 발등의 불을 끌 준비가 되어 있었고, 반면에 Jacci는 문제를 예방하는 방법과 훌륭한 의사소통과 교육을 통하여 다른 사람들이 그 프로그램을 배울 수 있도록 돕는 방법을 찾고 있었다.

훈련개발: 6~8월(첫해)

Jacci는 다른 사람들을 코치하기 위한 준비를 위해 QuickGrader 소프트웨어 프로그램에 대하여 가능한 한 많이 배워야 했다. 스태프는 출석과 School Manager에 성적 정보를 옮기는 데 QuickGrader를 사용할 수 있게 되도록 기대되었다. 지금까지(2월부터 학년 말까지) 교사들은 School Manager로 출석하였고 (비록 이 프로그램이 매우 느리다고 불평은 했지만) QuickGrader를 그들의 문서 보존을 위해 사용해 왔다. 그러나 School Manager로 성적 정보를 옮기지는 않았다. Jacci는 사용자 가이드를 연구했지만 그다지 많이 이해하지는 못했다. 게다가 프로그램이 네트워크에 맞게 적절히 설치되지 않아서 프로그램에 접근할 수 없었다. 소프트웨어 프로그램을 학교에 판매한 거래처 대표자는 학기 중에 스태프를 돕기 위해 현장에 있지 않았다. 학기가 끝나고 여름방학이 시작된 6월에 학교현장에 도착했을 때, 그녀는 QuickGrader 프로그램에 익숙해 있지 않았다. 그래서 결국 Jacci의 훈련은 School Manager 관리 프로그램이 주 관심사인 테크놀로지 스태프를 어깨 너머로 감시하면서 영업 대표가 편리한 때인 6월 중 하루 동안 이루어졌다. Brandon 역시 훈련을 관찰하기 위해 있었지만 그 당시 예정된 군사 책무 때문에 다가올 교사훈련에 도움이 되지는 못했다.

관리자 측은 모든 교사들이 학기 시작 첫날(두 번째 해) 모든 소프트웨어 프로그램의 사용을 시작하길 바라고 있었다. 그래서 그들은 8월 학기가 시작되기 전에 하루 동안의 현장교육으로 예정된 훈련을 했어야 했다. 스태프 훈련을 촉진하기 위하여 Jacci는 교사 6명에게 적어도 QuickGrader에 대해 그녀 자신이 습득한 내용을 가능한 한 배우게 하기 위하여 7월 말의 어느 날 고등학교로 와 달라는 요청을 하였다. 이것은 교육과 관련된 어떤 문제라도 있을 경우 그녀가 도움을 줄 수 있기 위해서 영업 대표가 관리자, IT 스태프와 일하기 위해 건물로 들어가는 날 이루어져야 했다. 그날 교사 6명은 (보상 없이) 성적을 등록하는 것과 출석을 체크하는 것의 기초, 그리고 성적 등급과 성적 기호들을 사용하는 법을 배웠다. Jacci가 8월 현장교육 동안 스태프들을 가르치는 아침과 점심 훈련 수업 동안 교사들이 그녀를 보조해 주는 것이 계획이었다. 참여한 교사들은 그들의 동료들이 프로그램을 배우면서 가졌던 잠재적 문제들뿐만 아니라 도움이 될 유인물과 같은 것들에 대해서 브레인스토밍을 하였다.

현장훈련: 8~12월(두 번째 해)

8월 28일 아침 첫 번째 훈련 수업을 시작했을 때, Jacci는 꽤 잘 준비되었다는 것을 느꼈으나 IT 스태프가 교사들이 사용하고 있는 실습실에 몇 개의 네트워크 케이블을 연결하지 않았기에 여전히 상황이 약간 불안하였다. 결과적으로, 몇 명의 교사들은 교육이 시작되고 약 45분이나 걸려 IT 관계자가 문제를 해결할 때까지 케이블 연결을 할 수 없었다. 몇몇 교사들은 이러한 상황이 IT 스태프와 교수자 간의 의사소통 부족현상의 한 예라고 Jacci에게 지적하였다. 불만을 가진 Vera Moreno라는 교사는 화를 내며 말했다. "IT 스태프들은 항상 네트워크로 무언가를 하는 것처럼 보이지만, 우리 중에 그들의 행동에 영향을 받을 사람들에게 말해 주는 것을 기억하는 것 같아 보이지 않아요. 그리고 우리는 학교에서 지시된 프로그램을 가지고 일하고자 할 때 할 수가 없지요. IT 관계자가 부재 중이어서 완전히 일을 할 수 없거나 또는 다른 일에 깊이 관여되어 있어서 응할 수 없거나 응하지 않으니까요. 나머지 사람들은 어떤지 잘 모르겠지만, 이것은 진행 중인 기초에 관련된 이 새 프로그램들을 사용하고자 시도하려는 나의 자신감은 분명 증대시키지 못합니다."

그럼에도 불구하고 Jacci는 출석자 수에 기뻐했다. Cunningham 고등학교 교사 2명을 제외한 모든 교사들이 훈련 수업에 참석했다. 일단 네트워크 케이블 문제는 해결되었고, 아침 수업 교사들은 훈련을 수월하게 진행하였다. 7월 말에 훈련을 받은 교사 6명은 모두 다른 동료들을 돕기 위해 출석하였다. 그러나 테크놀로지에 덜 익숙한 교사들이 많이 포함되어 있는 오후 수업은 더 느리게 진행되었다. 다른 교사들은 완수해야 할 그들 각자의 수업 준비가 있었기에 교사 도우미들 중 오직 2명만이 참석했다. 그러나 그날의 거의 마지막에는 교사 2명을 제외한 모든 교사들이 훈련을 받았고, 참가자들은 작업을 시작할 수 있게 해주는 유인물 세트를 받았다. 그리고 그들은 모두 Jacci가 그들을 도와줄 능력이 있다는 것을 알고 있었다. 비록 Brandon이 이 첫 훈련 수업을 할 수는 없었지만 그는 학기 동안 그들을 도와줄 수 있었다.

고등학교 전 교직원이 가을에 그 프로그램 사용을 시작하도록 지원하기 위하여 Brandon과 Jacci는 그들이 얻고자 하는 자료의 유형에 대해 관리 스태프와 자주 이야기를 나누었다. 교장, 생활지도 교사, 비서들은 그들이 원하는 구체적인 자료, 그리고 교사들이 만들었으면 하는 평가지와 중간 보고서와 같은 구체적인 보고서의 윤곽을 잡아 나갔다. 첫 번째 평가기간 동안, Jacci는 관리자들, 비서들 그리고 교사들을 도와줄 수 있는 구체적인 요구를 기반으로 하여 교사를 위한 교육을 개발하였다. 이 지시는 이메일을 통해 교육을 실행하기 직전에 교사들에게 전달되었다. Jacci는 소프트웨어의 도움 부분인 QuickGrader의 사용 가이드를 사용하였다. 그리고 교육 프로그램을 개발하기 위하여 소프트웨어 프로그램에서 다양한 선택사항들을 직접 탐구하였다.

Brandon과 Jacci는 계속 그들의 수행에 접근하고 앞으로의 문제와 요구사항들을 예측하고자 하였다. 예를 들면, 이메일로 보내진 지시사항에 대한 반응은 섞여 있었다. 어떤 교사는 Jacci가 '멍청이' 처럼 스태프를 위협하고 있다고 생각했다며 불평했고, 또 어떤 교사는 자신이 모든 것을 단계적으로 따라갈 수 있기 때문에 지시사항을 매우 마음에 들어하였다. 다른 교사들은 Brandon과 Jacci를 일대일로 만나길 요청했는데, 그들이 '단지 지시사항을 이해할 수 없었기' 때문이었다. 그러나 대부분의 교사들은 그 교육에 대해 Jacci에게 감사하게 생각했다. 몇몇 교사들은 그 기초가 이메일에 설명되어 있기 때문에 QuickGrader의 추가적인 특징들을 스스로 탐구해 볼 수 있다고 설명했다.

아마도 Jacci가 받은 대부분의 가시적인 반응은 비의도적인 것일 것이다. 한 교사가 처음 6주가 끝날 때쯤 평가지 2개를 가지고 그녀에게 왔다. 그 교사는 그녀가 '두 수업을 똑같이 해 왔는데도' 왜 그것들이 똑같아 보이지 않는지를 물었다. Jacci는 그것들이 달라 보이는 이유를 모른다고 대답하지 않고, 그것들이 그전 주에 이메일로 보내진 지시사항들을 사용하여 개발된 평가지처럼 보이지는 않는다고 답장했다. 교사는 그녀가 번호 매긴 지시들을 그대로 따라 하기보다 '그녀 스스로 문제를 해결하는 것' 을 선호해서 이메일(사실 여기에 6주의 마지막까지 아주 중요한 일련의 몇 가지 지시사항이 포함되어 있었다)을 보지 않았다고 답장했다. 다음 날 아침 Jacci가 본사로 갔을 때 비서가 다른 12명의 교사가 제출한 평가지를 보여 주었는데, 그중 오직 3개만이 지시사항을 따른 것이었다. 왜 자신의 평가지가 똑같아 보이지 않는지 알고 싶어 하던 그 교사를 제외하고는 아무도 도움을 요청하지 않았다.

예상치 못한 문제: 8~12월(두 번째 해)

QuickGrader 소프트웨어가 주요 영역 하나에 부적절하다는 것이 명백해진 것은 거의 같은 시기였다. 그 고등학교에서는 무단결석 시 학생들의 성적을 낮추는 출석정책이 있었다. 학생들의 성적은 무단결석 때문에 3%가 떨어졌다. 이것은 대략 한 번의 무단결석이 한 등급(A, B, C 등으로 평가되는)의 1/3 정도 된다고 해석할 수 있다. 교사들은 성적기간의 마지막 시기에 학생들의 성적이 얼마나 많이 떨어졌는지에 대한 통지를 받았다. 과거에는 교사들이 단순히 학생들의 수치화된 점수를 고려하지 않고 성적 등급을 바꾸었다. 예를 들어, 한 학생이 무단결석을 2번 하면 B+였던 학점을 B-로 내린 것이다. 그리고 학기 말에 교사가 학생들의 성적을 평균 낼 때는 B+로 얻은 수치화된 점수를 사용하지 않고

B-를 사용하였다.

QuickGrader를 이용하면 수치화된 점수를 유지하는 것과 교사들이 평균을 내야 하는 목적 때문에 과장된 성적을 사용하는 것이 허용되지 않음을 깨달으면서, Brandon과 Jacci는 마지막에 모든 성적을 평균 낼 때 교사들이 학기 점수를 결정하도록 하는 가장 좋은 방법을 찾아내기 위해 노력하였다. Brandon은 무단결석마다 사용될 수 있는 일정한 법칙을 넣고자 했다. 그래서 수치화된 점수가 변경되도록 하여 결과적으로 성적을 내릴 수 있도록 하는 것이었다. 이러한 시스템은 고등학교의 전 교사들이 '90~100: A, 80~89: B, 70~79: C, 60~69: D, 0~59: F'와 같은 동일한 성적 등급을 사용했다면 좋은 방법이 될 것이다. 그러나 교사들은 각자 자신만의 성적 등급을 사용하는 융통성을 가지고 있었다. 학교의 통일된 성적 등급에서의 어떠한 변화라도 전체 교직원과의 극적인 직면을 초래할 것이었다. 소프트웨어는 교사들이 학교 역사를 통해 누려온 어떠한 자유도 수용하지 않을 것이었다.

그 대응으로 IT 스태프는 성적 등록 프로그램에서 관리 프로그램으로 성적을 옮기기 위하여 정교한 디스크 시스템을 만들었다. 한 IT 스태프는 School Manager 프로그램을 이용하여 스프레드시트 프로그램을 만든 후 교사 개인들을 위해 그것을 개인 디스크에 복사하였다. 교사들은 학생들의 문자 성적을 디스크에 있는 스프레드시트 프로그램에 옮기고 그것들을 각 부의 비서들에게 돌려주는 일을 맡게 되었다. 그러면 비서들은 성적을 기록하고 성적표를 만들기 위해서 각 스프레드시트를 관리 소프트웨어로 복사하였다.

대안을 찾아서: 1~3월(두 번째 해)

1월 무렵, 도움을 요청하는 일은 훨씬 줄어들었다. 결함 있는 디스크나 디스크 드라이브뿐만 아니라 교사들이 디스크에 있는 스프레드시트에 잘못된 성적을 입력하는 것과 관련된 사소한 문제가 발생했지만, 일반적으로 성적을 입력하는 디스크 문제의 해결은 꽤 성공적인 듯했고 최소한 그해 말까지 유지될 것이었다.

Jacci는 학교의 요구들을 더 잘 충족시킬 수 있는 다른 성적 등록 프로그램을 찾기 시작했다. 그러나 School Manager는 직접적으로 사용된다는 한 가지 특징이 있었음에도 이 프로그램에 인터페이스를 둔 소프트웨어로만 제한되어 있었다. 어느 순간 Jacci는 QuickGrader에 새 버전이 있다는 것을 발견했을 때 잠재적 해결책을 찾았다고 생각했다. 그러나 보다 심층적인 조사 후에 Jacci는 5.0이 겉으로는 더 좋아 보인다고 하더라도(인터페이스가 더 성적기록부의 페이지와 같아 보이며 자주 쓰는 지시사항의 경우 몇 개의 아이콘과 버튼으로 되어 있었다) 그 뒤의 화면은 4.0과 거의 동일하다는 것을 깨달았다. 분명히 5.0으로 업그레이드하는 것으로는 고등학교의 현 컴퓨터 성적 처리와 출석 문제를 해결할 수 없을 것이었다. 그 논리는 적어도 성적 처리 면에서는 사용자에게 더 친숙한 어떤 성적 등록 소프트웨어라도 QuickGrader보다 좋을 것이라는 것을 뜻했다. 그러나 Jacci는 논리와 지엽적인 요구들이 이 사례에서는 그다지 중요하지 않은 듯 보인다고 생각하지 않을 수 없었다.

교사 피드백: 4~6월(두 번째 해)

한 학년이 거의 끝나갈 무렵, Jacci는 교사들로부터 성적 프로그램에 관한 정보를 모아야겠다는 결정을 내렸다. 그녀는 설문지 문항을 만들어 모든 교사들에게 이메일로 보냈다. 약 12명 정도가 피드백을 보내왔다. 9명의 응답자는 "비록 QuickGrader를 사용하는 데 약간 어려움이 있었지만, 요구되는 운영을 스스로 다룰 수 있게 해 주는, 이메일로 보내진 간소화된 지시사항들을 따라 나 스스로 점검하였다."고 응답하였다. 8명의 교사들은 관리 프로그램에 자료를 보내기 위한 '이중 등록'이 성적 처리 시스템의 심각한 결점이라고 말하였다. 그들은 디스크와 스프레드시트보다 네트워크를 통하여 성적을 보낼 수 있기를 원하였다.

다른 의견들은 일반적으로 성적 소프트웨어의 선택과 관련이 있었다. "성적 등록은 학교 소프트웨어를 선택할 때 가장 마지막에 고려된 사항인 것 같다. 만약 이것이 모든 관련 사항들에 대하여 더 빠르고 쉽지 않다면 사용하지 말았으면 한다. 이 프로그램이 어렵기 때문에 회사가 스태프를 지원하는 것이다. 그녀는 매뉴얼을 읽는 방법을 아는 것에 지나지 않았다. 내가 생각하기에 훌륭한 회사라면 모두를 위해서 훈련을 제공할 것이다(하루면 충분할 것이다)." 이와 더불어 "여기서 최선을 다했다." "우리의 의견을 물어본 것에 대해 감사하게 생각한다." 등의 의견도 있었다. 응답자들은 Jacci와 Brandon이 한 일에 대해 감사해 했다.

Jacci와 Brandon은 곧 다가올 학기에는 이 문제가 지속되기 않기를 바랐다. 고등학교 교육 스태프는 최소한의 훈련과 보조로 쉽게 사용할 수 있는 간단한 성적 패키지를 필요로 했다. 그러나 경영진은 School Manager 프로그램을 사용하는 데 전념했다. Jacci와 Brandon은 이 두 프로그램을 가지고 어떻게 동료들의 일을 도와줄 수 있을까?

예 비분석 질문

1. 활용할 수 있는 자료와 강제성이 주어졌을 때 Jacci와 Brandon의 테크놀로지 훈련에 대한 노력을 평가하라.
2. 관리자들과 IT 스태프는 교사들의 새 소프트웨어 수용을 어떻게 증가시킬 수 있었을까?
3. 관리자들이나 IT 스태프가 이 새로운 프로그램들의 효과적인 실행을 위하여 교직원들을 준비시킨 방법들은 어떤 것인가?
4. Jacci와 Brandon은 교사들을 돕기 위해서 이제 무엇을 할 수 있을지 구체적으로 답하라.

ID 실천을 위한 적용

1. K-12를 담당하고 있는 직원들에 대한 컴퓨터 테크놀로지 지원의 역할과 책임에 대해 기술하라.
2. K-12 환경에서 소프트웨어 평가와 구매 위원회의 이상적인 구성에 대해 기술하라.
3. 새로운 소프트웨어의 선택 및 구입과 관련된 평가전략을 구상하라.
4. 직무환경에의 새로운 소프트웨어 도입 시기의 중요성에 대해 토론하라. 즉각적으로 실행하고자 한다면 사용자들은 어떻게 선수 지식을 얻을 수 있겠는가?
5. 짧은 시간 동안 광범위한 테크놀로지를 가지고 많은 사람들을 훈련하기 위한 전략을 구상하라.

사례연구

7

K-12 랩톱 프로그램의 효과 평가
(Tina Sears의 사례)

Michael M. Grant
(Memphis 대학교)
Deborah L. Lowther
(Memphis 대학교)
Steven M. Ross
(Memphis 대학교)

앤더슨은 사우스 캐롤라이나 북쪽에 위치한 블루리지산 기슭에 있는 남부 시골 마을이다. 작은 규모로 긴밀하게 연결된 그 주의 다른 마을들처럼, 4개의 학교가 있는 이 지역의 반 이상의 학생들은 무료급식 대상자 자격이 있을 정도다. 게다가 많은 학생들은 적어도 부분적으로는 최근에 그 지역으로 이주해 온 많은 히스패닉계 가족 때문에 소수민족이었다.

Hillendale Textiles가 그 마을이 의지할 수 있는 유일한 터전이었다. 많은 부모들이 세 지점 중 한 곳에서 일하고 있을 뿐만 아니라 CEO와 사장인 Bradley Cook은 종종 고등학교 축구 경기장을 짓거나 새로운 밴드 유니폼을 맞추는 것과 같은 특별한 프로젝트를 위한 기금을 기부하기 위해서 학교가 있는 지역에 들렀다. 그래서 훌륭한 Cook 씨가 어째서 학교의 경영자, 학교위원회와 각종 정보를 공유할 수 있는지 아는 것은 매우 쉬운 일이다. 그것은 그들이 왜 Cook 씨의 말에 귀 기울이는지를 이해하는 것만큼이나 쉬운 일이다.

시범 랩톱 프로그램

또 다른 특별한 프로젝트는 지금 진행 중이다. 10월 말 중에 Cook 씨는 동남아시아에 본사가 있고 미국에 이주하여 운영되고 있는 진취적인 컴퓨터 시스템 회사 Tho에 근무 중인 사업관계자 Darren Chaude로부터 연락을 받았다. (Hillendale Textiles는 직물의 제조 공정을 위해서 Toh사의 하드웨어를 이용한다.) Darren은 Cook 씨가 그의 지역 학군의 활동적인 후원자이며, Toh사가 보유하고 있는 K-12 학교를 위한 랩톱 프로그램에 흥미가 있을 수 있다는 것을 알고 전화를 했던 것이다. Toh사는 휴대 가능한 기기에 있어서 뛰어난 기술을 보유하고 있었고, 경쟁력 있는 가격을 통해 넓은 시장을 확보하기 위해 노력 중이었다. Darren은 자사의 프로그램이 학생들의 학습을 증진시킬 뿐 아니라 그들을 고부가가치를 지닌 직업시장의 준비된 일원으로 준비시킬 것이라며 그의 의견을 피력했다. 그는 또한 그 프로그램이 뛰어난 전문가로부터의 60시간 교사훈련과 교사를 위한 무상 랩톱을 제공하고, 기술적으로 지원하며, 랩톱을 대량 구매할 시 할인된 가격으로 제공하는 것을 포함한다고 설명했다.

Cook 씨는 Darren이 최근 5학년 컴퓨터실에 방문한 후 그 느낌을 말한 것이 인상 깊었다. Darren은 이렇게 높은 수준으로 컴퓨터를 잘 다루거나 배우는 것에 대해 많은 동기를 보이는 아이들은 한 번도 본 적이 없다고 말했다.

그 대화는 Cook 씨의 관심을 불러일으켰다. 그래서 그는 앤더슨 카운티 학군에 랩톱을 기증하는 것에 대한 가능성을 검토해 보기로 결정했다. 몇몇 초기 조사와 Darren과의 더 많은 논의 끝에, 그는 8개의 5학년 교실에 시범 프로그램을 기증할 것으로 결정했다. 그는 그 프로그램이 실제 성공적인 것으로 판단될지 모르기 때문에 모든 학년을 위한 컴퓨터를 사는 것은 원하지 않았다. 그가 그 후원 프로그램을 택한 두 가지 중대한 이유는 학생들의 학습을 향상시키기 위한 것과 그의 공장에서 일하는 종업원의 자녀들에게 이익을 주는 프로그램을 후원함으로써 종업원의 충성도를 향상시키기 위한 것이었다. 물론 그것은 그가 그동안 받아 오던 많은 세금 감면에도 지장을 주지 않을 것이었다.

영리하게도, Cook 씨는 Toh사와의 계약을 체결하기 전까지 그 지역에 그 사실을 알리지 않았다. 그는 그 소식을 겨울 시즌에 모든 교사와 행정가 그리고 뉴스 기자까지 참석하는 교사 회의에서 밝히기 원했다. 놀라움과 많은 고마움을 가지고 앤더슨 카운티 학군은 Cook 씨의 비전을 현실로 만들어 가기 시작했다.

지역 테크놀로지 조정자로 있던 Tina Sears는 프로젝트의 전담자로 임명되었다. 원기왕성하고 모험심 강한 Tina와 헌신적인 부모들로 구성된 위원회, 5학년 교사들과 학교 교장은 Toh사에 장비를 주문하고 교사의 전문적인 발전을 위한 회의를 소집했다. 그리고 교수-학습에서의 변화를 위한 서류들을 준비했다. 위원회는 프로그램의 목표를 작성하고 그 내용을 전단지 형식으로 부모와 학교 위원회에 배포했다([그림 7-1] 참조).

앤더슨 카운티 학군
시범 랩톱 프로그램

프로그램 목표

프로그램의 목표는 다음과 같다.

1. 각 5학년 교실에 고성능 컴퓨터를 갖추는 것
2. 학생과 교사 모두 컴퓨터 사용 능력을 갖추는 것
3. 컴퓨터를 사용하여 학생들의 성과를 증대하는 것

전문적인 개발계획

프로그램의 목표를 달성하기 위해서 5학년 교사들은 2주에 걸쳐 진행되는 하계 전문성 계발 세미나와 매달 3시간씩 열리는 회의에 대대적으로 참여할 것이다. 훈련활동은 교사들이 다음 세 종류의 활동에 열중하도록 한다. 학급 시뮬레이션의 경험, 기술통합 능력을 배양하기 위한 교육 자재와 자원 개발, 그리고 실제 실행 능력과 관리기술을 개발하기 위해 세운 계획의 연습.

구체적인 전문성 계발의 목표는 다음과 같다.

- 학생들이 컴퓨터를 지역의 표준화된 평가의 성취도를 향상시킬 수 있는 도구로서 효율적으로 사용하도록 수업계획을 세워라.
- 모든 교수와 학습에 학생들이 효율적으로 컴퓨터를 이용하게 하라.
- 모든 학생이 컴퓨터를 활용하는 학급을 만들어라.

[그림 7-1] 시범 랩톱 프로그램 목표와 전문성 계발계획

교사 전문성의 계발

계속해서 준비하는 중에 지속적인 여름휴가가 있었기 때문에, Tina는 Toh사의 교사 트레이너인 Mark Waters(K-12 기술통합 분야의 국가 공인 전문가)와 함께 그녀의 교사들을 위한 전문성 계발 워크숍에 대해 이야기를 나눴다. 그는 대서양 중부의 큰 규모의 대학교에서 전임 교수로 있다. 또한 Toh사와 새로운 랩톱 프로그램을 시작하는 학교에 대한 자문 역할을 하고 있다. Mark의 접근은 학생들이 문제기반 활동을 하는 동안 컴퓨터를 사용하도록 교사들을 장려하는 데 초점을 맞추고 있다. 핵심은 교사가 컴퓨터를 어떻게 사용하는지 배우지 않고, 컴퓨터를 사용하는 동안에 그들의 목적을 달성하도록 하기 위하여 어떻게 가르치면 되는지 배우면 된다는 것이다. Mark는 컴퓨터가 단지 하나의 교육과정에 추가되는 요소가 아니라 교육과정 전체의 윤곽이 되는 목표를 성취하는 데 없어서는 안 될 요소라고 강조했다. 컴퓨터는 똑똑한 아동이나 과업을 빨리 끝낸 것에 대한 보상이 되어서는 안 된다. 모든 학생은 컴퓨터를 그들의 수업활동을 지원하고 향상시키는 방향으로 사용해야 한다.

여름에 2주 동안 이루어지는 전문성 계발의 핵심은 교사들이 5학년 학생의 역할을 추측해 보는 것과 동시에 Mark가 만든 5학년 교사의 역할을 시뮬레이션해 보는 것이다. 예를 들면, 판구조론을 배우는 동안에 교사와 5학년 학생은 개념을 매핑해 주는 프로그램을 사용할 것이다. 또는 직유 표현에 대해 배우면서 그들은 아마 프레젠테이션 프로그램을 사용할 것이다. Mark는 각각의 강의를 시작했다. "오늘 우리는 ~에 대해서 배울 것입니다." 그리고 '과학, 사회, 수학 또는 언어' 를 채웠다. 그러고 나서 그는 "이 강의의 포인트는 ~에 대해 알아야 할 모든 것을 배우자는 것이 아닙니다." 그리고 'Word, PowerPoint, Excel 또는 다른 유명한 소프트웨어 패키지' 를 채웠다. 2주 동안, Mark는 각 소프트웨어가 얼마나 구체적인 용도로 쓰이는지와 교사가 각각의 소프트웨어를 그들의 교수목표에 맞추어 어떻게 사용해야 하는지에 대해 설명했다.

랩톱 프로그램 실행

학기가 8월 초에 시작되었기에 아직 더웠고, Tina와 그녀에게 새롭게 배우기 시작하는 교사들의 열정 또한 뜨거웠다. 하계 워크숍 동안에 형성된 여세를 몰아 그것을 계속 유지하기 위해서 학기 중에도 매주 3시간씩 워크숍이 계속 진행되었다. 교사들은 협동적으로 강의를 계획했고, Tina는 교수를 위해 테크놀로지를 가장 효과적인 방향으로 이용하도록 교사들을 이끌었다.

문서화 작업은 계속해서 Tina를 성가시게 했다. 하지만 그것을 손 놓고 있을 수는 없었다. 이 업무를 누군가에게 맡기기 위해서 Tina는 지역 문해(literacy) 클럽으로부터 그녀의 문고에 활용하기 위하여 컴퓨터를 지원받아 온 이웃 마을의 한 친구에게 부탁했다. 그녀의 친구는 Tina에게 자신은 학생, 교사 그리고 학부모에 대한 조사만 해 봤기 때문에 실제로 컴퓨터가 어떻게 사용되고 있는지에 대한 실질적인 조사를 정말 해 보고 싶다고 말했다. 이를 위해서 그녀는 정기적으로 학생들이 다른 활동을 성취할 때마다 비디오로 찍었고, 클럽의 기금 후원을 위한 연간 행사에서 보여 줄 수 있도록 편집까지 했다. 그 비디오테이프는 놀라울 정도로 히트를 쳤고, 도서관이 10개의 컴퓨터를 더 후원받는 성과를 낳았다.

Tina는 그녀가 정말로 비디오를 포함시켜야 하겠다고 결정했다. 그러나 그보다 한 발 더 나아가야 한다고 생각했다. 그래서 교사와 학생으로 구성된 포커스 그룹을 설정해서 조사에서 나타나지 않은 무언가를 배우게 했다. 그녀는 또한 지역의 연간 교사평가 형식에도 테크놀로지를 추가했는데, 그것은 몇 년간 바뀌지 않았기 때문에 많은 개선이 이루어졌다. 또한 당연하게도 그녀는 ITBS(Iowa Test of Basic Skills) 점수를 그 데이터에 포함시킬 것을 원했다. 그녀는 단숨에 이러한 의견을 써 내려갔고, 앤더슨 카운티 학군의 관리자인 Tammy Burns 박사에게 그것을 팩스로 보냈다([그림 7-2] 참조).

1월은 계절에 맞지 않게 따뜻했고, Dryer 초등학교는 5학년 아동 학부모를 위한 야간활동으로 생동감 있었다. Tina는 오후 내내 희색이 만면했다. 멋진 컴퓨터들이 들어오고 있었고, 컴퓨터를 사용하는 학생들을 담은 비디오는 각 학급의 텔레비전을 통해 방영되고 있었다. 화면 속 이미지들이 계속해서 바뀌어 감에 따라 Tina는 아이들이 통계 데이터를 웹을 통해 검색하고, 그것을 Excel 프로그램에 넣은 후 미래의 인구 동향을 예상하는 모습을 떠올릴 수 있었다. 그녀는 또한 무선으로 한 컴퓨터에서 다른 컴퓨터로 보고서 내용을 전달하면서 보고서를 완성시켜 가는 그룹도 보았다. 그 비디오는 학생들이 한결같이 그들의 학습을 뒷받침하기 위해 동의어 사전, 온라인 사전 또는 백과사전, 개념 매핑 프로그램, 그래픽 계산기 등의 테크놀로지 도구들을 이용하고 있음을 드러냈다. 그들은 또한 토론 또는 문제해결학습을 하는 도중에 궁금증이 생겼을 때 동시에 웹을 검색했다.

Tina에게 이러한 변화는 단지 학생들의 변화만이 아닌 것이 확실했다. 비디오 영상은 교사 또한 변했음을 보여 주었다. 그들은 교실 앞에만 붙어 있지 않고 움직였고, 개별 또는 소그룹의 학생들과 이야기를 나눴다.

그다음 날은 평상시 1월보다 훨씬 좋은 날이었다. 왜냐하면 Tina가 5학년 교

팩스 전달양식

To: Tammy Burns 박사(앤더슨 카운티 학군)
Fax: 864-555-5234
phone: 864-555-5235

From: Tina Sears(지구 테크놀로지 전담자)
Fax: 864-555-5123
Phone: 864-555-5124

주제: 시범 랩톱 프로그램 평가
페이지: 1페이지

Burns 박사님,
8개의 5학년 학급에 시범 랩톱 프로그램을 지원하기 위한 아래의 평가계획을 점검해 주세요. 감사합니다. Tina.

시범 랩톱 프로그램 평가

목적

Hillendale Textiles의 CEO인 Bradley Cook 씨는 관대하게도 우리 5학년 8학급에 랩톱 컴퓨터를 기증했다. 그는 랩톱 컴퓨터가 학생들의 학습을 개선할 수 있다는 증거를 보인다면 모든 초등학교 학급에도 랩톱을 제공할 것이라고 말했다. 그러므로 이 평가서의 목적은 각 5학년 학급에 랩톱을 제공하는 것이 얼마나 그들의 학습을 증진시키는지 증명해 내기 위한 것이다.

평가계획

우리 지구는 랩톱 컴퓨터를 이용하는 것의 긍정적인 효과를 증명하기 위하여 다음 활동을 계획해 왔다.

1. 지역의 연간 교사관찰 형식에 테크놀로지 사용을 추가한다.
2. 연중: 성공적으로 랩톱을 이용하는 것을 비디오테이프로 찍어 모은다.
3. 연말: 랩톱을 이용하는 것에 대한 교사들의 느낌을 알아보기 위해 교사 포커스 그룹을 실행한다.
4. 연말: 교사, 학생, 학부모에게 랩톱을 이용하면서 그들이 어떻게 느꼈는지 알 수 있는 설문지를 나누어 준다.
5. 지난해 ITBS 점수와 올해 ITBS 점수를 비교한다.

[그림 7-2] Tina Sears의 평가계획

사들을 만났고 그들이 학부모의 밤으로 얼마나 으쓱하고 자신감이 생겼는지를 알 수 있었기 때문이었다. 예상대로, Cook 씨의 사진이 컴퓨터 주위에 게시되었고, 기쁨에 가득 찬 5학년 학생들은 신문의 1면을 만들었다.

3월 초에 봄이 오고 있었고, 지금 모두는 다시 한 번 노력하는 중이다. Tina는 오늘 그녀의 노랗고 푹푹 찌던 사무실이 없어지고 있는 그 시간을 기뻐했다. 그녀는 5학년 컴퓨터실 중 2개를 촬영하기로 되어 있었다. 컴퓨터실에서 발견되는 많은 향상을 볼 수 있었기 때문에 이것이 항상 그녀의 하루 일과 중 가장 중요한 일이었다. 대부분의 혁신적인 교실에서는 학생들이 그들의 과제에 매우 열중해서 비디오카메라를 거의 의식하지 못할 정도였다. (그녀가 바라고 원하는 그 열정은 모든 학급으로 번져 나갔다.) 교사는 질문하고 답해 주기 위해서 바쁘게 이 그룹에서 저 그룹으로 옮겨 다녔다. 학생과 교사는 그들의 과업을 나누고 토론하기 위하여 자주 디지털 프로젝터를 사용했다.

미묘한 웃음을 띤 채, Tina가 회상에 잠겼다. 학급의 활동과 기쁨 모두는 그녀가 이 지역에서 컴퓨터가 비치된 유일한 학급에 배정되었을 때를 떠올리게 했다. 그 당시에 학생들은 기본적인 프로그래밍과 Logo와 같은 간단한 프로그램을 다루도록 제한되었다. 많은 학생들은 거북이들(Logo 언어의 컴퓨터그래픽 부분에서 구현된 화면에 나타나는 작은 삼각형 모양의 그림 - 역자 주)과 기하학만으로도 동기를 가졌다.

그러나 그러한 제한된 자원일지라도 그녀는 더 많은 학생들이 원하는 학습환경을 만들어 주기 위하여 그 컴퓨터를 이용했다. 그녀의 학급은 심지어 신문의 1면에 실리게 되었고, 아마 이것이 그녀가 지역 테크놀로지 전담자로서 임명된 계기일 것이다. 물론 그녀의 열정 또한 그것을 도왔을 테지만 말이다.

Tina는 마지막으로 뿔뿔이 흩어져 있던 학부모, 교사, 학생의 설문지를 한데 모았다. 그것은 70%의 회답률을 보였다. 그녀는 대부분의 사람들이 그녀가 제시한 다음의 두 가지 핵심 질문에 '그렇다' 고 답해서 매우 기뻤다. (1) 당신은 학생들이 더 많이 배우게 되었다고 생각합니까? (2) 랩톱 컴퓨터가 학생들의 학습에 더 흥미를 느끼게 했습니까?

첫 평가 결과

학교는 지금 2주 동안 쉬었고, Tina의 에어컨도 그랬다. 그녀는 주의 깊게 대부분의 긍정적인 조사결과와 교사 포커스 그룹 반응자료를 그녀의 최종 보고서에 옮겼다. 예를 들어, 한 교사는 "나는 나의 학생 중의 대다수가 이렇게 배우는 것에 자극된 것을 보지 못했어요."라고 말하였다. 또 다른 교사는 "나는 15년 동안 학생들을 교육하였는데 많은 학생들에게 그렇게 분명히 사용되고 학습의 깊은 수준까지 보여 주는 제품을 좀처럼 보지 못했습니다."라고 진술하였다. 또한 Tina는 랩톱의 사용 때문에 개선된 교실환경의 다양한 예를 보여 주는 비디오 편집본을 만들었다. 그녀는 보고서와 비디오가 Cook 씨를 기쁘게 할 것이며, 다른 학년에게 확대되는 발판이 될 것이라고 확신하였다. 그녀는 보고서를 인쇄하고, 비디오테이프와 함께 이메일을 보냈다. 얼굴에 미소를 띠며 의기양양하게 보고서를 전송하였다. 그녀의 눈썹 위에 맺힌 땀은 그녀가 에어컨 수리공이 오길 기도한 것을 드러내기라도 하는 것 같았다.

……

밖에는 비가 억수같이 내렸다. 거의 화씨 100도에 가까운 날씨가 여름 내내 사우스캐롤라이나에 계속되었고, Tina의 작은 에어컨은 실내 온도를 유지하기 위해 무리하고 있었다. 설상가상으로 비가 내리고 난 후 날씨는 더 더웠다.

"딩동! 메일이 도착하였습니다."

이메일은 예상했던 혼란일 것이다. Tina는 빠르게 이메일을 열고는 밝은 화면을 가로지르며 그 내용을 읽었다([그림 7-3] 참조).

Burns 박사로부터의 메시지에는 랩톱 프로그램의 후원자인 Cook 씨가 보낸 메시지가 첨부되어 있었다. 그가 평가결과에 만족하지 않는다는 것은 명백하였다.

Cook 씨의 메시지를 읽으면서 Tina의 흥분은 빠르게 가라앉았다. 그녀는 더 이상 얼마나 잘못될 수 있겠는가? 정말 회오리바람과 같은 해였는데, Cook 씨는

제목: FW: 랩톱 평가 보고서
수신: Tina Sears 〈tsears@andersen.k12.sc.us〉
발신: Tammy Burns 박사 〈tburns@andersen.k12.sc.us〉
날짜: 6월 25일

Tina,
아래에 당신의 랩톱 보고서에 대한 Cook 씨의 이메일이 있어요.
우리는 10월 1일까지 Cook 씨를 대신하여 이해관계자들과의 모임을 위한 계획을 세우기 시작해야 합니다.
고마워요.
Burns 박사

주제: 랩톱 평가 보고서
수신: Tammy Burns 박사 〈tburns@andersen.k12.sc.us〉
발신: Bradley Cook 〈bcook@hillendaletextiles.com〉
날짜: 6월 25일

Tammy,
나는 앤더슨 카운티 학군의 테크놀로지 조정자인 Tina Sears가 제출한 시범 랩톱 평가 보고서에 제시된 활기 없는 결과에 실망하였습니다. 교사, 학생, 부모와 행정관의 긍정적인 태도가 기록되어 있는 보고서와 비디오 영상은 고무적이었습니다. 그러나 나에게 가장 중요한 것은 이 보고서에는 학생의 ITBS 점수에서의 어떤 개선도 기록되지 않았다는 겁니다. 나는 기금 지원과 다른 학년에 대한 이 프로그램의 확대를 고려하고 있습니다.
그러나 만일 그 지역 학생의 학습에서 랩톱의 영향력을 잘 보여 주는 견고한 평가계획을 세울 수 있다면 다음 학년도에 이루어지는 총 평가에 투자할 생각입니다. 만일 이 보고서가 긍정적인 결과를 낳으면, 나는 랩톱 프로그램을 나머지 초등학교 학년까지 확대할 것입니다. 나를 위해 이 새로운 평가를 고려하는 것이라 해도, 평가가 끝난 후에도 학군에서는 교사, 교장, 부모 그리고 부모 · 교사 단체로부터의 견해를 논의하기 위해 회의를 가질 필요가 있을 것입니다.
또한 Hillendale Textiles 재단과 나는 이 프로그램의 후원자로 참여할 필요가 있을 것입니다.
다시 이야기합시다.

Bradley

[그림 7-3] 교육감 Tammy Burns가 기술 전담자 Tina Sears에게 보낸 이메일

어떻게 프로그램이 성공적이지 않을 수 있다고 생각했을까? 그는 테스트 점수에서의 변화 부족에 집중하는 반면 긍정적인 조사결과는 도외시하였다. 그는 또한 그녀의 보고서에서 교사 포커스 그룹과 비디오를 간단히 처리해 버렸다. 5학년 교사들이 매우 많은 성취를 한 것을 그녀는 직접 목격하였다. 다행히도, Cook 씨는 형식적인 평가 다음 학년도의 기금 지원을 수락하고, 랩톱 프로그램 중단에 대한 그의 결정을 유보하였다.

아마도 보고서의 정보는 충분히 명확하지 않았을 것이다. 아마도 그녀가 수집한 데이터는 직물 제조회사의 재단이 또 다른 중요한 지출을 보증할 만큼 충분히 설득력 있지 않았을 것이다. 기금 지원을 하지 않겠다는 Cook 씨의 위협은 그녀의 마음을 가라앉게 했다. "나는 이 평가에 대하여 무엇인가 해야 한다." 그녀는 반추하였다. "나는 다른 선생님과 학생을 실망시킬 수 없다. 나는 랩톱을 통해 학습이 매우 많이 향상되는 경과를 보았다." 그녀는 자문하기 시작하였다. 그리고 지금 그녀가 모든 이해관계자와의 회담에서 주역이 될 필요가 있었다.

의심할 바 없이, 그녀는 요청된 평가에서 도움이 필요하였다. 다행히도, Cook 씨는 그 값을 치를 의향이 있었고, Tina는 외부에서 약간의 도움을 얻어야 했다. 그것은 그녀의 압력을 일부 덜어 줄 것이고, 그녀의 선입견을 없애 주는 데 도움을 줄 것이다. 그녀는 교사의 전문성 계발을 함께 한 Toh사의 컨설턴트 Mark Waters에게 연락하기로 결정하였다. 그는 교사들과 전문성 계발에 있어 한 숨의 신선한 공기와 같았다. 그녀의 마음에서 조금은 프로그램 평가에 대하여 무엇인가 언급하고 있는 그를 생각하고 있었다.

다음 평가를 위한 계획

학교는 다시 시작되었다. Mark는 지식의 보고였다. Tina는 자신의 행운을 믿을 수 없었다. Mark는 그녀의 시범 랩톱 프로그램과 같이 전국 단위 학교의 교수매체로 인한 변화를 문서화하는 캠퍼스의 센터에서 일했다. 그 센터의 겸손한 이사인 Lisa Colm 박사는 학교평가 영역에서 국가적으로 인정받고 존중받는 지도자였다. 교육심리학, 통계치 그리고 정신측정의 배경 지식과 더불어, Colm 박사의 인격은 도전받는 안건에 대한 대상의 반응을 완화시켰다. 입법자, 교육

위원과 다른 중요한 인물들이 프로그램의 결과를 논의하는 동안 그녀는 종종 물었다. "이것이 아이들의 최고의 관심사입니까?" 그녀는 그 결과를 실제 수치로 만들었다. 그들이 실제 선생님과 실제 아이들을 대표하였기 때문이다.

약간의 토론 후, 센터는 시범 랩톱 프로그램의 외부 평가를 처리하는 것에 동의하였다. Colm 박사는 일주일 후에 센터의 팀과 앤더슨 카운티 학군의 이해관계자들(교사, 교장, 부모, PTA 학장, 공동체 구성원, Cook 씨, Hillendale Textile 재단 위원, 그리고 학교위원회 위원들)의 회의를 촉진하는 데 동의하였다. "확실히 까다로운 군중이야." 하며 Tina는 한숨을 쉬었다. 그녀는 단지 그녀가 회의를 이끌 필요가 없다는 것에 안심하였다.

작고 비좁은 학군 회의실의 의자는 꽉 찼다. Tina는 뒤쪽에 조용히 앉아 부채질을 하고 있었다. 반면에 Colm 박사는 여러 참석자에게 시범 랩톱 프로그램의 목적과 목표에 관한 토론을 능숙하게 하였고, 평가 팀의 세 구성원은 그것을 자세히 적었다. 그 프로젝트의 목표는 교사와 학생의 랩톱 사용방법, 교사와 부모로부터의 일화, 강조된 학생 테스트 점수 등이 모두 포함되었다.

지갑과 노란 메모장을 집어들고, 땀에 흠뻑 젖은 티슈를 집어 던진 채, 다양한 이해관계자들을 정리한 파일을 가지고, Tina는 Colm 박사와 평가 팀에게 다가갔다. 그녀는 이해가 빨랐다. 그녀는 이 사람들이 그녀에게 최고의 도움이 될 것임을 알고 있었다. 그렇지 않았다면 프로젝트는 사장되었을 것이다. Colm 박사는 미소를 지으며 Tina를 안심시켰다. "나는 우리가 도울 수 있다고 확신하고 있습니다."

다음 날

대학으로 돌아온 Colm 박사와 평가 팀은 그들의 시원하고 파란 회의실에서 전날의 이해관계자들의 회의 내용을 듣기 위하여 만났다. 안심한 팀원들은 한쪽 벽면에 걸린 큰 칠판 위에 적힌 모든 기록을 모았다([그림 7-4] 참조).

칠판에 적힌 것을 재검토하고, Colm 박사는 한숨 쉬었다. 그녀는 그녀의 팀이 제한된 시간 내에 제안을 즉시 기교 있게 만들 수 있을 것이라 자신했다. 그러나 모든 이해관계자의 질문들은 확실히 ITBS 시험 점수에 관심이 맞추어져 있었고, 이것은 성취한 것과 많이 달랐다. 심지어 다른 사람들은 그것이 왜 어려운지 이해하기 어려웠다. 그러나 그 이슈에 대한 여러 차례 연설로 자신감을 얻은 그녀는 팀을 향하여 웃으며 말하였다. "자, 팀원 여러분, 일에 착수합시다!"

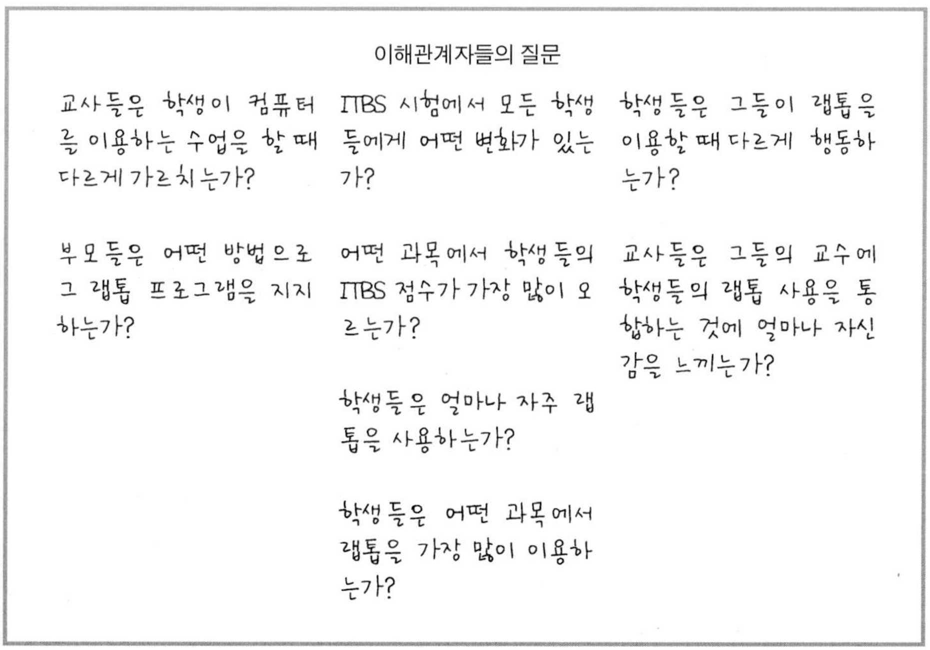

[그림 7-4] Colm 박사의 평가 팀 회의에서의 질문을 기록한 칠판

예비분석 질문

1. 당신은 Colm 박사 평가 팀의 일원이다. 이해관계자들에게서 나온 질문을 고려해 보라([그림 7-4] 참조). 다른 어떤 질문이 그 회의에서 나올 수 있었을까? 모든 견해가 나올 수 있다고 확신하라.
2. 왜 Cook 씨가 학생들의 성취도가 증명되지 않았음에도 일 년 더 랩톱 프로그램에 기금 지원을 하기로 결정하였다고 생각하는가?
3. 어떠한 점에서 '형식적' 평가와 Tina Sears가 이끈 평가는 다른가?
4. 학생 성취에 더하여, 랩톱의 사용이 학생의 학습에 영향을 주는지의 여부를 결정할 수 있는 어떤 다른 요인이 조사될 수 있는가?
5. 프로그램 목표의 성취를 측정하고 이해관계자들이 보낸 질문에 답하기 위해 필요한 평가 방법(도구, 자료 수집 그리고 분석)을 설명해 보라.

ID 실천을 위한 적용

1. 증거는 과학기술을 바탕으로 한 매체 구매 결정에 어떠한 영향을 끼쳐야 하는가?
2. 평가자는 이해관계자에게 표준화된 검사 이외의 대체 평가 조치가 학생 성취를 측정하는 데에 필요하다는 복잡한 질문에 대한 답을 어떻게 설득시킬 수 있는가?
3. 평가자는 결과가 공평할 것을 보증하기 위해 어떤 기술을 사용할 수 있는가?
4. 평가자들이 작은 프로그램에서 큰 프로그램까지 동일한 목표를 가진 것의 단계를 정할 때 직면하는 도전은 무엇인가? 프로그램 크기의 차이에 따라 어떻게 자료 수집과 분석 방법이 달라지는가?

사례연구

8

K-12에서의 새로운 교수접근 실행 (Maya Thomas의 사례)

Chandra Orrill
(Georgia 대학교)
Janette R. Hill
(Georgia 대학교)

과목: 수학
날짜: 4월 21일, 수, 8:10
발신: r.ponten@middlecity.k12.ga.us
수신 m.thomas@middlecity.k12.ga.us

Maya,

내년에 저는 위험한 수준에 처한 낮은 학습 수준의 7학년 학생들의 기초수학을 가르칠 것입니다. 저는 이 학생들을 가르치기 위한 혁신적인 방법을 찾아야 합니다. 어떤 것이든 할 준비가 되어 있습니다. 우리는 이것을 실험 수업처럼 생각하고 있고, 활동과 다른 많은 것을 하면서 수학을 하고 있습니다. 확실히 그들은 연필과 종이로 학습하는 학습자들은 아닙니다. 그들은 행함으로써 배워야 합니다. 제 교실에는 7대의 학생용 컴퓨터와 인터넷으로 연결된 한 대의 교사용 스테이션이 있습니다. 따라서 무한한 실현 가능성이 있는 것은 아니지만 가망이 있습니다.

어떻게 생각하나요?

Ruth Ann Ponten

미들시티 학군의 스태프 개발 및 교수 컨설턴트인 Maya Thomas는 Ruth Ann Ponten으로부터 온 이메일을 보고 최근에 비슷한 수준의 아이들과 했던 과학수업을 떠올리면서, 그녀의 학생들과 함께 Ruth Ann을 도울 수 있는 방법을 찾을 수 있다는 것을 알았다. Maya는 Ruth Ann에게 전화를 걸어 약속시간을 정했다.

다음 날 오후, Maya는 Middle City 중학교로 향했다. 그녀는 시골길을 통해 가면서 지난 10년간의 변화를 느꼈다. 이 지역은 변화의 중심에 있었다. 농부들과 노동자들을 위한 이 조용한 작은 마을은 변하는 중이었다. 이 마을의 정겨운 느낌과 오염되지 않은 오래된 집들에 매료된 대학교육을 받은 전문가들이 이 지역으로 들어왔다. 이러한 변화는 또한 다른 움직임을 몰고 왔는데 새로운 교육에 대한 기대나 교수–학습에 대한 새로운 아이디어를 적용하는 것이다. 이런 변화는 Maya에게 직업에 대한 흥미뿐만 아니라 도전의식을 불러일으켰다.

Maya가 학교에 도착했을 때는 Ruth Ann의 프로젝트 계획의 초기 단계였다. Maya는 교실에 들어가면서 다음 수업 교실로 가고 있는 학생들을 살짝 비켜섰다. 그녀는 재빨리 들어가서 책상 앞에 앉았다. 칠판에 적고 있던 Ruth Ann은 고개를 돌려 Maya에게 인사를 하고는 다시 적었다. 판서를 끝내고 나서 Ruth Ann은 지난 수학시간에 똑같은 방법으로 수업하는 것을 참을 수 없어 좌절하게 되었다고 Maya에게 설명했다. 이를 들은 Maya는 7년간의 교사생활 후에 스태프 개발 전문가가 되기 전 그녀가 가르쳤던 지난 수업을 떠올리면서, 종종 교사들은 일을 하기 전에 감정을 풀어내기 위한 시간이 필요하다고 말했다. 그들은 명석한 그룹이었지만 동기 유발이 되지 않은 상태였다. 그녀는 학생들을 가르치기 위한 좋은 방법이 있을 것이라는 의지와 동시에 그녀가 행했던 방법들이 듣지 않았던 때의 무력감을 떠올렸다. Maya는 이 어려운 사례를 생각하면서 Ruth Ann의 스트레스와 무력감에 동감했다.

이야기는 한 시간가량 이어졌고, 이야기 중간에 Maya는 대화 중에 느껴지는 Ruth Ann의 가정이나 신념을 명확하게 하기 위해 기록했다. Maya는 Ruth Ann의 이전 수업들이나 다음 해의 학생들에 대해서 질문을 했다. Ruth Ann은 이전의 수업에서는 학생들이 통제되지 않았기에 매우 힘들었다고 대답했다. 몇 명의 아이들이 진행되고 있는 수업을 무시하고 심지어 다른 학생들까지 방해했기 때문이었다. 그녀는 계속해서 학생들이 이미 활동 중이지만 기초 수학 능력에서 매우 부족하기 때문에 그들과 함께 어디서부터 시작해야 할지 모르겠다고 말했다. 그녀는 또한 그녀가 이메일에서 언급한 대로 이 학생들이 새로운 기술을 매우 좋아한다고 말했다. 그러나 Ruth Ann은 다른 학생들은 컴퓨터를 전혀 좋아하지 않는다고 말했다. 그녀는 학생들이 숙제도 하지 않을 것이라고 좌절하며 그녀의 말을 마쳤다.

Ruth Ann과의 대화 도중에 Maya는 수업에 등록하려는 학생들의 부류에 대해서 물었다. Ruth Ann은 농부나 대학교육을 받은 전문가의 아이들은 아예 없고 실업자나 노동자 부모를 가진 아이들이 대부분이라고 답했다. 이어서 그들은 학교나 부모로부터 벗어나 자립하고 싶어 하고, 또 집에서 숙제를 할 때 부모의 도움을 받지 못한다고 하였다. Maya는 이러한 요인들이 Ruth Ann이 계획한 실험에서 학생들의 반응에 어떤 영향을 미칠지 깊이 숙고했다.

Ruth Ann의 말을 듣고 Maya는 그녀가 얼마나 자주 학생들에게 수학문제를 푸는 일을 시키는지 알 수 있었다. Maya는 비록 Ruth Ann이 그녀의 학생들을 언제든 도울 마음의 준비가 되어 있다고 계속 말해도 그것이 말처럼 쉽지 않다는 것을 알고 있었다. Maya는 분명 Ruth Ann이 교실 앞에서 전형적인 수업을 하고,

학생들에게 문제 풀이 기회를 많이 주기 위해 많은 숙제를 내준다고 생각했다. 이런 환경에서 배우는 것은 공식을 외우고 정확한 계산을 하는 것을 의미한다. Ruth Ann은 그녀의 이메일에서 실험실 유형의 수업을 언급했다. 이것은 수학이 좀 더 실생활과 연계되는 것을 의미한다. 그녀는 또한 학생들이 칠판에서 수학문제를 푸는 것으로는 충분하지 않고 수학을 더 잘 가르치기 위한 새로운 방법을 마련해야 한다고 했다. 그러나 그녀는 수학수업을 하기 위한 다른 좋은 방법을 알지 못했다.

Maya는 Ruth Ann이 이상적으로 생각하는 수업방법과 그녀의 현재 방법에 많은 차이가 있다는 것을 알았고, Ruth Ann이 수학수업에서 실제 체험활동을 많이 하고 실생활과 연결되는 내용을 가르치도록 지도하는 것이 어렵다는 것을 알았다. Maya 자신도 교수방법을 변화시키는 것이 힘든 일이라는 것을 개인적인 경험을 통해 알고 있었다. 그녀는 Ruth Ann이 아이들을 성공적으로 가르치기 위한 가장 좋은 방법이 무엇일지에 대해서 고민했다.

Maya는 저녁에 집으로 돌아가 Ruth Ann의 상황을 생각했다. 밤에 조깅을 하면서 그녀는 Ruth Ann을 돕기 위한 계획을 명확하게 했다. 그녀는 그녀의 고민을 해결할 수 있는 좋은 방법과 현재 상태의 기초수학 교육과정을 조사하기 위해 다음 날부터 몇몇 학생들과 교사들을 인터뷰하기로 결정했다.

다음 날 아침, Maya는 교육과정 사무실에서 작년에 7학년 기초수학 과정을 이수한 학생들과 현재 6학년 수업을 듣고 있는 학생들에 대한 자료를 찾는 것으로 첫 조사를 시작했다. 그녀는 이 학생들을 3개의 하위 그룹으로 나누기 위해 신중하게 몇몇 학생들을 선정했다. 잘하는 학생들, 노력하는 학생들, 내년 기초수학 과정에서 어려움을 겪을 것 같은 학생들의 세 그룹이었다. 그녀는 순서대로 그다음 주와 다다음 주 중반까지 각각 10명의 학생들을 인터뷰했다. 이 과정에서 교육과정과 학생 수행의 반응에 대한 견해를 조사하기 위해 교사도 인터뷰했다. 또한 기초수학 과정에 대한 교육과정 보조장의 견해도 들었다(〈표 8-1〉, 〈표 8-2〉 참조).

Maya는 인터뷰를 통해 자료를 수집하는 도중에 주와 국가의 수학 성취기준과 기초수학 교재의 정보를 결합했다(〈표 8-3〉 참조).

그녀는 인터뷰를 마치고, 다음 주에 있을 Ruth Ann과의 미팅을 잘 준비하기 위해 현재 교육과정의 자료를 재조명한 뒤 수집한 자료를 분석했다. 그녀는 수학에서 성취도가 낮은 아이들이 그녀가 예상했던 것과 같은 반응을 보이는 것에 대해서 놀랐다. Maya는 고등교육을 받지 못한 부모를 둔 아이들은 다른 학생보다 낮은 학업성취도를 보일 것이라고 예상했다. 그뿐 아니라 그녀는 인구 분포상 이러한 문화는 교육에 대한 저항으로 이어지는 경우가 일반적이라는 것을 발견했다. "우리 엄마, 아빠는 고등교육을 받지 않았지만 잘 살아요." "내 친구들은 학교에서 별로 잘 하지 못해요." "우리 동네에서는 학교가 인생의 전부가 아니기 때문에 내가 학교에서 잘하든 못하든 신경 쓰지 않아요." 혹은 이러한 것들이 혼합된 태도였다. 이에 Maya는 슬퍼졌다. 그녀는 의문이 들었다. '이런 태도를 가진 학생들을 매일의 기초수학 수업에서 어떻게 도와줄 수 있을까?

3주 후에 Maya와 Ruth Ann은 마지막으로 반나절 동안 수업에 대한 아이디어를 짰다. Maya는 그녀가 발견한 것을 짧게 요약하여 Ruth Ann에게 말했다. Ruth Ann은 Maya처럼 낮은 성취 학생들의 부정적인 반응을 보고 슬퍼졌다. Ruth Ann은 또한 국가 성취기준의 요청안과 교과서의 불일치를 보고 놀랐다. 그녀는 Maya에게 책이 많은 문제점을 가지고 있는 것은 알고 있었지만 이렇게 많은 중요한 능력들이 간과되고 있다는 사실은 몰랐다고 말했다. 그러고 나서 두 사람은 다양한 새 교육과정의 자료와 매체를 검토하고 수학 교육과정에 어떻게 그것들을 통합할지에 대해 토론했다.

Ruth Ann: 이 프로젝트에 대한 내 첫 번째 반응은 어디서부터 시작해야 될지 모르겠다는 거예요. 이 문제가 제한이 없고 학생들도 예정이 되어 있어서 매우 좋다는 것은 알지만, 아무 기초도 없이 시작한 이 아이들에게 어떻게 내가 도움을 줄 수 있을지 모르겠어요. 나는 무엇보다 기초가 우선시되어야 한다고 믿어요. 기술을 발달시키고 나서 이 문제를 해결할 수 있을 거예요.

Maya: 네, 당신의 지적을 이해해요. 당신이 대상으로 하는 아이들은 정말 낮은 수준의

표 8-1 | 학생 인터뷰 요약

학생 수준 (미들시티)	요 약
높은 수준의 7학년 수학	• "6, 7학년 수학은 지루해요. 그들은 이미 모든 학습을 끝내고 새로운 학습 내용을 원하지요." • "내가 자랐을 때 이 수학이 나에게 무슨 도움이 될지 모르겠어요." • 많은 학생들은 집단활동을 좋아하지만 모든 학생들이 항상 자신이 맡은 역할을 하지는 않기 때문에 동질집단에 속하는 것은 별로 원하지 않는다. • 수학에서 영재학생을 정의하는 것은 많은 문제점이 있다. • 많은 학생들이 문제 풀이를 쉽게 만드는 계산기의 사용을 요구한다. • 몇몇 학생들은 수업에서 남는 시간에 퍼즐(숫자나 모양)을 하는 것을 가장 좋아한다고 대답했다. • 학생들은 반복연습만을 하게 하기 때문에 컴퓨터를 싫어한다.
낮은 수준의 7학년 수학	• "6, 7학년 수학은 지루해요." • "6, 7학년 수학은 나에게 의미가 없어요." • "모든 선생님들은 칠판에 문제를 풀고 우리는 책상에서 문제를 풀길 원하죠." • "숙제가 너무 많아요." • "엄마는 일을 해서 내 숙제를 도와줄 수 없어요." • "나는 수학을 싫어해요." • "아빠가 수학은 쓸모없다고 했어요. 나는 내가 왜 수학을 배워야 하는지 모르겠어요." • 학생들은 과학과 같은 체험활동이 포함된 수업을 좋아한다고 기록했다. • 대부분이 문제를 해결하는 것은 좋아한다고 말했다. • 몇 명은 예전에는 수학을 좋아했지만 더 이상은 재미가 없다고 답했다. • 학생들은 반복연습만을 하게 하기 때문에 컴퓨터를 싫어한다.
낮은 수준의 6학년 수학 (다음 해 7학년 수학 학습에 어려움이 있는 학생)	• 아무도 수학을 좋아하지 않는다. • 수학은 지루하고 어렵다. • 아무도 실생활과 수학을 연결 짓지 못한다. • 대부분은 과학에서의 체험활동을 좋아한다. • 아무도 교사가 숙제를 많이 내주는 것을 원하지 않는다. • "집에서는 수학 숙제에 대한 어떤 도움도 받을 수 없어요." • "내가 자라면 수학은 필요가 없을 거예요. 내가 더하기를 할 수 있는 한 말이죠. 나는 계산기를 쓰면 돼요." • 교사가 칠판에 대고 말하는 것보다는 그들을 더 도와주길 모두가 바란다. 왜냐하면 그러한 방식은 너무 지루하고, 학생들이 항상 교사가 하는 일을 이해하는 것이 아니기 때문이다. • 대부분은 컴퓨터를 거의 사용하지 않는다. • 그들은 책에 문제가 너무 많다고 생각하는 것 같다. 숙제를 하는 데 너무 오래 걸리고, 어떻게 하는지 모른다.

지식을 갖고 올 거예요. 그러나 우리가 다른 방법으로 그들을 도울 수 있을 거라는 생각을 해 봤나요? 그러니까 내 말은 그 아이들이 전통적인 반복연습 학습을 한다면 이 수업에서 그들에게 도움을 주지 못할 거라는 거예요, 그렇죠?

Ruth Ann: 맞아요. 나는 이 자료들이 어떻게 아이들을 생각하게 만들지 상상할 수 있어요. 그러나 내가 주 성취기준을 달성하고 있는지 어떻게 알죠? 이것이 시험에서 아이들을 어떻게 도울지 난 모르겠어요.

Maya: 여기서 잠재적인 것을 좀 더 봤으면 좋겠어요. 아마 어떻게 그들이 성취기준을 달성할지 알기 위해 당신과 함께 일할 수 있을 거예요.

Ruth Ann: 아이들이 이걸 보면 당황하지 않을까요? 내 말은 그들은 학교를 좋아하지 않아요. 그들은 숙제를 하지 않고 쓰는 것이라면 뭐든 싫어할 거예요.

Maya: 아마도 당신은 이 보고서에 대해서 동의할 거예요. 아이들이 이러한 자료들이 그들의 실생활과 더 관련 있다고 느낄 것 같나요?

표 8-2 | Ruth Ann과 보조장의 인터뷰 요약

인물	요약
Ruth Ann	• 보통의 교육 과정은 이 학생들에게 더 이상 맞지 않는다. • 그녀의 수업이 항상 칠판에 가르치고 학생들은 연습하는 식으로 이루어지는 것은 유감이다. • 낮은 성취의 아이들이 실생활에서의 체험활동을 통해 효과를 높일 수 있다고 믿는다. • 수업지도에 대한 걱정 - 기초수학 학생들은 난폭한 경향이 있고 종종 수업을 빼먹는 경우가 있다. • 혁신적인 방법을 원하지만 학교의 A, B, C, D, F 정책에 한계가 있다. • 현재 아이들이 보고 있는 일관성 없는 교과서에 대한 불만이 있다 - 이상한 내용 제시 순서와 부적절한 시간 분배
교육과정의 보조장	• Ruth Ann이 노력하는 모든 것을 지원하라. 이 아이들은 성공하지 못했다. 따라서 어떤 성취도 매우 큰 첫걸음이 된다. • 수학에 대한 더 진보적인 접근을 하려고 해도 주의 평균 수준에 맞춰야 하는 제약이 있다. • 사전, 중간, 사후 평가가 이루어져야 한다. • 학생들을 위한 자료 구입 예산이 매우 적다. • 가능하다면 다른 학교 프로그램과의 시너지 효과를 고려해야 한다.

표 8-3 | 주 성취기준, 국가 성취기준, 교과서로부터의 교육과정 정보 요약

교육과정 정보	요 약
주 성취기준	• 많은 계산(컴퓨터 사용) 능력을 포함한다. • 아마 국가의 시험(NAEP, PAST)과는 관계가 없을 것이다. • 실생활과의 연결을 중시한다(예: 세금 계산). • 다양한 쓰임과 그래프를 통해서 개념의 이해가 숙달되도록 한다. • 분수, 소수, 백분율을 포함한다. • 많은 기존의 능력을 포함한다 - 통합과 추가
국가 성취기준	• NCTM은 10개의 중요 주제를 공표했다 - 수와 연산, 대수학, 기하학, 측정, 자료의 분석과 예측, 문제 해결, 추론과 증명, 의사소통, 결합, 표현 • 컴퓨터 능력에 집중하기보다는 이해하는 것을 고려해야 한다. • NAEP는 수학을 관통하는 지식의 연결 능력을 요청한다. • NAEP는 다섯 가지 주요 영역(대수학, 수감각, 기하학, 통계학, 측정)과 세 가지 주요 능력(컴퓨터 활용 이해, 절차적 지식, 문제 해결)의 중심에 있다. • NAEP는 구조화된 반응을 이용한 조작과 사정의 이용을 장려한다.
교과서	• 많은 계산 능력을 포함한다. • 주 성취기준의 원리에 기초한다. • 의사소통, 결합, 표현에 초점을 두지 않는다. • 시각적으로 그럴듯하고 흥미 있어야 한다. • 각 장에 매일의 생활이 포함되나 문제는 그로부터 나오지 않는다. • 국가 성취기준 시험에 대비하기 위해 적절한 선다형 사전검사를 시행한다. • 복습문제는 컴퓨터를 통해 장마다 제공된다. • 모든 단원에서 기술통합 수업을 포함한다. • 각 장에서 한두 개의 높은 수준의 생각해 볼 문제를 제공한다. • 활동 중심이나 대안적인 자료에 대한 요청은 없다. 모든 것은 종이와 연필로 해결 가능하다.

Ruth Ann: 음, 네. 그런데 학생들이 과업을 수행하는 것을 거부하면 어쩌죠? 그리고 내가 문제를 풀 수 없으면 어쩌죠?

Maya: 아마 우리는 아이들이 흥미를 느끼게 할 수 있는 좋은 방법들을 생각할 수 있을 거예요. 당장 문제를 해결할 수는 없다고 해도, 우리는 연습할 시간을 갖고 있고, 당신은 잘할 수 있을 거예요. 학생들이 흥미를 갖게 만드는 가장 좋은 방법은 바로 그들이 당신을 돕게 하는 것이지요!

Ruth Ann: 네, 나도 학생들이 최소한 실생활에서 이 방법을 어떻게 사용할지에 대한 질문에는 답할 것이라고 생각해요. 그럼에도 불구하고 성적에 대해서는 걱정이 되네요. 내가 어떻게 성적을 내야 되죠?

Maya: 그런 수업에서 성적은 다른 방법으로 내야 할 거예요. 이것이 우리가 함께 생각해야 할 것이죠.

Ruth Ann: 음, 내 말은 내가 어떻게 아이들의 생각을 알 수 있느냐는 거예요. 학생들이 어느 부분에서 문제가 있는지를 내가 알 수 있는가에 대해서 걱정이 많이 돼요. 학생들의 능력 차이가 어느 정도인지 알기 위해서 그들이 문제를 충분히 풀어야 할 필요는 없다고 생각하거든요.

Maya: 당신은 놀라게 될 거예요. 내가 몇 주 전에 워크숍에서 이러한 접근을 하고 있는 교사들에게 말했어요. 그들은 학생들이 단지 문제만 풀게 했을 때보다 지금 학생들에 대해서 훨씬 더 많이 알고 있다고 말했죠. 그들도 정말 놀라웠다고 했거든요.

Ruth Ann: 그럼 부모들은요? 부모들은 내게 이것은 내가 수학에 대해 알고 있는 방법이 아니라고 소리칠 거예요.

Maya: 네, 좋은 지적이네요.

Ruth Ann: 음, Maya, 난 잘 모르겠어요. 내 말은 우리는 몇 년 전까지 교과서로 학습했고 거기서 최선의 성과를 이뤄 냈죠. 내가 지금 무엇을 해서 그것을 바꿀 수 있을까요? 학생들에게 교과서 이상의 것이 필요하다는 것은 알지만 이것은 매우 큰 변화예요. 내가 이 교재들을 지속하고 좀 더 가깝게 느낄 수 있도록 해 주세요. (Ruth Ann은 노트를 살짝 치면서 말했다.) 여기 그래프를 그리는 활동이 있어요. 한 주 후에 내 수업에서 아마도 이 활동을 할 거예요.

Maya: 좋아요. 우리가 다음 주에 다시 만나서 이것에 대해 좀 더 자세히 얘기해 보는 것이 어때요?

Ruth Ann: 좋아요!

Maya는 희망적인 느낌이 들었지만, 새로운 접근에 대한 확고한 방침은 여전히 없었다. Ruth Ann은 Maya가 지시한, 자신이 불편하게 여기는 새로운 접근에 대한 여러 문제들을 떠올리고 생각해 보았다. Ruth Ann은 그녀의 교실에서 새로운 접근법을 사용하는 것을 원하지만 막상 그러기에는 어려움이 많다고 보았다. Maya는 Ruth Ann이 변화를 원하고 있다는 것을 믿고 있었다. 그러나 지역사회에서는 여전히 전통적인 방법을 강하게 붙잡고 있었다. 그리고 Maya는 Ruth Ann이 그녀가 처음에 말했던 대로 새로운 접근법에 대해 약간의 불편함을 가지고 있다는 것을 알았다.

Ruth Ann과 Maya는 더 좋은 수학경험을 창조하기 위해 어떻게 함께 일할 수 있을까? 어떤 종류의 지원이 학생들이 수학에 흥미를 갖도록 하는 이 혁신적인 교육과정을 도울 수 있을까? 우리가 어떻게 학습과 수학적 지식 개발에 초점을 맞춘 교수법을 지속할 수 있을까? 이러한 것들이 Ruth Ann과의 대화를 반영하여 Maya가 생각하고 있는 고민들이다. Maya는 그것이 매우 많은 일이 될 것임을 알고 있음에도 Ruth Ann을 도울 수 있다는 자신감을 갖고 있다. 이것이 그녀가 자신의 일을 즐기는 이유다.

예 비분석 질문

1. 이 사례에서 Maya가 사용한 데이터의 분석과 수집을 포함한 요구분석을 비판하라.
2. Ruth Ann이 요청한 학습환경을 지원하기 위해 Maya가 준비할 수 있는 것들은 무엇인가?
3. 이 노력이 성공적이기 위해서 Maya가 주의를 기울여야 할 요인들은 무엇인가?
4. Maya와 Ruth Ann의 작업이 학교 수학개혁의 출발점으로 어떻게 작용할지 고려하라. 변화의 방법은 Maya가 Ruth Ann과 다른 수학교사들과 함께 일하는 것인가? 그것은 그들이 고려해야 하는 요인을 변화시키는가?
5. 지역사회와 부모들은 이 노력의 성공에 얼마나 영향을 미치는가?

ID 실천을 위한 적용

1. 조직의 특징이 요구평가의 결과에 어떻게 영향을 미칠지 토론하라.
2. 문화와 자원 이용 능력과 같은 요인이 변화관리에 어떻게 영향을 미칠지 토론하라.
3. 변화 관리자가 변화의 방향을 결정할 수 있는 범위는 어디까지인가? 누가 변화과정을 책임지는가?
4. 사람들을 더 높은 단계로 적응시키는 방법에는 어떤 것들이 있는가?

B. 고등교육(대학)

사례연구

9

연방기금 지원 교수진 훈련 프로그램 평가 (Jackie Adams의 사례)

Melissa J. Dark
(Purdue 대학교)

파트 1: 평가계획 만들기

교수설계 석사학위와 함께 졸업하는 즉시, Jackie Adams는 대규모 대학의 연방기금 프로젝트와 함께 교수설계 지위가 확정됐다. 교수설계자로서 Jackie의 주요 책무는 기술에 대한 내용 전문가와 함께 교수진 교육의 개발과 평가였다. '첨단 제조기술 교육(Advanced Manufacturing Technology Education: AMTE)' 프로젝트는 교수진 교육 프로그램을 개발하는 동시에 그녀의 직업을 명확히 해주는 새로운 모험적 사업이었다. Jackie가 첫 번째로 한 일은 계획안을 읽고 그녀의 보스인 Ray DeMilo와 이야기를 나누는 것이었다.

Jackie는 AMTE 프로젝트가 ATE(Advanced Technology Education) 프로그램으로부터 지원을 받고 있는 많은 프로젝트 중 하나라는 것을 알았다. ATE 프로그램의 목표는 대학과 중등학교 수준에서 과학과 공학 기술 교육을 향상시키는 것이다. ATE 프로젝트의 초점은 교육과정 개발, 교수자료 개발, 교수/교직원 강화 그리고 학생 모집이었다. AMTE 프로젝트의 초점은 특히 첨단기술 교육의 수단으로서의 교수 강화에 있었다. AMTE의 근본적 이유는 교수자를 지식적으로 훈련하여 그들의 학생들이 대부분의 첨단기술에서 혜택을 받을 수 있게 하는 것이다. 3년간 수여한 결과, AMTE 프로젝트는 해마다 100명의 과학, 수학 그리고 기술과학 교육자들을 배출해 냈다.

몇 개월의 과정에서 Jackie는 몇몇 내용 전문가들과 함께 컴퓨터 수치 제어, 논리 조정기, 로봇공학, 전자 제어, 레이저, 솔리드 모델링, 신속한 프로토타이핑 등의 첨단기술 분야에서 워크숍을 계획했다.

Jackie가 4개월째 일하고 있는데 Ray가 그녀의 진척 상황을 물어왔다. Ray는 Jackie에게 자신의 프로젝트 진행에 기뻐하고 있고, 그녀의 교수설계 능력이 획기적으로 자신의 프로젝트에 기여했다고 말했다. Jackie는 너무 좋았다. 그는 모든 사업자금에 영향을 줄 새로운 법안이 발표되었다고 설명했다. 이 새로운 법안은 AMTE을 포함하는 모든 연방기금 프로젝트에 대해 더욱 엄격해지는 것이었다. Jackie는 Ray에게 AMTE가 어떤 영향을 받는지 물어보았다. Ray의 말에 의하면 그들의 프로젝트 수행에 접근하기 위한 더 구체적인 평가계획이 필요했다. Ray는 Jackie에게 평가를 위임했고, 한 달 안에 프로젝트를 평가하기 위한 구체적인 계획을 제출하도록 요청했다. 그는 또한 그녀에게 평가 계획안을 자금 조달 기관에 제출하고 대학 사무실에 정리 · 보관하라고 하였다.

Ray가 그녀의 사무실에서 나간 뒤, Jackie는 이번 업무에 어떻게 가까이 다가갈지 걱정하였다. 그녀는 한 번도 평가계획을 작성해 본 적이 없었다. Jackie는 그녀와 같이 일했던 내용 전문가들은 서비스 워크숍에 대한 목적과 목표를 세우고, 고객들을 위한 교수설계를 함에 있어 훌륭한 의사결정을 해 왔다고 생각했다. 그러나 그들은 이번 업무가 처음해 보는 것이기 때문에 Jackie는 아직 교수들의 성과를 측정할 수 있는 준비가 되어 있지 않았다.

걱정스럽지만, 그녀는 계획안에 있는 평가에 대해 읽었던 내용을 기억했다. 그녀는 계획안을 꺼내고 Ray가 승인한 평가 프로젝트 부분을 다시 읽었다([그림 9-1] 참조).

AMTE 평가계획의 초점은 지속적으로 향상되는 AMTE 운영과 평가를 위한 잘 정의되고 합의된 표준 평가를 제공하는 품질 시스템의 개발이 될 것이다. 산업과 교육 환경에서 품질 시스템 구축을 위한 기준의 사용은 빠른 속도로 증가하고 있으며, 또한 AMTE 평가계획의 발전을 위한 훌륭한 구조를 제공한다.

이러한 기준에 따른 품질 시스템은 일반적으로 그것을 효과적으로 구현하는 데 필요한 조직의 질과 모든 활동, 작업 등을 포함한다. AMTE은 AMTE에 의해 제공된 활동과 서비스 그리고 정보의 질에 기초한 모든 활동에 대한 설명, 실행, 검토 및 수정과 같은 요소들로 구성된 포괄적인 품질 시스템의 구축을 제안하고 있다.

AMTE의 품질 시스템의 관리를 위한 핵심 요소는 품질 시스템의 효율성을 개선하고 평가하기 위한 자료를 제공하는 품질관리에 대한 감사일 것이다. AMTE의 품질 시스템 감사의 목표는 (A) 자사의 운영 및 이미지의 효율성 향상 또는 유지, (B) 조직운영이 얼마나 규율화되고 효과적인지 결정하기, (C) 표준과 계약적 동의에 구체화된 적합한 품질보증 수준을 충족시키기 등이다. AMTE 품질 시스템 감사에 대한 표준은 자사의 정책, 책임의식과 책임 라인, 그리고 절차, 업무 지침 이외에 적절한 요구의 문서화 등에 대해 정의할 것이다. AMTE 질서를 유지하고 품질 시스템 개선뿐만 아니라 프로젝트의 객관적인 평가를 제공하기 위한 내부의 재검토 감사는 정기적으로 실시된다.

[그림 9-1] AMTE 평가계획

Jackie는 그 부분을 이해하려고 몇 번이고 읽고 있었다. 그러나 그녀는 그에 대한 배경 지식을 가지고 있지 않았다. 그녀가 충분히 이해한 것은 '품질 시스템' 인데, 그것은 지속적으로 AMTE를 운영 · 평가하고 개선하기 위한 표준을 제공한다. 거기에는 이것이 어떻게 생겨났는지에 대한 아무런 정보도 없었다. 그녀는 며칠간 깊이 생각한 다음 마침내 몇 가지 생각을 적었다([그림 9-2] 참조).

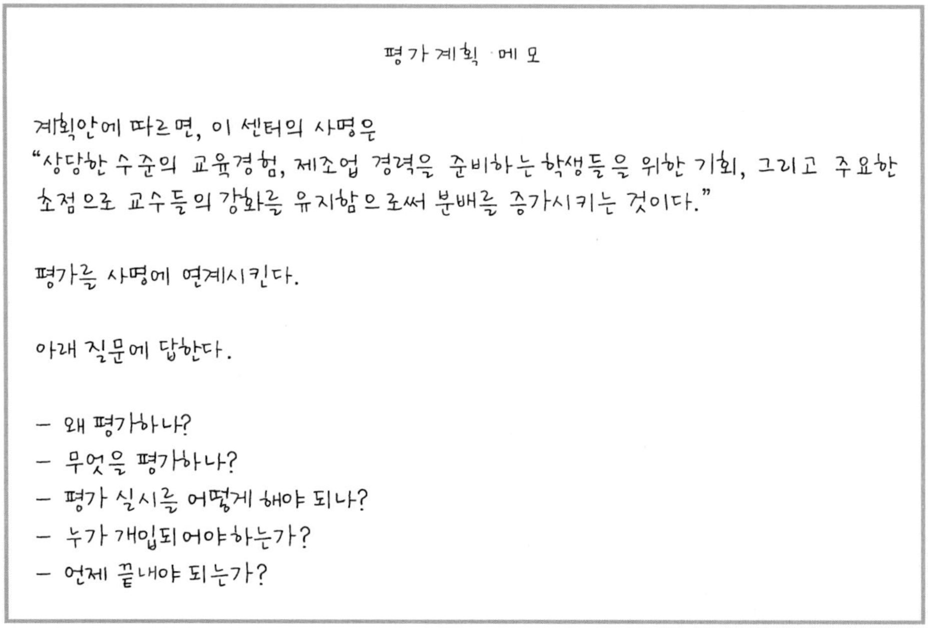

평가계획 메모

계획안에 따르면, 이 센터의 사명은
“상당한 수준의 교육경험, 제조업 경력을 준비하는 학생들을 위한 기회, 그리고 주요한 초점으로 교수들의 강화를 유지함으로써 분배를 증가시키는 것이다.”

평가를 사명에 연계시킨다.

아래 질문에 답한다.

- 왜 평가하나?
- 무엇을 평가하나?
- 평가 실시를 어떻게 해야 되나?
- 누가 개입되어야 하는가?
- 언제 끝내야 되는가?

[그림 9-2] Jackie의 평가계획 메모

적은 것을 보면서 Jackie는 평가계획에 무엇이 필요한지 생각해 보았다. (1) 그녀의 보스 Ray DeMilo에게 준다, (2) 자금 조달 기관에 보낸다, (3) 대학 승인 사무실에 자료를 보관한다, (4) 평가를 위해 그것을 사용한다.

예 비분석 질문

1. 완벽한 평가를 위해 그녀에게 무엇이 필요한지 결정하는 데 Jackie의 질문들([그림 9-2]에 제시된)을 사용하라.
2. Jackie가 단기 및 장기 성과를 어떻게 결정할 수 있는가? 그녀는 어떤 평가자료를 수집하겠는가?
3. Jackie는 평가를 위해 어떻게 도구를 설계할 것인가?

ID 실천을 위한 적용

1. 교수설계 이론에서 평가는 얼마나 중요한가?
2. 교수설계의 실행에서 평가는 얼마나 중요한가? ID 처리의 어떤 과정에서 그것이 고려되어야 하는가?
3. 평가는 때로 품질관리와 비교된다. 이러한 비교는 교수설계에 어떻게 적용되는가?

파트 2: 메타평가 실행하기

AMTE 프로젝트가 시작된 지 1년 반이 지났다. 프로젝트 감독 Ray DeMilo는 프로젝트 교수설계자 Jackie를 보러 왔다. Ray는 Jackie와 향후 회의에 관하여 자금기관으로부터 받은 편지를 공유했다. 자금기관에서 6명의 구성원으로 이루어진 팀을 보내 프로젝트 진행 상황과 영향을 검토하도록 하였다. 이것은 의도된 만큼의 영향을 끼치고 있고 프로젝트가 목표를 달성하고 있는지, 의도대로 돈이 사용되고 있는지 등을 보증하기 위해서 대형 기금 프로젝트에서 하는 틀에 박힌 관행이었다.

Ray에게는 이번 회의가 매우 중요했다. 검토결과에 따라 6명의 팀 구성원들이 대학과 자금기관의 관리자에게 프로젝트의 성공 여부를 보고한다. 재검토 팀은 Ray의 상사인 Ron Bentley(학교 학장), Ron의 상사인 Bruce Stingel(학술담당 부사장)을 만나고 싶어 했다.

허가받은 초창기부터 Ray와 Jackie는 프로젝트 평가에 대한 좋은 계획의 중요성에 대해서 이야기하였다. Ray와 Jackie는 좋은 평가계획을 가지면 그들이 분명 프로젝트의 영향력과 증가된 영향력을 확인할 수 있을 것이라는 것을 알고 있었다. 이번 재검토 세션에서는 AMTE가 얼마나 목표를 잘 달성했는지 검토하고 보고할 것이었다. Ray가 Jackie에게 말했다. "평가계획은 이제 중요해질 거예요. 우리는 그 기관, 나의 상사 그리고 상사의 상사에게 우리의 모든 것에 대해 보여 줄 겁니다. 난 당신이 잘했다는 걸 알아요." Jackie는 Ray의 신뢰를 고맙게 여겼지만 정작 자기 자신은 자신감이 없었다. 그녀는 많은 사람들이 자신이 한 일을 재검토하는 것이 편하지만은 않았다. 더군다나 그에 대한 이해관계가 매우 커 보였다. 만약 그녀가 잘해 낸다면 모든 사람들에게 반영될 것이고, 그들은 미래의 추가 자금 확보사업에 더 나은 기회가 있을 것이다. 그러나 그녀가 잘 못해 낸다면 기관 및 미래의 프로젝트에 대한 조짐이 좋지 않을 것이다.

회의가 시작되었고, Ray와 Jackie는 재검토 팀과 아는 사이가 되었다. 팀에는 과학, 기술, 공업 분야의 배경 지식을 갖춘 4명의 게시물 보조교육자와 산업 분야에서 온 2명의 엔지니어가 있었다. 재검토 팀의 각 사람들은 검토에 책임을 갖고 각기 다른 측면에 대해서 문서화하였다. 엔지니어링 공업 교수 Hank Lundstrom은 팀의 구성원이였다. Hank의 일은 Jackie의 평가계획을 평가하는 것이었다. 예전에 Hank는 인사 팀에서 일했다. 따라서 그는 다른 동료보다 평가에서 더 많은 경험을 가지고 있었다.

이틀 동안의 회의에서 Hank는 첫날을 Jackie와 보냈다. 회의가 시작되자, Hank는 Jackie에게 팀이 프로젝트 진행과 영향을 재검토한다고 설명했다. 그는 이 프로젝트의 영향 평가계획에서 수집한 데이터를 사용하여 프로젝트가 평가될 것이라고 설명했다. Hank에 따르면, 수집된 데이터의 가치는 평가계획 방법론과 직접적인 관계가 있었다. 그리고 그의 일은 그것을 문서화하는 것이었다. 팀은 다시 모인 다음 그들의 조사결과를 보고하고, 프로젝트를 평가하며, 보고서를 작성하고, 자금기관에 있는 학장, 부사장, 프로그램 공무원들에게 제공할 것이었다.

첫날 Jackie는 AMTE 평가계획을 세밀하게 공유했다. 그들이 같이 있었던 하루 동안, Hank는 많은 질문을 했고 Jackie가 설명한 평가계획을 경청했다. Hank는 회의 내내 매우 사실적이고 냉담했다. 그는 Jackie가 공유한 정보에 많은 비평을 하지 않았다. 이것은 그가 그것을 좋은 계획이라고 생각하는지 아닌지를 Jackie가 결정하기 어렵게 만들었다. 회의가 끝날 때쯤, Hank는 AMTE 평가계획 요약 보고서에서 AMTE 평가계획에 관해 Jackie에게서 배운 내용을 구체화했다. 그는 Jackie와 보낸 시간을 감사했고, 평가 보고서를 쓰기 위해 그의 요약본을 나머지 팀과 공유할 것이라고 그녀에게 알려 주었다. (주의: Jackie의 평가계획 사본을 위해 교수 가이드를 참조하라.) 걸어 나가면서 Hank는 자신이 그 자신의 검토를 시작하기 위한 충분한 정보를 가지고 있다고 느꼈다.

예 비분석 질문

A. 평가계획과 관련된 질문

1. Jackie가 제시한 것 중 무엇이 주요 평가 질문이었는가?
2. 그 질문에 대답하기 위한 평가설계의 강점과 약점은 무엇인가?
3. AMTE의 제안에서 주어진 목표에 비추어 볼 때 이 질문들은 충분한가?

B. 도구와 관련된 질문

1. 평가목표를 위한 도구로 얼마나 적합한가?
2. 이 평가 질문에 응답하기 충분한 세부사항이 있는가, 아니면 다른 도구가 필요한가?
3. 무엇이든 이 도구에서 고칠 점이 있는가? 있다면 왜 그런가?

ID 실천을 위한 적용

1. 메타평가란 무엇인가? 그것은 교수설계에 얼마나 중요한가?
2. 메타평가는 어떤 종류의 상황에서 적절한가? 그것에 대한 도전과 이점은 무엇인가?
3. 측정수단과 관련된 이슈들은 교수설계의 실행에 어떻게 영향을 미치는가?

사례연구

10

교수진의 강좌관리 시스템 활용 지원
(Ross Caslon의 사례)

Ann Kovalchick
(Tulane 대학교)

여름방학

Ross Caslon은 당혹스러웠다. 가능한 한 빨리, 그는 Lane State West(LSW)의 750명의 학부 교수진 구성원들을 위해 어떻게 'WebPath' (웹 기반교수를 지원하기 위한 강좌관리 도구)를 사용하는지에 대한 일련의 훈련 강좌들을 시작하기를 원했다. LSW는 다음 해 전에 대학 내 전체에 WebPath를 퍼트리는 것을 계획했다. WebPath는 제한된 테크놀로지 기술을 지니거나 테크놀로지 기술을 배우는 것에 관심이 없는 학부 교수진이 교수자원으로서의 웹에 대해 친밀성을 갖게 했다. 그러나 Office of Technology and Communications(OTC)의 시스템 관리 그룹은 시험환경을 세우고 지원하는 것, 그리고 학부 교수진 훈련 강좌에서 활용하기 위한 선전용 과정 계정(컴퓨터 혹은 인터넷상의 '계정'을 의미함 - 역자 주)을 제공하는 것을 마지못해 하는 것처럼 보였다. 그들은 그들 자신들을 위한 과정관리 도구를 만들기를 선호했고, LSW의 정보와 데이터 통합 시스템을 자동화하기 위한 노력으로 WebPath가 완성되었다. 그래서 WebPath의 제공에 따라 학부 교수진이 스스로 자신의 구미에 맞춰 수동 설정을 할 수 있다는 것이 지닌 가치가 인정되지 않았다.

OTC의 지휘자는 OTC의 UNIX 그룹 관리자인 Zinny Welch와 데이터베이스 관리자인 Sam Gilbert로 구성된 WebPath 실행 프로젝트 팀을 만들었다. Help Desk 직원들을 이끄는 Jamie Witkowski 역시 참여했다. Jamie는 테크놀로지 연구실 관리자로서 지역 학군에서 5년 동안 일한 후에 LSW에서 일했기에 대학원 학위를 받을 수 있었다. 교육적인 환경에서 일해 온 그녀의 귀중한 경험 덕에, 그녀는 더 나은 조화의 LSW 기술적 후원 서비스를 찾을 수 있어 Help Desk 직원들 사이에서 리더로서의 역할을 했다. 프로젝트 팀의 유일한 교수설계자로서 Ross는 다른 사람들이 도전을 하려 하지 않는다는 사실을 걱정했다. 대부분의 학부 교수진은 교수자원으로서 테크놀로지를 사용하는 상황에 직면했다. Zinny와 Sam은 서버 환경 구축을 처리하는 것, 그리고 WebPath의 포털(무료 이메일과 홈페이지 서비스, 뉴스, 게시판 등의 기능을 통합 운영하는 것 - 역자 주)과 과정의 특징들을 지원하는 데이터 처리과정 모델들을 발전시키는 것에만 초점을 맞췄다. Zinny는 UNIX 그룹이 최종 사용자의 요구를 다루는 것을 원하지 않는다는 것이 분명하다는 사실을 입증했다. Ross가 생각하기에, 프로그래머들과 서버 관리자들의 그룹은 학부 교수진이 테크놀로지 도구들을 이용하기 위해서 그들에게 어떻게 허락받아야 하는지에 대한 매우 분명한 생각들을 가지고 있었다.

대부분의 IT(교수공학) 기술 직원들이 네트워크와 시스템 관리에 책임이 있었기에 UNIX 그룹은 주로 데이터의 안전, 여분, 통합, 백업, 보존에만 관여했다.

대학교 네트워크를 유지하는 것이 복잡해지기에 UNIX 그룹은 가능하다면 자동화를 원했다. 그리고 이는 사용자 실행의 표준화된 형태가 바람직하다는 것을 의미했다. OTC의 관리자는 프로젝트 후원자를 선정하지 않았다. 그리고 팀 외 네 명이 분명한 리더십 없이, 그들의 상위 자리 투쟁 없이 확실히 누가 프로젝트 팀을 관리하기로 지원받았는지도 불분명해졌다. Ross는 어떻게 하면 성공적으로 학부 교수진이 그들의 교육과정 계획서를 게시하기 위한 WebPath의 더 나은 활용을 보증받을 수 있을지 확신하지 못했다.

그때 Ross는 자동화할 수 없는 서비스를 제공하기 위해 많은 책임자를 임명하지 않는 것에 대한 Zinny의 걱정으로 인해 수렁에 빠진 듯한 느낌이었다. 그들이 어떻게 WebPath에 코스와 사용자 계정을 만드는 절차를 완벽히 자동화할 수 있을지 알아차릴 때까지, 그는 시스템에 대한 접근을 제한하기를 원했다. 대학은 많은 수의 정보 시스템을 동시에 구축하고 발전시키는 것의 도전을 방해했다. LSW의 학생 데이터 시스템—SDS-WebPath의 코스 계정에 위치해 있는 교수진, 학생 그리고 과정 데이터의 원천—과 LSW의 주소 성명록 서비스—사용자를 인증하는 데이터의 원천—는 컴퓨터 회로 안에서 연결되지 않았다. 게다가 SDS 그룹의 사람은 아무도 프로젝트 팀에 지원하지 않았다. 그 결과, UNIX 그룹은 어려운 데이터 관리 문제에 직면했다. Zinny는 불구가 된 컴퓨터 채팅 도구를 보고, 그것이 보안 위기를 나타낸다고 주장했다. 그것이 SSL(보안 층) 아래에서는 운영되지 않았기 때문에 그는 매각인이 해명할 때까지 이를 네트워크와 데이터 안전 위기라고 생각했다.

Ross는 지난 6개월 동안 회의 때마다 WebPath를 의미 있게 사용하기 위해서는 학부 교수진이 원하는 특징들을 WebPath 실행의 관리에 도입해야 한다고 주장했다. 학부 교수진을 위한 실제적인 교육환경을 제공할 수 없을 때 그들이 WebPath 사용을 어떻게 하고 있는지를 그는 어떻게 합리적으로 예상할 수 있었을까? 결정적인 지원부서가 발전되고 조화되지 않을 때, 캠퍼스에서 새로운 테크놀로지 사용에 있어 학부 교수진을 지지하는 것은 충분히 어려웠다. 생각하건대, 대부분의 교실이 근거리 통신망에 연결되는 동안 학부 교수진은 계속적으로 교수하는 순간에 컴퓨터 테크놀로지를 사용할 수 없다고 지적할 것이다. 결과적으로, Ross는 대부분의 학생들이 교실 밖에서 WebPath를 사용하게 될 것이라 생각했다.

대학 내 모든 곳에 원거리와 비형식적 교육을 위해 온라인 테크놀로지를 사용하는 것에 대한 흥미는 증가했다. Office of Continuing Education(OCE)에서 만든 LSW의 성공적인 인쇄기반 통신교육 프로그램 팀에 속한 직원들은 원거리 교육시장으로 LSW가 진입하기 위해 WebPath를 사용하는 것을 불안해했다. 인쇄기반 모듈로 편집하기 위해서 학부 교수진이 같은 내용을 전달하기 위해 OCE의 직원들이 이전에 WebPath 사용을 계획했다는 것을 Ross는 알았다. 게다가 지원 가능한 정도에 대한 학부 교수진의 의심도 Ross를 걱정하게 했다. 만약 학부 교수진이 IT 단위가 민감하다는 것을 느끼지 않았더라면 교수공학이 제공할 수 있는 부가가치를 그들이 볼 수 있게 돕는 것은 가능하지 않았을 것이다. 그는 말해야 했다. "봐요. 나는 일련의 학부 교수진 훈련과정을 발전시키고 대학의 직원들에게 기술적 지원을 할 수 있어요. 그들은 우리를 도와주는 첫 번째 라인일 거예요. 그러니까 그들은 Help Desk에 직접적으로 오는 전화의 짐을 덜 수 있게 도와줄 겁니다." Ross는 Jamie Witkowski를 쳐다봤다. Jamie의 Help Desk는 장기간에 걸쳐 인원 부족인 상태였다. 그리고 WebPath의 특징들을 잘 아는 오직 한 명의 전임 직원 구성원들이 있었다. Ross는 학부 교수진이 사용자 지원을 위한 Help Desk를 이용할 수 없다는 것을 또한 걱정했다. "우리는 학부 교수진뿐만 아니라 대학의 학부에서 기술 부문의 직원들을 위한 훈련을 제공해 왔어요. 사람들이 훈련과 오리엔테이션 과정을 이용하고 다룰 수 있도록 하기 위한 데모 코스 계정이 그들에게 필요했지요." Ross는 기술지원 부서를 포함하여 Sys Admin 그룹의 모든 결함들이 해결되기 전에 계정 개설과 함께 일이 예정대로 진행되는 것의 가치를 함께 보고 싶어 했다. 훈련환경이 조성될수록, 그의 우선권은 가능한 한 빨리 진행되었다.

"기술지원 부서가 약간의 실험 코스 계정을 갖게 된다면 도움이 될 것입니다." Jamie가 덧붙였다. "또한 우리가 할 수 있는 방법은 그 결과물을 배우는 것

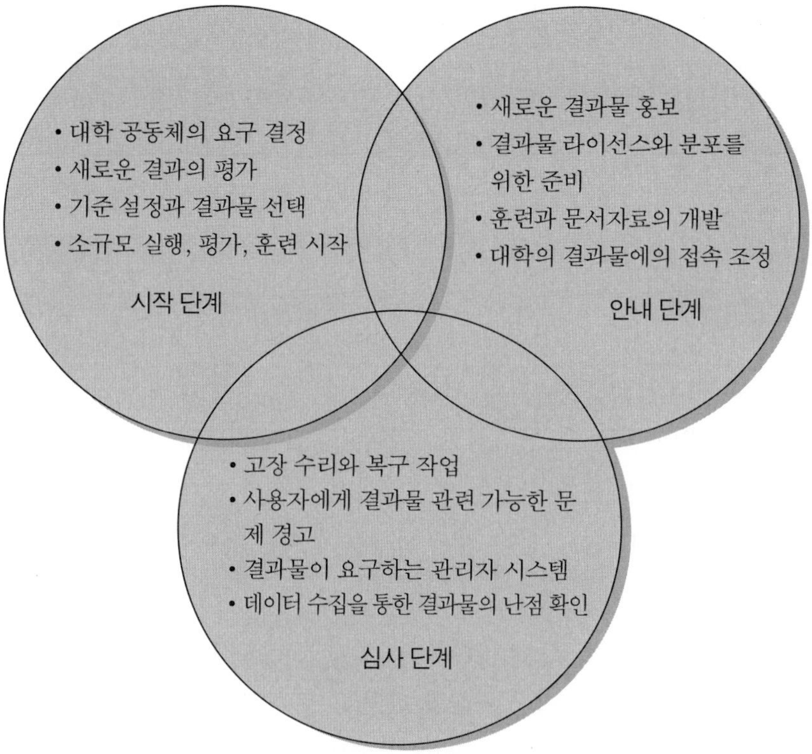

[그림 10-1] 새로운 결과물에 대한 개념 모델

에서 시작됩니다. Help Desk 직원들은 아무도 결과물을 알지 못하지요." Jamie는 벤다이어그램이 그려져 있는 한 장의 종이 주위를 지나갔다. "이것이 우리가 해 내야 한다고 생각되는 결과물에 대한 모델입니다."([그림 10-1] 참조)

Jamie의 모델을 빨리 훑어보고는 Zinny는 그 내용을 거부했고, 학부 교수진과 기술지원 부서의 훈련을 위해서 12개의 실험 코스를 설치하는 것을 마음 내켜 하지 않으며 동의했다. "충분해요. 만약 우리가 이번 여름이 끝나기 전까지 이 모델을 준비하지 않는다면 훈련환경을 지원하기 위해 노력할 수가 없어요." Zinny는 그의 그룹이 충분한 직원들 없이 너무 많은 것을 해야 한다는 것에 대한 걱정을 했다. 그는 처음에 WebPath 실시가 간단한 과정일 것이라고 생각했다. 그러나 번거로운 일들이 계속 일어났다. 그리고 프로그램에 오류가 일어난

다며 계속적으로 수리를 요청하는 Sam 때문에 그는 짜증이 났다. 그는 Sam이 다른 프로젝트에 참가하기를 원했다. 테스트 과정을 추가하는 것은 정보 시스템이 적당하게 작용할 때까지 Sam이 결국 많은 수공과정을 작동시키는 것으로 끝이 날 것이란 것을 의미했다.

Ross는 겁이 났다. 12개의 임시 계정은 학부 교수진 또는 기술지원 직원들을 위한 최적의 훈련환경을 제공할 수 없었다. Ross는 계속적으로 학부 교수진로부터 'OTC는 어떤 도움도 되지 않는다.' 는 말을 들었다. Jamie가 지난해 동안 열심히 Help Desk를 지원하는 일을 했음에도, OTC는 교수진이 작년에 교수지원 기술 서비스에 대해 지녔던 부정적인 인식을 떠올리게 했다. Ross는 교수를 위한 정보기술 사용에 대한 교수진의 인식결과를 조사하는 데 2년여를 보낸 적이 있었다. 불행히도, 이 데이터들은 많은 관심을 받지는 못했다. 응답 비율이 낮았다는 것이 사실이었음에도 불구하고, Ross는 LSW도 예외는 아니기에 OTC의 학부 지원에 대한 불만족의 결과가 반영되어서 작은 관심이 모아지는 것은 아닌지 궁금했다. 지원의 부족, 그리고 기술을 배우고 코스 자료들을 재설계하기 위한 시간의 부족이 정보기술의 능력 사용에 중요한 장벽이 되었다는 것을 지금까지 아무도 알지 못했을까? 어쩌면 WebPath는 이를 약간은 더 쉽게 만들었지만 이 두 가지 문제를 약화시켜 드러내기 어려웠을 것이다.

"Jamie, 나는 이 모델이 마음에 들어요." Ross가 말하며 조심스럽게 검토했다. "나는 우리가 지금 시작 단계에 있다고 생각해요." 달갑지 않게 그가 덧붙였다. "12개의 데모 계정으로, 나는 우리가 작은 규모의 성취와 실험 프로젝트의 시험을 할 수 있다고 생각해요." 그는 팀의 위계상 아래에 위치해 있었고, 영향력 있는 LSW에서 현재 석사학위를 마쳤다. 심지어 대부분의 교수진은 그가 여러 해 동안 학위를 준비했기 때문에 여전히 학생이라고 생각했다. 그는 자신이 얻을 수 있는 것을 받아야 했다.

Zinny는 천천히 명백하게 지적하는 것처럼 말했다. "이 모델은 결과물에 대한 평가를 포함하고 있어요. WebPath는 기본적으로 형편없는 결과물이에요. 그 회사는 너무 성숙하지 못하군요. 기술도 미숙하죠. 그 소프트웨어 디자인 모델은 부적절해요. 심지어 비즈니스 모델도 나쁘죠. 회사는 기본적으로 자기가 원하는 대로 설정을 바꾸는 시스템을 구축하는 것을 원해요. 우리는 업그레이드를 위해 그 시스템에 의존하게 될 거예요. 그리고 우리는 컨설팅비를 더 비싸게 지불해야 할 거예요. 그래서 우리는 셀프 서비스 기능을 위해 우리의 기술 지원 수준과 도움을 단순화해 왔지요." Zinny는 팔짱을 꼈다. 그는 지금까지 목표 방향대로 달려왔다.

가을학기

"매우 잘했어요! 최고급의 솜씨네요! 상상할 수 있는 어떤 기술이든 사용할 수 있게 완벽히 설계되었군요!" Ruth Newton 교수는 완전히 감동받았다. 기술에 대한 열성적인 얼리어답터(남들보다 신제품을 먼저 사용해 보는 사람-역자 주)인 Ruth는 LSW의 챔피언 중 한 명이었다. 웹이 보급될 초기 상태였을 때, 그녀는 쌍방향적 화학 연구실을 만들기 위해 HTML을 익히는 것에 노고를 아끼지 않았다. 그 이래로, 그녀는 웹과 CD-ROM 형태를 납품하기 위해 다수의 외부와 내부 물자를 개발하기 위한 교부금을 받아 왔다. Ross는 그녀가 WebPath를 가치 없다고 여긴다는 것을 알았다. 그녀는 인터페이스가 너무 개성이 없어서 거기에 고유의 모습과 느낌을 만들어 주고 싶다고 생각했다. Ross는 그녀가 할 수 없을 것이란 생각에 은밀히 한숨을 쉬었다. 그녀의 고유의 웹 자료들을 위해 그녀가 손수 만든 인터페이스는 스크린을 가로지르는 줄표와 빈 페이지로 가득 찼다. 그리고 충분한 메모리 또는 최신 브라우저가 있지 않은 기계에서는 작동하지 않았다. 게다가 다이얼 모뎀 연결로 그녀의 페이지를 다운로드하는 데는 오랜 시간이 걸렸다. Ross는 학생들이 캠퍼스 내 장소에서만 그녀의 자료에 안정성 있게 접근할 수 있을 것이라고 상당히 확신했었다.

Ross는 참가자 명단 목록([그림 10-2] 참조)을 제출했다. "어제까지의 조사 결과, 7명의 교수진이 오늘의 회의에 참석할 수 있다고 확실히 말했습니다. 그리

WebPath에 대한 소개: 웹 기반교수의 활용

2001년 8월 31일 확정된 참석자

1. Joe Cabrini, 조교수, 문리학부 생물학
2. Prasad Mehta, 교수, 항공
3. June Schoney, 조교수, 경영학부 마케팅
4. Pat McGuffey, 강사, 미술학부 미술교육
5. Debbie Anderson, 조교수, 간호학부
6. Chen Yin-Zdong, 조교수, 문리학부 정치학
7. Rini Frankel, 매니저, 건강학부 스포츠 레크리에이션
8. Dave Barnouw, 기술 매니저, 문리학부 수학
9. Cherie Six, 웹마스터, 미술학부
10. Frank Huey, 실험실 매니저, 문리학부 물리학

[그림 10-2] WebPath 예비훈련 참가자

고 다른 부서에 소속된 3명의 기술지원 직원들이 나올 것입니다."

이후 Ross는 Ruth가 이끈 WebPath 훈련회의에서의 Jamie의 제안을 점검했다. Jamie와 Ruth는 프로젝트에서 함께 일했다. 그리고 그녀는 Ruth의 기술적인 작업 기교에 감탄했다. Ruth의 높은 기술적 경험은 그가 훈련회의에서 강조하고 싶어 했던 교수적 강조점을 가릴 수도 있었다. Ross는 Ruth가 자신의 쌍방향적 화학 연구실 안에서 사용하기 위한 분자 변화의 3D 분석을 창조하기 위해 애니메이션을 효과적으로 사용했다는 사실을 제시해야 했다. 그녀는 DNA 나선을 표현한 시각적 모델을 세밀하게 만들었다. 학생들은 다양한 상태 아래 나선에 연결된 단백질을 보기 위해서 그 모델을 회전시킬 수 있었다. 그녀는 순환하는 문제에 대한 데이터 주소를 지정하는 것에 동기부여를 받았다. 학생들은 교과서의 전형적인 분자 변화를 2D 이미지를 사용한 역동적인 모습으로 볼 수 있었다.

그녀는 또한 필수 과제활동으로 자료들을 활용한 이후로 학생들의 시험 점수

가 향상되었다고 주장했다. Ross가 7개월 전부터 모아 온 정보는 교수진과 기술 지원 직원들이 효과적인 교수전략 지원을 위해 어떻게 WebPath를 활용할 수 있는지에 대한 지식의 한계를 나타냈다. Ross는 Ruth가 그녀의 경험을 공유할 수 있을 것이라고 생각했다. 그리고 훈련에 참가한 학부 교수진에게 300달러의 장학금을 함께 제공하면 WebPath 사용자들이 자진하여 그룹을 만들 수 있게 될 것이라 생각했다.

Ross는 훈련에 대한 회의자료를 끄집어냈다. "시간을 좀 내서 훈련회의 의제에 대해 다시 살펴볼까요? 나는 변화가 있었는지 들어본 적이 없어요……."

"Jamie! 너무 멋진 방이에요! 무선 전신도 준비가 되어 있네요!" Ross가 Jamie에게 다정하게 인사했다.

"캠퍼스 내에서 가장 멋진 교실일 거예요." Jamie가 대답했다. "물론 교실이 아니지만 대부분 우리의 직원 미팅과 회의를 위해 사용될 겁니다."

"Ross! 나에게 좋은 생각이 있어요." Ruth가 그를 향해 돌아섰다. "좀 더 진보된 기술들을 여기서 사용할 수 있다는 것을 설명하기 위해 우리 Q&A 기간을 갖는 거예요. Jamie, 당신은 인터넷 화상회의 개최를 위한 준비가 됐죠? 그리고 Ross, 당신은 협동활동이 보여지길 원했죠? 나는 Jamie의 회사를 향할게요. 그리고 온라인 Q&A를 사용해서……."

봄학기

Ross는 금요일 오후마다 가을학기 초반에 훈련회의에 참가했던 7명의 학부 교수진에게 제공했던 WebPath 코스를 찾는 데 시간을 보냈다. 그는 전체 학기 동안 이것을 활용해 온 코스들은 오직 3개였다는 사실을 알 수 있었다. 다른 4개의 코스들은 내용물은 가지고 있었지만 대개 강의 계획서와 강좌 관련 도서 목록, 슬라이드쇼를 활용하여 게시한 강의들, 강의 노트 그리고 학습 가이드였다. 대개 활동적인 특성을 보인 3개의 강좌는 스레드(인터넷의 토론 그룹 멤버들이 쓴 메시지가 일련으로 링크된 것 - 역자 주)를 활용해 왔다. 그리고 그중 2개는 사이버 도서관의 대규모의 URL 목록을 가지고 있었다.

1. 6개의 코스는 기말 보고서를 요구했다.
2. 4개의 코스는 기말 개인 프로젝트를 요구했다.
3. 2개의 코스는 기말 그룹 프로젝트를 요구했다.
4. 1개의 코스는 개인 기말 발표를 요구했다.
5. 3개의 코스는 선다형 객관식 중간고사를 제시했다.
6. 1개의 코스는 학생들에게 연구실 일지를 격주로 쓰도록 요구했다.
7. 3개의 코스는 과제를 복습하기 위해 주마다 교실 내 퀴즈를 활용했다.
8. 2개의 코스는 학생들에게 자서전을 제출하게 했다.

하나를 제외한 모든 코스들은 주마다 강의 주제와 관련 사항들을 제시했다. 예외는 Pat McGuffey의 코스로, 그녀는 주마다 학생들의 발표가 이루어지도록 조직했다.

Ross는 토론 스레드를 사용한 3개 강좌의 강의 계획서를 다시 보았다. 그중 두 개는 학생들이 열의가 없어 Ross에게 폐쇄를 요청했음에도 주마다 글 올리는 것을 장려하기 위해 토론도구를 사용했다. 다른 강좌는 강의 후 주제를 확인하기 위해 토론을 활용했는데, June Schoney의 마케팅 입문에서는 거의 175명에 다다르는 대규모 강좌의 특별한 수업이었음에도 대부분이 빽빽하게 활용되었다.

Ross는 정보 전달 이상의 것이 없다고 생각했다. 그러나 시험 운영에 참여한 교수진은 WebPath를 활용한 경험에 대해 모두 긍정적인 리뷰를 보고했다([그림 10-3] 참조). 그들은 그것이 사용하기에 쉽다고 생각했는데, 특히 이메일의 경우 모든 수강생들에게 빨리 보낼 수 있게 되었다고 했다. 그들은 또한 그들이 강의 노트를 쉽게 게시할 수 있다는 것을 좋아했다. 아울러 사이버 도서관을 활용하여 학생들에게 직접적으로 온라인 자료 목록을 게시할 수 있다는 것도 좋아했다. 그러나 긍정적인 반응들에도 불구하고, 아무도 격려 차원에서 제공되는 500

"나는 사이버 공간에서 공지를 게시하는 것이 즐거웠어요."
"내 고유한 강의 코스를 강화하기 위하여 그걸 사용했어요. 그러나 책과 같은 고유 자료를 대체하기 위해 사용하지는 않았어요."
"토론 게시판이 깔끔했어요."
"아마도 WebPath가 지닌 두 가지 특징은 공지와 이메일이 나의 온라인 강의 계획서에 포함되지 않은 것일 거예요."
"훌륭했어요! 나는 과제를 부여할 필요가 있었는데 휴스턴에 있는 공항에서도 접속할 수 있었어요."
"1회 방문으로도 문서들을 여러 개 볼 수 있는 좋은 원스톱 모델이었어요."
"학생들이 방문하도록 웹 링크 리스트를 만들기 위한 웹 페이지를 어떻게 만드는지 알 필요가 없어서 좋았어요."
"온라인 책을 학생들이 정말로 좋아했어요."
"반에서 유인물을 나눠 주는 시간을 갖지 않고, 유인물을 올릴 수 있는 것은 훌륭했어요."
"내 강의 코스를 더 잘 조직할 수 있어서 좋았어요."
"학생들이 좋아했어요. 그들은 정말로 많이 배웠지요."

[그림 10-3] WebPath 사용에 관한 교수진의 코멘트

달러의 장학금을 얻기 위해 자신의 강좌를 재설계해 보는 것에는 관심을 갖지 않았다. Debbie Anderson은 약간 관심을 표현했지만 Ross와 이야기한 후에 시간이 너무 많이 걸릴 것 같다고 결정했다. 그리고 그녀는 대학의 종신재직권을 위해 여름기간에 연구를 위한 시간이 필요했다.

기술지원 직원들의 보고서에서는 WebPath가 그들에게 굉장한 문젯거리라고 했다. 훈련회의 이후, Ross는 추천된 기술지원 직원들이 일하고 있는 학부 내 교수진에게 강좌 계정을 제공해 왔다. Ross에게는 훈련회의에 참여한 7명의 교수진이 그들의 WebPath 강좌를 동일한 방식으로 사용하는 것처럼 보였지만, 기술지원 직원들은 그에게 수많은 문제들이 있었다고 이야기했다.

교수 중 한 명이 30페이지의 강의 계획서를 업로드한 이후 그 계좌가 갑자기 작동하지 않아서 WebPath 강좌를 그만둬야 했다. "난 그것을 고칠 수 없었어요. 그리고 어떤 문제가 있었는지도 알 수 없었지요." Cherie Six가 Ross에게 말했다. "나는 그에게 분리된 웹사이트를 설계해 주었습니다."

3명의 기술직원들이 모두 그들이 속한 학부 교수진은 순서대로 글이 올려지는 토론이나 이메일 도구들을 어떻게 활용할지에 대해 아무것도 요청하지 않았다고 보고했다. 그들은 WebPath 내의 이야기 도구 옵션을 찾으려 노력했는데, 그것을 사용하려 했을 때 사용할 수 없는 것을 알고는 열정이 식었다고 했다. Frank Huey는 이를 진행시켜 NT 서버에 설치한 채팅 도구를 찾았다. 그리고 그것은 널리 이용되었다.

Dave Barnouw는 수학 교수들은 WebPath를 이용하는 것에 홍미를 느끼지 못했다는 결론을 냈다. 특수한 수학기호들을 표현할 쉬운 방법이 없기 때문이었다. 아무것도 할 수 없었기에 물리학 교수들도 WebPath를 이용하는 것에 홍미를 느끼지 못했다고 Frank 역시 말했다. Cherie는 몇몇 학생들에게는 해야 할 일이 더 많아졌다는 불평을 들었지만, 미술 교수들은 학생들을 위해 수업 이후 복습할 수 있도록 예술작품들을 스캔할 수 있고 쉽게 이미지 파일을 게시할 수 있어 좋았다고 보고했다.

Ross는 OTC 관리자가 다음 주에 만날 때 WebPath 훈련과 실행을 위한 제안을 제공할 수 있는 프로젝트 팀을 원할 것이라는 사실을 알았다. 그는 Zinny가 실행에 반대하여 추천되었다는 것도 알았다. Jamie는 어느 쪽으로든 갈 수 있었다. 그녀의 분석은 사용자 로그인에 있어 많은 문제가 있음을 보여 주었다. 그러나 그것은 상대적으로 간단한 훈련 프로그램이었다. Ross는 많은 것을 진행해 오지 않았다. 심지어 한 코스는 정보 제공 이상의 WebPath 사용을 지적할 수 있었다. 그가 지닌 모든 것은 긍정적인 응답 목록이었다.

그가 만든 WebPath 훈련과 실행에 대해 어떤 제안을 할 수 있을까?

예 비분석 질문

1. 훈련을 적용해 보는 이 사례에서는 무엇이 1차 요인이었는가?
2. 1번 질문에서 요인을 확인했다면 다양한 이해관계자들의 요구에 맞춰 어떻게 훈련을 설계하겠는가?
3. 학부 교수진이 배운 것을 그들 자신의 온라인 교수에 적용할 가능성을 증가시키기 위한 전략을 제안해 보자.
4. WebPath의 효과적인 사용을 강화하기 위한 Ross의 노력에서 불분명한 프로젝트 리더십이 가져다준 영향을 설명해 보자.

ID 실천을 위한 적용

1. 교수설계자는 교수설계 결정에 대한 맥락 효과를 확정하기 위해 어떤 정보 수집과 분석 방법을 사용할 수 있었는가?
2. 어떻게 교수설계자는 각기 다른 전공과 사고방식 그리고 다른 목적을 지닌 채 훈련을 실시하는 교수들의 요구를 충족시킬 수 있었는가?
3. 교육의 전달을 안전하게 하기 위해 교수설계자가 조직적 맥락에 영향을 줄 수 있는 방법은 무엇인가?

사례연구

11

효과적인 워크숍을 온라인 형식으로 바꾸기
(Jennie Davenport와 Pedro Lopez의 사례)

Simon Hooper
(Minnesota 대학교)
Aaron Doering
(Minnesota 대학교)

Jennie Davenport는 그녀가 조정하도록 맡겨진 프로젝트의 교수설계에 대한 도전을 해결해 나가는 데 어떤 진전이 있는지 혼란스러워지기 시작했다. Jennie (eduLearning Systems의 프로젝트 관리자)와 Pedro Lopez(Midwestern 주립대학 학습과학과 교수)는 대학에서 성건강 전문가로 알려진 Clark Essex 교수가 설계한 성공적인 '일대일(Man-to-Man: M2M)' AIDS 예방 워크숍을 온라인 버전으로 설계하는 데 선발되었다. 이 워크숍은 동성애자와 양성애자의 성적 건강을 개선하기 위해 설계되었으며, 지난 5년간 한 달에 한 번씩 미국의 여러 도시들에서 면대면으로 전달되었다. 이 특정 대상은 위험이 매우 크다는 것을 보여 주고 있었다. 특히, 특정 대상 회원들은 감염된 파트너와 성적인 접촉을 통하여 AIDS에 감염될 위험이 있었다.

최근 몇 년간 이러한 위험성은 다수의 동성애자와 양성애자를 위한 익명의 커뮤니케이션 수단 그리고 만남의 공간으로서의 인터넷의 시작으로 더욱 급격하게 증가했다. 엄밀히 말해서, 게이바나 인쇄매체와 같은 보다 전통적인 접근방식을 통해 그들의 파트너를 만날 때보다 인터넷을 사용하여 파트너를 만날 때 HIV/AIDS 감염 비율은 보다 높게 나타났다.

몇몇 가설들은 만남의 매개로서의 인터넷 사용이 이런 위험성을 높일 수 있다고 제안했다. 인터넷을 사용해서 파트너를 찾는 어떤 이들은 안전하지 않은 성관계를 가짐으로 생기는 건강문제를 제대로 알지 못하고 있다. 다른 이들은 넓은 범위의 매개변수로 작용하는 알코올이나 약물 사용, 파트너로부터의 위험성 높은 성행위 참여에 대한 압박 또는 내면화된 동성애에 대한 부정(다시 말해, 동성애자들의 커밍아웃을 방해하는 동성애에 대한 부정적인 태도) 때문에 아마도 잠재된 위험요소들을 무시하기로 선택했을지도 모른다. 세 번째 설명은 인터넷이 단순히 '만남의 효율성' 을 증가시킨다는 것이다. 인터넷을 사용하여 파트너를 만나는 것은 보다 빨랐고, 결과적으로 성적 접촉의 기회를 증가시켰다.

Essex 교수는 최근 정부기관인 National Health Foundation(NHF)으로부터 인터넷을 통해 사용 가능하도록 하는 높은 수준의 상호작용성을 가진 M2M 워크숍의 멀티미디어 버전(IM2M)을 설계하고 개발하기 위하여 상당한 양의 자금지원을 받았다. Essex는 자신이 현대 HIV/AIDS 교육의 선구자로서 전문가임에도 불구하고 인터넷을 통해 그의 연구를 성공적으로 전하기 위하여 무엇을 해야 하는지(또는 할 수 있는지) 이해하지 못했다는 것을 솔직하게 인정했다. 그러나 그는 최신식이 되기를, 그리고 인터넷으로 사용 가능한 모든 효과를 만들기를 원했다. 그래서 Pedro가 이 프로젝트에 참여한다고 동의했을 때 기뻐했다.

NHF의 허가하에 쓰인 계획서에는 2년이라는 기간 동안 이 프로젝트가 설계되고 개발되고 평가될 것이 요구되었다. 첫 9개월 동안은 브레인스토밍과 3단계 견본(prototype) 개발을 하게 될 것이다. 제작은 이후 6개월 동안 수행되고, 마지막 9개월 동안은 면대면 방식과 온라인 방식의 워크숍의 효과성을 비교하기 위하여 무선통제 연구로 프로젝트를 평가하게 된다. 이 프로젝트 계획은 성적 건강 모델의 10개 구성요소들(성관계, 성 정체성과 문화, 생식기와 기능, 성적 건강 관리와 안전한 성관계, 성적 건강에 대한 도전, 자기 신체상, 수음과 환상, 긍정적인 성욕, 스킨십과 관계, 정신적 숭고함)을 따르는 온라인 버전을 요구했다.

NHF 프로젝트 계획안은 주로 Essex 교수가 작성했지만, Pedro가 제공한 교수설계적 접근이 매우 중요했다. Pedro는 대학에 들어가기 전 교수설계를 위해 '경험에 의한 학습(learning by doing)' 접근을 많이 강조하는 교육 소프트웨어 개발회사의 프로젝트 관리자로서 8년 동안 일했다. 그는 최근에 『현실적 교육학과 교수설계에서의 참여적 설계 사용(Authentic Pedagogy and the Use of Participatory Design in Instructional Design)』이라는 책을 집필했고, 열정적이고 비판적인 논문으로 평가받은 그의 수많은 연구논문들은 '최첨단'에 관한 내용을 주제로 하고 있다. 그는 그의 이론을 실제에 적용해 볼 수 있는 좋은 기회였기 때문에 온라인 버전의 설계에 대한 워크숍에 참여할 기회를 갖게 된 것을 기쁘게 받아들였다.

NHF의 후원 통지에 이어, Essex 교수는 대학의 인사과에서 일하고 있는 선배로부터 회사에 대한 긍정적인 성과를 들은 후 온라인 환경 개발을 위해 eduLearning Systems(eLS)와 계약했다. 그 동료는 팀원들과 온라인 버전의 훈련 프로그램 개발을 진행한 이후에 대학에서 Health Insurance Portability and Accountability Act(HIPAA)의 요청을 받아들이는 과정에 도움을 달라고 부탁했다. eLS는 자부심을 가진 e-러닝 소프트웨어 회사로, 그들의 광고에서 이 해결책들을 정시에 그리고 허용된 예산 내에서 알리기 위해 "수행을 개선하기 위해 교수적으로 유효하고 비용 효율적인 교육 및 훈련 해결책을 설계 및 개발한다."고 밝히고 있다. 실제로 eLS는 최근 몇 년 동안 훈련 프로그램 개발을 통해 몇몇 잘 알려진 상들을 수상했다. 다중매체 프로그램의 설계 및 개발을 포함하는 회사 성공의 일부는 대규모 컴퓨터 회사의 인사부 관리자들의 수행을 개선하기 위해 사용되거나 포춘 500대 기업에서 문화 다양성 훈련 성과로 사용되었다. eLS에 따르면, 문화 다양성 훈련으로 참가자들의 92%가 인식이 높아지고 84%가 행동의 변화를 보이는 신뢰를 얻었다.

eLS에서 가장 성공적인 프로젝트 관리자들 중 하나인 Jennie는 사전에 같은 두 프로젝트를 했고, 정기적으로 다른 e-러닝 과정들에 통합되는 몇몇 학습목표들을 개발했다. 그녀의 역할은 Pedro와 함께 면대면 워크숍을 온라인 버전으로 바꾸는 것이었다. 게다가 프로젝트 관리자로서 프로젝트의 성공과 실패에 대한 책임은 바로 Jennie 자신이 맡게 되었다. 이러한 책임이 그녀에게 주어졌음에도, 그녀는 명확한 프로젝트 목표를 인식하고, 그것을 프로젝트 평가를 위한 준거를 만드는 데 이용하고, 행동의 변화를 입증하고, 마지막으로 프로젝트의 성공을 확고히 하는 것에 대단한 의욕을 보였다.

일대일(M2M) 워크숍

일대일(M2M) 워크숍의 면대면 방식은 대체로 대략 이틀에 걸쳐 16시간 동안 한 곳에서 여행하고 만나는 50~60명의 참가자들에게 소개되었다. 이 워크숍은 상담심리, 성의학 학과들 그리고 대학 의학 연구소의 교수진에 의해 촉진되었다. 워크숍을 진행하는 모든 사람들은 강도 높은 성의학 워크숍 훈련을 받아 왔고, 그들의 분야에서 높은 학위를 소지하고 있다.

워크숍의 교육과정은 성의학 모델의 10개 구성요소를 포함하고 강의, 게임, 개인 성찰의 기회, 소그룹과 대그룹 형태 모두에서 이루어지는 토론과 같은 다양한 교수전략들을 사용했다. 이 교수전략들은 비디오 영상, 스틸 이미지, 슬라이드쇼 프레젠테이션과 같은 넓은 범위의 교수매체들을 사용했다. 워크숍 참가자들은 지역 인쇄 및 전자 매체를 통해 모집되었다. 예를 들면, 그 지역의 남자 동성애자, 여자 동성애자, 양성애자 그리고 트랜스젠더 모임에 초점을 둔 출판물인 「레더 앤드 레이스」, 지역 연예 신문인 시티 가이드(City Guide) 그리고 지역 전자 게시판에 광고가 실렸다. 워크숍은 동성애자나 양성애자라고 인식하는 모든 참가자들에게 열려 있었다.

면대면 워크숍은 위험성 높은 행위의 발생률을 매우 효과적으로 감소시키는 결과를 보여 주었다. 사실 성의학에 대한 인쇄 및 비디오 자료를 본 워크숍 참가자들과 통제집단을 비교한 평가에서는 위험한 행위의 발생이 6개월 후 32%, 1년 후 27% 감소했다. 이와 대조적으로, 통제집단은 6개월 후 12%, 1년 후 8%로 감소했다. 평가자료는 성공적인 워크숍을 설명하기 위한 다양한 이유에 초점을 맞추었지만, 많은 참가자들은 소집단 경험이 매우 강력하게 작용했다고 말했다. 보조적인 소집단 내에서 참가자들은 자기 분석을 두드러지게 촉진하는 다양한 문제들을 해결해야 하는 도전을 받았고, 이러한 과정은 참가자의 태도와 행위를 변화시키는 효과를 가진 것처럼 보였다.

이에 더하여 Essex 교수는 면대면 워크숍에서 정확한 단계에 '뜨거운 인지(hot cognition)'(예, 사진이나 영화와 같은 감각적이고 에로틱한 자극의 사용)를 사용하는 것에 대한 중요성을 강조했다. 인지행동치료사들은 감정적인 자극은 종종 치료과정에서 매우 중요하다는 것을 가리키기 위해 '뜨거운 인지'라는 용어를 사용했다. '뜨거운 인지'의 사용은 의사결정에 영향을 미칠 것이며, 자극이 없는 교육적 환경에서의 교육보다 행동을 더 많이 변화시킬 것이다. 게다가 Essex 교수는 연구에서 점진적으로 참가자들의 불편과 부끄러움을 감소시키면서 동시에 긍정적인 행동 변화를 촉진시키는 환경에서 성적으로 노출된 매체의 사용을 입증했다고 주장했다. 현장에서는 워크숍 경험에 특별히 불편한 반응을 보이는 참가자들을 위해 상담 서비스를 제공했다.

일대일(M2M)에서 상호작용적 일대일(IM2M)로: 우리는 거기서 무엇을 얻는가?

일대일(M2M) 프로젝트에 대하여 조금의 간략한 대화만을 가졌음에도 불구하고, Jennie와 Pedro 두 사람은 벌써 그들이 M2M에서 IM2M으로 변화시키는 방법에 대하여 꽤 다른 생각들을 가지고 있다는 것을 알기 시작했다. 둘은 모두 같은 목표를 성취하는 데에 초점을 맞췄지만 면대면 워크숍을 온라인 환경에서 변화시키는 방법에 대해 동의하는 데 어려움이 있었다.

Pedro는 "나는 이 프로젝트를 위한 우리의 설계접근이 향후 몇 해 안에 점점 보편적이 될 것 같은 문제를 제기하고 있기 때문에 매우 중요하다고 생각합니다."라고 말했다. "인터넷을 통한 접근이 지속적으로 증가함에 따라, 사람들은 점점 더 면대면 워크숍이나 수업을 온라인 방식으로 어떻게 개발하는지 배우기를 원할 것입니다."

"절대적으로 그렇겠지요." Jennie가 동의했다. "그리고 나는 이미 그런 프로젝트를 이끄는 과정에 몇 개 참여해 왔지요. 당신이 알다시피, 나는 HIPAA 훈련 모듈을 위한 프로젝트 관리자였습니다. 팀원들과 나는 환자들의 사생활에 대한 교실 기초훈련 모듈을 온라인 경험으로 전환시키도록 요구받았습니다. 이 모듈은 대학에서 일하는 사람들에 의해 완성되었고, 프로젝트는 매우 성공적이었습니다. 우리는 100% 완성률을 보였습니다! 나는 그 프로젝트에서 배웠던 것을 M2M 프로젝트에 적용할 수 있다고 생각합니다."

"그렇다면 당신은 온라인 방식으로 어떻게 설계하려고 하나요?"라고 Pedro가 물었다.

"글쎄요." Jennie가 시작했다. "교실에 기초한 기존의 HIPAA 워크숍이 시청자에 꽤 효과적이라는 점은 분명했습니다. 우리는 보다 큰 규모의 온라인 시청자에 접촉할 수 있도록 허락받는 동안 특정한 문화집단에 내용을 맞추고 학습관리를 포함시키는 것이 처치의 효과성을 점점 더 증진시킬 수 있을 것이라 가정했습니다. 학습 내용을 개인에게 맞출 수 있고 학습이 이뤄지도록 보장하는 이런 온라인 환경은 완벽하지요. 다수의 학습 내용이 삶의 훈련으로부터 이미 적절한 자리에 있기 때문에, 우리는 개별적으로 맞출 수 있고 훈련을 점점 더 개선시켜 학습을 관리하고 그것을 보다 잘 나타나게 하는 데에 초점을 맞출 수 있었습니다."

"글쎄요, 나는 워크숍에 참여한 적은 없지만 당신이 설명해 준 것으로 보아 그것이 주로 정보를 전달하는 것에 관한 것이 된 것처럼 보입니다."라고 Pedro는 말했다. "그러나 M2M 워크숍에서 우리는 매우 다른 학습결과를 볼 수 있습니다. 이 프로젝트는 그저 정보를 전달하는 데에만 그쳐서는 안 됩니다. 그것은 학습 내용을 보는 데서 더 나아가 사람들의 의견과 가치를 변화시키는 행동을 가져올 수 있도록 해야 합니다. 사람들이 흡연에 대하여 아는 것을 보세요. 내가 말하고자 하는 것은 모든 이들이 담배가 그들의 건강에 나쁘다는 것을 인식하지만 그 지식이 사람들로 하여금 흡연을 중단하게 하지는 못한다는 겁니다. 다시 말해, 우리는 단지 안전한 성관계 기술에 대하여 사람들에게 알려주려고 하는 것이 아닙니다. 우리가 할 일은 사람들이 그들 자신에 대한 믿음을 변화시키도록 하는 것입니다. 그렇게 함으로써 사람들은 효과적인 선택을 하기 시작할 것입니다. 나는 우리가 기존의 내용을 가지고 전달방식에서의 약간의 변화만으로 온라인으로 재생산할 수 있을지 확신이 서지 않습니다.

"당신이 무슨 말을 하는지 알 것 같습니다." Jennie는 주목했다. "나는 확실히 M2M 워크숍이 단순히 정보를 전달하는 것보다 더 나은 워크숍이라는 것에 동의합니다. 그것은 HIPAA도 마찬가지이며, HIPAA에서는 또한 직원들이 HIPAA에 요구사항을 정확히 적용하는 것과 관련된 일련의 과제를 수행하도록 설계되었습니다. 교실기반 방식 워크숍에서 교수자들은 수많은 질의응답 시간, 그룹 토론을 통합시켰고, 우리는 이것들을 온라인 환경으로 전환시켜 왔습니다."

Jennie는 그녀가 Pedro를 확신시키고 있지 않다고 생각하면서도 가능한 한 유쾌하게 들리도록 노력하며 말했다. "사실 우리는 각각의 토론에 논평을 해 줄 것을 참가자들에게 요구했고, 그 결과 우리는 100% 모두 온라인 토론 포럼에 참가할 수 있었습니다. 이것은 지금까지 어떤 교실버전의 훈련보다 높은 참가율이지요!"

"온라인 토론 포럼의 유용성 면에서 몇몇 유사점이 있다 하더라도, 나는 온라인 토론 포럼이 M2M 프로젝트에 실제적이라고 생각하진 않습니다. 온라인 워크숍은 워크숍 참가자들이 자발적으로 참여한 것이라서 그들에게 포럼에 대해 반응을 보이라고 할 수 없으므로 온라인 수업과 같지 않습니다."라고 Pedro가 말했다.

Jennie가 우려했던 대로, Pedro의 논평은 그녀와 Pedro가 IM2M을 위한 세부적인 설계계획에서 초점을 맞추는 것은 말할 것도 없고 설계계획 전반에서 전혀 의견 조율을 할 수 없을지 모른다는 그녀의 의심을 확인시켜 주었다.

Pedro는 계속 말을 이어 나갔다. "또한 나는 우리가 온라인에서 소그룹 경험을 재구성할 수 있다고 믿지 않는데, 우리가 면대면 토론에서 느낄 수 있는 감정을 온라인 토론 포럼에서 재현할 수 없기 때문입니다. 각각의 환경과 연결된 매체는 매우 다르고 면대면에서 가능한 경험은 복제될 수 없습니다. 물리적인 조정성은 중요한 개인의 문제를 논할 때 매우 큰 차이를 만듭니다. 누군가에게 물리적으로 가깝다는 것은 인터넷으로는 재현불가능한 강력한 정서적 반응을 생성합니다."

"정말 그렇게 생각하나요?" Jennie가 물었다. "사람들은 누군가를 만나고 데이트하기 위해 점점 더 많이 인터넷을 사용하고 있어요. 사람들은 자주 그들의 가장 개인적인 문제들을 온라인 환경에서 이야기합니다. 블로그의 출현을 보세요. 당신은 어떠한 주제든지 스레드 토론이나 블로그를 찾을 수 있을 것입니다. 만약 이 사람들이 다른 사람들과 만나기 위해 인터넷을 정기적으로 사용한다면 틀림없이 그들의 개인적인 삶에 대한 토론에 기꺼이 참여할 것입니다. 물론 우리는 면대면 방식으로부터 다소 형식을 바꿔야 할 것이지만, 나는 이렇게 하는 것이 가능할 뿐만 아니라 매우 실용적이라는 것에 한 치의 의심도 없습니다."

"글쎄요, 최근에 인터넷에서 사람들이 거의 모든 주제의 토론을 하는 것처럼 보이는 것은 사실입니다." Pedro는 생각에 잠기며 말했다. "그러나 나는 여전히 Essex 교수가 성공했던 것과 같은 결과를 성취하기 위해 어떻게 우리가 면대면 상호작용을 인터넷 환경으로 변화시킬 수 있는지 확신이 서지 않습니다. 예를 들어, Essex 교수는 면대면 워크숍에서 '뜨거운 인지' 이라는 것을 어떻게 사용했는지 당신도 알 것입니다. 우리는 이것을 온라인 환경에서 어떻게 다룰 수 있겠습니까? 뜨거운 인지의 가능한 윤리적 및 법적 적용에 관해 우리가 걱정해야 하지 않을까요? 만약 개인이 인터넷 자료를 끝마친 결과 때문에 자극된 후 성범죄를 저질렀다는 것이 유효하다고 발견되면 대학이나 eLS에서 책임을 질 수 있나요?"

Jennie는 Pedro가 그녀의 고개를 끄덕이게 할 만한 중요한 요점을 말하고 있다는 점을 인정했다. 그러나 그녀는 Pedro에게 이번에는 이에 대해 언급하지 않았다. 그녀는 그들이 앞으로 나아가기 위한 몇 가지 가능한 방법들을 발견하기 위해 보다 많은 시간을 가질 때까지 기다리는 편이 낫다고 생각했다. 게다가 Jennie는 Pedro가 Essex 교수를 언급한 것을 듣고는 약 30분 후에 그와 회의가 있다는 것과 자신이 Pedro와의 만남을 그만 마무리할 필요가 있다는 것을 상기했다.

"당신은 매우 중요한 문제들을 이끌어 내었습니다." Jennie가 대답했다. "그러나 나는 Essex교수와 곧 회의가 있어서 지금은 끝내야 할 것 같습니다. 앞으로 이렇게 해 나가면 어떨까요? 우리 둘 다 다음 주 동안 설계를 위하여 자세한 아이디어와 함께 어떻게 M2M을 온라인 버전으로 구조화할 수 있을지 생각하고, 그것을 나누는 것이 어떨까요? 나는 우리가 토론을 하면서 오늘 논의한 도전들을 해결할 수 있는 무엇인가를 찾아낼 수 있으리라 확신합니다."

"그거 좋은 생각이네요." Pedro가 대답했다. "하지만 나는 틀림없이 우리가 서로에게 맞추면서 우리의 작업을 할 수 있다고 생각합니다."

Jennie는 Essex 교수와 시간계획, 예산과 같은 몇몇 세부사항을 뚜렷하게 하고 그들이 프로젝트 과정 전반에서 어떻게 함께 할 수 있는지 의견을 맞추기 전에 겨우 한 번의 만남을 가졌다. 다른 프로젝트 경험에 기초하여, Jennie는 몇몇 고객들은 설계 및 개발 단계로 넘어갈 때 그들의 참여가 필요하다는 사실을 깨닫지 못한다는 것을 알았고, 프로젝트를 시작할 때부터 서로의 책임을 명확하게 해야 한다고 굳게 믿었다. 그러나 그들의 첫 번째 만남이 진행되는 동안 M2M의 온라인 버전의 효과를 측정하는 구체적인 도구의 개발에서 Essex 교수가 그녀와 함께 일할 의도가 없는 것처럼 보인다는 것을 알고 놀랐다. 그녀는 그가 개발했고 NHF의 요구에 따라 쓰여진 프로젝트 목표들을 포함한 NHF 제안서를 읽고 준비해 왔다. 그것이 명확하게 쓰여 있음에도 불구하고([그림 11-1] 참조), Jennie는 온라인 워크숍이 진행되는 동안 참가자들의 행동 변화를 인식하는 평가에 적용할 평가기준을 세우기 위한 자세한 측정도구 증명을 위해 Essex 교수가 필요하다고 생각했다.

"만약 NHF를 충족시키는 목표들이라면 eLS에도 충분히 만족스러울 것이라고 확신합니다." Jennie는 그의 말을 상기했다. Jennie는 보다 측정가능한 목표를 위해 더 구체적인 것에 대해 이야기하기 전에 회의시간이 다 된 것이 유감스러운지 혹은 다행인지 확신할 수 없었다. 그녀는 그런 저항을 전혀 예상하지 못했고, 그들의 처음 만남에서 Essex 교수의 반응에 다소 당황했다. 어쨌든 그녀는 Essex 교수를 오늘 다시 만나기로 설득했다. 그들의 첫 만남 이후로, 그녀는 어떻게 하면 요구와 보다 상세한 준거에 대한 그녀의 주장을 제시할 수 있을지 생각했다. 그녀가 요구하는 것들에 대해 그를 확신시킬지 정확히 자신은 없었지만 희망적이었다.

Essex 교수와 만나고 그녀의 차로 걸어가는 동안, Jennie는 그녀의 전성기를 뒤돌아보았다. 높은 수준에서 정시에, 주어진 예산 안에서 프로젝트를 마치는 것은 그녀에게 매우 중요하다. 하지만 그녀는 이 프로젝트가 그녀가 했던 그 어떤 프로젝트들과 같지 않다는 것을 이미 알았다. Jennie와 Pedro는 그들의 토론을 통해 설계문제들에 대한 합의점을 찾을 수 있을 것인가? 그들은 효력과 효율

프로젝트 목표

모든 설계 및 개발 활동에 지침이 될 우리의 프로젝트 목표는 면대면 워크숍을 온라인 환경에 적용시켜 HIV/AIDS 예방의 영향을 넓히기 위한 것이다. 그 결과는 다른 사람들을 만날 때 인터넷을 사용하는 동성애자와 양성애자를 위한 인터넷으로 전달하는 성의학적 중재가 될 것이다.

프로젝트 목적

이 프로젝트의 목적은 다음과 같다.

- 동성애자와 양성애자들에게 인터넷을 통한 HIV/AIDS 예방 워크숍을 개발하기
- 인터넷으로 전달되는 워크숍을 통해 10개 성의학 모델을 기초로 사용하기
- 온라인 워크숍에서 e-러닝과 원격교육의 현행 원리들을 통합하기

[그림 11-1] NHF에서 제시한 프로젝트 목표와 목적

성을 유지하면서 면대면 워크숍을 온라인 형식으로 변환시킬 수 있을까? Essex 교수의 태도에도 불구하고 그녀는 그것의 효과성까지 측정해 낼 수 있을 것인가? 그리고 Pedro가 제기한 법적 · 윤리적 문제들은 어떠한가? '나는 Pedro가 맞다고 생각해.' 그녀는 차를 타고 캠퍼스를 나가면서 생각했다. '우리는 서로에게 맞추면서 우리의 작업을 해 나가야 한다.'

예 비분석 질문

1. Pedro는 면대면 워크숍을 온라인 환경으로 바꾸는 것에 대하여 Jennie에게 여러 번 의문을 제기하였다. 이 프로젝트 상황에서 Pedro가 제기한 의문의 정당성을 평가하라.
2. 상호작용적인 온라인 실험설계에 대한 Pedro와 Jennie의 접근방식에 여러 차이가 있는 상황에서, 어떻게 하면 그들의 토의를 진행하고 작업을 계속할 수 있을지 그 방법을 제시하라.
3. Essex 교수는 그의 면대면 워크숍의 성공을 위해 '뜨거운 인지'에 강하게 의존하고 있다. 이러한 것을 어느 정도로 온라인 방식의 워크숍에 통합시킬 수 있겠는가?
4. Essex 교수와 Jennie Davenport의 견해에서 프로젝트 목표와 목적들을 논하라. 그리고 프로젝트의 성공을 측정하는 데에 사용할 수 있는 기준의 목록을 개발하라.

ID 실천을 위한 적용

1. 민감한 내용들에 있어 면대면 워크숍 대 인터넷 설계의 가능성과 한계점을 논하라.
2. 정서적으로 영향을 받는 주제일 때, 유망한 인터넷 커뮤니케이션(동시적으로 혹은 비동시적으로 일어나는)과 관련하여 그 위험성과 이익에 대해 논의하라.
3. 지식 획득을 위한 교수설계는 행동 변화를 위한 교수설계와 어떻게 다른가? 목표, 전략 및 평가 측면에서 그 차이를 설명하라.

사례연구

12

성인 학습자를 위한 진정한 온라인 경험 설계 (Malcolm Gibson의 사례)

Joanna C. Dunlap
(Colorado 대학교)

학장 회의실(Craiger 대학교 Bentley 홀) - 9:05 A.M.

"좋습니다. 이제 시작하죠." Teresa Tsagas 박사가 지시했다. "모두 안건을 가지고 있나요? 여러분도 알다시피, 오늘 우리의 회의목적은 Malcolm이 했던 작업을 포함한 PTTP 제안서의 모든 섹션을 합치는 것입니다. 사실 여러분 모두는 며칠 전 Malcolm이 보냈던 첨부글을 이미 보셨겠지만, Malcolm의 작업이 제안서의 핵심이기 때문에 그와 함께 업무를 진행하고 싶습니다. Malcolm, 지난번에 당신이 제안한 자격증 프로그램 구조와 온라인 모듈에 대한 논의를 시작해도 될까요?"

배 경

Craiger 대학교는 기술력이 높은 회사로 3위 안에 드는, 기술력 상위 5개 주 중 하나에 위치해 있다. 그러나 주의 정보기술(IT) 산업은 수요에 맞는 기술자가 충분하지 않아 위기에 처해 있다. 그 주 밖의 자격증 있는 고급 인력을 고용하는 대신, 주에 속한 많은 IT 회사들은 주정부의 지원을 받아 정보기술 컨소시엄(Information Technology Consortium: ITC)을 구성했다. 컨소시엄의 과제는 자격증 있는 IT 전문가들의 이용을 증가시킬 수 있는 프로그램에 투자함으로써 향후 5년 동안 IT 전문가의 수를 충분하게 늘리는 것이다. ITC는 직장에서 기술을 가진 전문가의 수를 증가시킬 수 있는 혁신적인 방법을 제안한 교육기관에 재정적인 지원을 제공하는 '내일의 기술전문가 준비(Preparing Tomorrow's Technology Prefessionals: PTTP)' 제안요청(Reguest for Proposal: RFP, 〈부록 12-A〉 참조)을 공개했다. ITC는 첫 번째 투자기간 동안 교육기관에 200만 달러를 지원할 것이다.

Craiger 대학교 공학부는 Teresa Tsagas 박사와 교수진이 쉽게 PTTP에 제출하기 위한 용도로 재구성할 수 있다고 믿는 컴퓨터 과학(Computer Science: CS) 학생 프로그램' 을 가지고 있다. RFP에 따르면, 가능한 프로그램 형식 중 하나가 이 제안서를 준비하기에 적절한 것으로 판단되었다. IT 전문가들은 온라인으로 자격증과 학위 프로그램을 취득한 이들이었다. CS 교수진은 지난 1년 6개월 동안 CS 프로그램을 온라인상에서 주로 사용할 수 있도록 하는 것에 대해 생각해 왔지만, 예상되는 지원의 부족 때문에 진전될 수 없었다. PTTP 지원금은 공학부가 온라인 강의로 도약하는 데 필요한 자극제가 될 것이다.

초기 실천계획

Teresa Tsagas 박사와 교수진은 4개의 온라인 자격증 프로그램을 제공하기 위해, 기존의 면대면 CS 전공에서 요구한 것을 사용하는 프로그램을 제안하기로 결정했다. 이 구조에 따르면, 사람들은 네 개의 온라인 자격증을 모두 얻을 수 있고 그것들을 컴퓨터 과학의 공학 학사학위를 받는 데 적용할 수 있다. 혹은 학위에 관심 없고 단지 자신의 지식과 기술을 늘리고 싶은 사람들에게는 한 자격증 프로그램이나 일부 자격증만 이수할 수도 있었다.

자격증 프로그램을 생성하기 위해 교수진은 존재하는 코스들을 [그림 12-1]에 제시된 네 가지 범주로 나누었다. 대략 교수진은 CS 교육과정이 네 개의 자격증 프로그램으로 동등하게 나누어지도록 제안했다. 각각의 자격증 프로그램이 이전의 자격증 프로그램에서 획득한 정보를 통해 구성되기 때문에, 프로그램들은 기초 단계부터 심화 단계까지 연속적으로 제공될 것이었다. 각각의 자격증 프로그램은 40주 안에 완료될 것이었다(각 과정은 8주의 기간이 소요된다). 만약 어떤 학생이 컴퓨터 과학의 BS 분야 자격증에 지원한다면, 전공을 끝내는 데는 2년이 소요될 것이었다.

FRP의 요구 중 하나는 제안된 온라인 교육 모듈이나 코스의 접근 예를 제공하는 것이었다. CS 교수진이 이 요구를 잘 드러내도록 하기 위해, Tsagas 박사는 웹 기반의 코스 개발 전문 기술을 가진 그 지역 교수공학자 Malcolm Gibson을 만났다. 그가 정보기술 분야의 전문가였기 때문에, Tsagas 박사는 Malcolm에게 RFP의 자격증증 프로그램 구조에 관한 피드백과 검토를 요청했다.

RFP와 Tsagas 박사의 제안서를 검토한 후, Malcolm은 CS 학과의 발전뿐만 아니라 Craiger 대학교의 전반적인 발전을 위하여 온라인 코스 개발 업무에 관한 교수설계 계약을 받아들였다.

자격증 I : 정보기술(IT)의 기초
CS 145 미적분학
CS 115 컴퓨터 기초
CS 160 데이터 구조
CS 165 이산구조
CS 180 어셈블리 언어

자격증 II
CS 150 심화 미적분학
CS 210 선형 대수학 응용
CS 225 알고리즘
CS 215 미분 방정식
CS 250 프로그래밍 언어의 기초

자격증 III
CS 245 오퍼레이팅 시스템
CS 315 소프트웨어 엔지니어링의 원리
CS 260 컴퓨터 과학의 이론적 기초
CS 265 숫자분석
CS 280 그래프 이론

자격증 IV
CS 390 확률 응용
CS 410 컴퓨터 구조
CS 심화 소프트웨어 엔지니어링
CS 컴퓨터 과학에서의 윤리적 결정
CS 소프트웨어 개발 프로젝트

[그림 12-1] 예비 자격증 프로그램 구조

프로젝트 도전

Malcolm의 Tsagas 박사 및 교수진의 첫 번째 정보수집 회의 동안, Malcolm은 이 프로젝트 업무가 그에게 하나의 도전임을 깨달았다. 우선 그는 프로그램 설계과정에서 뒤늦게 프로젝트에 참여했다. CS 교수진은 이미 다양한 제안서 섹션의 정보를 모아 놓았고, 프로그램 제안의 구조와 콘텐츠, 교육과정은 이미 결정되어 있었다. 게다가 제안서는 6주 안에 완료되어야 했다. 그것은 그에게 온라인 모듈의 샘플을 개발할 수 있는 시간이 얼마 남지 않았음을 의미했다.

Malcolm은 또한 교수진이 제안한 자격증 구조가 PTTP의 원래 구조와 맞지 않는다는 생각 때문에 염려스러웠다. 다른 자격증 프로그램과는 달리, Craiger 대학교의 자격증 프로그램은 독자적으로 프로그램이 운영될 수 없었다. Craiger의 자격증 프로그램은 면대면 프로그램에서 현재 제공되고 있는 같은 코스, 같은 장면, 같은 강의를 재조직하는 것에 달려 있었다. 현재 프로그램은 Malcolm

에게 학기말에 완성되는 단순한 과제로 이끌기 위한 분리되고, 비구조화된 개념과 구조의 연속으로 보였다. 만약에 이 프로그램이 이미 '내일의 기술 전문가를 준비하는 것' 이었다면 PTTP가 시작될 필요가 없었다.

마침내 Malcolm의 전문성은 실제 교수활동을 통합하는 교수설계와 관련이 있었다. 이 프로젝트의 많은 콘텐츠(예: 컴퓨터 프로그래밍)는 절차적인 것이었다. Malcolm은 규칙기반 콘텐츠를 이전에 개발해 보지 않았고, 따라서 FRP에서 요구한 핵심인, 학생들을 위한 의미 있고 관련 있는 방법으로 프로그램을 어떻게 조직해야 하는지에 대한 확신이 서지 않았다. 그는 또한 8주라는 단기간에 과정을 개발할 수 있을지 걱정되었다. 그는 가능한 외교수단을 총동원해서 그의 걱정을 Tsagas 박사에게 표현하였다.

"Malcolm, 나는 당신의 걱정을 이해하겠어요. 그리고 당신이 그러한 걱정을 갖는 것은 내가 당신을 고용하기로 한 결정을 더욱 확고히 하는 거예요. 내가 당신의 말을 옳게 들은 거라면 당신의 가장 주된 걱정은 자격증 프로그램의 구조와 시간 제한인가요?"

"네." Malcolm이 대답했다. "정확한 것 같아요." Malcolm은 생각했다. "하지만 저는 사실 모든 것이 걱정돼요!"

"음, 시간 제한에 대해서는 내가 어떤 것도 할 수가 없네요. 하지만 나는 당신에게 자격증 프로그램에 대한 교육과정을 다른 방법으로 구조화할 수 있는, 그리고 우리에게 다시 프레젠테이션 해 줄 수 있는 약간의 추가 시간을 주고 싶어요. 우리는 ITC에 경쟁력 있는 제안서를 내고 싶기 때문에 우리가 받을 수 있는 모든 도움을 받고 싶네요. 그러니 당신이 시도할 수만 있다면…… 다음 업무회의 때 교수진들에게 다른 구조에 대해 제안해 줄 수 있나요?"

Malcolm은 제안서에서의 통합을 위해 웹 기반 모듈(8주로 구성된 과정의 한 주 분량)을 개발하는 것(그리고 교수진들이 온라인 강좌 형식에 관한 CS 코스를 더 잘 변환하도록 촉구하는 것)과 다른 자격증 프로그램을 위한 구조를 제안하는 것에 동의했다. 불행히도, Malcolm은 이 두 업무를 마칠 시간이 그가 생각했던 것보다 부족했다. 제안서의 기한이 6주였기 때문에, 그는 다음 회의에 CS 교수들과 함께 작업하는 것을 준비하기 위해서 그는 실제로 그의 업무를 4주 안에 마쳐야만 했다.

Malcolm의 작업

Tsagas 박사의 요청에 의거하여, Malcolm이 했던 첫 번째 업무는 교수진의 구조화된 자격증 프로그램의 구조를 재검사하는 것이었다([그림 12-1] 참조). 시장과 RFP의 요구에 대한 그의 이해에 기반을 두고, Malcolm은 대안의 자격증 구조를 교수진에게 보여 주었다([그림 12-2] 참조). 새 구조를 이용하여 Malcolm은 PHP를 통한 프로그래밍 모듈과 JavaScript 과정(그가 웹 엔지니어 자격증에 추가한 과정)을 개발하기로 했다. 웹 개발 전문가로서 그는 코스에서 학생들이 배울 필요가 있는 기술과 콘텐츠에 매우 친숙했고, Craiger 대학교가 미래를 위한 투자기금을 받도록 돕기 위해 예시를 개발하는 데 4주면 충분하다는 것을 익히 알고 있었다. 익숙지 않은 내용을 가지고 일할 시간은 없음을 Malcolm은 알았

TO: Tersa Tsagas 박사
FR: Malcolm Gibson

RE: CS 자격증 프로그램의 초안
당신의 요청에 따라, 아래는 CS 교육과정을 IT 포지셔닝에 의해 네 가지 프로그램으로 구조화한 대안입니다. 각각의 자격증은 독자적으로 유지될 수 있습니다. (그것은 원래 수평적이었던 것과 반대로 수직적입니다. 예를 들어, 시스템 엔지니어 자격증에서 코스는 기초부터 심화까지 연계되어 있습니다.) 이는 원래 자격증 프로그램이 기초부터 심화까지 구조화되어 있던 것과는 반대입니다. 이 구조는 직장 내에서의 특정화된 직업에 대해 학생들을 준비시키는 데 초점을 맞추고 있기 때문에 IT 분야의 직업에 기초하여 PTTP의 발의에 더 적합한 제안이 될 것입니다.

현 교육과정은 이 대안적인 구조에 직접적으로 연결되지 못한다는 도전을 받고 있습니다. 여러분이 볼 수 있듯이 데이터 구조 코스는 현재 4개의 자격증중에 모두 분리될 수 있으나 각각의 데이터 구조 코스 콘텐츠이 네트워크 엔지니어나 웹 엔지니어를 준비하는 학생

들에게는 구체적이라는 것입니다. 죄송하지만, 제가 당신들이 기존에 가지고 있는 코스에 익숙지 않아 코스 번호를 포함하지는 않습니다. 그러나 기존의 코스 콘텐츠가 이번 코스에서 사용되도록 재목표화될 수 있다는 것을 전제합니다. 우리의 다음 회의에서 이에 관해 논의할 것을 기대합니다.

<u>시스템 엔지니어 자격증</u>
시스템의 기초
시스템 알고리즘과 데이터 구조
프로그램 언어: C/C++
네트워크 구조
응용 시스템 엔지니어링

<u>네트워크 엔지니어 자격증</u>
네트워크의 기초
네트워크 알고리즘과 데이터 구조
프로그램 언어: C/C++
네트워크 구조
응용 네트워크 엔지니어링

데이터 엔지니어 자격증
데이터의 기초
데이터베이스 알고리즘과 데이터 구조
프로그램 언어: SQL
데이터베이스 구조
응용 데이터베이스 엔지니어링

웹엔지니어 자격증
웹의 기초
웹 알고리즘과 데이터 구조
PHP와 JavaScript 프로그램
웹구조
응용 웹 엔지니어링

[그림 12-2] 말콤의 자격증 프로그램 제안서

다. 다음의 4주 동안, Malcolm은 마감일을 지키기 위해 계속 일했다. Craiger와의 작업일정 3일 전에 Malcolm은 그의 버전으로 자격증 프로그램 구조와 웹기반 모듈을 개발해서, Tsagas박사와 CS교수진에게 작업전에 검토해 볼 수 있도록 첨부파일로 보냈다.

학장 회의실로 돌아가서 - 9:06 A.M.

Malcolm은 일어서서 회의실 앞 책상으로 걸어갔다. 그는 모두가 볼 수 있도록 교육과정을 재구조화한 메모 슬라이드를 프로젝터로 비췄다.

"여러분, 다시 만나서 반갑습니다. 여러분이 이미 이 슬라이드를 본 적이 있기 때문에 이걸 설명하는 데 그렇게 많은 시간을 쓰지 않겠습니다. 우리가 이렇게 시간을 벌었으니, 회의는 여러분의 의견과 우려점을 듣는 것부터 시작할 수 있겠군요."

교수진이 학습자료를 앞서서 살펴보았고 온라인 강좌를 지켜본 것은 명백했다. 이어지는 15~20분 동안 Malcolm은 빠르게 질문들을 이어 갔다. 교수진은 온라인 교육을 활성화시키는 점에 관련된 우려점을 표출하기 시작했다.

Will Jacobs 박사가 먼저 토론을 시작하였다. "제가 프로그래밍의 개념을 설명할 때 학생들이 제 말을 이해했는지 알기 위해 학생들의 얼굴을 보고 싶습니다. 학생들이 제 말을 이해 못했다면 저는 그들의 얼굴을 봄으로써 다시 이해시킬 수 있겠지요. 그리고 다른 방법으로 제가 한 말을 설명할 수 있습니다. 얼굴을 보지 않는다면 학생들이 온라인 교육환경에서 학습 콘텐츠을 이해했는지를 어떻게 알 수 있겠어요?"

"제가 좀 끼어들어도 될까요?" Judy Ruzic 박사가 말했다. "여러분도 알다시피, 교육과정 안의 학습 콘텐츠 중의 어떤 것은 도전을 요구하는 것입니다. 저는 종종 수업을 시작하기 전과 후에 각기 다른 문제를 함께 모아서 해결하는 학생들의 모습을 지켜봅니다. 때때로 학생들은 스터디 그룹을 만들기도 합니다. 저는 어떻게 학생들이 이러한 활동을 웹상에서 할 수 있을지 모르겠군요."

"그 말이 저를 일깨워 주네요. 여러분 중 다른 분들은 잘 알지 못하지만, 저는 온라인 교육과정에서 학생들의 활동을 관리하고 통제하는 것에 대해 매우 우려하고 있는 사람입니다. 만약 제가 학생들을 볼 수 없다면 그들이 자기 스스로 학습하고 있다는 것을 어떻게 알 수 있을까요? 또 아무 학습 콘텐츠나 전부 다 하게 되면 그땐 어떻게 해야 합니까?" Eli Anton 박사가 말했다.

"그 점에 대해서는 전 덜 우려하고 있습니다, Eli." Angela Wang 박사가 대답했다. "저는 그보다 학생들이 학습 콘텐츠에 주의를 갖고 계속 참여하고 있는지가 더 걱정됩니다. 저는 단순히 강의 계획서와 강의 계획표만 올라온 온라인 강좌를 본 적이 있어요. 그 강좌의 토론방에는 질문할 읽을거리와 질문들이 할당되어 있었죠. 그 강좌는 한마디로 온라인 형태의 교과서였어요. 그 역시 지루하죠. 온라인 강좌는 좀 더 나은 방법으로 이루어져야만 합니다. 그렇지 않다면 저는 거기에 참여하는 데 관심을 갖지 않을 것 같군요."

Chris Newman 박사가 Wang 박사의 말을 이어받았다. "Angela가 옳아요. 학생들이 학습 콘텐츠에 계속해서 집중할지 우려하는 것 말고도, 학생들이 강좌를 통해 성찰하는 시간을 갖게 되기 때문에 저는 16주 동안 계속되는 강좌를 정말 좋아합니다. 만약 강좌가 8주 정도로 줄여지고 온라인상에서 이뤄진다면 학생들이 학습에서 활동한 콘텐츠과 배운 콘텐츠을 성찰할 시간을 어떻게 가질 수 있을까요?"

Malcolm이 교수진의 질문들을 온라인 소통 공간에 게시하고 난 후, Tsagas 박사는 Malcolm의 제안하는 가격증구조에 대해 토의하기 전에 10분간의 휴식을 요청했다. 교수진이 회의실에 계속 남아 있었기 때문에 Malcolm은 새로운 구조에 대한 그의 메모를 재검토하였다. 그는 온라인 모듈에 대한 상당한 수준의 교수진의 질문을 통해 회의의 나머지 시간 동안 온라인 모듈을 정교하게 다듬을 필요가 있다는 것을 깨달았다.

예 비분석 질문

1. 왜 Malcolm은 그가 했던 방법으로 자격증증을 구조화했는가?
2. Malcolm이 제안한 자격증 프로그램을 위해 재구성한 교육과정에 대한 교수진의 반응을 어떻게 생각하는가?
3. 왜 Malcolm은 그가 했던 방법으로 모듈을 설계했다고 보는가? 그가 행한 주어진 교육전략은 얼마나 잘 이루어졌다고 생각하는가?
   - PTTP 창시의 목표는?
   - 콘텐츠의 특징은?
   - 촉진하는 전달 형태는?
   - 웹 기반 전달매체는?
4. CS 교수진은 Malcolm의 웹 기반 모듈에 대한 반응을 어떻게 생각하는가?
5. 당신이라면 Malcolm의 웹 기반 모듈에 대한 공식적인 평가를 어떻게 수행할 것인가?

ID 실천을 위한 적용

1. 실제적인 학습활동, 성찰시간, 협력활동을 온라인 교육에 통합시킬 때와 면대면 교육에 통합시킬 때의 설계상의 차이를 비교하여 논의하라.
2. 학습을 촉진시키는 형태로 전달될 코스에서 1번 질문에 관한 전략을 사용했을 때의 관련 도전과 제한에 대해 논의하라.
3. 온라인 전달을 위한 새로운 코스를 개발하는 것에 반하여 기존의 코스를 재목표화하는 것의 장점과 단점에 대해 논의하라.

부록

12-A

내일의 기술전문가 제안서 준비

올해 6월, Association of Information Technology Professionals(AITP)는 '정보기술 인프라구축(Building Our Information Technology Infrastructure)' 이라는 연구를 발표했다. 이 연구는 비록 미국에 정보기술 전문가들의 수(약 천만 명)가 지난 2년 전과 비교하여 그대로지만, 산업현장에서는 약 백만 개의 새로운 일자리를 채우려 시도한다고 언급하였다. 미국 내 IT 전문가들의 부족을 알리려 정보기술 컨소시엄(ITC)은 직업현장으로 들어가는 IT 계열 졸업자 수를 증가시키기 위해 ITC와 협력하여 일할 수 있는 교육기관에 재정적인 지원을 함으로써 자격증을 갖춘 IT 전문가의 수를 확보하기 위해 일하고 있다.

프로그램 설명

이 초기 자금(200만 달러 운용 가능)을 운용하는 동안, ITC는 다음의 요구들 중 하나를 충족하는 프로젝트를 제안하는 교육기관들에게 기금지급을 고려할 것이다.

- 현존하는 2~4년간의 학사과정을 졸업하는 학생의 수를 늘릴 수 있는 프로그램
- 온라인 자격증이나 학위를 수여하는 프로그램
- 정보 지식이나 기술을 향상시킬 필요가 있는 전문가를 위한 자격증 프로그램

경쟁력을 가지기 위해 프로젝트는 산업현장의 표준 변화에 반응하는 새로운 교육과

정이라는 명확한 증거를 제공해야 한다. 새로운 교육과정은 IT 산업을 위해 학생들을 준비시켜야 하며 학습활동은 IT 산업현장과 관련이 있어야 한다.

제안서 콘텐츠

모든 제안서는 반드시 다음의 사항을 포함해야 한다.

- 표지: 프로젝트의 제목과 유형, 연락처, 제출일
- 프로젝트 요약문(1페이지)
- 프로그램의 설명, 교육과정, 목표, 결과물, 대상자, 전달 형태
- 제안된 프로그램을 학습할 학생들이 작업현장에 투입될 준비가 언제 되는지 보여주는 일정표
- 주 정보기술 산업에서의 요구를 충족시킬 수 있는 제안된 교육과정의 능력을 뒷받침하는 데이터
- 교육기관으로부터의 지원 확인서, 교수진, 산업 파트너
- 예산과 프로젝트 일정표
- 교육과정의 예(예: 만약 온라인 프로그램을 제안한다면, 온라인 모듈이나 과정의 예를 제시하기)

부록

12-B

PHP와 JavaScript 과정을 프로그래밍하기 위한 모듈

개 관

웹의 강력한 힘의 대부분은 최종사용자가 데이터를 웹 어플리케이션에 제공할 수 있게 하는 능력이 있다. 이번 주에 당신은 '변수'와 PHP에서의 '폼'에 대해 작업을 시작할 것이다. 폼은 사용자들이 데이터를 입력할 수 있게 한다. 변수는 당신이 그 데이터를 당신의 PHP 스크립트 내에서 조작할 수 있도록 한다.

학습 안내

변수

PHP 책은 변수를 데이터의 저장고로 설명한다. 변수는 웹 프로그래밍에서 기초적인 콘텐츠이다(또는 어떤 프로그래밍에서도 중요하다). 우리가 데이터에 대해 생각할 때는 보통 데이터베이스에서 오는 리스트의 수를 떠올린다. 이것은 정확하게 전통적인 관점에서 데이터를 특징짓는 것이지만 매우 편협한 정의다. HTML의 문맥에서 당신이 타이핑한 모든 단어, 당신이 체크한(또는 체크하지 않은) 모든 체크박스, 당신이 선택한 모든 드롭다운 메뉴는 변수 속에 저장될 수 없는 데이터다. 사실 다른 앵커의 반대로서 하나의 앵커(링크로 알려진)를 클릭하기로 결정하는 것은 PHP 응용에 가치 있는 데이터가 될 수 있다.

PHP에서 변수는 확실한 신호로서 그 변수 앞에 인지된다. 이 스크립트를 만들고 그것을 웹 서버에서 운영해 보자.

vars.php:

```
<html>
<head><title>Vars</title></head>
<body>
<?php
// Assign values to variables
$pi=3.14;
$pie="Apple";
$py="Pythagoras loves to eat $pie";
$two="The countdown finished...\"two\", \"one\", \"liftoff!\"";

// Print out the variables
print("1. PI is $pi<br>");
print("2. $pie is a fruit<br>");
print("3. $py<br>");
print("4. {$py}s<br>");
print("5. $two<br>");
print("6. \$two<br>");
?>
</body>
</html>
```

HTML 형식과 PHP

다음은 PHP로 HTML 형식을 사용할 때 유의해야 할 점 두 가지다.

1. 형식 태그는 형식 데이터를 처리하는 데이터 PHP 스크립트에 기여하는 움직임을 갖고 있어야 한다.
   〈from Action = "process_foum.php"〉
   ("process_form.php"는 당신의 PHP 스크립트를 대체할 수 있다.)
2. 형식에서 각각의 필드는 이름을 갖고 있어야 한다. 이 이름은 형식 데이터를 처리하는 스크립트에서 변화할 수 있다.
   〈input type = "text" name = "age"〉
   'age' 라는 이름은 형식 데이터를 처리하는 스크립트 안에서 가변적인 $age로 접근될 수 있다.

PHP print ( ) 더 쉽게 하기

HTML 형식(그리고 일반적인 HTML)은 많은 따옴표를 갖고 있다. 인쇄되어 있는 문서의 따옴표들은 반드시 백슬래시로 쓰여야만 한다. 그것은 꽤 많은 시간이 소요된다. 다음 프린트된 문서를 보라.

```
〈?php〉
print("table border=\"1\"
cellpadding=\"10\"
bgcolor=\"#ffffff\"〉")'
?〉
```

이 간단한 테이블 태그를 프린트하기 위해서 반드시 백슬래시로 쓰인 6개의 따옴표가 있다. (덧붙이자면, 프린트 문서들의 좋은 점은 그것들이 위에 보이는 것처럼 여러 줄에 걸쳐 있다는 것이다. 이것은 당신의 PHP의 가독성을 훨씬 더 높여 준다.) 여기에 따옴표 문제를 제거해 변형한 프린트 문서가 있다.

```
〈?php〉
print 〈〈〈 WOOD CHUCK
〈 table border= "1"
cellpadding= "10"
bgcolor= "#ffffff"〉
WOOD CHUCK;
?〉
```

요약하자면, print라는 단어를 세 개 이하의 상징들과 단어들로 타이핑하고 난 후, 나는 당신이 원하는 어떤 단어도 선택할 수 있다는 것을 강조하기 위해 어리석은 단어를 선택했다. 당신이 문맥의 모든 곳에서 넣을 수 있는 다음의 줄들에 당신이 프린트하려 하는 변수, 따옴표와 같은 것이 있다. 프린트 문서를 마치기 위해 당신은 다시 한 번 세미콜론을 반복한다. 만약 당신이 프린트할 많은 HTML을 갖고 있다면 각각의 따옴표 앞에 백슬래시를 넣는 것을 피하고 싶을 것이다. 여기에 좋은 대안이 있다.

당신이 이 유형의 프린트 문서를 사용한다면 따라 할 만한 몇 가지 지침들이 있다.

1. 첫 번째 print 라인과 마지막 라인은 반드시 그 라인만 제시되어야 한다.
2. 마지막 라인은 들여쓰기를 해서는 안 된다.

3. 처음 또는 마지막 라인은 띄어쓰기를 해서는 안 된다.
4. 언어적 측면에서 요청되는 사항은 아니지만 관례상 당신이 선택한 단어는 완전히 상위 케이스여야 한다.

읽을거리/자료, 정보 검색

World Wide Web을 위한 PHP

2장

3장

온라인상의 면밀함

숨겨진 형태 필드

제출할 과제물(deliverables)

1. 당신이 1주차에 만들었던 PHP 스크립트를 추가하라. 사용자에게 어떤 종류의 브라우저를 사용하게 될 것인지 말하라(힌트: 2장의 마지막 페이지를 보라).
2. 퀴즈 형식을 만들어라. 퀴즈는 다음의 요소들 중 적어도 하나를 포함해야 한다.
    - 다양한 선택 질문(라디오 버튼을 사용하여)
    - 짧은 대답을 유도하는 질문(text를 타이핑해 넣는 필드를 투입하여)
    - 에세이 질문(textarea를 사용하여)

   비록 이러한 퀴즈가 HTML로 전부 이루어질지라도, Quiz.php라고 파일명을 붙여라. 우리는 PHP 코드를 교육과정 후에 추가할 것이다.
3. 당신의 퀴즈 공간으로 바로 이동하는 index.html 링크를 추가하라.
4. 사용자가 퀴즈에서 제출하기 버튼을 눌렀을 때, 그것은 사용자가 그 형식에서 선택했던 답을 프린트할 수 있는 php 스크립트로 바로 이동해야 한다.
5. 단순한 빨간색의 'bar' 는 HTML에서 이런 방식으로 이루어질 수 있다.

```
〈table bgcolor= "red" width= "100"〉〈tr td〉〈/td〉〈/tr〉〈/table〉
```

A. 정확히 위에서 보이는 것과 같이 빨간색 bar를 단순히 인쇄할 수 있는 bar.php라는 스크립트를 만들어라.

B. 막대의 넓이 수치와 막대의 색깔 명칭 두 가지 가치를 포함하는 barform.html 이라는 파일을 생성하라. 형태를 생성하는 행위를 bar.php라 명칭한다. bar.php를 변경해서 색깔과 넓이를 위한 형태 필드를 사용할 수 있게 하라.

해커의 도전(선택 질문)

1. barform.html과 bar.php를 bar.html로 합쳐라. 즉, bar.php는 bar를 프린트하는 다음에 나오는 코드의 형태를 포함해야 할 것이다. 당신이 반복해서 그것을 해낼 수 있다는 것을 확인하기 위해 색, 넓이를 위한 몇몇 가치에 접근하기 위해 노력하라.

슈퍼 해커의 도전(선택 사항)

1. 당신의 퀴즈에 다른 종류의 질문—하나의 정확한 답 이상을 갖고 있는 다양한 선택 질문(예: 다음에 나오는 숫자들 중 소수는 어느 것일까?)—을 추가하라. 당신은 multiple이 기여하는 'select' 라는 유형 타이프를 넣는 것을 사용할 필요가 있을 것이다. 질문을 만드는 것은 어려운 일이 아니다. 어려운 것은 사용자의 대답을 프린트하는 것이다.

협동학습/토론학습

1. 이제 PHP에 대해 2주간의 학습을 끝냈다. 얼마나 당신이 자랑스럽게 느껴지는가? PHP 'in-town' 말과 곤충들과 같은 느낌이 들지 않는가? 또는 풀어 놓은 개를 재빨리 달리게 하면서 드러내 놓고 통제하는 진행 단계별 코치같이 느껴지지 않았는가?
2. 이번 주에 배운 것이 아닌 당신이 만든 형태를 가지고 명백히 무엇을 하고 싶은가?
3. Macro View: 당신의 문제해결 과정에 대해 약간 이야기를 나눠라. 당신의 질문에 대한 답을 어떻게 받았는가? 당신이 사용한 방법은 무엇인가? 당신이 사용한 웹상의 방법이 있는가?
4. Micro View: 디버그에 대한 것은 어떠한가? 코드의 대부분이(또는 전부가) 제자

리에 있는 것처럼 보일 때 평소에 당신이 하는 행동은 무엇인가? 그리고 'parse' 에러를 지우려고 시도할 때 평소에 당신이 하는 행동은 무엇인가?

PHP 초창기에, 대형 운반기기가 변수로 사용되었다.
이 두 프로그래머가 배경의 선반에서 빼온 변수에 수치를 부여하기 위해 준비하고 있다. 파일 저장은 왜 의자 뒤에 잔디깎기가 있는가에 대해 설명하고 있지 않다.

사례연구

13

확립된 교육과정에서의 혁신 (Pat Kelsoe와 Jean Fallon의 사례)

Carol S. Kamin
(Colorado 대학교)
Brent G. Wilson
(Colorado 대학교)

배 경

주립 의과대학은 전문화된 다양한 방면에서의 의사, 간호사 그리고 건강 전문가들을 교육한다. 의사들에 대한 교육은 2년 동안의 기초과학 과정에 이어 3년 그리고 4년의 임상경험을 통해 상당히 전통적인 방법으로 이루어진다. 임상수업에서 초기 교수전략으로 사용되던 것은 병원환경 안에서 도제제도와 같은 형식으로 이루어진다. 그러나 건강관리 환경의 변화로 모든 소내과적 진료의 상호작용의 5% 미만이 입원화의 결과를 가져왔고, 병원 입원기간은 매우 짧아지게 되었다. 따라서 더 많은 의대생들이 (주에서 요구하는) 그들의 임상실습을 할 수 있게 되었다.

소아과는 국가에서 존경받는 상위 10위 안에 드는 소아 연구기관으로 간주된다. 그곳에는 최고의 교수와 멘토로 잘 알려진 원로교수들이 많다. 소아과 학과장은 이렇게 말했다. "이 캠퍼스의 교수들은 소아과에서 사용되는 교과서를 개발합니다." 모든 의과대 학생들은 그들이 3학년 재학 시 소아과에서 임상실습을 해야 한다. 따라서 소아과는 6주마다 15~18명 사이의 새로운 3학년 학생들을 1년 내내 받는다.

Jean Fallon 박사는 소아과 실습의 교수법 변화를 위한 기술을 사용할 새로운 프로젝트를 시작할 것을 기대한다. 그녀는 최근 대통령실에서 발표된 제안 요청서를 통해 파일럿 지원사업에 지원할 수 있도록 아이디어의 브레인스토밍을 위해 계획을 수립하는 모임을 소집하였다.

주요 인물과의 만남

Jean Fallon: 임상실습 관리자이자 주요 내용 전문가(SME). 의과대학 의사인 Jean Fallon 박사는 소아과 병동 의대생 교육의 관리자가 된 후 최근 그녀의 초점을 실험연구에서 교육연구로 바꾸었다. National Institute of Health에서 보조금을 받으며 1년 동안 연구한 후, 그녀는 정년보장의 기대에 반하는 어느 정도의 위험을 무릅쓰고 이런 새로운 책임들을 맡기 위해 지원받은 연구보조금을 모두 돌려주었다. 최근 승진과 정년보장의 지침이 교수의 교육적 학문을 바탕으로 승진될 수 있도록 변경되었다. 그리고 Jean은 이러한 기회를 이용하기를 원했다. 동료들은 그녀에 대해 그녀가 '확실한 것' 을 포기했고, 아직 입증되지 않은 승진의 길로 진로를 바꾸었다고 말했다. 그녀의 멘토와 부장은 그녀에게 정년보장을 받은 다음에 그녀가 관심 있어 하는 교육연구 분야에 대해 연구하라고 조언하였다. 그럼에도 불구하고 그녀는 혁신적인 교수법의 입문과 평가에 열성적이고 흥미 있어 했다. 그녀는 또한 야심적이었고, 지역적일 뿐 아니라 국가적인 색다른 소아과 교수법을 만들기를 원했다.

의대의 소아과 전공 3학년 수업은 모든 의대생들이 틀림없이 아이들을 돌보아야 하는 유일한 직접적인 경험이다. 건강진단 수업과 다른 일반적인 기술의 경우 성인들의 강조로 배울 수 있다. 임상실습 관리자인 Jean은 최근 국가적 소아과 교육과정으로 채택된 실무경험을 중시하는 것에 관심을 가졌다. 그러나 그녀는 이러한 학습경험이 표준화되기를 원했다. 그녀는 현직 의사로서 학생들에게 문제기반학습(problem-based learning: PBL), 전자 정보 검색, 독립적인 학습에 내재된 전 생애 기술이 필요할 것이라 믿었다. 그녀는 혁신적인 교수법에 개방적이다.

그녀에게 의대생들이 임상실습을 수료하였을 때 반드시 알아야 할 한 가지가 무엇인지 물었을 때, 그녀는 "유아나 아동을 보고 상태가 얼마나 위급한지 아는 것." 이라고 말했다.

Pat Kelsoe: 의료교육자. 교수설계 박사인 Pat Kelsoe는 개발부와 협력하고 있는 소아과의 새로운 조교수다. 그녀는 자신의 의대경험을 바탕으로, 지난 6년간 교수설계자로 일하고 있다. 그녀는 다른 두 개의 의과대학이 문제기반학습(PBL)으로 바꾸는 데 도움을 주었다. 1년 전에 그녀는 교수공학의 박사학위 과정을 수료하는 동안 전임으로 연구했다. "나는 이 직책을 맡기 위해서 가족들을 데리고 전국을 가로질렀죠. 내가 이 직업을 즐겁게 맡기 위해서는 다른 방법이 없었습니다." 라고 Pat이 강조했다.

Pat이 인터뷰를 할 때, 그녀의 직책을 표현할 수 있는 직업이 없었다. 그래서 그녀는 담당자에게 5년 동안 어떤 성공이 있을 것 같은지 물었다. 그녀의 대답은 "이 조직은 소아과 의학교육 분야에서 학문적 연구기관으로 국가적 명성을 얻기를 원합니다." 였다. 그 후 그녀는 그 직책을 맡았고, 담당자는 그녀를 신뢰했다. "의료교육자의 직책은 우리 조직을 위한 새로운 직책입니다. 몇몇 원로 관리자들은 이에 반대합니다."

계획 수립을 위한 모임을 준비하기 위해, Pat은 지난 수업자료들과 소아과 임상실습 평가자료들을 수집하였다. 그녀는 학생들을 대상으로 한 자유로운 설문조사로부터 45페이지의 질적 자료를 얻었다. 내용분석을 한 후, 그녀는 수업의 장점이 소아과 레지던트가 초기에 사용하던 교수법처럼 보이는 것임을 발견하였다. 초기 수업의 약점은 수업의 체계화 부족인 것처럼 보였다. 의학 사이트에서 흩어져서 학습하는 학생들은 그 경험을 즐기는 것처럼 보였지만, 그들의 동료들과 멀어지는 것을 느꼈고 의도한 학습의 결과들을 확신하지 못하였다. 그들은 그들의 수업에서 요구되는 것을 얻고 있는지, 또는 그것을 그들의 동료들이 다른 사이트로부터 학습하는 것과 어떻게 비교해야 할지 확신할 수 없었다.

Sam McConnell: 선임 동료: 선임 교수진 리더인 Sam McConnell 박사 또한 소아과 임상실습의 발전 가능성 있는 변화를 위한 계획 수립을 위한 모임에 참석할 것을 권유받았다. Sam은 새로운 임상실습 관리자가 수행하고 있는 연구에 대한 문서를 보고 그녀가 유명해질 잠재력을 가지고 있다고 생각하였다. 그리고 그는 그녀가 정년보장을 받은 후에 이 교육적 지위를 얻는 것을 기다리지 않은 것에 대해 못마땅했다. 그는 몇몇 다른 교수들이 의료교육자 직책에 대해 불평하는 것을 들었고, 그 역시 왜 그녀가 고용되었고, 그녀가 학부에서 이미 훌륭한 교수들에게 어떤 도움을 줄지 의문스러웠다.

Sam의 교수법은 훌륭한 평가를 받았다. 하지만 그는 좋은 교수는 타고나는 것이라 생각하였다. 그는 수요일 오후 그의 병원에서 학생들과 레지던트들에게 강의를 하였다. Sam이 생각하기에 의학에서는 환자를 직접 보는 것이 가장 좋은 학습법이었다. 그 방법이 그가 소아과학을 배운 방법이다. 대부분의 교수들은 소아과 의사가 될 레지던트들을 가르치는 것을 좋아한다. 그는 의대 학생들을 가르치는 몇 안 되는 선임교수 중의 한 사람이다. 그러나 그도 소아과 의사가 될 가능성이 있는 최고의 학생들을 뽑기 위해 그 일을 했다. Sam은 소아과 전문에 전혀 관심이 없는 학생들을 볼 때마다 실망했다.

어쨌든 Sam은 이 모임에 왜 나가야 하는지 궁금했다. 그는 학생들의 경우 단지 더 열심히 일하고 가능한 한 더 많은 환자를 만나는 것이 필요하다고 확신했다. 임상실습 프로그램은 유익한 검토를 얻었고, 부서는 그의 레지던트 프로그램에 높은 능력을 갖춘 지원자들을 얻었다. 그는 "부러지지 않았다면 고치지 말라."는 말을 믿었다. 그러나 좀 더 많은 보조금을 받고 더 많은 환자들을 진찰하여 더 많은 수익을 창출해야 한다는 지속적인 압박이 있었다. Sam은 이것이 격변하는 건강관리 환경에서 흔들리는 의과대학 조직을 지키는 유일한 방법이라고 믿었다. Sam은 소아과 의사들이 가르치는 것을 사랑한다 할지라도 그것이 조직에 자금을 만들어 내지 않는다는 것을 모든 사람들이 안다고 생각했다.

Harry Lipsitz: 비록 그가 의료교육 직책을 만들고, 선임교수를 임상실습 관리자로 임명한 것 때문에 몇몇 선임 교수들로부터 많은 원성을 들었지만, Harry는 이러한 젊은 교수들의 잠재력에 들떠 있다. 그는 소아과 교육에 대한 많은 연구 질문이 있다는 것을 알았고, 이 분야에서 그의 부서가 최고가 되기를 열망한다. 그는 임상실습에 있어 그와 비전을 같이할 두 명의 재능 있고 성실한 교수들을 믿었다. 그러나 Harry는 그들이 테크놀로지에 너무 관심을 가질까 걱정되었다. 그는 교육 소프트웨어 프로그램을 만들기 위해 안식년을 가졌던 동료를 상기했다. 그 동료는 그 프로젝트에 열심이었지만 그것으로부터 아무것도 얻지 못했다. Harry는 교육공학의 모험이 많은 시간과 돈을 소모하면서 비생산적으로 끝날 수 있을까 봐 두려워했다.

Harry는 그의 가장 중요한 업무는 이 두 명의 소장교수가 새로운 평가 시스템하에 승진되게 하는 것이라고 생각하였다. 그들 중 한 명은 새로 작성된 지침에 의해서 정년을 보장받는 시도를 할 것이다. 비록 정년을 보장받지 못한 교수들에게는 교육적 혁신이 많은 위험이 따르는 모험인 것이 사실이지만, 그는 두 명이 흥미로운 연구를 수행하고 흥미로운 연구결과를 얻을 것을 믿었다.

계획 수립을 위한 모임

교수진은 학과 회의실에 도착하기 시작하였다. 몇 분 동안 호의적인 농담을 주고 받은 뒤, Jean은 회의를 시작했다.

Jean: 모두 회의에 참석해 주셔서 감사합니다. 1년 중 가장 바쁜 때인 것을 알지만, 저는 이 프로젝트가 시작되었으면 합니다. 이 분야에는 임상실습과 더불어 많은 훌륭한 교수법들이 이미 적절하게 있습니다. 그러나 새로운 아이디어를 시도해 볼 여지도 있는 것처럼 보입니다. 막 대통령실에서도 프로그램의 허가를 내주었고, 우리가 그 자금의 일부로 완성할 수 있을 것이라 생각합니다.

Sam: 누군가의 돈을 쓴다는 건 항상 즐거운 일이죠!

Jean: 맞아요. 저는 이 프로젝트가 투자할 만한 가치가 있다고 생각해요. 우리 임상실습생들은 종종 우리 분야에서 탁월한 경험을 할 수 있습니다. 그러나 그들은 때때로 위험한 사례를 한 번도 보지 못하는 경우도 있습니다. 거기에는 약간의 위험이 있기 때문입니다. 우리 학생들은 좋은 교육을 받을 수 있지만 많은 것을 기회로 남겨 둡니다. 그래서 가능한 해결책을 시도해 오고 있습니다. 모든 학생이 보아야 하는 몇 가지 경우를 포함하는 사례를 컴퓨터 기반학습과 같은 것으로 사례 모음을 만든다면 어떨까요? 예를 들면, 약물을 남용해야 하는 긴급사례 같은 거요. 그렇다면 우리는 실제와 매우 근접한 경험을 제공할 수 있고, 학생들이 임상실습을 하는 동안에 실제적으로 그 상황에 맞닥뜨릴 수 있다는 것을 보증할 수 있습니다.

Harry: 그럼 당신은 컴퓨터로 몇 개의 비디오를 보여 주어야 한다는 건가요?

Jean: 네, 우리가 생각하는 것들을 배우나 진짜 환자를 통해서 비디오로 보여 줍니다. 학생들에게 몇몇 증상들과 상황을 보여 주고는 질문을 할 수 있게 하고, 처방을 하게 하고, 어쨌든 진단을 이끌어 내게 한 다음 피드백을 줄 수 있습니다.

Harry: 그것들 모두를 컴퓨터에 넣으면 비싸지지 않을까요?

Pat: 네. 이런 프로젝트는 쉽게 예산의 증가를 가져올 수 있습니다. 하지만 저는 대통령실에서 받은 보조금으로 이것을 시작할 수 있습니다. 이것이 임상실습에 대한 새로운 생각들을 이끌 수 있을 것입니다.

Sam: [자리를 옮기며] 잠시만요. Jean이 오기 전에 12년 동안 임상실습을 관리했는데, 그것이 나라에서 가장 존경받는 것 중의 하나라는 것을 말해야겠네요. 우리 학생들은 소아과에 아주 능통해 있어요. 실습 후에 소아과를 전공하겠다고 결정하는 학생들이 많아졌지요.

Jean: 그것이 중요하죠. 우리는 학생들이 우리 과에 매력을 느끼기를 원해요. 아마도 몇몇 비디오로 보이는 사례가 관심을 더 높일 수 있을 거라 생각해요.

Harry: 저는 여전히 이러한 프로젝트의 범위와 비용이 걱정되네요.

Pat: 비디오 제작은 더 저렴해지고 더 쉬워지고 있어요. 하지만 여전히 손이 많이 가는 일이죠. 우리 대학은 비디오 제작시설을 갖추고 있지 않아요. 그리고 그 일을 할 사람들도 고용해야 하죠. 또 우리 중에서 전문교육을 받아야 해요.

Sam: 그게 제가 말하려고 하는 바예요. 쓸모없는 새로운 기술을 배워야 해요. 전 HyperCard에 대한 수업을 한 번 듣고 다시는 듣지 않았어요.

Pat: 교수진이 모든 권한(멀티미디어 데이터의 구축)을 가지지 않아도 된다고 생각해요. 우리는 제작의 대부분을 몇몇 인턴이나 시간제 근무자의 도움을 받을 수 있어요. 비록 당신이 전문 지식을 가지고 있더라도 사례에 접근하는 방법을 결정할 때 매우 도움이 될 거예요.

Sam: 난 어떤 권한도 원하지 않아요. 그것은 많은 시간이 걸릴 것이고, 시간은 돈이에요.

Pat: 아마도 그 부분을 명확하게 해야겠네요. 우리는 팀을 만들어서 연구를 할 거예요. 설계와 기술적인 측면은 저와 인턴들이 맡을 거예요. 그런데 그 사례들이 실제적이라는 것을 보증할 수 있도록 전문가들의 검토가 필요해요. 이게 제가 말하는 권한이에요.

Sam: 아, 그 정도면 할 수 있겠어요. 물론이죠. 당신이 의사나 소아과 전문의가 아니기 때문에 전문가의 조언이 필요한 거군요.

Harry: 비디오 사례에 대해서 좀 더 이야기해 주세요. 우리가 보는 비디오테이프 같은 걸 말하는 건가요?

Jean: Pat, 당신이 나에게 말했던 PBL 혹은 문제기반학습에 대해 이야기하는 게 어때요?

Pat: 여러분도 알고 있듯이 PBL은 의과대학에서 많이 사용하는 방법이에요. 하지만 컴퓨터로 보였을 때의 많은 문제나 경우에 대해서는 잘 알지 못해요. Jean과 제가 얘기하려는 것을 설명할게요. 학생들이 정보를 탐색하고, 시험지를 주문하고, 질문을 할 수 있도록 우리가 몇 개의 영화 장면과 배경 지식으로 상호작용적인 비디오 사례를 제시하는 것입니다. 이 부분이 상호작용의 경우나 온라인 문제의 일종의 표준입니다. 제가 관심을 가졌던 부분은 어쨌든 온라인상으로 학생들이 연결된다는 것입니다. 학생들은 다른 사이트에 있어도 고립감을 느끼지 않고 서로를 통해 학습을 할 수 있어요. 연구자들은 사례 토의가 이러한 종류의 학습을 더 효과적으로 만들어 준다고 제안합니다.

Harry: 와, 정말 흥미롭군요. 당신은 컴퓨터로 비디오를 보면서 다른 지역에 있는 사람들을 연결하고, 대화를 통해 양측에서 최선의 결과를 얻으려고 노력했군요.

Jean: 맞아요. 당신은 실제 경험을 통한 혜택과 경험학습의 핵심을 만나고 공유할 것이라는 확신을 얻을 수 있어요. 그들이 비슷한 내용을 모두 학습했다는 우리의 확신을 높여 줍니다. 학생들은 캠퍼스에서 강의를 듣는 것뿐만 아니라 실전경험을 통해 계속 연결될 것입니다.

Harry: 그것이 고독감 같은 것을 없앨 수 있겠군요. 같이 일하는 방법이 있다는 것은 좋은 거예요.

예 비분석 질문

1. 소그룹으로 모여 역할극을 완성하고 모임을 마쳐라. 모든 모임의 관심에 초점을 맞추고 임상실습과 부서의 요구를 만족시키는 특정한 설계 아이디어의 윤곽을 그려 보라.
2. 소아과 교육의 새로운 접근방식 제안에 관한 Sam의 선입견을 명확히 하라. 그리고 이 선입견을 대처할 수 있는 전략들을 제안하라.
3. Jean은 모임에서 드러난 의장의 우려에 어떻게 대처해야 하는가?
4. 보조금 계획에 대한 두 페이지의 개요를 작성하라. 당신의 설계계획에 제시된 관심사를 5개 이상 포함시키고 그것들을 어떻게 설명할 것인지 이야기해 보자.
   - 자료의 크기, 다운로드 시간, 비디오 형식 및 매체의 통합 다루기
   - 전 주에 걸친 웹과 테크놀로지에 접근하기
   - 개발 비용, 시간, 자원 관리하기
   - 질 높은 추론, 반성, 의사결정에 대한 방어 장려하기
   - 협력연구, 모델링, 아이디어 교환 장려하기
   - 증상과 문제의 생생한 제시와 고화질 확보하기
   - 학생들을 현장 상황에 생활화시키기
   - 교수진과 학생들의 저항 극복하기
   - 연구의 출발점 또는 기초로서 프로젝트 사용하기

ID 실천을 위한 적용

1. 조직은 사람과 같이 관습을 가지고 있다. 그것은 어떤 일을 하는 데 편리하게 할 수 있도록 확립된 방법이다. 혁신가와 변화를 추구하는 사람들은 종종 새로운 목표와 방법 또는 두 가지 다 추진하여 그들이 함께 일하고 있는 집단에 긴장을 유발하기도 한다. 혁신가들이 조직 내 목적 및 관습과 다른 것에서부터 발생하는 정치적 긴장을 알지 못한다고 했을 때 범할 수 있는 실수는 무엇인가? 이러한 긴장을 완화시키기 위해 혁신가들이 할 수 있는 방법으로는 무엇이 있는가?
2. 일반적으로 혁신은 조직의 전형적인 제한(시간, 비용, 전문 지식)으로부터 발생한다. 이러한 심각한 제한에도 거리낌 없이 혁신가들을 성공할 수 있게 하는 '마법'은 무엇인가?

3. 학습이든 다른 목적이든 당신의 교육공학적 교수에 대한 경험을 생각해 보라. 당신의 경험과 지식을 바탕으로 다음 질문들에 답하라.
   a. 조직은 정기적으로 의미 있는 변화를 겪는다. 새로운 요구와 경쟁 상황에 적응하기 위해 새로운 기술을 채택하고 새로운 관습을 사용한다. 이런 피할 수 없는 변화를 스스로 준비하기 위해 업무집단은 무엇을 할 수 있는가? 집단이 주요 변화과정을 성공적으로 겪을 수 있도록 돕기 위해 개인은 어떤 것을 할 수 있을까?
   b. 대부분의 업무집단에는 변화에 비판적이고, 제안된 혁신에 저항하는 적어도 한두 사람이 있다. 조직에서 비판이 긍정적인 역할을 할 수 있는가? 비판이 제공된 것을 긍정적이고 생산적으로 포함할 수 있는 최고의 의사결정 방법은 무엇인가?
   c. 많은 혁신은 몇몇 혁신가들의 리더십에 의해 죽거나 살아남는다. 급진적인 혁신가에게 덜 의지하고 집단적 과정에 더 의지하려면 어떻게 해야 하는가? 다른 방식으로, 많은 변화 노력에 포함되는 정신적 외상이나 혼란을 최소화하는 동시에 혁신가들을 격려하고 그들의 에너지를 격려해 조직에 가치 있는 것을 얻기 위한 방법은 무엇인가?
   d. 조직적인 변화의 몇몇 모델들은 저항가와 더 꺼리는 사용자보다 혁신가와 초기 적응자들이 새로운 것에 동기를 부여받는다는 점을 이야기한다. 만약 이것이 사실이라면 변화의 과정에 있는 그룹의 개인들에게 동기를 부여하고 유지시키기 위한 방법은 무엇인가?

사례연구

14

온라인 교수 전달의 도전 직면하기 (Ricardo Martinez의 사례)

Patti Shank
(Learning Peaks)

Western 대학 인적자원개발학과의 저명한 교수 Georgina Bates는 책상에 앉아 학생의 이메일을 체크하다가 한숨을 쉬었다. 그녀는 이 이메일과 예전 학생의 이메일의 실망한 어조에 점점 걱정스러워지고 있었다. 그녀의 대학원 온라인 코스 'HRD 512: 조직심리학' 수강생들은 온라인 학습의 요령을 가지고 있는 것처럼 보이지 않았고, 그들은 12주 코스 중 6주차 과정을 마친 상태였다. 많은 학생들이 예전에 온라인 강의를 수강한 적이 없었기 때문에 그녀는 처음에 약간의 혼란을 예상했다. 그녀의 가까운 동료이자 2년간 학교의 온라인 MBA 프로그램을 가르치고 있는 Ben Wu 박사는 그녀에게 처음에 약간의 혼란이 있다 할지라도 학생들이 곧 온라인 학습의 요령을 얻을 것이라고 약속했다. 그녀는 전화기를 움

켜잡고 Ben에게 전화를 걸었다. “당황스러워, 이건 모두 네 잘못이야!” 그녀는 전화기에 대고 소리쳤다. “잘 지냈어, Georgina.” Ben이 대답했다. “무슨 일이야?” Georgina가 한숨을 쉬었다. “Ben, 너는 내 학생들이 몇 주 후에 온라인 학습의 요령을 터득할 것이라고 했어. 하지만 6주가 지났는데도 그렇지 않다는 게 분명해.” “정확히 뭐가 문제야?” Ben이 물었다. “Ben, 내가 안다면 네게 전화를 했을까?” 그녀는 외쳤다. Ben은 “내가 2시쯤에 방문해서 그에 대해 함께 생각해 보는 건 어때?”라고 제안했다. “그래, 부탁해.” 그녀가 대답했다.

배 경

이전에 모든 인적자원개발(human resource development: HRD) 코스는 캠퍼스에서 직접 강의를 해 왔다. 작년에 몇몇 학부 교수진이 Western 대학교 학장의 지시에 따라 그들의 코스에서 인터넷 기술을 사용하는 것을 논의했다. 그는 공공연하게 다른 고등교육기관에 뒤떨어지지 않기 위해 좀 더 테크놀로지 기반의 그리고 테크놀로지 지향의 코스를 제공하고자 하는 그의 바람을 이야기해 왔다. 게다가 많은 대학원생들이 일주일에 두세 번 학교에 가는 것을 불평했고, 온라인 강의나 혼합 코스를 통해 학생의 이동이 쉽게 감소될 수 있었다.

Georgina는 HRD 프로그램에서 테크놀로지를 사용하는 것의 유용성을 보았다. 그녀는 테크놀로지 사용이 학생과 교수진에게 필요한 기술이라고 믿었고, 그 생각에 대한 교수진의 저항에 실망하였다. 그래서 그녀는 HRD 512를 온라인으로 가르치겠다고 말했다. 그녀는 마음 내켜 하지 않는 그녀의 학부 교수진이 온라인이나 적어도 혼합 강의를 고려하는 데 그녀의 성공이 도움이 될 것이라고 기대했다. 성공에 대한 압박은 높았다.

Georgina는 FrontPage를 사용하여 웹사이트 개발을 한 적이 있었다. 그리고 그녀의 코스 웹사이트 개발이 그녀가 몇 달 전에 개발한 작은 개인 사이트 개발보다는 단지 약간 더 복잡한 것이라는 것을 알았다. 그녀에게 가장 큰 어려움은 강의 웹사이트가 훨씬 많은 페이지를 가지고 있다는 것이었다. 그러나 제작방식은 다르지 않아 보였다.

대학원 HRD 프로그램의 학생들은 짜여진 틀에 의해 함께 수업에 출석하기 때문에 대개 서로를 꽤 잘 알게 된다. 그들 대부분에게 HRD 512는 처음 경험하는 온라인 강의였다. 약간의 걱정에도 불구하고, 많은 사람들이 새로운 형태를 시도하는 것에 대해 긍정적으로 생각했다.

Georgina의 코스는 항상 인기가 있었다. 그녀는 전형적으로 매우 높은 학생평가를 받았고, 까다롭지만 훌륭한 교수로 학생들에게 알려져 있었다. 몇몇 학생들은 새로운 강의 형태와 기대치에 대해 걱정했으나 그들이 강의와 교실에 가지 않아도 되는 이익에 흥분되었다. Georgina는 코스를 소개하는 이메일을 통해 그녀가 온라인 참여와 온라인 학습 자원의 평가와 사용 그리고 온라인 토론에 대해 매우 높은 기대를 가지고 있다는 것을 밝혔다.

2:15 P.M.

Ben은 Georgina가 컴퓨터 화면에 띄워 준 몇몇 학생들의 이메일을 읽었다. "문제가 있군." 이라고 그가 인정했다([그림 14-1], [그림 14-2], [그림 14-3] 참조).

"이 학생들은 혼란스러워 하는 것으로 들려." Ben이 단언했다. "나도 온라인으로 가르치는 처음 몇 차례 동안 학생들이 당황스러워 하는 어려움이 있었어. 아마도 네 문제는 여기에 있을 거야. 너 아직 학기 중간평가를 하지 않았니? 다른 학생들도 당황스러워 해?" Georgina는 그에게 최근 중간평가의 의견 목록을 보여 주었다([그림 14-4] 참조).

"봐, 나는 재정 전문가야. 하지만 온라인 코스 개발에서는 확실히 전문가가 아니지. 그래서 나는 내가 문제를 보기 시작했을 때 도움을 받았어." Ben이 말했다. "나는 내가 FrontPage를 사용할 줄 알았기 때문에 이것을 스스로 할 수 있다고 계산했다고 생각해." 그녀가 대답했다. Ben은 Georgina의 어깨에 손을 얹고 말했다. "나는 이것이 매우 전문적인 기술이라고 생각해. 그리고 너처럼 테크놀로지를 상당히 이해한 사람일지라도 투입과 산출 모두를 알 수는 없어. 직업으로 온라인 강의를 설계하고 개발하는 누군가에게 약간의 조언을 받는 것은 나쁘지 않아, 그렇지?" 그는 직업학교에서 함께 일하는 교수설계자를 그녀가 만나 볼 것을 추천했다.

Re: 인터뷰 과제

Dr. B: 저는 제가 인터뷰를 해야 하는지 몰랐습니다. 어디에 이러한 말이 있나요? 제가 이것을 다시 해야 하나요?

Sharonn

Georgina Bates가 쓴 것:

Sharonn,
너의 첫 묘사는 훌륭했어. 사실이 포함된 좋은 묘사야.
질문: 넌 지시에 따라 인터뷰를 하기보다 온라인 조사를 했어. 왜지?

[그림 14-1] 과제를 걱정하는 Sharonn의 이메일

Re: 과제 마감

친해하는 Bates 교수님,
과제는 어제가 마감이었나요? 저는 공지된 제출 기한을 보지 못했어요. 그래서 기한이 없다고 생각했지요. 이번 주말까지 제출할게요. 늦은 것에 대해 교수님이 감점하지 않기를 바랍니다.

Kent

Georgina Bates가 쓴 것:

Kent,
나는 어제가 마감인 과제를 받지 못했어. 알려 주렴.

[그림 14-2] 과제 제출 기한에 대한 Kent의 이메일

Re: 토론 참여

Bates 교수님,
그게 어디에 있죠? 제가 말하는 건, 토론하는 것이요.

R.

Georgina Bates가 쓴 것:

Rodney,
네가 온라인 토론에 참여하고 있지 않다는 것을 알려 주마. 걱정하고 있단다.

[그림 14-3] 토론 포럼에 대한 Rodney의 이메일

학기 중간 학생 강의평가에서의 의견, HRD 512

- 나는 Bates 교수님에 대해 좋은 말을 들어와서 코스를 찾고 있었다. 코스는 괜찮지만 많은 시간을 잃는 것 같은 느낌이다. 내가 잘하고 있는지 확신할 수 없다.
- 당신이 무엇을 해야 하고 그것을 어떻게 해야 하는지 명확하게 한다면 이것은 좋은 코스다. 몇몇 정말 좋은 질문과 링크…. 내 즐겨찾기 링크가 빠르게 증가하고 있어!
- 나는 내가 몇몇 토론 질문에 대답하는 것을 놓쳤다는 것을 말해 왔다. 그리고 그것이 내 성적에 영향을 줄 것이기 때문에 괴롭다. 나는 내가 이것을 해야 하는지 몰랐고, 내가 멍청이처럼 느껴진다. 교수님은 원하는 것에 대해 좀 더 명확하게 할 필요가 있다.
- 토론이 어디에 있죠? 우리가 무엇을 토론해야 하는 거죠? 모든 온라인 코스가 이렇게 당황스러운가요?
- Bates 교수님은 우리에게 과제에서 원하는 것이 무엇인지 말할 필요가 있다. 나는 내가 옳은 것을 하고 있다고 생각했지만 그렇지 않았다. 실망스럽다.
- 마지막 과제 기한은 언제죠? 당신은 과제를 이메일로 제출하기를 원하나요, 아니면 사무실로 제출하기를 원하나요?
- 모든 것을 찾았기 때문에 나는 괜찮다. 하지만 과제에 대한 설명은 어디서 찾아야 하는지 명확하지 않다.
- 도와줘요! 온라인으로 이 코스를 듣는 것은 너무 어려워요! 직접 만날 수 있을까요?
- 좋은 주제입니다. 다만 시간 내에 따라가는 것이 조금 힘듭니다.

[그림 14-4] 학기 중간 강의평가에서 학생 의견

Georgina는 그녀가 이러한 종류의 문제와 잠재적인 당황을 피하기 위해 온라인 코스를 포기해야만 하는지 크게 걱정했다. Ben은 그녀가 코스를 훌륭하게 만들기 위해 개조하는 데 약간의 도움이 필요한 것일 뿐이라고 안심시켰다. Georgina는 확신할 수 없었지만 직업학교의 교수설계자이자 웹 개발자인 Ricardo Martinez를 만나는 것에 동의했다.

Ricardo의 사무실, 4:40 P.M.

Ricardo는 그의 사무실에서 그가 학교 마케팅 강의 중 하나를 위해 개발했던 JavaScript 퀴즈를 수정하고 있었다. 그는 그날이 다 가기 전에 그것이 확실히 잘 작동하기를 원했다. Ricardo는 약 2년 반 동안 Western 대학 경영학부에서 근무하고 있었다. 교수기술에 대한 온라인 숙련자 프로그램을 마치면서, 그는 Western 대학이 온라인 MBA 프로그램을 개설하기로 결정한 후 바로 고용되었다. 그는 자신이 조직훈련의 노동에서 많은 돈을 벌 수 있을지라도 그의 느긋한 스타일이 학교환경에 딱 맞는다는 것을 알았다. 그는 특히 교수진과 함께 일하는 것을 즐겼다.

Ben은 한쪽 구석에서 살짝 엿보면서 Ricardo가 그의 사무실에서 열심히 일하고 있는 것을 보았다. "이봐, Ricardo! 네가 내 친구 Georgina Bates와 함께 온라인 코스 개발에 대해 놀라운 통찰력을 조금 공유해 준다면 네가 가장 좋아하는 밀라노 과자를 두 박스 사 줄게. 그녀는 정말 네 도움이 필요해." Ricardo가 동의했다. "확실히 너한테 과자를 받아 낼 거야!"

다음 날, 11 A.M.

"Ricardo, 기꺼이 나를 도와주어서 정말 고마워요." Georgina가 말했다. "Wu 박사가 당신에 대한 칭찬을 해 왔어요. 나는 당신이 내 문제의 해결방법을 찾아내는 것을 도와주었으면 좋겠어요." "돕게 되어서 기쁘군요. Wu 박사가 나에게 무엇이 진행되고 있는지 조금 이야기했어요." Ricardo가 대답했다. "당신 강의에서 당신과 학생 모두 매우 당황하는 것처럼 들리던데요. 내게 문제에 대해 좀 더 말해 봐요." Georgina는 Ricardo에게 학생들의 이메일과 그녀가 편집한 문제점 목록을 보여 주었다([그림 14-5] 참조).

"확실히 당황하고 있는 것으로 보이네요." Ricardo가 이야기했다. "당신의 코스를 봅시다, 괜찮죠?" 그가 물었다. Georgina는 Ricardo의 컴퓨터에 코스 홈페이지를 띄웠다([그림 14-6] 참조).

"실제로 학생들이 어떤 느낌을 받는지 내가 느껴 보도록 할게요, 괜찮죠?" Ricardo가 물었다. Georgina는 동의하면서 고개를 끄덕였다. Ricardo는 링크를 클릭해서 2주차 페이지를 열었다([그림 14-7] 참조).

HRD 512의 문제점

1. 몇몇 학생들이 정기적으로 온라인 토론에 참여하고 있지 않다. 내가 그들이 왜 참여하지 않는지 알아 보기 위해 이메일을 보냈을 때 대부분의 공통적인 대답은 "어떤 토론이요?"였다.
2. 나는 제시간에 과제를 제출하지 않은 많은 학생을 추적하고 있다. 몇몇 학생들은 그들이 언제까지 해야 하는지 몰랐다고 불평한다. 제출 기한은 사이트에 실려 있다!!!
3. 제시간에 완성한 과제의 일부는 과제를 위해 명시한 기준과 맞지 않는다. 일부 학생들은 그들이 내가 그들에게 하기 원한 것을 모르겠다고 불평한다.
4. 학생들은 지속적으로 나에게 온라인 강의 자료에 답변이 된 질문을 이메일로 보낸다.
5. 나는 새로운 직업을 찾을 필요가 있다.

[그림 14-5] Georgina가 정리한 강의 문제점 목록

HRD 512: 조직심리학

HRD 512에 오신 것을 환영합니다! 이 코스는 조직심리학의 조사를 제공하고 당신이 자극, 조직 원동력, 조직 의사소통, 조직문화를 포함한 다양한 중요 영역들의 지식과 기술을 얻는 것을 도와줄 것입니다.

코스에 대한 정보를 더 얻으려면 다음 링크를 클릭하세요.

- 강의 소개
- 읽기
- 1주차
- 2주차
- 3~4주차
- 5~6주차
- 7~8주차
- 9~10주차
- 11주차
- 12주차
- 슬라이드

질문이 있으면 내게 이메일을 보내세요.

[그림 14-6] HRD 512 홈페이지

자극과 태도

이번 주는 질문을 하면서 시작해 봅시다. 무엇이 사람들로 하여금 그들이 하는 것을 하도록 만드는 걸까요? 매우 중요한 질문입니다. 이번 주의 슬라이드를 보세요. 그리고 많은 전문가들이 이 질문에 대해 무엇을 말하고 있는지 보세요. 추가 정보를 얻으려면 다음 웹사이트를 찾아보세요.

동기과 작업장(오디오 인터뷰를 반드시 확인하세요. 좋은 인터뷰입니다)
작업장에서의 문제에 대한 시스템적 사고
무질서 이해하기　혼돈에 대한 분별력 갖기

이번 주의 토론 질문:

1. 당신이 함께 일하는(혹은 일했던) 사람을 생각해 보시오. 슬라이드와 이번 주의 읽기자료를 사용해서 왜 사람들이 때때로 비생산적으로 보이는 방법으로 행동하는지 숙고하시오. 몇 가지 사례와 통찰을 제시하시오.
2. 내적 동기와 외적 동기의 차이는 무엇인가? 왜 이러한 구별이 중요한가?
3. 슬라이드, 웹사이트, 읽기자료에서 얻은 정보를 사용하여 당신의 조직에 적합한 추천 목록을 만들어 보시오.

토론 게시판에 이번 주의 주제와 관련된 추가 자료를 찾아 게시하세요.

질문이 있으면 내게 이메일을 보내세요.

[그림 14-7] 2주차 강의자료 페이지

HRD 512: 조직심리학

각 주에 따른 PowerPoint 슬라이드를 보려면 다음의 링크를 클릭하세요.

- 1주차
- 2주차
- 3~4주차
- 5~6주차
- 7~8주차
- 9~10주차
- 11주차
- 12주차

질문이 있으면 내게 이메일을 보내세요.

[그림 14-8] '슬라이드' 페이지

"Bates 박사님, 내가 만약 당신 수업을 듣는 학생이고 2주차에 있다면 2주차에 해야 할 모든 것이 여기에 있나요?" Ricardo가 물었다. "아니요. 각 주에 대한 내 슬라이드는 홈페이지에서 제공되는 '슬라이드' 페이지에서 이용할 수 있어요." 그녀가 설명했다. 그녀는 홈페이지로 돌아가서 그에게 각 주의 슬라이드가 어떻게 제공되는지 보여 주기 위해 '슬라이드' 페이지 링크를 클릭했다([그림 14-8] 참조).

"2주차 링크와 '슬라이드' 페이지 링크 외에 학생들이 가야 할 다른 곳이 있나요?" Ricardo가 물었다. "음." Georgina가 잠깐 생각했다. "그들은 또 읽기 링크에 가야 해요. 그것도 홈페이지에서 이용할 수 있어요." 그녀는 홈페이지로 돌아가서 '읽기' 페이지의 링크를 클릭했다. 그녀가 덧붙였다. "그리고 그들은 '읽기' 페이지에서 우리 강의 토론 포럼에 참석해야 해요."([그림 14-9] 참조).

Georgina의 도움으로 Ricardo는 다른 주차의 자원을 확인하고, 그것들이 모두 똑같은 방법—각 주를 시작하는 일반 페이지, '읽기' 페이지에 목록화된 읽기(그리고 토론장으로의 링크), 그리고 '슬라이드' 페이지에서 제공되는 PowerPoint 슬라이드—으로 제공된다는 것을 알았다. "나는 학생들이 그들이 필요한 정보를 찾지 않고 있다고 생각하고 있어요." Ricardo가 설명했다. "그 예감이 맞아요. 당신이 경험한 것을 말해 줄래요?" Georgina가 물었다. "사이트에 모든 것이 있어요, 그렇죠?" Ricardo가 설명했다. "그래요, 하지만 내 작업 방침에 따르면 우리는 학습자가 그것을 찾을 수 없다면 실제로 존재하지 않는 것이라고 추정해요." Georgina는 그의 말을 숙고하고는 곧 동의하며 고개를 끄덕였다.

Ricardo는 Georgina에게 Sharonn과 Kent가 요구한 정보가 어디에 있는지 그에게 보여 달라고 요청했다. Georgina는 홈페이지로 돌아가서 '코스에 대한 소개' 페이지를 클릭했다. "여기에 그들이 찾는 자세한 과제 설명과 기한이 있어요."라고 그녀가 '과제 설명' 페이지 링크를 가리키면서 말했다([그림 14-10] 참조).

"나는 우리가 당신과 당신 학생에게서 약간의 당황스러움을 덜어 줄 수 있다고 생각해요, Bates 박사." Ricardo가 제안했다. "당신의 사이트가 어떻게 정확하게 작동하는지 순서도를 만들어 보죠. 그리고 우리는 어떤 배열이 더 잘 작동할지 결정할 수 있을 거예요, 괜찮죠?"

HRD 512: 조직심리학

코스 각 주차의 자료는 아래 읽기자료에 있습니다.

토론 포럼으로 가기

주	읽기자료	중심 질문
1주차	Bradley와 Moore, 도입과 1장	• 오늘날 조직에서 가장 비판적인 조직 문제는 무엇인가? • 이러한 문제들은 얼마나 절박한가? • 이 문제를 20세기 중반의 문제와 비교하시오. 무엇이 바뀌었는가? 왜 바뀌었는가?
2주차	Bradley와 Moore, 2, 4장 Tomlinson, pp. 15~45	• 동기는 무엇을 의미하는가? • 당신이 생각하는 내적 동기와 외적 동기에 대해 저자는 어떻게 추천하는가? • Tomlinson이 Cole 사례에 관하여 당신이 가졌으면 하는 것은 어떤 이해인가?
3~4주차	Bradley와 Moore, 3, 5장 Tomlinson, pp. 46~112	• 어떠한 점에서 협력과 충돌이 비슷한가? • Ferana 사례에서 중심 문제는 무엇이었는가?

[그림 14-9] '읽기' 페이지

HRD 512: 코스 소개

다음 자료는 당신이 이 코스의 대부분을 얻을 수 있도록 도울 것입니다.

환영합니다!
이 3학점 코스는 조직심리학 영역의 조사입니다. 우리는 다음 영역에서 이론과 적용을 망라할 것입니다. 작업 태도와 동기, 조직 원동력, 조직 의사소통, 조직구조, 조직문화. 나는 학생들이 적극적으로 참여하기를 원하며, 당신이 토론장에서 나와 당신의 급우들과 함께 상호작용하는 것을 매우 권장합니다.

강의 구성

매 주차는 일요일에 시작해서 토요일에 끝납니다. 당신은 때때로 2주 동안 똑같은 주제를 한다는 것을 알게 될 것입니다. 매주(혹은 격주에) 우리는 자료, 온라인 활동, PowerPoint 슬라이드를 읽게 될 것입니다. 우리는 토론 포럼에서 이 자료들을 토론할 것입니다.

과제

완성 규정과 기한을 포함한 각 과제에 대한 정보를 얻으려면 여기를 클릭하세요.

모든 과제는 대안적 조치가 취해지지 않는 한 기한에 맞춰 혹은 기한 전에 제출하세요.

[그림 14-10] '강의 소개' 페이지

예 비분석 질문

1. 무엇이 Georgina와 학생들이 직면하고 있는 당황스러움을 유발하고 있는가?
2. 사이트가 실제로 존재하는 것처럼 Georgina의 사이트에서 순서도를 개발하라. 현재 문제를 해결하기 위한 방법에 대한 당신의 추천사항과 함께 다른 순서도를 개발하라.
3. 학생의 당황스러움을 줄이기 위해 기존의 페이지에 다른 어떤 개선점을 추천하겠는가?
4. 만약 당신이 Ricardo라면 이 문제들을 해결하기 위해 Georgina와 어떻게 일할 것인가?
5. 이러한 관점에서 이 강의를 구하기 위해 사용할 수 있는 다른 선택권은 무엇인가? 당신이 추천하는 행동의 과정은 무엇인가?

ID 실천을 위한 적용

1. 온라인 코스의 사용에서 인터페이스와 정보설계의 효과에 대해 논하라.
2. 이 코스에서 일어난 것과 같은 문제들을 온라인 코스 자원의 개발에서 어떻게 피할 수 있는가?
   a. 교수설계자가 이러한 문제를 다루기 위해 교수진과 어떻게 함께 일해야 하는가?
   b. 이러한 문제를 다루기 위해 교수진에게 제공할 수 있는 전체적인 지침은 무엇인가?
3. 교수진이 인터페이스와 정보설계의 문제를 잘 다룰 수 있게 해 주는 지침을 개발하라.

사례연구

15

교수설계 실행에서 다각적 시각과 제약 드러내기(Beth Owens의 사례)

Michael L. Wray
(Metropolitan 주립대학교)
Brent G. Wilson
(Colorado 대학교)

학장으로부터의 임무

Beth Owens가 Dean Carlton Jacobs 학장을 만나기 위해 도착했을 때는 비가 오고 있었다. 학장의 방으로 들어설 때, 그녀는 레인코트에 남은 물기를 털어내며 웃었다. "나는 항상 비가 좋아요. 특히 서부 지역에서는 비가 충분하지 않거든요." Beth는 지난 10년간 콜로라도에서 처음에는 가정주부로, 최근에는 근처 대학에서 교수설계 석사학위 공부를 하면서 지냈다.

8개월 전, 그녀는 대도시 중심가의 4년제 무시험 입학 주립대학에서 교직원

상담직을 맡게 되었다. 주정부의 교육정책은 항상 변하기 마련이어서 교직원들은 Beth가 제공하는 교수설계 지원을 고맙게 생각하였다. 때때로 하는 심층 분석이나 평가를 제외하고, Beth는 항상 12~15개의 사례를 상담하고 있었다. 기술지도가 그중의 하나였으나, 그녀는 자신의 가장 중요한 역할은 전통적인 교육방식으로부터 좀 더 구성주의적 유형의 교육활동으로 전환하도록 교직원들을 돕는 것이라고 생각하고 있었다.

Jacobs 학장은 Beth를 반갑게 방으로 맞아 주었다. "시간 내주셔서 감사합니다. 우리 학과에 대한 선생님의 연구는 현재 저의 최우선 과제 중 하나입니다. 그 결과는 우리에게 큰 변화를 줄 것입니다." 소비자 기술학부는 지속적으로 발전하고 있는 경영정보 및 사무조직 학과가 새 학부로 독립해 나가면서 서비스 지향 학과(미용술, 패션 판매촉진, 서비스업 경영, 요리) 학생들의 절반가량을 남기고 감에 따라 최근 만들어진 학부였다. 학장은 이렇게 남겨진 학과를 성장시키고 모든 수준에서의 발전을 이루기 위해 열심이었다. 그의 첫 번째 목표는 학부에서 가장 소규모인 요리학과를 재검토하는 것이었다.

"선생님도 아실 거예요." 학장은 계속 말하였다. "정보 및 사무조직 학과는 우리의 자금 원천이고 소규모 학과들을 재정적으로 지원해 주고 있습니다. 이제는 모든 학과들이 질적인 면에서나 양적인 면에서나 자립하여야 합니다. 우리는 요리학과에 대한 분석을 시작하려고 합니다. 이 학과는 규모는 작으나 자립할 수 있는데, 약간의 문제점이 있으니 그것을 좀 살펴보아 주시기 바랍니다."

Beth는 이 일을 바로 시작하고자 기대하였으나 전망에 대한 약간의 우려도 있었다. 주립대학에서의 8개월 동안 그녀는 때때로 학과장에 대한 소문을 들었었다. 요리사인 Gerhart Reiner는 일종의 공사감독 같은 엄격한 교수로 알려져 있었다. Beth는 학장에게 말했다. "저는 요리학과장인 Gerhart Reiner가 초급과정과 상급과정 모두를 가르치고 있다고 알고 있습니다. 그의 교육과 지도가 학과에 매우 중요합니다."

학장이 대답하였다. "예, 그는 중요 인물입니다. 선생님은 그를 못 견뎌하는 학생들을 가끔 만나게 되겠지만 그는 교육 실적 면에서 높은 점수를 받고 있습니다. 그는 학내에서 도전적인 지도자로 잘 알려져 있으며, 그의 연구실에 엄격한 규칙을 갖고 있습니다. 어느 학생이라도 그것을 선생님께 말해 줄 수 있을 것입니다."

"어떤 규칙이지요?" Beth는 이 인물이 궁금했다. 그녀는 이 요리사가 구성주의적 교육방법(constructivist teaching method)에 대해서 들어보지 못했을 것이라고 생각하였다.

학장은 몸을 Beth 쪽으로 기울이며 말하였다. "내 사무실로 여러 명의 학생들이 학과의 과도한 요구사항에 압박을 받아 눈물을 흘리며 찾아오곤 했습니다. 그들은 Reiner가 너무 엄격하다고 느끼고 있었습니다. 지금 학생 수는 중요한 문제입니다. 불필요하게 학생 하나라도 잃고 싶지 않습니다. 그것은 모든 학생을 포함하고 학생 수를 늘리는 것과 관계됩니다."

학장은 몸을 의자 뒤로 젖히며 계속 말하였다. "저의 문제는 복잡합니다. 저는 이 학과가 우수한 학생들을 배출하기 원하지만 동시에 학생 수를 유지하고 학과를 성장시키고 싶습니다. 저는 선생님이 우리가 어떻게 하면 보다 포괄적이고 학생 수를 증가시키며 학과의 질적 수준도 동시에 잘 유지할 수 있을지 알아보아 주셨으면 합니다."

"식은 죽 먹기죠!" Beth가 농담처럼 대답하였다. "학장님, 시간 내주셔서 감사합니다. 저는 강의실도 보고 Reiner 학과장도 만나고 싶습니다." 학장이 미소지으며 말하였다. "그 이상으로 해 드리죠. 한 바퀴 죽 둘러보고 학생식당에서 점심을 드시는 건 어떻겠어요?"

Beth는 동의하였다. "그거 아주 좋겠네요. 앞장서시죠." Jacobs 학장은 Beth와 악수하고 그녀를 요리학과 연구실로 안내하였다.

답사와 점심식사

Beth는 활동 중인 학생들을 꼭 보고 싶었다. Jacobs 학장은 학생들의 요리 연구실을 그녀에게 보여 주었다. 그녀에게는 학생들 모두가 빳빳하게 다린 유니폼을 차려 입고 바쁘게 음식 만드는 데 참여하고 있는 모습이 인상 깊었다. 금방 누가 책임을 지고 있는지 알 수 있었다. 요리사 Reiner는 높은 흰 모자를 쓰고 권위를 느끼게 하고 있었으며, 풀 먹인 흰 요리사 복장에 선명하게 이름을 수놓아 새기고 가슴의 주머니 위에는 요리사 직함과 학교로부터 받은 수장을 두드러지게 붙이고 있었다. 학생들은 요리사로부터 지시를 받으며 그들의 작업장에서 분주히 움직이고 있었다. Beth는 그가 학생들의 작품을 견본으로 뽑아 맛을 보고 온도를 검사하는 것에 유의하였다.

답사를 마치고 학장과 Beth는 요리 연구실 인근의 작은 식당 의자에 앉았다. 그 방은 행정요원과 사무직원들로 가득 차 있었는데, 그들은 점심을 먹기 위해 약간의 돈을 지불하였다. "이 식당은 매주 3일간 학생들이 만든 음식을 제공하지요. 이것은 캠퍼스의 인기 행사로 많은 사람들을 끌어 모으고 있습니다."라고 학장이 설명하였다. Beth는 크림 소스를 약간 얹은 먹음직한 구운 닭요리를 제공받으며 미소 지었다. "접시가 너무 우아하네요." Beth가 말하였다. 로즈마리 줄기로 꽂은 구운 감자 요리의 장식이 Beth의 관심을 끌었다. Beth는 크게 숨을 들이마시며 "냄새가 무척 좋네요."라고 하였다. 학장은 두 사람이 음식을 먹기 시작할 때 고개를 끄덕여 동의하였다.

점심을 먹는 동안, Beth는 어떤 방식으로 요리사에게 조언을 해 줘야 할까 생각하였다. 그녀는 구성주의적 교육원칙을 소개해 주고 싶었으나 요리사 Reiner에게 구성주의의 이점을 확신시키는 것이 어려울 것같이 생각되었다. Reiner의 교육에 대한 접근방식은 구식이고 대립적인 것처럼 보였다.

Beth는 맛있어 보임에도 두껍게 설탕을 입힌 박하 잎으로 장식한 5단 초콜릿 케이크 디저트를 거절하였다. Beth는 다른 손님들이 그것을 먹는 것을 보며 그것이 얼마나 맛있을까 계속 상상하였다. 그러나 Beth는 커피로 만족하기로 하고 학생들의 기분 좋은 서비스를 즐겼다.

식사 후에 Beth는 학장과의 답사를 끝냈다. 그녀는 요리사 Reiner를 만날 수 있기를 고대하며 그 방식에 대해 학장과 이야기하였다. 그녀는 Jacobs 학장에게 시간을 내주어서 감사하다고 말하고 그와 힘차게 악수하였다.

요리사와의 만남

Beth는 기대를 갖고 요리사 Reiner의 문을 노크하였다. 그는 정말 어떨까? 문이 열리고 요리사 Reiner가 손을 내밀며 말하였다. "안녕하세요? 저는 Gerhard Reiner입니다. 선생님을 만나기를 기대하고 있었습니다." Beth는 그의 주저하는 듯한 미소를 보고 마음이 놓였다. 그의 사무실로 들어서며 두 사람은 어색함을 없애려 대화를 시작하였다.

Beth는 자리에 앉자마자 잘 정돈된 방에 깊은 인상을 받았다. 책상은 깨끗했고 모든 물건들은 제자리에 있었다. 그녀는 선반의 책들이 작은 것에서부터 높이순으로 배열되어 있고, 책의 끝머리가 선반과 일렬로 정렬되어 있는 것을 보고 눈썹을 치켜 올렸다. 그녀는 웃으며 훌륭한 점심식사에 대해 요리사 Reiner에게 감사하였다. "정말 즐거운 식사였습니다." "선생님이 학생들이 일하는 것을 보시게 되어 기쁩니다."라고 Reiner가 대답하였다.

그는 요점을 말하였다. "학장님께서 선생님이 오신다고 말씀하셨을 때 저는 바로 선생님이 어떻게 우리 과의 학생 수를 늘릴 수 있게 도와줄 것인가 생각했습니다. 함께 일하기를 기대합니다. 일을 시작할 수 있도록 어떻게 도와드릴까요?"

Beth는 잠시 생각해 보고 대답하였다. "제게 그 학과가 거둔 성공에 대해 이야기해 주는 것으로 시작할 수 있을 것입니다. 대학에서의 선생님의 이력과 선생님 학과의 장점이 무엇이라고 생각하는지 말씀해 주세요."

요리사 Reiner는 그의 자격증들과 학과의 장점에 대해서 장황하게 이야기하기 시작하였다. 그는 일류 유람선 수석 요리사를 지낸 후 주립대학에서 5년 동안 근무하였다. 또한 프랑스와 독일의 고급 식당에서 근무하였고, 여러 나라의 말을 할 수 있으며, 많은 훌륭한 요리사들과 함께 일하기도 하였다. 그는 American Culinary Federation의 지부장이며, 그의 학생들도 분회를 구성하여 지역대회에 참가하기도 한다. 학과의 가장 큰 업적은 훌륭한 졸업생들이다. 그가 오기 전의 학장은 학과의 평판에 관심을 기울여 학부의 권위를 높이고 대도시 지역에서 일류 요리사 자리를 차지할 수 있는 훌륭한 졸업생을 배출하기 위해 Reiner를 채용하였다.

"제가 온 후에 학생식당을 설치하여, 보신 바와 같이 매주 3일간 식사를 제공하고 있습니다. 전에는 학생들이 만든 요리의 판로가 없어서 대부분의 요리가 교실에서만 만들어졌습니다. 저는 학생들이 자신들이 만든 음식을 사람들이 즐기는 것을 보는 걸 좋아한다는 것을 알게 되었습니다."

Beth는 동의하였다. "저 역시 정말로 음식을 즐겼습니다!"

요리사 Reiner는 계속 말하였다. "우리는 학생들이 전문가다운 기준을 갖고 있지 못하다는 문제를 갖고 있으며, 저는 이 문제를 해결하기 위해 노력해 왔습니다."

"'전문가다운 기준' 이라는 것이 무슨 뜻이죠?" 라고 Beth가 물었다.

"우리는 대도시 지역에 있습니다." Reiner가 설명하였다. "우리 학생들은 유니폼을 입거나 위생기준을 지키기 싫어합니다. 우리는 긴 머리, 손톱 매니큐어, 보석, 피어싱 등의 문제를 갖고 있는데, 이런 것들은 전문가다운 위생적인 주방과는 어울리지 않는 것입니다.

"그런 문제들을 어떻게 해결하셨나요?" Beth가 물었다. Reiner는 그녀에게 그의 요리 연구실의 평가표([그림 15-1] 참조)를 보여 주었다. "각 과정이 끝나면 학생들은 그들의 용모, 요리 품질, 출석률 등을 평가받습니다."

Beth는 작업기준과 행동 범주를 살펴보았다. 이 평가표의 무엇인가가 그녀의 구성주의 원칙과 상충되었다. Beth는 이와 같은 점수제가 얼마나 효과적일까 생각해 보았다. 그녀는 학생들이 만든 점심과 같은 의미 있는 경험의 가치를 인정하였으나 이런 엄격한 행동 감시가 어떻게 효과적일 수 있을지 의아해하였다.

Beth는 평가표로부터 눈을 들어 올려보며 말했다. "음, 단정함, 조직, 팀워크, 지시이행 능력…… 이런 것들이 유용한가요? 학생들은 이 평가에 어떻게 반응하지요?"

시간 지키기
정시 도착
전 시간 수강
수강 태만

유니폼
모자
흰옷 세탁 상태
검은 바지
미끄럼 방지 신발
앞이 막힌 구두
다림질 상태

용모
두발 청결, 뒤로 넘기기
1/4인치 이내로 손톱 깎기
손과 손톱 청결
보석류(반지 두 개, 시계, 장식단추, 귀걸이 등 허용)

도구
요리 사용 칼 준비
껍질 벗기기용 칼 준비
앞치마
주방용 타월

성과물
듣기
시식
지시 이행 상태
발표
동료 관찰, 참여
속도 준수, 시간계획
요리 품질
찌꺼기 및 요리 비용

위생
매우 깨끗
청결/위생 상태 좋음

팀워크
자발적 참여
리더에 대한 지원
제안활동
건설적 비판

[그림 15-1] 학생 성과에 대한 요리사 Reiner의 행동 점검표

"그것은 매우 효과적입니다." 요리사가 설명하였다. "매일의 평가가 있기 전에는 학생들의 강의실에서의 유니폼 착용이나 전문가적 자세에 매우 실망하였습니다. 학생들은 전문가답게 행동하지 않았고 유니폼 규정을 지키지 않았습니다. 저는 그런 학생들에게 낮은 점수를 주었고, 그들은 화를 내며 왜 나쁜 점수를 받았는지 이해하지 못했습니다. 마치 그들은 단지 출석한 것만으로도 A학점을 받을 수 있으리라고 기대하는 것 같았습니다."

"저 평가 점검표가 그것을 어떻게 바꿔 놓았지요?"라고 물으면서 Beth의 마음에는 여러 가지 생각들이 빠르게 떠올라 서로 충돌하고 있었다.

요리사 Reiner의 답변은 확고하였다. "이 평가표가 학생들에게 제가 원하는 것이 무엇인지 알려 주기 때문에 저는 학생들로부터 보다 좋은 성적을 얻고 있습니다. 저는 스트레스를 덜 받게 되지요."

"무슨 뜻인가요?" Beth는 요리사가 무슨 생각을 하고 있는지 알고 싶었다.

"처음에는 제가 요리학교에서 배운 대로 똑같이 하려고 했지요. 유니폼을 입지 않고 오거나 전문가답지 않게 행동하면 그날 점수를 0점으로 하여 집으로 돌려보냈지요."

Beth는 킬킬거리며 웃었다. "그래서 어떻게 되었나요?"

요리사가 웃으며 대답하였다. "전혀 좋지가 않았어요. 학생들은 좌절하였죠. 저는 바로 대부분의 학생들을 잃게 될 거라는 것을 알게 되었습니다. 그렇게 일일 평가표는 저의 기대에 대한 즉각적인 반응을 가져왔습니다. 학생들은 벌칙이 어떤 건지를 알고 나서 그들 자신의 행동을 변화시킬 것인가 말 것인가를 선택할 수 있었습니다. 일일평가 양식은 전에 비해 덜 강제적인 것입니다."

Beth는 의심스러웠다. "덜 강제적이라고요?"

Reiner는 설명하였다. "대부분의 학생들은 사실 매일 평가받는 것을 좋아합니다. 그리고 그들은 그들이 받은 평가에 대해서 그렇게 저를 비난하지 않습니다. 최소한 그들은 그들이 어느 정도인지 알게 됩니다. 결론적으로, 제 학생들은 유니폼을 입고 한 명의 팀원으로서 행동합니다. 아직 반응하지 않는 몇 명이 있긴 하지만 전체적으로 보아 전보다는 훨씬 좋습니다."

Beth는 이러한 접근방식을 좀 더 알아보려 하였다. "이 평가로 인해 일부 학생들이 낙오하게 된다고 생각하나요?"

Reiner는 한숨을 쉬며, "학생들은 스스로 결정합니다. 저는 저의 역할을 이 분야에서 학생들이 성공할 수 있도록 준비시키는 것이라고 생각합니다. 주방에서는 뚜렷한 위계질서와 규칙이 있어야 합니다. 학생들은 그러한 환경에서 어떻게 살아남을 수 있는지를 학교에서 배워야 합니다. 그러지 않으면 이 분야에서 성공할 수 없습니다. 저는 학생들이 후에 직장에서 실패하기보다는 지금 학교에서 실패해 보는 게 더 낫다고 생각합니다."

눈썹을 치켜 올리며 Beth가 말하였다. "뜨거운 열기를 견디지 못한다면 주방에서 나가야 한다는 말씀인가요?"

"바로 그렇습니다." Reiner는 계속 말하였다. "저는 이 학생들이 학교나 직장을 진지하고 전문가답게 받아들이는 것을 배우지 못했다는 것을 알게 되었습니다. 그래서 저는 성적제도를 만들었고, 그것이 제가 할 일을 없게 만들었습니다. 학생들은 원하는 점수를 받지 못하였을 때 저를 비난하기보다는 총점을 보고 어디서 만회할 수 있을지를 생각합니다."

"효과가 있었던 것 같네요." Beth가 동의하였다.

요리사 Reiner는 열광적으로 계속하였다. "선생님은 그 차이를 믿지 못할 것입니다. 전에는 손톱을 망가트릴까 봐 요리숙제를 하지 않으려는 학생도 있었습니다. 손톱 매니큐어, 옷, 머리 등 어떤 핑계든지 요리를 하지 않으려는 학생들이 있었습니다. 지금은 모든 학생이 제시간에 유니폼을 입고 요리할 준비를 갖추고 수업에 들어옵니다. 캠퍼스 내에 말이 퍼져 나가고 있습니다. 학생들은 자기들의 실적에 많은 자부심을 느끼고 있습니다. 학생들을 고용한 고용주들도 달라짐을 느끼고 있습니다. 우리는 96%의 취업률을 기록하였고, 5년 동안에 초임이 60% 상승되었습니다.

Beth는 작별하기 위해 일어섰다. "선생님은 제게 많은 생각거리를 만들어 주었습니다. 약간의 기록과 관찰결과를 가지고 다시 오겠습니다. 그때 어디서부터 시작할지 찾아봅시다."

"좋은 말씀입니다." Reiner는 Beth를 배웅하려 일어서며 대답하였다. "제가 도움이 된다면 언제라도 요청하세요." 악수를 한 후 Beth는 생각할 많은 일을 갖고 사무실을 떠났다. '그 디저트를 먹을 걸 그랬나 봐!' 우산을 손에 들고 차로 돌아오며 그녀는 생각하였다. 비는 그치고 태양이 다시 빛나고 있었다.

차를 몰아 집으로 돌아오며 Beth는 마음속으로 여러 가지 아이디어를 생각하였다. 그녀는 이 학과에서 사용되고 있는 엄격한 행동주의자적 접근법에 대해 여전히 마음이 가지 않았다. 그러나 그것은 효력을 보고 있는 것같이 보였다. 그녀는 좀 더 구성주의적인 아이디어를 제안하려 하였으나 어디에 적용하는 것이 적당한지 알 수가 없었다. 사실 현재의 상황은 좋은 교육에 대한 Beth의 믿음에 있어 하나의 도전이었다.

예 비분석 질문

1. 이 사례에서 Jacobs 학장, Beth, 요리사 Reiner가 감지한 문제를 찾아내어라.
2. Beth가 갈등하는 원인은 무엇인가? 그녀의 구성주의와 행동주의에 대한 기존 개념은 그녀가 요리학과에 대해 관찰한 내용과 어떻게 연관되는가?
3. Beth가 인식하고 있는 교육에 대한 구성주의와 행동주의 접근방식 사이의 갈등을 어떻게 다룰 것인가에 관해 그녀에게 어떤 제안을 하겠는가?
4. Beth는 이제 겨우 요리학과에 대한 검토를 시작하였다. 학장의 관심사항을 중점적으로 다루고 학과를 발전시키기 위한 제안을 하려면 어떤 자료가 더 수집되어야 하는가?

ID 실천을 위한 적용

1. 구성주의와 행동주의는 종종 상충하는 사상으로 보이지만, 많은 설계자들은 그들의 작업에 양 접근법 요소 모두를 포함하려고 시도하고 있다. 어떻게 하면 이러한 시도가 사상의 근원적 요소인 완전성과 논리성을 유지하면서 이루어질 수 있을 것인가?
2. Beth와 같은 전문가들은 이론과 실행 모두에 세심한 주의를 기울여 그들의 전문성을 개발한다. 당신은 교과서적 접근방식과 나날의 일상 속 실행 사이에서 어떤 갈등을 경험하였는가? 교수설계 전문가들은 어떻게 두 가지 지식의 원천을 모두 참작하여 그것들을 그들의 사고방식과 실행에 성공적으로 반영하는 방법을 배울 수 있는가?

사례연구

16

동남아시아 교육자를 위한 교육과정 설계
(Frank Tawl과 Semra Senbetto의 사례)

Peggy A. Ertmer
(Purdue 대학교)
Walter Dick
(Florida 주립대학교)

약 10년 전, 동남아 국가의 정부는 주요 미국 전자공학 기업과 협력하여 체제적 교수설계 전략을 교육하기 위한 계획으로서 참가자들을 교육시킬 수 있는 교수설계 센터를 정부 내에 설립하기 위한 계획을 수립하였다. 교수설계 센터의 설립은 동남아 국가의 장기적 발전 가능성 속에서 향후 노동인구를 수용하기 위한 적당한 교육 프로그램의 수요가 생길 것이라는 전망 때문이었다. 이러한 결정을 내릴 당시, 동남아에는 몇 개의 교수설계 센터와 지역 경제를 위한 다수의 교육 담당자가 있기는 하였지만 정부가 제공하는 교수설계 프로그램은 없었다. 게다가 교육 담당자들은 조금도 정식의 교수설계 이론과 연습을 받지 못했을 뿐만 아니라 체제적 접근 및 교육을 위한 교육과정에 결코 참여하지 않았다. 비록 동남아 교육자들이 종종 특수한 교수법에 대한 교육을 받았다고 하지만, 그들 중 대다수는 정식 성인교육 경험 혹은 지식으로서의 교육이론과 교수전략을 전혀 가지고 있지 않았다. 따라서 그들이 만들어 낸 전통적 교육과정은 그들이 가지고 있는 이론이나 미국에서 수입된 교육방법을 변형하여 계속 사용해 온 것이다.

이러한 상황에서 두 명의 미국 설계자가 동남아 교수설계를 위한 교육과정을 계획하고 발전시키기 위해서 고용되었다. 설계자 중 한 명은 체제적 교수설계에 있어서 유명한 미국 대학의 교수인 Frank Tawl이었다. Frank는 그의 대학에서 교수설계 문제와 관련된 다수의 과정을 개발하였으며, 그것을 동남아 학습자의 요구에 적합하게 변형시킬 수 있다는 자신감을 가지고 있었다. Frank의 동료인 Semra Senbetto는 그의 개인 고문으로서 Frank와 다수의 프로젝트를 함께 하였다. 그녀는 다양한 배경으로부터 오는 학습자의 문제적 상황을 문화 안에서 분석하고 지적할 줄 아는 능력으로 인정받고 있었다.

Frank와 Semra는 개발된 체제적 교수설계 교육과정 속 전단분석에 관한 현재의 인식 정도를 측정하기 위하여 공립대학 교수들과 아울러 Teacher Training Institute, National Training Center 그리고 The Vocational Education Center 직원들의 인터뷰를 진행하였다. 인터뷰의 많은 질문 가운데 그들은 다음과 같은 질문에 관심을 가졌다. 현존하는 교육 센터에서 어떠한 종류의 교육경험을 하였는가? 그들의 동료들에게 새로운 교수를 설계하거나 발표함에 있어서 동남아 국가의 교육자들이 따라야 할 어떠한 절차가 있는가?

이 최초의 인터뷰를 통해서 Frank와 Semra는 미국에서 사용하는 전통적인 교수전략이 동남아 국가에서도 마찬가지로 적절하다고 밝혔고, 이는 동남아 공립대학 교수들에 의해서 인정을 받았다. 공립대학 교수들은 사후 점검 인터뷰 동안 Frank와 Semra의 생각에 사실상 전혀 반발하지 못하였다. 그리고 후에 만들어진 제안에 대해서도 교수들은 간단히 고개를 끄덕여 동의를 표시했다. Frank와 Semra에 의해서 작성되고 협의된 그 결과물이 과정설계에서 동남아시아 상황의 민감한 문제를 건드렸음에도 불구하고 그들은 거의 인정하였다. 만일 동남아시아 교수들이 그 문제에 관해서 관심이 없었다면 그것을 인정하지 않았을 것이다.

추가 인터뷰는 교수설계 과정을 위한 잠재적 학생으로서의 현재 교육 전문가를 대상으로 이루어졌다. Frank와 Semra는 다음과 같은 질문을 했다. 동남아 교육 전문가들이 설계과정에 대해서 이미 알고 있는 것은 무엇인가? 교수와 학습의 과정에 대하여 현재 연구로부터 발견한 것 혹은 체제적 접근의 잠재적 가능성의 반영으로서 당신이 가지고 있는 신념은 무엇인가? 어떠한 신념이 가르침과 학습에 대한 현재 이론과 모순된 양상으로 나타났는가? 당신은 어떻게 새로운 교육 프로그램에 참가하기 위한 동기를 부여했는가?

비록 표면적으로는 잠재적 학생으로서 그들은 Frank와 Semra의 상호교환 전략과 선택에 의해 이루어지는 평가측정에 관한 의견을 받아들인 것처럼 보였지만, 그들의 기대가 무엇인가에 따라서 그것은 불분명해졌다. 그들은 어떻게 다르게 보이는 이 교육이 수입된 이론을 변형한 전통적 교육과 같은 것일까 의아하게 생각했다. 과연 이러한 교육이 그들의 학생들을 좀 더 효과적으로 교육시키기 위한 것일까?

동남아 교육 전문가들은 강의에 기초를 둔 교육과 기초 지식의 습득으로서 암기력 평가를 지시받아 왔다. 이러한 동남아 교육 전문가의 특성에 기반한 재미있는 사실이 전문가들의 인터뷰 과정에서 발견되었다. 그들은 수입된 이론 중 일부를 변형하고 삭제하여 교육 프로그램을 만들었다. 변형된 이론이 적용된 교육 프로그램은 활동에 기반한 것으로, 상호작용을 통해 좀 더 효과적으로 기억을 저장하기 위한 평가기술이 반영되어 있었다. 동남아 교육 전문가들은 '대체로' 이 교육 프로그램을 좋아한다 하더라도 그들의 학생들이 동료 앞에서 발표하는 것을 불편해했고, 희생을 치르더라도 그것을 기피하고자 한다는 것을 학생들의 얼굴에서 찾아냈다. 40세 이상의 학생들은 학습성취를 위한 충분한 동기가 갖추어 있지 않은 변형된 프로그램을 학습하면서도 계속적인 관심을 보였다. 하지만 55세 무렵에 은퇴한 이 학생들은 새로운 기술을 배우기 위한 시간을 그들의 '미성숙한 나이' 에 이루어진 '진짜 낭비' 라고 언급했다.

교육 담당자의 대다수는 프로그램이 실행될 때에 이 새로운 교육에 참석하기 위한 동기가 너무 적게 부여된다고 인터뷰했다. 인터뷰 후 그들은 다음과 같은 사항에 관심을 보였다.

- 학위 프로그램의 완성과 관련된 추가 시간의 투입(전 시간 일하는 직원 대상)
- 교수 설계와 방법에 관한 새로운 이론을 배울 필요성
- 프로그램 완성과 연계되어 일어나는 승진 기회, 급료 또는 다른 부가적 가치의 부족
- 그들의 새로운 특기를 사용하여 클라이언트를 납득시키기 위한 자신감의 부족

하지만 그들이 지적하는 이와 같은 사항들이 충분히 반영된다면 아마도 그들은 교육에 참가하게 될 것이다.

따라서 Frank와 Semra는 현재 National Training Center에 의해서 제안된 교육 프로그램을 분석하기로 했다. 추가 시간은 프로그램의 교수자들이 어떻게 교육과정을 개발할 것인가에 관해서 결정하는 과정에서 소비되었다. 동남아시아 교육 전문가들은 교수자가 이끄는 상황에서 발표하고 참석하는 것에 익숙했다. 하지만 그들은 그들의 동료 앞에서 반응하거나 발표하는 것을 좋아하지 않았다. 대신 그들은 그들이 배워야만 하는 것에 대한 빠른 필요 조치를 제공받는 것을 좋아했다. 또한 그들은 수업을 개발할 때 사용되는 요구분석 또는 역동적인 평가 절차 대신에 Frank와 Semra가 교수하는 동안 사용한 소수의 매체에 주목했다. 하지만 설사 그러한 매체가 사용 가능하다 하더라도 그것을 어떠한 교육에 적용했을 때 일에 지장을 준다면 사용하고 싶어 하지 않았다. 어떠한 교육이라도 일에 있어서 지장을 준다면 설사 그것이 가능하다 하더라도 선택하지 않았다.

하지만 동남아시아 정부는 동남아시아 교육 전문가의 의견 및 특성과는 대조적으로 현대적 교육으로 이행하기 위한 대대적인 지원을 했다. 정부가 원하는 현대적 교육이란 교육에 있어서 미국인이 접근하는 방식을 모방하는 것으로서

체제적 교수설계에 다가서는 것이다. 비록 Frank와 Semra가 시뮬레이션, 역할놀이, 사례연구와 같은 적절한 교수방법에 동의했다 하더라도, 교수설계 과정의 목표를 달성하기 위해서 그들은 반드시 활동과 관련해서 학습자의 동기 유발에 관심을 기울여야만 했다.

Frank와 Semra는 전통적인 교수설계가 동남아시아 학생들의 요구에 적합한 방법을 포함하는 것이 필요하다는 것을 깨달았다. 전통적인 교수설계 과정은 변화가 필요했다. 마침내 누가 새로운 교육과정을 배울 것인가에 관한 질문—미국 학생인가, 동남아시아 학생인가?—에 초점이 맞추는 것이 필요하게 되었다. 여기서 경험 있는 교수설계 팀이 직면하는 많은 문제에 대한 어떠한 쉬운 응답이 있을 것처럼 보이지 않았다. 사용되는 전략과 접근의 동일함을 포함하는 교수설계 과정을 위한 청사진을 구상함에 있어서 Frank와 Semra는 그들이 직면하고 있는 다수의 어려운 결정을 하는 데 고심했다.

- 학습자가 지식을 자유롭게 구사하고, 고도의 기술을 개발하며, 적극적인 태도를 가질 수 있도록 체제적 교수설계가 도울 수 있을까?
- 어떻게 적당한 수준으로 상호작용 기술을 포함한 교수전략을 효과적으로 사용하도록 학습자를 동기 부여할 수 있을까?
- 어떻게 설계와 평가에 있어서 대안적 평가가 이루어질 수 있을까?
- 어떻게 미디어를 이용한 효과적인 교수전략을 가르칠 수 있을까?
- 어떻게 요구분석의 사용과 형성평가를 위한 피드백이 이루어질 수 있을까?
- 어떻게 동료 앞에서 학생들이 반응과 수행에 있어 자신감을 형성할 수 있을까?
- 어떻게 다른 학습자의 동기를 유발할 수 있을까?
- 어떻게 고객 앞에서 일에 있어서 효과적인 자신감을 형성할 수 있을까?

예비분석 질문

1. Frank와 Semra가 직면하는 교수설계 결정을 위한 의견을 적어라.
2. 수정이 가해진 현존 프로그램에 대한 교육 전문가의 이론적 설명에 대해서 이야기해 보자. 어떻게 그들의 관심이 제시되는가? 당신은 문화적으로 민감한 수정안을 제안할 수 있는가?
3. 새로운 설계 프로그램에 대한 학생들의 이전 교육경험을 이야기해 보자. 그들은 새로운 교육과정에 대해서 어떠한 기대를 가지겠는가? 그들이 가진 기대를 만족시키기 위해서는 무엇을 조정해야 하는가? 이를 위해서 당신은 무엇을 촉진시키겠는가?
4. 이 과정을 위한 교수자를 선택하기 위한 추천사항과 그 근거를 제공하라. 교수자는 교실에서의 교수전략과 평가기술에 영향을 미치는 의사결정에 얼마나 참여해야 하는가?
5. 본 사례에서의 민감한 이슈에 대한 평가를 고려해 보라. 어떻게 방법, 자원, 활동 및 매체의 효과가 측정되어야 하는가? 또한 학생은 어떻게 평가되어야 하는가?

ID 실천을 위한 적용

1. 교수설계자가 환영받지 못하는 일반적이지 않은 상황에서 상호작용하는 교수전략의 사용과 관련된 문제를 다루고 기술하라.
2. 하루 종일 일하는 학습자뿐만 아니라 나이가 많은 학습자의 필요에 부합하는 전략을 설명하라.
3. 요구분석과 형성평가기술을 촉진하기 위한 전략을 정리하라.

사례연구

17

온라인 보급을 위한 코스 재설계 (Elizabeth Ward와 Catherine Peterson의 사례)

Christine L. Thornam
(Nurse-Family Partnership)
Lauren Clark
(Colorado 대학교)

배 경

Elizabeth Ward 박사에게 다가오는 겨울 계절학기에 가르칠 '건강과 보건 문화(Culture in Health and Healthcare)' 수업의 준비는 새롭고 신나는 도전이었다. 대학의 Office of Extended Studies(OES)는 그녀에게 주 내에서 대학과 먼 거리에 사는 학생들을 위해 쌍방향 화상회의 시스템 형식을 빌려 수업을 제공해 주길 부탁했다. Elizabeth는 원거리 전자통신을 사용해 본 적이 거의 없었으나 가르치고자 하는 강한 열정이 있었고, 간호학 관련 전문 분야에서는 그녀가 선두

주자였다. Elizabeth에게 코스실이 아닌 곳에서 원거리 학생들과 소통하는 것은 기술적으로 새로운 일이었지만, 그녀는 그간 꾸준히 그녀의 기술적 능력을 높이는 데 노력해 왔으며 새로운 도전을 할 준비가 되어 있었다. OES는 처음으로 화상회의 시스템을 통해 수업을 가르치는 교수진에게 도움을 제공하고 있었고, Elizabeth 또한 그 도움을 받고자 하였다. Elizabeth는 OES에 연락해 교직원을 돕고 교수법을 알려 주는 담당자와 원격화상 코스를 위한 필요 조치를 논의하기 위해 만날 약속을 잡았다.

회의는 잘 진행되었다. Elizabeth는 원격 교실에 사는 학생들에게 다가가는 것이 단지 카메라를 전환하거나 텔레비전 화면을 통해 학생들에게 말하는 것 이상이라는 것을 깨달았다. 그녀는 학생들 서로 간 그리고 그녀와 학생들 간의 심리적 연대감을 높이기 위해 그녀의 능력을 지금보다 더 키워야 했다. 회의가 끝난 후, 원격 수강생들을 수용하기 위해 코스 계획서 및 과제 내용을 조금 변경하였다. 또한 심리적 거리감을 줄이기 위해 더 많은 학생 간 토론과 소그룹 활동을 할 수 있도록 코스와 강사 주도의 활동들이 수정되었다. 이에 대한 결과는 더 확실한 학습자 성과의 서술과 더 높은 수준의 학생의 상호작용이었다. Elizabeth는 화상회의 방법을 통한 수업이 그녀의 학생들에게 도움이 되리라 믿었기에 기꺼이 즐겁게 이 수업을 위한 그녀의 교수법과 코스계획 준비를 꼼꼼히 살펴보았다. 화상회의를 통한 수업이 그녀의 그간 수업 능력에 부실하게 반영되거나 그녀의 전공 분야 내에서의 지위를 떨어뜨릴까 두려워 이 일을 꺼렸으나, 이는 금세 이 과정에의 열정으로 대체되었다.

겨울 계절학기 수강등록 기간이 끝났을 때, 이 수업의 등록자 수는 교내에서 코스를 진행하기에는 적정한 수였지만 주 외곽 지역에 사는 학생들에게까지 전달되기에는 못 미치는 수준이었다. Elizabeth는 코스 변경사항을 시험해 보고 기술을 통한 코스에 대한 그녀의 자신감을 시험해 볼 수 있는 기회를 잃어 상심하였다. 그러나 Elizabeth는 화상회의를 위해 특별히 만들어진 최첨단 코스실에서 학생들을 가르칠 수 있는 선택권을 갖게 되어 실망감을 기회로 바꾸기로 결심하였다. 그녀는 최첨단 코스실에서 근교 학생들에게 수업을 가르치는 동시에 관련 기계 다루는 법을 익히고 코스실에서 직접 학생들을 만나서 변화된 코스를 시험해 보기로 하였다. 코스는 잘 진행되었고, Elizabeth와 학생들 모두 이러한 경험에 만족하였다. 첨단방법을 이용해 코스를 진행하고자 하는 Elizabeth의 욕구는 더욱 높아져만 갔다. 지난 교수법을 사용하고 싶은 마음은 더 이상 없었다.

새로운 가능성

화상회의 시스템을 통한 코스를 할 수 없게 된 데 따른 실망감이 사라질 즈음, Elizabeth는 화상회의 시스템을 통한 코스 제공의 실현 가능성에 대해 의구심이 들기 시작하였다. Elizabeth는 학생 간 그리고 강사와 학생 간 상호교류를 극대화하기 위해 수강자 수를 적게 유지하길 원했다. 그러나 소수 수강자에 대한 요구는 이 수업이 필수과목이 아니라는 사실과 더불어 미래 화상회의 수업 가능성을 더욱 어둡게 할 뿐이었다. Elizabeth는 원거리 학생들에게 코스를 제공할 수 있는 다른 방법을 강구하기 시작하였다.

두 번째 코스방법 변경은 작은 연구비를 받는 데 지원하는 기회로부터 시작되었다. Elizabeth는 OES의 교수법 설계자인 Catherine Peterson에게 연락해, "저, 사범대학 행정실에 교육 내 혁신(Innovations in Education)이라는 연구비 지원제도가 있다고 들었습니다. 그 연구비는 특히 기술을 이용한 수업지도와 관련해 교수진이 새로운 아이디어를 개발하는 것을 돕는다고 하더군요. 우리가 이 코스에 화상회의 기법을 도입하기로 시작한 이상, 한 발 더 나아가서 그것을 웹상에서 하는 걸로 새로 설계해 보는 것은 어떨까요? 우리 둘이서 그 연구비 중 하나에 지원하여 지원비를 이용해 지난 학기에 개발했던 화상회의를 통한 코스 아이디어를 구축해 볼 수 있을 겁니다."라고 말했다.

Catherine은 Elizabeth의 연락이 매우 반가웠다. Catherine은 주로 멀티미디어 개발과 영상물 제작 및 화상회의를 포함한 전기통신과 관련된 경험이 있었다. 그녀는 다른 교수들과 온라인 코스를 여러 차례 기획하였으나 그때마다 그녀가 교과서 위주의 수업 외 다른 방법을 제안하면 늘 거절당했다. Elizabeth의 전화상에서의 흥분된 목소리를 들은 그녀는 자신과 같은 생각을 하고 있는 이를 만났다는 사실에 기뻤다. 그러나 아직까지도 그녀는 Elizabeth와의 경험이 다른 교수들과 했던 지난 경험과 과연 다를 것인지 의문스러웠다. 기술을 통해 코스를 한다는 것은 Elizabeth에게 잠깐의 로망일까, 아니면 그녀가 정면으로 맞닥뜨린 현실일까? Elizabeth는 기술을 통한 속임수를 찾고 있던 게 아닐까, 아니면 기술을 통해 진정으로 그녀의 교육을 보다 강화하기 위해 노력하는 것일까? Elizabeth가 기술을 사용하려는 것은 단지 코스를 전달하기 위해서일까, 아니면 코스실 내 수업을 통해 얻을 수 없는 장점들을 학생들에게 제공하기 위해서일까?

Elizabeth 역시 그녀만의 몇 가지 의구심을 갖고 있었다. 어떻게 하면 학생들의 문화 정체성과 관련해서 개인적 성장을 높일 수 있는 코스를 기획할 수 있을까? 학생들은 인터넷을 통한 수업을 수강하는 데 있어 필요한 하드웨어와 소프트웨어 그리고 기술 능력을 모두 갖추고 있을까? 아니면 인터넷을 통한 코스 제공방법 역시 화상회의 때처럼 무용지물이 될 것인가? 비록 앞으로 어려움이 있겠지만, 온라인 코스의 가능성에 관해 대화를 나눈 뒤 Catherine과 Elizabeth는 모두 이 모험을 시작할 준비가 되어 있었다.

그들이 제안서를 함께 작성하는 중에 대학 본부는 OES를 통해 제공되는 모든 코스들이 인터넷상으로 전달되도록 변경하기로 결정하였다. 게다가 모든 현재의 코스목적을 수행 능력 위주로 바꿀 것을 요구하였다. 이것은 Elizabeth와 Catherine이 웹 기반 학습 환경에서 이문화 환자를 만났을 때 학생들의 수행을을 평가하는 방법을 찾아야 함을 뜻했다. 특히 Elizabeth와 같은 도시에서 지낸 적이 없는 학생들이 대부분이었기에 코스가 끝날 즈음 학생들이 기대되는 역량을 보여 줄 수 있을지 결정하기는 어려웠다. 그러나 Elizabeth와 Catherine은 연구비에 지원하기로 결심했다. 교육 내 혁신 연구비 지원서가 작성되고, 승인되어, 5,000달러의 연구비를 지원받았다.

코 스

Elizabeth는 이 코스와 그녀가 조사해 보았던 다른 문화 역량 코스들과 분명한 차이를 두고 싶어 했다. 그녀는 이문화에서 온 환자를 만났을 때 이 코스가 '이거는 해라, 저거는 하지 마라' 식의 지겨운 주입식 코스가 되기를 원치 않았다. 대신 문화가 그들의 보건의 실제에 영향을 주는 것을 포함하여 더 존중하고 깊이 이해하려는 자세로 어떻게 문화가 한 사람의 보건 실습에 영향을 미치는지 알게 되기를 원했다. Elizabeth가 Catherine에게 다음과 같이 설명했다. "전 학생들이 자신들의 환자에게 안전하고 효과적인 간호를 전달함에 있어 환자와의 이문화적 해후는 얼마나 중요한지 생각해 보게 하길 원해요. 어떻게 하면 학생들이 문화적으로 능숙한 간호자에 의한 간호의 이점과 마찬가지로 문화적으로 능숙하지 않은 간호의 잠재적 해를 진정으로 경험하게 할 수 있을까요? 그리고 우리는 학생들이 이문화적 환자와 간호자의 만남에서도 유능하게 환자를 돌볼 수 있는 학생들의 능력을 입증할 수 있는 뭔가를 설계할 필요가 있어요."

Elizabeth는 학생들이 문화적 변화가 임상 간호활동에 미치는 영향에 대해 이해하고 이문화 환자를 해후할 경우 환자의 증세를 고려해서 문화적으로 알려진 이론상 구조를 이용하기를 원했다. 이 코스에서는 환자의 질병구조를 해석하고 환자의 증상을 도출해 내는 기준으로 의료인류학(medical anthropology)에서 나온 이론을 사용하기로 하였다.

Elizabeth는 그간 그녀의 임상 관찰과 전문적 기술, 이 코스를 가르쳐 본 경험 그리고 지난 코스의 평가들을 바탕으로, 코스 후 기대되는 학생들의 성과에서 표현된 대로 코스를 개념적으로 연결시키기를 바랐다. (1) 임상 간호실습 시 다양한 문화적 변동을 인지하고, (2) 환자들과 소통할 때에는 문화적으로 알려진 이론상 구조를 도입한다. 코스 전반부는 개개인의 문화적 전통을 발견하는 데 중점을 뒀다. 코스 후반부는 이론적 시각, 그리고 임상에서의 이문화 환자와의 대면 시 그 시각의 적용에 초점을 맞췄다.

식별된 여섯 가지 대주제들은 후에 모듈로 만들어졌다.

1. 다문화 환경에서의 보건 입문(인구학적 동향, 어휘 다양성, 다문화 보건 환경에서의 일반적인 진찰의 어려움)
2. 심리학적 가계도-기술(자기 발견, 자아정체성 인지의 장점, 환자의 유전을 평가하는 데 필요한 기술)
3. 개별 인식(자기 인식 연습, 환자의 문화을 평가하는 데 필요한 기술)
4. 보건활동에서의 이론상 구조(문화적 평가를 포함한 보건에의 이론적 접근의 장점)
5. 이론적 접근을 통한 증상 관찰(단지 증상으로서의 증상, 설명적인 모델, 고통의 표현방법, 어의적인 질병관계, 민간 질병, 그리고 질병 서술에 대한 분석)
6. 다문화 간 의사소통 기준과 기술(제공자와 의뢰자 사이의 [잘못된] 의사소통의 결과, 환자와 제공자 간의 언어, 의미론 및 질병 분류의 차이로 인한 밀접한 관계, 그리고 이문화적인 질병 설명 유도)

설계문제

설계 진행 초기부터 Elizabeth는 이 온라인 코스를 시각적으로 매력적이며 매체가 풍부하도록 만들고 싶어 했다. 그녀는 매우 문자의존적인 온라인 코스들을 많이 보아왔으며, 그러한 코스들에 대한 학생들의 비판도 들어왔다. 그녀는 직접 강의실에서 수업을 들었던 학생들의 긍정적인 코스평가를 자랑스러워했으며, 그녀의 교수실적을 부실하게 반영할 온라인 코스를 설계하는 것은 피하고 싶어 했다. 게다가 그녀의 강의실 내 수업 기법은 소그룹의 활발한 상호활동으로 이루어졌었는데, 왜 그녀의 온라인 코스가 단지 강의노트로만 이루어져야겠는가?

예를 들어, 스스로 자신의 심리학적 기계도를 그리는 등의 활동은 면대면강의

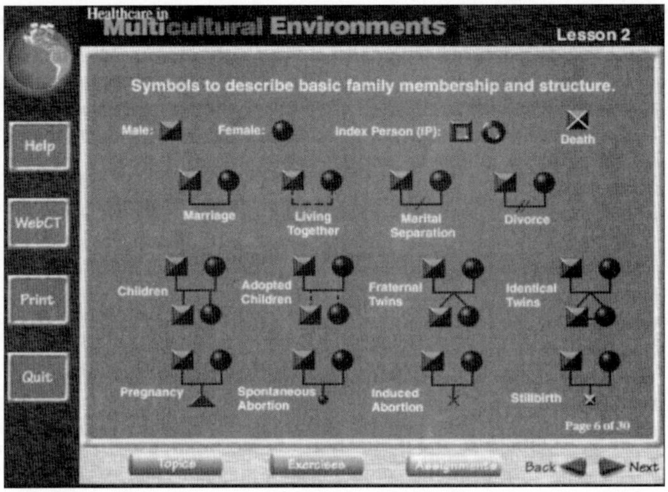

[그림 17-1] 제노그램 개발도구

실에서는 효과적이라 간주되었기 때문에 온라인 코스를 위한 상호작용적 그래픽으로 재설계되었다([그림 17-1] 참조). 이는 학생들이 그들의 심리학적 가계도를 구축하고 자신의 심리학적 기계도를 문화적으로 기호화시키도록 해 주었다.

이문화적 환자-간호사의 만남을 제시하기 위한 기존의 음성과 영상 자료들은 코스 시 사용을 위해 디지털화되어 비치되었다. 이 기록들은 이문화적 간 의사소통과 평가에서 발생하는 높은 정도의 상호적 관계에 접근하였다([그림 17-2] 참조). 더구나 의료인류학 분야에서 유명한 이론가의 코스발췌록은 강연에서 이론을 소개하는 모듈에 특별한 흥미를 더했다. 마지막으로, Elizabeth는 스크린이 코스 내내 시각적으로 매력적일 수 있도록 설계하는 데 큰 노력을 하였다([그림 17-3], [그림 17-4] 참조).

그러나 대규모의 디지털화된 음성과 영상 데이터 파일들, 그리고 그래픽적으로 풍부한 쌍방향 코스 자료들이 인터넷 코스에 포함된다면 다운로드 시간이 매우 느려질 수 있었다. 그러므로 Elizabeth와 Catherine은 CD-ROM을 개발하기로 하였다. 이는 웹 기반 코스에 교재, 학생 토론 구간, 그리고 코스관리 도구들

[그림 17-2] 통역가와 만나고 있는 다문화 환자의 비디오

[그림 17-3] 과정 제목 화면

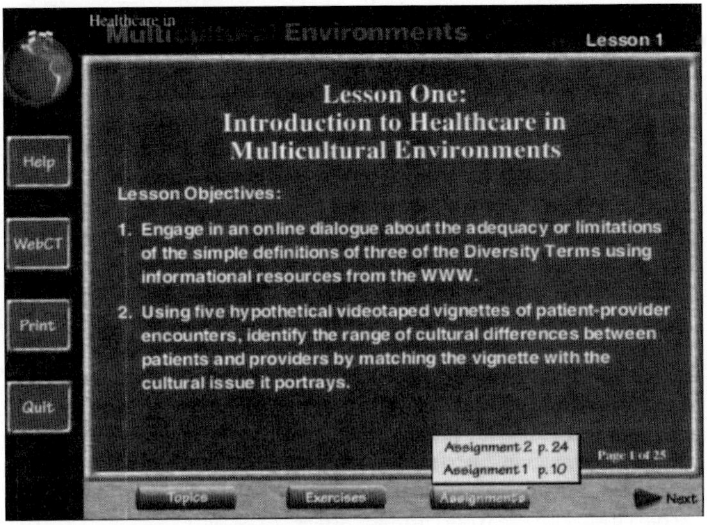

[그림 17-4] 레슨 1 제목 화면

과 더불어 하이퍼링크 되어 있었다. 학생들은 교과서를 살 때처럼 서점에서 CD-ROM을 살 수 있었다.

Elizabeth는 '다문화 환경에서의 보건(Healthcare in Multicultural Environments)'라는 새 명칭의 이 코스의 재설계를 위한 진전을 상당히 기뻐했다. 그러나 그녀에게는 여전히 해결해야 할 일들이 있었다. 지난 학기 동안 이루어졌던 면대면 코스의 단점 중 하나가 간호사들이 실제 상황에서 맞닥뜨리는 이문화적인 문제들에 대한 노출 및 참여 부족이었다. Elizabeth는 코스를 재설계하면서 이러한 부족한 점을 채우고 싶었고 그 문제에 대한 정보가 웹상에서 쉽게 접근될 수 있다고 믿었다. 그러나 웹상의 모든 정보를 임상실습에서 의미 있게 하는 것은 도전일 것이다. 코스를 화상회의를 통해 전달하려는 계획에서, Elizabeth는 학생들 간 그리고 학생들과 자신 간의 심리적 연결을 촉진하는 법을 고민하였다. 더 넓게 보았을 때, 그녀는 자신이 코스에서 정서적인 요소들을 경험할 수 있는 학습 환경을 제공할 수 있을지 의문스러웠다.

Elizabeth는 또한 이문화 내 보건법을 이해하는 것이 타인의 문화적 유산을 이해하는 것에서 시작된다는 것을 알고 있었다. 이러한 이유로, 새로 설계된 코스는 학생들이 스스로를 발견하는 데 처음부터 초점을 맞추고 있었다. 그러나 그녀는 이 수업에서 보조해주는 친구들이나 선생님 없이 학생들이 자기 가족의 가슴 아픈 사실을 발견하게 되면 위험해질 수 있다는 것을 인지하고 있었다. 또한 Elizabeth는 학생이 토론시간을 새로 발견한 개인의 문화 정체성을 펼치는 도구로 사용하면 어떻게 하나 고민하였다.

또 다른 문제는 학교가 학습의 수행기반 역량평가로 전환시키는 데 있었다. Elizabeth는 학교의 새로운 요구에 맞추기 위해 학생들의 이문화적 의사소통 능력을 입증할 증거가 필요했다. 이는 곧 이문화 내 환자와 만났을 시 학생들의 수행을 평가할 수 있는 방법을 찾아야 함을 의미했다.

이 모든 것에 대해 생각하면서, Elizabeth는 다음에 Catherine을 만날 때 물어볼 질문의 목록을 만들었다. 그녀는 이 모든 잠재적 문제에 대한 해답이 확실히 있는 것은 아니었지만, 앞으로의 가능성에 대해서는 확실히 흥분되어 있었다.

예 비분석 질문

1. Elizabeth의 코스에 대한 열정과 코스 내용에 대한 전문 지식을 바탕으로, 코스 재설계는 Elizabeth가 그녀의 학생들과 소통하는 데 어떠한 영향을 미치겠는가?
2. 당신은 학생들이 자신들에 대한 아픈 사실을 발견했을 때 그들을 보호하기 위해 어떤 도움을 주겠는가? 부적절하고 과도한 개인 정보 노출을 관리하기 위한 방법에는 어떠한 것이 있을까?
3. 코스 내용과 학습자들이 있을 때, 코스의 목적을 달성할 수 있도록 코스 개요를 설계하라.
4. 학습자의 성과를 평가할 수 있는 적절한 방법을 제시하라.

ID 실천을 위한 적용

1. 높은 수준의 정서적인 내용을 가지고 인터넷을 이용해 코스를 전달할 때의 장단점은 무엇인가?
2. 웹상에서 비교 문화적 의사소통을 통해 코스를 제공할 때의 이점과 도전은 무엇인가?
3. 웹을 이용하여 진정한 평가전략을 도입하는 것이 언제 그리고 어떻게 적절한지 혹은 적절하지 않은지 토의하라.

C. 민간부문(기업)

사례연구 18. 제조업체 환경에서의 문서화 과정
(Abby Carlin의 사례)

사례연구 19. 교수설계에서 이문화가 가져오는 도전
(Iris Daniels의 사례)

사례연구 20. 학습과 수행의 측정
(Sam Gonzales의 사례)

사례연구 21. 교수설계 시 관계자 이해 범주의 균형
(Craig Gregersen의 사례)

사례연구 22. 국제적 환경에서 온라인 평가의 개발
(Scott Hunter의 사례)

사례연구 23. 성인 학습자를 위한 학습객체 개발
(Margaret Janson의 사례)

사례연구 24. 엔지니어의 성과 향상
(David Jimenez의 사례)

사례연구 25. 전자 수행지원 시스템 설계
(Davey Jones의 사례)

사례연구 26. 교수설계에 대한 신속한 설계 접근법
(Diane King의 사례)

사례연구 27. 통합교육 개발 관리
(Austin McGwire와 Ken Casey의 사례)

사례연구 28. 제조업체 환경에서의 훈련 관리
(Natalie Morales의 사례)

사례연구 29. 교수설계 프로젝트에서의 과정과 인사 관리
(Catherine Nelson의 사례)

사례연구 30. 평가 맥락에서의 컨설팅 활동 관리
(Andrew Stewart의 사례)

사례연구 31. 병원환경에서 사전 동의에 관한 안건
(Alan Wydell의 사례)

사례연구

18

제조업체 환경에서의 문서화 과정
(Abby Carlin의 사례)

Monica W. Tracey
(Oakland 대학교)

불과 몇 달 전만 해도 마지막 석사과정 교수설계 수업을 듣고 있던 교수공학 석사인 Abby Carlin은 그녀가 일생을 바칠 천직을 찾았다고 믿었다. 그러나 졸업을 하고 지금 Fritz David Manufacturing(FDM) 철강압연 회사의 작업장에 있는 그녀는 그 믿음에 의심이 생기기 시작했다. 차량의 커다란 강철부품을 제작하는 FDM사는 Abby의 예전 스승이었던 Joyce Abbott 박사가 설계 팀 부총괄로 있던 교수설계 회사인 Learning Together Through Train(LT3)을 고용했다. 계약 내용은 철강압연 기계의 사용법에 대한 훈련과정 설계와 학습의 전달에 관한 것이었다. 이것은 차량부품을 철강으로부터 찍어내는 데 사용되는 거대한 60년 된 기계였다. 예전에 제조공장에 있어 본 적이 전혀 없는 Abby는 Abbott 박사에게 전화로 이 프로젝트에 참여해 달라는 연락을 받았다. "Abby, 너는 이 일의 적임자야." 그녀는 설명했다. "그리고 이것이 너에게 굉장한 경험이 될 거야." 이 말은 진정한 교수설계 직무의 첫 번째 시도란 사실에 긴장해 있던 Abby에게 조금이나마 기운을 북돋아 주었다. Abby는 필수적인 단계를 모두 확실하게 거치고 프로젝트를 성공적으로 완성하고 싶어 했다.

Abby의 주된 연락자인 공장 관리자 Andrew Thomas는 Abbott 박사가 다른 프로젝트를 마무리 짓는 동안 Abby를 만났다. 그가 다가오는 것을 지켜보는 동안 Abby는 Abbott 박사가 그녀에게 말했던 것을 상기했다. "너는 Andrew에게 조심스럽게 다가가야 할 거야." 그녀는 경고했다. "그는 훈련과정에 회의적인 사람이야. 왜냐하면 이전에 훈련을 할 이유가 없었거든. 그의 이전 근로자들은 대부분 이 기계들로 30년 넘게 일해 왔고, 누구도 훈련을 시킬 필요가 없었지. 그러나 이제는 FDM이 수당문제 때문에 경험 많은 근로자들을 모두 명예퇴직시키려 하고 있고, 그는 기계를 어떻게 작동시키는지 전혀 모르는 신입들과 맞닥뜨리게 되었지. Andrew는 이제 이 과도기에 그가 얼마나 많은 도움을 필요로 하는지 깨닫기 시작했어. 그게 그가 우리를 부른 이유지. 그는 생산이 정상적으로 유지되기 위해서는 무언가가 반드시 행해져야 한다는 것을 깨달았어."

Andrew가 다가와서 손을 내밀며 말했다. "FDM에 온 걸 환영합니다. 휴게실에 가서 이야기를 하시죠." 그들은 공장 작업장에 있는 휴게실로 향했다. 커피를 들고 자리에 앉으면서 Andrew는 그것을 선반 위에 올려놓았다. "이게 현재 상황이에요." 그가 말하기 시작했다. "향후 90일 이후에 저는 3개 조의 은퇴한 직원들과 그들을 대체할 경험 없는 젊은 직원들을 맞게 돼요. 제 부하직원들은 모두 저와 30년 동안 같이 일해 왔고, 이 기계를 다루는 데 어떠한 훈련도 필요 없었어요. 제가 봐 온 바로는 이 기계를 어떻게 다루는지 배우는 유일한 방법은 실제로 사용해 보는 겁니다. 우리는 언제나 신입사원들이 선임을 따라다니게 했죠. 그러나 이번에는 상황이 달라요. 너무 많은 신입사원들이 있기 때문이죠. 우리는 그들이 숙련되도록 할 방법을 찾아서 생산량 저하를 겪지 않도록 해야만 해요."

“가능하다면 몇 가지 질문부터 하고 싶은데요.” Abby가 말했다. “말해 보세요.”라고 Andrew가 대답했다. “먼저 기계가 있는 작업장에 관해서 조금 더 말해 주실래요?” Abby가 물었다. Abby는 노트를 가져와 적기 시작했다. “잠시 후에 견학을 시켜 줄게요. 대부분 전형적인 공장의 모습입니다. 모든 근로자들은 고글, 안전모, 귀마개, 부츠 등과 같은 보호장비를 착용해야 하죠. 소음이 매우 크니까요. 때문에 대화가 거의 이루어지지 않습니다. 조명마저 어두워서 근로자들은 대화가 필요하면 휴게실로 갑니다.” 그는 쪽지로 가득 차 있는 커다란 게시판을 가리키며 말했다. “저기 게시판이 있어요. 근로자들은 모두 메시지나 공지사항을 조별 업무의 투입과 종료 시에 체크해야 하는 것을 알고 있습니다.”

“기계를 다루는 현재의 근로자들에 대해 더 말해 주실래요?”라고 Abby가 물었다. Andrew는 대답했다. “대부분 제 부하직원들은 은퇴할 준비를 마쳤습니다. 그들은 좋은 조직원들이었습니다. 그러나 그들이 자신들이 떠날 것이라는 것을 알자마자 바로 이 일이 생겨 버렸습니다. 그들은 신입사원들을 전혀 가르치고 싶어 하지 않아요. 문제는 그들이 바로 이 기계를 어떻게 다루는지 아는 유일한 사람들이라는 것입니다. 저는 다른 공장에 있다가 이곳에 감독으로 왔습니다. 따라서 저도 이 기계를 어떻게 다루어야 하는지 완전히는 알지 못합니다. 제가 조사하려 해 봤지만 이해할 수 없는 부분들이 많았습니다. 우리는 또한 작동법이 적혀 있는 아무런 문서도 갖고 있지 않습니다.”

“당신이 새로 고용한 신입들에 대해 이야기해 주실래요?” Abby가 물었다. Andrew는 그녀에게 알려 주었다. “대부분의 신입사원들은 기계를 어떻게 다루는가에 대한 단서가 없습니다. 몇몇은 이전에 공장에 있었던 경험이 있습니다. FDM의 다른 부서에서 전입해 온 사람들도 약간 있거든요. 그러나 그들이 여기 있고 싶어 할지라도 자신들이 무엇을 해야 할지 모릅니다. 우리는 많은 지원자들이 있었고 그중 최고를 가려서 뽑을 수 있었습니다. 보수는 좋습니다. 우리는 초과근무 수당을 많이 주고, 일하고 싶은 공장으로 널리 알려져 있습니다.”

Abby는 “은퇴 예정 근로자 중 한 명을 지금 만나는 게 가능한가요?”라고 물었다. Andrew는 공장에 대해 더 알려는 Abby의 열의에 기뻐하며 답했다. “당연하지요. 작업장으로 지금 내려갑시다." 처음 멈춘 곳은 Abby가 안전고글과 귀마개 보호구 한 쌍을 받은 안전구역이었다. 보호장비를 모두 착용하고 나자, 그녀는 Andrew가 작업장으로 향하는 계단을 가르쳐 주는 소리를 듣기가 힘들었다. 모든 소리가 모호했고 고글 때문에 어두워 보였다. Abby와 Andrew가 견학 중 먼저 들른 곳은 Big Jon이 작동하고 있는 기계였다. 그녀는 그의 안전모에 써 있는 이름을 응시하며 말했다. "안녕하세요. 제 이름은 Abby Carlin이고 저는 신입사원들에게 이 기계의 사용법을 교육하는 책임을 맡고 있습니다. 몇 가지 질문을 하고 싶어요." Big Jon은 그녀를 쳐다보며 어깨를 으쓱했다. Andrew가 Abby에게 그가 잘 알아듣지 못했음을 알려 줬다. '첫 번째 교훈이로군.' Abby는 스스로에게 말했다. '정보를 얻기 위해 직원과 대화하는 것은 꼭 필요해. 그러나 여기서는 안 되겠군.' Abby는 Jon이 하는 것을 그냥 지켜보기로 했다. '다시 돌아와서 제대로 그를 조사해 봐야겠어.' 그녀는 생각했다. '그러나 그의 움직임이 너무 빨라서 그가 뭘 하는지 써서 기록하기 힘들겠는데.' Andrew가 이동할 때가 되었다고 신호했다.

한 시간 후 그들은 공장견학을 끝냈다. Abby가 보호장비를 벗으면서 말했다. "글쎄요, Andrew, 견학이 눈을 뜨게 해 줬어요. 이 일은 제가 처음 생각했던 것보다 커지겠는걸요. 저는 내일 다시 와서 Jon을 관찰하고 작업과정을 문서화하겠습니다." "좋습니다." Andrew가 대답했다. "당신의 안전모와 고글, 귀마개를 보관해 놓고 내일 오면 제 사무실에 들르세요. 그러면 제가 작업장에 갈 수 있는 적절한 인식표를 제공해 드리겠습니다."

그녀의 차로 걸어가면서, Abby는 Andrew가 교육생들이 기계를 다루는 법을 익히는 유일한 법은 기계를 다뤄 보는 것이라고 언급했던 것을 떠올렸다. '어디서부터 시작해야 되지?' 라고 LT3 본부로 돌아오면서 그녀는 생각했다. 다음 날 Abby는 공장으로 돌아가서 Jon이 기계들 중에 하나를 작동하는 것을 지켜보았다. 그녀는 그의 동작을 기록하려 하였지만 그가 누르는 버튼을 보기가 어려웠다. 사실 그녀는 어두운 빛과 고글 때문에 시야 확보에 문제가 있었다. Abby는 또한 Jon이 일하는 동안 그와 이야기할 수 없어서 어려움을 겪었다. 더구나 그는 그녀를 위해 작업 속도를 늦추거나 과정을 보여 주는 것에는 관심이 없었다. '나는 이제 교육생들이 얼마나 이 기계에 대해서 배워야 할 필요가 있는지는 알았어. 그러나 그들이 따라와야 하는 과정을 기록할 수도 없고 교육장을 이 작업장 내에 만들 수도 없어.' 그녀는 생각했다. '생산을 유지하면서 모두를 교육시킨다는 것은 말도 안 돼. Abbott 박사님과 이야기해 봐야겠어.' Abby는 Andrew의 사무실에서 빠듯한 마감시간을 되풀이해서 상기해 주는 말을 듣고는 공장을 떠났다. "Abby, 잊지 마세요. 우리는 3개 조의 직원들을 90일 안에 교육해야 해요." "우리를 믿어도 돼요."라며 그녀가 그를 안심시켰다. 주차장으로 가면서 그녀는 사실 말한 것처럼 자신감에 차 있지는 못했다.

LT3로 운전해 오면서 Abby는 위안이 되는 생각을 했다. '내 생각에는 곧 은퇴할 숙련된 근로자들이 이 교육을 성공으로 이끌 열쇠를 쥐고 있어. 나는 반드시 그들이 기계를 작동하는 과정을 문서화할 방법과 말을 들을 수 있는 장소에서 그들과 대화할 방법을 찾아내야만 해. 그러고 나서는 신입사원들에게 기계에 대해서 교육시킬 방법을 찾아야만 하지. 나는 할 수 있어. 나는 단지 그것들만 찾아내기만 하면 되는 거야.'

Abbott 박사와 대화를 시작한 이후 Abby는 자신감이 더 생기는 것을 느꼈다. "네가 해야 할 가장 중요한 것은 정해진 틀 밖을 생각하는 거야. 내가 널 이 프로젝트에 데려온 이유는 네가 정형화된 설계나 학습도구에 집착하지 않는 것 같아서야. 우리가 아는 것과 필요한 것, 제약사항들을 목록으로 정리해 보자. 네가 아는 것들을 써 내려가는 것이 우리가 필요한 것과 한계사항들을 분명하게 하도록 해 줄 거야. 그러고 나면 우리 계획을 발전시킬 수 있어. 자, 목록부터 시작해 보자." Abbott 박사는 설명용 차트 하나에 '우리의 필요' 라고 쓰고 두 번째 것에는 '우리의 한계' 라고 썼다. "여기서부터 시작해 보자." Abbott 박사가 첫 번째 차트를 가리키며 말했다.

예 비분석 질문

1. Abby와 Joyce가 만드는 두 개의 목록에는 어떠한 것들이 포함되어야 하는가?
2. 철강압연 기계 작동법을 문서화하기 위해 Abby는 현재의 근로자들과 어떻게 일할 수 있는가?
3. Abby는 훈련과정을 만들기 위해 작업장에 있는 동안 무엇을 관찰했는가?
4. 사례에서 주어진 한계점들을 고려할 때 학습 효과 전달을 위해 어떤 교육전략이 사용될 수 있겠는가?

ID 실천을 위한 적용

1. 업무요소를 포착하고 문서화하기 어려운 상황에서 어떻게 교수설계자들이 업무분석을 수행할 수 있는가?
2. 제조업체 환경에서 훈련을 보급할 때의 이점과 도전에는 무엇이 있는가?
3. 필요한 정보를 제공할 수 없거나 제공하지 않으려 하는 내용 전문가들로부터 교수설계자들은 어떻게 업무 정보를 얻을 수 있는가?

사례연구

19

교수설계에서 이문화가 가져오는 도전 (Iris Daniels의 사례)

Timothy W. Spannaus
(Wayne 주립대학교)
Toni Strokes-Jones
(Eastern Michigan 대학교)

모형 검토회의

마침내 그 프로젝트가 다가오고 있다. Iris Daniels와 그녀의 팀은 모형을 만들고 그것을 소프트웨어 사용자들의 7회원 협회에서 발표하는 것을 동의했다. 그 모형은 그들이 원하는 발전 방향으로 컴퓨터 기반 훈련(computer-based training: CBT) 소프트웨어 프로그램에 접근하는 교육적이고 기술적인 접근법을 보여 줄 것이다. Iris는 그 모형이 모든 협회 회원들에게 긍정적으로 받아들여지고 과정이 발전되기를 희망했다. Iris는 많은 프로젝트에서 그들의 고객인 Hill

Industries와 함께 Jim Huggins를 위해 일해 왔고, 설계와 교수적 접근 그리고 용이성을 의사소통하기 위한 모형을 만드는 것의 중요성에 대해 알고 있었다. 그러나 이러한 모형을 얻기 위한 시간은 누구나 기대한 것보다 더 오랜 시간을 필요로 했다. 모형과 관련된 동의에 이르는 것뿐만 아니라 그녀는 협회를 조직할 조직의 기업문화를 배워야 했다. 국제적인 팀과 함께 일하는 것도 Iris에게 처음 있는 일이었다.

2년 전: 초기 CBT 설계

Hill Industries는 Hill과 그 공급자들 사이의 수천 명의 엔지니어들과 상품 설계자들에 의해서 사용되는 제조관리 소프트웨어 상품들의 복잡한 요건에 의존해 있었다. 그 소프트웨어는 프랑스 소프트웨어 개발자인 Lapin에 의해서 개발되었다. 수년 동안, 그 소프트웨어에 대한 훈련의 모든 것이 교실 안에서 이루어졌고 훈련가에 의해서 다루어졌다. 몇 년 전에 Hill Industries는 몇몇 나라에서 온 큰 회사들의 한 협회와 연합했다. 2년여 전에 그 협회의 회원들은 Lapin이 소프트웨어에 컴퓨터 기반 훈련(CBT)을 제공하도록 요구했다. 그러한 요구는 Lapin의 사업전략과 일치하였고, 그들은 CBT 모형을 개발하기 시작했다.

Lapin이 만든 초기 버전은 7회원 협회의 구성원들, 특히 미국 측을 실망시켰다. 그 CBT는 매력적으로 설계되어 있었고 매우 잘 쓰였다. 특히 제2언어를 사용하면서 개발에 임했던 개발자들의 입장을 고려하면 더욱 그러했다. 그러나 그것은 쌍방향적이지 못했다. 예를 들어, 피스톤을 설계하는 수업은 학생들이 읽도록 한 설명서와 소프트웨어를 이용해 완성하도록 고안된 단계적 연습으로 구성되어 있었다. 그 학습은 쌍방향적이지 않고 단어의 나열로 이루어졌기 때문에 피드백이 불가능했다. 사실 학습자는 학습에 있어서 무엇이든 할 수 있거나 혹은 아무것도 할 수 없었고 전혀 반응을 보이지 못했다. 학습자는 거의 통제 불가능했다. 그들이 할 수 있는 것은 오로지 메뉴에 접근하거나 '다음' 혹은 '이

전' 버튼을 누르는 것뿐이었다.

CBT 검토회의

Lapin 개발 팀은 협회 회의에서 CBT를 증명했다. 협회 회원들은 연구 대상이 생긴 것을 반겼다. 그러나 미국인들 측에서는 학습자들이 스스로의 수행을 향상시킬 수 있는 모의실험, 사례연구 그리고 피드백을 포함한 쌍방향성의 설계를 더 요구했다. 지금도 Lapin은 다양한 작동체계와 하드웨어의 CBT 운영을 요구하는 초기에 개발도구가 작동하는 것을 엄격히 제한하는 기술적 강제가 있었다고 생각한다. 그 협회 회원들은 훈련이 웹 환경으로 변화하고 개발도구가 발달함에 따라서 점차 기술적 쟁점들이 그들 사이에서 발생할 것에 동의했다. 더 나아가 어떤 훈련으로 접근하는 것이 사용자들에게 통할지 예상하는 것은 더욱 어렵게 보였다. Lapin이 개발했던 설계는 그러한 면에서 적합했다. 교수설계 훈련에 영향을 받았던 미국 측 구성원들은 과제 지향적이고 쌍방향적인 무엇인가를 더 기대했다.

Iris는 연습, 피드백 그리고 전달에 대한 질문을 제기하면서 토론을 시작했다. 프랑스와 독일 참가자로부터의 생기 없는 표정은 미국 측에게는 놀랄 만한 것이었다. 또 다른 Lapin 소프트웨어의 큰 고객으로 온 미국의 공학자 Jonathan Naik는 CBT의 일부를 그에게 친숙한 것으로 설명했다. "과거에 우리가 이 절차를 시범해 주면 학습자들은 그것을 연습했습니다. 학급자들이 지속적으로 연습함에 따라 제공하는 도움과 강화를 줄여 나갔습니다."

"당신은 그것이 학습자들이 지금 배우거나 기대하는 것이라는 것을 확신합니까?" Lapin의 선임 훈련 개발자인 Jacqueline Colbert는 공손하지만 의심이 가득한 반응을 보였다. 그녀는 그런 설계를 사용해 본 적이 전혀 없었고, 그것에 대해 어떻게 생각해야 할지 확신하지 못했다. "난 그들이 이론 부분을 원하고, 그 후 해결해야 할 문제를 받게 되길 원할 거라고 생각해요. 그렇지 않나요? 아마도 우리는 과제를 시범하기 위해 스크린 캡쳐 비디오를 작동할 수 있을 겁니다. 그 방법이 문제를 다루는 데 효과적일 것이라고 생각해요." 남은 오후 동안, 협회는 어떤 합의에도 이르지 못한 채 다양한 설계접근에 대해서 이야기했다. 모두가 영어로 이야기하고 있었음에도 불구하고, 그들은 동의에 이르지 못했을 뿐더러 의사소통조차 되지 않는 것처럼 보였다.

Iris와 Jacqueline은 함께 Lapin의 CBT 설계에 대해 이야기하면서 회의장을 떠났다. Jacqueline의 연구실에 돌아와 Iris는 그녀의 동료가 다른 큰 고객을 위해 개발한 그녀의 CBT와 웹 기반 훈련의 일부를 보여 주었다. "우리는 항상 학습자들이 금방 읽어야 하는 부분은 긴 내용을 피하려고 해 왔어요. 우리는 학습자가 처음에 함께 해 나갈 때 몇 가지 사례연구를 사용했습니다. 학습자는 클릭하거나 질문과 문제들에 대답하기 위해 빈칸을 채우는 것과 같이 항상 무언가를 하고 있지요. 그러나 그것은 항상 과제나 절차와 연관이 있습니다. 그런 방식으로 학습자들은 처음부터 훈련하는 것입니다."라고 Iris는 설명했다. Jacqueline은 Iris의 견본 몇 가지를 검토한 후, "제가 보기에는 이것이 효과가 있을 것 같지만 다른 사용자들은 너무 단순하다고 생각할지도 모르겠습니다. 제 생각에 우리에게는 학습자들이 무엇을, 왜 하길 원하는지 설명해 주는 이론 부분이 있어야 할 것 같습니다."라고 대답했다.

다음 날 아침 사용자 협회가 다시 만났을 때 두 안건이 제시되었다. 하나는 설계에 관한 것이었고, 다른 하나는 기술적 표준에 관한 것이었다. 그들은 설계에 관한 회의를 시작하기로 했다. 독일 항공기 회사에서 온 엔지니어링 대표 Dieter Hoffman은 자신이 이야기할 수 있는지 물었다. Dieter는 협회 회의에서 가끔 이야기를 하였지만 항상 잘 준비되어 있었고, 그가 말할 때마다 그것은 들을 가치가 높은 것들이었다. 그는 그의 랩톱 컴퓨터를 프로젝터에 연결하고는 발표를 위해 준비한 것처럼 보이는 것을 시작하였다. 매우 철저하고 미묘하게 그는 이론적이고 실용적인 관점을 포함해 설계에 대한 모든 사람들의 요지를 다시 언급하였는데, 그는 다른 사람들과 다르게 교수설계 언어와 생각이 프랑스 훈련가들에게는 아니지만 미국인들에게는 이해될 것이라고 관찰했다. 실제로 프랑스 대학들은 일반적으로 그들의 프로그램에 교수설계 같은 것을 가지고 있지 않다. "따라서 어제의 토론은 진전되지 않았고, 자신들끼리만 토론이 이루어졌다."라고 Dieter가 말했다.

회의가 진행됨에 따라, Iris는 그녀가 Jacqueline에게 전날 그들의 사적인 대화에서 말했던 일부 이야기들이 회의에서 다뤄짐을 알게 되었다. Jacqueline은 CBT의 부분으로 연습과 피드백을 포함하려는 미국인들의 접근을 다소 고려한 후 그룹과 이야기를 나누었고, 그녀는 그것이 적절하다고 느꼈다. 협회는 설계에 관한 어떤 동의에도 이르지 못하였지만, Dieter 덕분에 적어도 서로의 관점에 대해 조금 더 이해하게 되었다.

오후 회의는 기술적 기준을 다루었는데 그에 관해서 조금의 의견 불일치가 있었다. 교차 플랫폼 양립의 필요성을 충족하기 위한 유일한 합리적 방법은 인터넷과 웹 기준을 채택하고, 플러그인을 피하고, 두 주요 웹 브라우저를 사용하는 것이었다. 플러그인을 사용하지 않는 결정을 통과시키는 것은 잠시 걸렸지만, 목적은 CBT가 Windows NT 혹은 2000 PCs 그리고 Unix의 몇 가지 종류에서 똑같이 운영되어야 한다는 것이었다. 플러그인은 모든 플랫폼에서 존재하지 않을 수도 있고, 혹은 동일하게 작동하지 않을 수도 있었다. 설계에 대한 이해와 기술에 대한 의견 일치를 조금 더 본 후 협회 회원들은 석 달 뒤 미국에서 다시 모임을 가지기로 동의하면서 집으로 돌아갔다.

연구실로 돌아와서

연구실로 돌아온 후, Iris는 하루 정도 후에 있을 Hill Industries와의 회의를 위한 계획에 관하여 Jim Huggins에게 보고를 들었다. Jim은 협회 회의에서 다뤄진 기술적인 결정이 옳았다고 생각했다. 그러나 설계 결정(혹은 그것의 부족)은 불만족스러웠다. 그리고 Iris가 회의가 진행된 방식에 관해 말하자 어떤 생각이 그를 당황스럽게 했다. "좋소, 내가 이해한다고 해 봅시다. 회의에서 논쟁하는 동안, 당신과 Jacqueline은 연관성이 없어 보였습니다. 그녀는 기본적으로 자신이 결정했던 것에 대한 보고를 하기 위해 회의를 이용했습니다. 토론의 논점은 어디에도 없어 보였습니다." "그랬습니다." Iris가 대답했다. "우리가 회의 밖에서 이야기할 때 우리는 의견 교환을 잘합니다. 그러나 그다음 날이 되면 그녀는 우리의 논의를 그녀의 아이디어처럼 보고합니다."

"알겠습니다. 그래서 당신이 원하는 것이 Jacqueline과의 일대일 회의를 더 가지고 싶은 것이군요. 다른 프랑스인들과 개인적으로 만나고 싶기도 하겠고요. 그 후 사람들이 승인을 위한 결정을 제기할 수 있는 공개 토론장처럼 회의를 활용하길 원할 테고요." Jim이 지적했다. "제 생각에 우리는 다른 문화들이 회의의 목적을 다르게 바라보도록 할 수 있다고 생각합니다. 지난해 프랑스로 비즈니스 여행을 갔던 제 경험을 회상해 보면, 프랑스인들은 공적 회의 밖에서 결정을 내리는 데 더 편안함을 느낄수 있습니다. 미국인들이 토론과 결정을 위해 회의에 참석하는 목적은 프랑스인들에게 친숙하지 않습니다." Jim이 계속해서 말했다. "그러니까 우리가 우리의 설계 의견들을 시범으로 보여주고 프랑스인의 접근요소들을 통합하는 짧은 학습 모듈을 모형으로 만들어 보는 게 어떨까요? Hill과 이야기해 보고, 우리의 아이디어를 토론에서보다 더 잘 나눌 수 있는 무언가를 만들 수 있는지 알아봅시다."

Hill Industries에서의 회의

다음 날 Jim과 Iris는 Hill Industries에 있는 그들의 고객 Kimberly Mooney과 만났다. Kimberly는 Lapin 소프트웨어의 유망한 사용자들을 훈련하는 프로젝트 리더였다. Kimberly는 설계모형이 미국인들이 마음에 둔 의사소통 접근을 도울 것이라고 생각했고, 협회가 동의한 기술적 접근이 효과를 발휘할 것이라고 생각했다. Jim은 모형과 가능성을 보여 주는 것에 동의했으나 그것이 힘들 것이라고 생각했다. 모든 것이 끝난 후, 그들은 플러그인 없이 브라우저만 가지고 복잡한 시스템을 실행해 보기를 원했다. Jim, Iris와 Kimberly는 그들이 원했던 설계를 보여주고, 그것이 주어진 기술적 한계하에 실제로 작동하는지 입증하기 위해 모형을 만드는 것에 동의했다.

그 설계는 다음 부분들을 필요로 하고, 사용자들의 도움하에 혹은 도움 없이 기존의 부분을 수정해야 할 필요가 있었다.

- 이론 영역: 절차를 설명하고 어떤 소프트웨어의 기능이 사용되는지를 보여주는 것으로 '논리' 라고 부른다.
- 시범: 해설 내레이션과 함께 절차를 보여 주기 위한 스크린 캡쳐 비디오를 사용하는 것으로 '보여 주기' 라고 부른다.
- 안내된 시뮬레이션: 단계적인 내레이션과 함께 절차에 있는 모든 과정을 학습자가 완성시키는 것으로 '약간의 도움을 받아 실행하기' 라고 부른다.
- 안내 없는 시뮬레이션: 학습자가 모든 과정을 완성하지만 즉각적인 안내 없이 하는 것으로 '스스로 하기' 라고 부른다.
- 평가: 학습자가 Lapin 소프트웨어 절차를 끝낸 후 정확성의 중요한 측정을 강조하기 위해 체크리스트를 이용하여 그들의 결과를 학습결과와 비교하는 것으로 '한 곳에 모두 모으기' 라고 부른다.

"시작이 좋습니다." 라고 Jim이 말했다. "이제 가장 어려운 부분이 시작됩니다. 우리의 모형을 발전시키는 일을 시작합시다."

예 비분석 질문

1. 협회 회원들의 다른 배경 지식에 영향을 받은 모형요소들을 제안하기 위한 CBT의 초기 설계과정은 어떠했는가?
2. 협회 회원들 사이의 문화적 차이를 조정하기 위한 Jim과 Iris의 접근을 평가하라.
3. Iris, Jim과 Kimberly에 의해서 제안된 모형요소들을 비평하라. 첨가하거나 제외하고 싶은 것이 있다면 무엇인가?
4. 모형의 시범으로부터 Iris는 어떤 결과를 기대한 것 같은가?

ID 실천을 위한 적용

1. 다문화 팀의 운영을 위해서 설계자들은 어떤 수단을 준비해야 하는가?
2. 교수설계 팀 구성원 간에 교수학습의 표면적 전제를 가져오는 중요성을 토론하라.
3. 모형개발이 어떠한 방식으로 후속 설계와 개발 작업을 돕거나 혹은 방해할 수 있는가?

사례연구

20

학습과 수행의 측정
(Sam Gonzales의 사례)

Brenda Sugrue
(American Society for Training & Development)

Atlantic Airlines는 그들의 기업을 확장해 나가고 있었고, 막 새로운 200명의 승무원을 고용하려 하고 있었다. 현 평가(고객 만족과 감독 비율)에 근거하여, 평균 5년 동안 항공사와 협력하고 있던 승무원 단체는 아주 좋은 성과를 거두고 있었다. Human Performance Technology의 감독인 Sam Gonzales는 훈련을 마무리하면서 수행을 평가하기 위해 사용하는 기준과 현장직무 수행을 판단하는 기준 사이의 일관성을 증가시키길 원했다.

그는 훈련생들에게 녹화된 상황에 대한 대답을 요구하는 것이 수행 마무리 평가의 현장감을 높일 것이라고 생각했다. 그는 이 아이디어를 20명의 훈련생으로 이루어진 한 그룹을 대상으로 기본 훈련에 포함된 18개의 수행목표 중 2개에 대

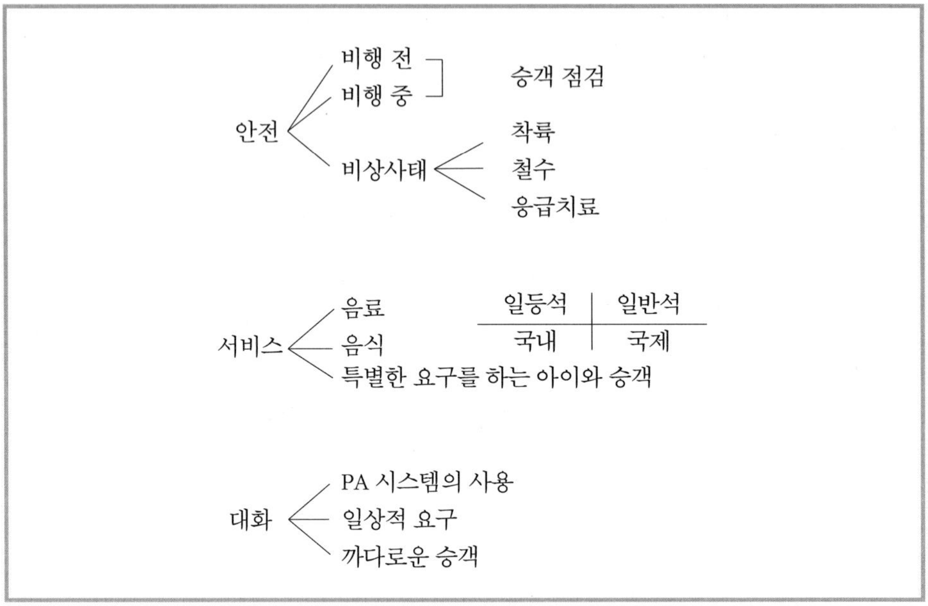

[그림 20-1] 레벨 1 승무원을 위한 단순화된 직무 지도

해서 실행에 옮기기로 결정했다. 그는 레벨 1 승무원들의 직무 지도(map)로부터 '비행 전 점검 수행'과 '까다로운 승객 다루기'라는 목표를 선택했다([그림 20-1] 참조). 각각의 목표에 대해서 그는 교수설계자인 Linda McMillan에게 다음과 같이 해 줄 것을 요청했다.

1. 직무 지도에서 각각의 과업을 나타내기 위해서 수행목표를 써라.
2. 각각의 목표에 대해서 8개의 짧은 동영상을 만들어라. 그중 2개는 승무원이 빈번하게 일어나는 상황에서 과업을 올바르게 수행하는 모습을 보여 줘야 한다. 2개는 승무원이 일상적인 상황의 과업 수행에서 잘못을 저지르는 모습을 보여 줘야 한다. 또 다른 2개는 비일상적 상황에서 승무원이 과업을 올바르게 수행하는 모습을 보여 줘야 한다. 나머지 2개는 비일상적인 상황에서 승무원이 과업 수행에서 잘못을 저지르는 모습을 보여 줘야 한다.

그리하여 각각 2분 정도 되는 16개의 동영상이 만들어졌다. 그중 반은 훈련을 하는 동안 연습활동으로 사용되었고, 나머지 반은 수행을 끝마치면서 마무리 평가로 사용되었다. 훈련 마무리 동영상은 학생 관련 질문을 요청했던 컴퓨터 프로그램에 통합되었다.

Sam은 동영상에 등장하는 승무원의 수행에서 실수를 알아채는 능력이 동영상에 나타난 것과 유사한 상황에서 실제 수행을 잘해 낼 수 있는지를 예견할 것이라고 생각했다. 그는 이와 같은 평가가 지필 형식의 시험 이전의 훈련 마무리 평가보다 더 효과가 있을 것이라고 확신했다. 지필 형식의 시험은 (1) 훈련생들이 다양한 과업을 수행하는 올바른 훈련 순서를 선택하는 선다형 문제, (2) 예견된 상황과 행동하도록 요구된 학생들이 그 상황에서 어떤 수행을 해야 하는지를 묘사하는 단답형 문제를 포함한 다양한 문제 형식을 갖고 있었다.

Sam은 또한 단답형 문제들이 점수를 매기는 데 너무 많은 시간을 소비한다고 생각했다. 그래서 새로운 멀티미디어 평가에서는 자동적인 방법으로만 점수를 매기고 그 즉시 데이터를 처리하는 컴퓨터에 의해서 관리되도록 선다형 문제만으로 이루어져야 한다고 생각했다. 동영상과 관련된 문제들은 일상적으로 학생들에게 (1) 선택지 중에서 어떤 직무과업이 동영상 내에서 수행되어야 하는지를 찾아내고, (2) 동영상의 승무원이 과업을 수행하는 데에 있어 실수를 저질렀는지 아닌지를 판단하고, (3) 실수가 있다면 그것이 무엇이었는지를 선택지 중에서 찾아내거나, (4) 실수가 없다면 동영상에서 승무원의 수행 중 가장 중요한 관점을 선택지 중에서 찾아내는 것을 요구했다. 어떤 시나리오의 동영상이든지 점수는 0~8점의 범위로 나타난다. '까다로운 승객' 에 등장하는 질문들 중의 한 예가 [그림 20-2]에 제시되어 있다.

일단 선택되면, 훈련생들은 그들의 훈련을 20명의 그룹 내에서 각각 다른 교수자와 2개의 선택된 수행목표(비행 전 점검 수행과 까다로운 승객 다루기)에 대한 새로운 평가방법(지필시험 대신에)을 사용하는 한 그룹과 함께 훈련을 수행했다. 이 그룹은 모든 수행목표에서 다른 그룹들과 같은 평가를 받았다. 이 그룹의 몇몇 훈련생들은 새로운 평가가 어떻게 그들의 전반적인 수행 후 점수에 영향을 줄

1. 다음 중 어떤 직무과업이 동영상에 제시되었는가?
   a. 국제선에서의 저녁식사 서빙
   b. 일반적인 승객 요구에 응답하기
   c. 까다로운 승객 다루기
   d. 특별한 요구의 승객 다루기

2. 동영상의 승무원은 잘못을 저질렀는가?
   a. 네
   b. 아니요
   c. 잘 모르겠다.
   만약 '네' 라면 문제 3이 제시됨
   만약 '잘 모르겠다' 라면 문제 5가 제시됨

3. 다음 중 어떤 잘못을 승무원이 저질렀는가?
   a. 그녀는 승객에게 문제를 논의할 수 있도록 기내 뒤편으로 가자고 요청하지 않았다.
   b. 그녀는 웃지 않았다.
   c. 그녀는 승객에게 그녀가 상사에게 그 문제에 대해서 말하겠다고 약속하지 않았다.
   d. 그녀는 승객의 걱정을 그녀의 말로 반복해 주지 않았다.
   e. a와 b
   f. b와 d

4. 다음의 행동 중 무엇이 이 상황에서 승무원 행동의 가장 중요한 측면이었는가?
   a. 그녀는 다른 승객으로부터 그 승객을 고립시켰다.
   b. 그녀는 그녀의 상사와 이야기했다.
   c. 그녀는 승객의 걱정을 그에게 되풀이해 주었다.
   d. 그녀는 짜증을 드러내지 않았다.
   e. a와 c
   f. b와 c

5. 다음 중 어떤 것이 당신에게 확신을 가질 수 없게 했는가?
   a. 상황이 해결된 것으로 보였다.
   b. 당신이 그 과정의 관점을 공부하는 데 충분한 시간을 쏟지 않았다.
   c. 동영상의 승무원은 당신이 정확히 배웠던 절차를 따르지 않았고, 그것이 당신을 혼란스럽게 했다.
   d. 상황이 해결된 것으로 보이지 않았다.

[그림 20-2] 동영상에 따른 선다형 질문의 예

것인지에 의문을 품었으나, 그들이 다른 그룹으로 옮기는 것은 허용되지 않았다. 수행 후 훈련의 결과가 나왔을 때, 이 그룹의 전반적인 결과는 다른 그룹들보다 약간 낮았다. 특히 낮은 점수를 받은 두 명의 학생들(〈표 20-1〉의 학생 1과 17)은 화가 났고, 새 평가방법에 따른 그들의 낮은 점수에 대해 비난했다. 그들은 Sam에게 새로운 평가는 불공정하고 그들의 전반적 점수의 하락을 가져온 2개의 수행목표에 대해 예전의 질문 형식을 다시 완성하는 것이 허용되어야만 한다는 내

표 20-1 | 두 개의 수행목표에 대한 수행 마무리 동영상 평가의 점수

	수행목표 1: 비행 전 점검 수행				수행목표 2: 까다로운 승객 다루기			
훈련생	빈번한 상황		비일상적 상황		빈번한 상황		비일상적 상황	
	동영상 1	동영상 2	동영상 3	동영상 4	동영상 5	동영상 6	동영상 7	동영상 8
1	4	4	6	2	2	4	6	4
2	8	8	6	4	6	8	6	6
3	8	8	2	0	8	6	4	2
4	8	4	4	4	8	8	4	4
5	2	4	4	2	4	6	6	6
6	8	8	2	0	8	6	4	2
7	6	6	6	2	8	6	6	4
8	8	8	8	4	8	8	6	6
9	6	8	4	0	8	4	4	2
10	6	6	6	4	8	6	6	0
11	6	6	8	2	6	6	6	4
12	8	8	2	0	8	6	4	2
13	4	4	6	2	4	6	6	6
14	8	8	6	6	6	8	6	6
15	8	8	4	0	8	8	6	2
16	6	6	8	4	8	8	4	4
17	2	4	4	2	2	6	3	2
18	8	2	6	0	8	6	4	2
19	8	6	6	6	8	6	8	8
20	8	8	8	4	6	8	8	2
평균	6.5	6.2	5.3	2.4	6.6	6.5	5.35	3.7

용의 편지를 썼다. 또한 그 그룹을 가르쳤던 교수자는 새로운 평가방법이 수행목표들에 대한 지필시험보다 더 어렵고, 또 새로운 평가방법은 마치 그가 좋은 교수자가 아닌 것처럼 보이게 한다고 불평했다. 그는 Sam에게 멀티미디어 평가는 중단되어야 한다고 제안했다.

공식적인 결정을 내리기 위해서 Sam은 멀티미디어 평가에서 20명 학생에 대한 자료의 완벽한 폐기를 요청했다. 그는 또한 새로운 평가방법으로 측정된 수행목표 관련 과업에서의 학생 그룹에 대한 직장에서의 평가자료를 요청했다. 훈련 후 처음 두 달 동안, 훈련생들의 수행은 근무 중에 평가되었다. 각각의 직무 중 과업평가의 점수는 0~6점 범위로 나타났다. 까다로운 승객을 다루는 수행을 평가하는 데 사용된 체크리스트는 [그림 20-3]과 같다.

〈표 20-1〉은 두 개의 수행목표에 대한 수행 마무리 평가에서 20명의 모든 학생들의 점수를 보여 준다. 그리고 [그림 20-4]는 8개의 수행 마무리 동영상 평가에서의 평균 수행을 보여 준다. 신뢰도의 전통적인 측정(신뢰도 계수, Cronbach's α)에서는 만약 4개의 훈련 마무리 점수를 수행목표 1의 숙달된 기술의 단순 측정으로 생각했을 경우 0.49였다. 만약 4개의 동영상을 2개의 다른 수행의 측면—일상 업무를 다루는 능력과 목표와 관련된 비일상적 상황을 다루는 능력—을 측정하는 것으로 생각한다면 신뢰도 계수는 일상적, 비일상적 상황에서 각각 0.72, 0.75로 증가했다. (동일한 목표의 측정으로 4개의 동영상에 대한) 수행목표 2의 신뢰

1. 승무원은 승객의 불평을 주의 깊게 들었는가?	______
2. 승무원은 승객의 불평을 그에게 반복해 주었는가?	______
3. 승무원은 승객에게 문제에 대한 가장 간단한 해결책을 제일 먼저 제시해 주었는가?	______
4. 승무원은 대화 내내 정중했는가?	______
5. 승무원은 대화 내내 보통의 목소리 크기를 유지했는가?	______
6. 승객이 안심했고, 남은 대화의 끝까지 조용했는가?	______
총점(만점 6점 중)	______

[그림 20-3] 까다로운 승객 다루기 수행평가를 위한 체크리스트

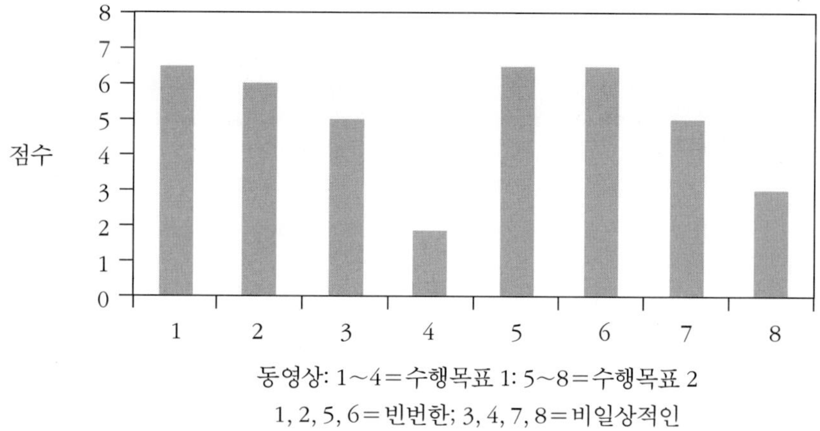

[그림 20-4] 동영상을 통한 수행 마무리 동영상 평가에서의 평균 수행

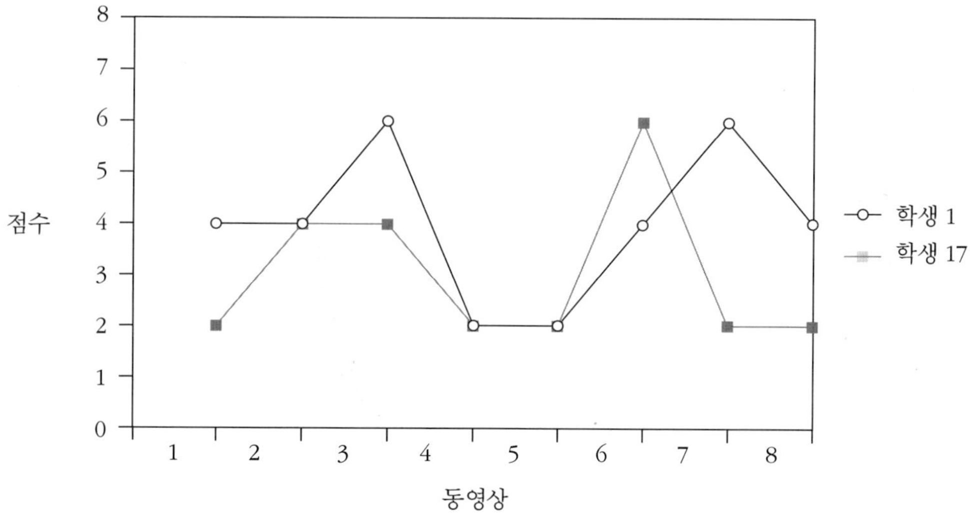

[그림 20-5] 수행 마무리 평가에서 낮은 점수를 받은 학생 1과 17의 점수 프로파일

도 계수(Cronbach's α)는 0.32였다. 빈번한 및 비일상적 상황이 분리된 하위목표로 여겨졌을 때 신뢰도 계수는 0.40과 0.61로 증가했고, 이것은 수행목표 2에 대한 2개의 빈번하게 일어나는 상황에 대한 동영상이 어떤 학생들에게는 비교할 만한 평가를 만들어 내지 못했다는 것을 나타내고 있다.

표 20-2 | 두 개의 수행목표에 대한 수행 마무리 평가와 직무 중 수행의 전체 점수

	수행목표 1: 비행 전 안전 점검 수행		수행목표 2: 까다로운 승객 다루기	
훈련생	수행 마무리 (최대=32)	직무 중 (최대=6)	수행 마무리 (최대=32)	직무 중 (최대=6)
1	16	3	16	3
2	26	6	26	6
3	18	4	20	4
4	20	4	24	5
5	12	2	22	5
6	18	4	20	4
7	20	4	24	5
8	28	6	28	6
9	18	4	18	4
10	22	5	20	4
11	22	5	22	5
12	18	4	20	4
13	16	3	22	5
14	28	6	26	6
15	20	4	24	5
16	24	5	24	5
17	12	2	13	2
18	16	3	20	4
19	26	6	30	6
20	28	6	24	6
평균	20.4	4.3	22.15	4.7
수행 마무리와 현장직무 수행의 상관관계=9.5				

[그림 20-5]는 그 평가가 불공정하다고 불평했던 두 학생(학생 1과 17)의 수행을 보여 준다. 〈표 20-2〉는 2개의 수행목표에 대한 전체 훈련 마무리 평가 점수와 각각의 목표에 일치된 현장직무에서의 평균 수행을 보여 준다. 훈련 마무리와 현장직무 수행 점수 사이의 상호관계는 0.95였다. 일반적으로 수행 마무리 지필평가와 현장 평가 사이의 관계는 0.80이었다.

예 비분석 질문

1. 이 사례에서 평가도구의 신뢰성과 타당성에 대해서 논하라.
2. 만약 Sam이 그것들을 훈련 마무리 평가도구로 계속해서 사용한다면, 당신은 새로운 평가에서 어떤 수정(만약 있다면)을 제안할 것인가?
3. 훈련 프로그램에서 자료는 어떤 약점을 제시하는가?
4. 개인 학생들과 그룹 학생들에게 자료는 어떤 약점을 제시하는가?
5. Sam은 그 평가가 불공정하다고 불평하는 훈련생들과 교수자들에게 어떻게 대응해야 하는가?

ID 실천을 위한 적용

1. 수행 평가에서의 다양한 종류의 도구(지필, 선다형, 멀티미디어 선다형, 개방형 응답)들의 장점과 단점에 대해서 논하라.
2. 학습자 자격증의 목적에 대한 평가 정보의 사용과 프로그램 평가에 대한 평가 정보의 사용을 구별하라.
3. 훈련 마지막에 수집된 자료의 유용성과 수행 효과를 결정하기 위해 현장직무 중에 수집된 자료의 유용성을 비교하라.

사례연구

21

교수설계 시 관계자 이해 범주의 균형 (Craig Gregersen의 사례)

Stephen Dundis
(Northeastern Illinois 대학교)

Craig Gregersen은 막 꽃피기 시작한 그의 컨설팅이 더 이상 그리 황금 기회로 보이지 않는 것을 보며, 그의 일을 어떻게 볼 수 있을지 계속 생각하고 있었다. 그는 5주 전 다국적 기업에 취업했으며, 전 세계의 회사 종사자에게 보급할 중요한 훈련 프로그램을 설계하도록 되었다. Electron사가 그에게 생산성 책임에 관한 코스를 이끄는 선임 설계자가 되어 줄 것을 요구했을 때, 그 일은 그에게 아주 완벽해 보였다. 그는 법학 학위를 취득했고, 일 년 전에는 교수설계 박사학위도 취득했다. 그러나 지금은 그의 이름이 아무도 만족시키지 못하고 의도한 목적도 성취하지 못하는 코스와 연관되고 있는 것처럼 보였다.

배 경

처음 훈련 프로젝트 관리자와 Electron사 안전보장위원회의 의장과 이야기했을 때, Craig는 회사의 기초선을 상승시키기 위한 중요한 안건에 관해 사람들을 교육시키는 데 있어 그의 두 학위가 사용될 것에 대한 기대로 의기가 왕성했다. Electron사는 쌍방향 라디오 시스템, 휴대폰, 삐삐, 다른 의사소통 기기와 그에 딸린 소프트웨어의 설계와 제조에 있어서 선두 그룹이었다. 선임 설계 엔지니어이자 안전보장위원회 의장을 맡고 있는 Stan Neuhaus는 Electron이 그들의 생산품 품질과 안전을 얼마나 심각하게 얻어 냈는지에 대해 설명했다. 비록 생산품 책임소송이 회사에서 큰 문제는 아니지만, Electron은 책임을 유발할 수 있는 많은 상황들, 예를 들면 수송 시스템의 병원 전자기구 작동 방해, 결함이 있는 소프트웨어의 경찰통신 시스템 마비, 배터리 처분문제 등을 점점 인식하기 시작했다. Electron사는 소비자 성향의 생산품에 더 연루되면서 소비자를 위한 적합한 설계와 주의를 더 유념하게 되었다.

Stan과 훈련 프로젝트 관리자 Louise Masoff는 코스가 소송이 발생하는 것을 방지하도록 생산품 안전성에 예방적인 접근을 제공하는 의도를 갖는다고 Craig에게 말했다. 그러나 그 외에는 그가 회사 종사자들에게 그들의 일상 행동에서 생산품 책임을 더 인식하도록 하는 데 필요하다고 생각하는 것 등을 포함하여 무엇이든 코스의 모든 내용은 Craig에게 달려 있었다. Stan과 Louise는 이러한 걱정이 반드시 회사의 모든 계층의 종사자에게 다뤄져야 함을 강조했다. 그래서 그들은 Craig에게 전국적인 몇몇 시설의 일선 엔지니어들과 관리자들의 단축 전화연락망 목록을 주었다. 그는 또한 유용하다고 입증된다면 다른 연락처에도 자유롭게 연락할 수 있도록 권한을 주었다.

그런데 코스가 빨리 개발되고 실행되는 것에 대한 압박이 너무 심했기 때문에 Craig는 당장 일을 시작하도록 요구되었다. Louise는 2주 동안 전화 인터뷰로 어떤 내용이 코스에 필요한지를 결정하고 또 다른 3주 동안은 그 코스를 개발하면 충분한 시간이라고 믿었다. 그리고 코스 자체 운영은 최대 하루면 충분할 것이었다. Louise에 의하면 이 문제는 매우 중요한 사안이지만 회사 종사자들에게는 그 외에 너무 많은 다른 요구들이 있었다. 그리고 법과 관련된 것은 모두 전문가의 자문을 받을 필요가 있었다. Louise는 법적인 부분에 있어 많은 아이디어가 있다고 확신했지만, 그것들은 접근이 거의 불가능할 수 있었다. Stan은 이 분야에 대한 훈련이 행해져야 한다는 법적인 느낌이 다소 강하게 들지만 이전의 코스에서는 이러한 것들이 제대로 행해지지 못했다고 말했다.

그러나 Craig는 낙심하지 않았다. 그는 이미 빨리 우회하는 데 익숙했다. 법적인 것이 현재 문제일지 몰라도 예시로서 사용될 수 있는 유보된 사례를 포함하여 코스를 위한 내용을 보급하는 것이 매우 유용할 수 있었다. 약간의 초기연구 후에 그가 준 명단으로 연락을 시작할 준비가 되었다.

자료수집

Electron사의 생산품 책임은 그들이 아침회의에서 논의한 것보다 더 많은 양상이 있다는 것을 Craig가 깨닫는 데는 오랜 시간이 걸리지 않았다. 생산품 책임과 관련된 기초법을 일반인이 이해하기에는 어렵겠지만, Electron의 경우 16개국에 공장이 있고, 거의 모든 나라에서 사업을 하고 있으며, 책임은 국제적으로 차이가 있다는 것을 이해하는 것이 도전이었다. 게다가 엔지니어링 관련 안건은 설계 고려사항에 국한되지 않았으며, 이 문제에는 또한 제조과정과 승무원 안전 문제를 다루는 과정 엔지니어와 안테나의 송신 및 라디오 중계를 담당하는 대형 시스템의 건설과 유지 · 보수를 하는 현장 엔지니어가 있었다. 거기에는 또한 생산품 반환에 적합한 과정에서부터 다양한 표준화 조직에서 발행된 지속적인 규제 변화 수급을 위한 위기평가까지 수많은 문제들이 걸려 있었다.

Craig가 처음 인터뷰한 사람은 Richard Mull로, 그가 법률적으로 연락하도록 한 사람이었다. 하지만 코스를 설계하는 도전에 대해 긍정적인 반응을 예상했다면 그것은 Craig의 실수였다. 친절함에도 불구하고, Richard는 외부 컨설턴트보다 법이 이러한 안건에 대해 교육을 다루어야 한다는 믿음을 명확히 하는 데 많은 시간을 소비하지 않았다. Craig가 다양한 내용 안건에 대해 이야기를 시작할 때, Richard는 모든 사소한 부분에 대해 걱정하기보다는 엔지니어가 그저 그들의 생산품을 설계하는 데 최선을 다하는 것은 충분하지 않으며, 법적 현실에 일반적인 민감성을 발달시킬 필요가 있다는 말로 개입하였다. 관련된 예에 대한 Craig의 요구에 대한 반응으로, Richard는 그는 지속되는 사례를 더 이상 논의할 수 없으며, 이러한 것을 수업에 예로 사용하는 것은 질문의 여지가 없다고 말했다. 이러한 사례에 관한 언급은 회사에게 불리하게 사용될 수 있었다. 그는 Craig에게 Richard와 그의 동료들이 몇 년 전에 개발하고, 그가 여전히 몇 가지 수정만으로도 완벽히 사용될 수 있을 것이라 보는 4시간용 코스를 살펴볼 것을 제안하며 대화를 마무리했다.

Craig는 다소 쫓기듯이 Electron에 있는 다른 사람들을 인터뷰하기 시작했다. 그는 사람들과 연락하면 할수록 연락해야 할 사람이 점점 늘어난다는 것을 알게 되었다(아마도 그 수가 폭발한다는 표현이 더 맞을 것이다.) 엔지니어링 쪽은 과정, 결과 그리고 현장에서의 문제점뿐만이 아니라 일선에 있는 엔지니어들과는 상당히 다른 경향을 종종 보이는 경영 쪽의 문제까지도 포함하고 있었다. 일선 기술자들은 그들의 구체적인 문제를 어떻게 해결하는지 알고 싶어 한 반면, 그들의 관리자들은 전면적이거나 종종 국제적인 범위에서 그들의 책임 영역을 어떻게 보호하는지에 대한 올바른 결정을 어떻게 내려야 하는지 알고 싶어 했다. 예를 들면, 나중에 그들에게 되돌아오지 않도록 하면서, 그들이 다양한 상품에 대해 소송을 걸 수 있는 정도는 얼마인가? 거기에는 또한 설치, 서비스, 유지의 영역이 있었다. 부적합한 수리와 설치는 책임에 어떠한 영향을 미치는가? 누가 소비자의 불평을 받고, 어떻게 그것들을 처리하고 문서화하는가? 어떻게 생산품을 안전하게 폐기하는가? 그리고 거기에는 선언된 제조와 설계 기준을 직원들이 늘 지키게 하도록 책임질 그 어떤 실제도 존재하지 않는 것처럼 보였다.

복잡한 문제

Stan Neuhaus와의 이어지는 논의에서, Craig는 더 큰 문제를 인식하게 되었다. Stan은 공장의 엔지니어들이 Electron에서의 생산품 책임은 때로 지식의 문제라기보다는 의사소통의 문제라고 믿는다고 털어놓았다. 그는 법적 사고가 무엇이든 간에 대부분의 엔지니어들이 벌써 생산품 책임 안건에 민감하다고 논쟁했다.

엔지니어들에 의하면, 구체적인 질문을 만들어 내는 다음의 안건에 대해 회사 전체적 및 체계적으로 접근하는 면이 부족하다는 것이었다. 회사 전체에서 생산품 책임 안건과 관련해서 다루는 명령체제는 무엇인가? 잠재적 생산 결함을 적극적으로 찾아내는 모니터링 시스템이 있어야 한다면 거기에는 무엇이 포함되어야 하는가? 어떻게 하면 하나의 서류로 재설계를 시도하기보다는 주의를 주는 결정을 내리게 하는가? 아니면 아무것도 하지 말아야 하나? 수락할 수 있는 시간 간격은 얼마인가?

Stan은 그가 언급했던 많은 안건에 대한 체계적인 조직구조와 구체적 절차를 설정한 전 회사 차원의 생산품 안전 프로그램 초안을 개발했다. 그는 이러한 안건을 일반적인 방식으로 논의하는 대신, 그 절차를 이해시키는 데 중점을 둔 코스를 통해 어떤 일을 행할 필요가 있는지 사람들을 교육시키는 데 오랜 시간이 걸릴 것이라 믿었다. Stan은 법적 측면을 제시한 이전의 코스는 아주 일반적이어서 너무 쓸모가 없고, 그것은 특정 상황에서 어떻게 대처해야 하는지에 대한 구체적인 대답을 거의 제공하지 못한다고 했다. 또한 일반법 원리에 대한 첫 시간을 들은 후에는 거의 모두 강의식이라서, "사람들은 깨어 있는 것이 매우 어렵다는 것을 알게 됩니다."라고 덧붙였다.

비록 Craig가 다수의 기술자들이 흑백의 관점에서 생산품 책임을 보려는 경향이 있음에도 불구하고(변호사로서 그것이 언제나 가능하지는 않다는 것을 그는 알고 있다), 그는 매일 일어나는 다양한 문제들을 해결할 수 있는 구조적인 방법을 제공하는 것에 동의했다. 전 회사 차원의 생산품 안전의 초안은 매우 강도가 높았다. 그것은 그가 지금 훈련의 주요 부분이라고 여기는 내용의 개요를 훌륭히 시작하게 해 주었다. 그러나 Craig가 그의 생각을 법적으로 돌려보았을 때, Richard Mull은 그 초안이 결코 승인받아 보지 못했고, 특히 외부 컨설턴트에게 결코 맡겨져서는 안 되었었다는 것을 간략하게 통보했다. 특히 그들이 일반적인 규제가 일반법보다 더 보수적일 때의 문제는 그것을 일반적인 지침으로서 사용하려는 그들의 의도에도 불구하고, 그것들이 회사가 법원의 법으로 사용할 수 있는 새로운 기준이 된다고 Richard는 주장했다. 구체적인 과정과 규정을 제공하는 것은 그러한 과정과 규율에 대한 회사의 의도를 입증하는 것이므로 법적으로 쓰인 기준과 대등하게 간주될 수 있었다.

Craig가 대안이 덜 맞는다고 반대할 때, Richard는 그렇기에 Electron에는 그런 것에 조언을 주기 위한 법이 있다고 답변했다. 그는 비록 모든 사람들의 관심을 유지시키기 위해 그것을 다채롭게 하는 것에 대해서는 반대하지 않았지만 그 코스가 세부사항을 건드릴 필요는 없다는 것을 되풀이했다.

Craig는 회의를 끝내면서 이 프로젝트가 여러 방향으로 움직이고 팽창하고 있음을 깨달았다. Craig는 Louise Masoff와의 미팅을 주선했고, 이 프로젝트의 범위에 대해 맞서는 방법을 브레인스토밍했다. 그러나 Criag는 곧 Louise가 코스를 하루에 한 구조로 변화시키도록 강조하고 싶어 하지 않음을 발견했다. 그녀는 본 코스의 방향에 대해 법과 관련된 정치적인 싸움에 연루되고 싶어 하지 않음이 확실했다. Louise의 말을 들으면서, Craig는 그때서야 Electron에서 많은 사람들이 이미 수락할 수 있는 해결책이 없다고 인식하는 교수설계 지뢰밭을 자신이 인수했다고 믿기 시작했다. 마지막으로, 그는 확고한 지혜가 외부의 누군가가 그러한 추락을 막도록 한 것이 아닌가 하는 의심이 들었다.

현재 무엇을 해야 하나

Craig는 그의 호텔 방에서 그의 눈에는 해결될 것 같지 않는 프로젝트를 천천히 보면서 앉아 있었다. 그에게는 그가 어떻게 할지 아는 것보다 더 많은 내용이 있었고, 빠르게 팽창하는 다양한 관심사를 가진 대상 학습자 집단은 '코스' 라는 너무 작아 보이는 상자 안에 구겨 넣어졌다. 그러나 그는 회사에서 작은 수행 변화로 결론지어질 설계 방향으로 가도록 지시받았다. Craig의 코스와 오래되고 교수적으로 비효과적인 코스 간에는 그의 이름이 적혀 있다는 것을 제외하고는 거의 차이가 없어 보였다. 그의 자존심과 도덕심은 그가 고민하지 않고 이를 받아들이게 할 수 없었다. Craig는 정말로 Electron과 그 종사자들에게 변화를 줄 수 있는 코스를 설계하기를 원한다. 그러나 그가 직면하고 있는 충돌되는 요구로 어떻게 이것이 가능할 수 있겠는가?

예비분석 질문

1. 다음에 무엇을 해야 하는지를 결정할 때 Craig가 반드시 고려해야 할 것은 무엇인가? 이것은 아마 예를 들어 요구조사, 조직개발, 교수내용 분석의 안건에서 생각하는 것이 유용할 것이다.
2. 당신이 인식한 각각의 논쟁에 대해서 당신은 어떤 해결책을 제시할 수 있는가? 그다음에는 그 논쟁들이 어떻게 상호작용할지 고려해 보자. 당신이 제안한 해결책은 이러한 상호작용에서 어떠한 효과를 줄 것인가?
3. 당신은 특정 공학에 대한 요구와 일반적인 법에 대한 요구 사이에서 발생하는 난국을 어떻게 다룰 것인가?
4. 당신은 1일 코스에서 다양한 관심사의 내용을 수용하는 것이 가능하다고 믿는가? 만약 그렇다면 어떻게 그 과정을 설계할 것인가? 만약 그렇지 않다면 어떤 변화를 조언해 줄 것인가?
5. 만약에 당신이 다양한 관심사에 대해 의견 합의를 얻지 못하여 본질적으로 이전의 훈련 내용을 반복하는 버전을 제시하기로 결정이 났다면 어떻게 대처하겠는가? 당신의 반응에 대한 논리를 제시하라.

ID 실천을 위한 적용

1. 기업에서 어떠한 조직 안건이 교수설계 프로젝트의 성공에 영향을 끼칠 수 있을까?
2. 이해관계자들이 반대하고 다른 요구를 가지고 있을 때 합의를 얻어 내고 훈련 프로젝트를 진행하도록 하는 전략을 설명하라.
3. 교수설계 프로젝트의 적합한 완성을 방해하는 시간과 자원의 한계를 다루는 전략을 설명하라.
4. 교수설계 프로젝트의 초기에 어떤 쟁점이 논의되어야 하며, 어떠한 부분이 컨설턴트 계약으로 이루어져야 하는가?
5. 컨설턴트가 전체 프로젝트의 최대 관심사라고 믿지 않는 부분을 고객이 강요한다면 교수설계자로서 어떠한 윤리적 안건에 연루되는가?

사례연구

22

국제적 환경에서 온라인 평가의 개발 (Scott Hunter의 사례)

David L. Solomon
(Big Communications)

Scott Hunter. 부회장, 크리에이티브 총괄자. Automotive Performance Improvement Consultant(APIC). 나는 힘든 미팅이 있기 몇 분 전 나의 명함을 쳐다보고 있었다. 그리고 단 하나 내가 불러일으킬 수 있는 통찰은 나의 직업적 타이틀이 내가 해 온 일을 정말로 반영하지 못한다는 것이었다. 나는 나의 상관인 Ken Young이 다가왔을 때 아무런 생각이 없었다. 나는 너무나 많은 나의 훈련 프로그램들이 교수설계와 기술을 적용할 수 있는 진정한 기회였고, 내가 국제적인 업무에 스릴을 느꼈던 것을 기억했다. 하지만 그러한 열정은 이내 좌절로 바뀌었다.

우리는 지난해 동안 많은 문제들에 봉착했으며, 이제 모든 이들이 맛보게 될 판매 컨설턴트 자격증 프로그램을 시작하는 데에 이르렀다. 한 가지 마지막 장애는 남아 있었으며, 그것이 날 갉아먹고 있었다. Ken이 "당신은 기억을 환기시키고 무슨 일이 일어나고 있는지 내가 이해하도록 도울 수 있습니까?" 라고 물었을 때, 나는 내가 진정으로 느끼고 있는 것을 스스로 말하려는 것을 참아야만 했다.

Ken을 만난 처음 몇 분 동안, 나는 이 프로젝트를 좀먹을 것으로 보이는 혼란을 설명했다. 먼저 Katarina(Kat) Wilder라는 사나운 훈련 매니저가 Trans-Continental Motors(TCM)의 고객부서에 있었는데, 현재는 Antoine Devereux가 그 자리에 있다([그림 22-1] 참조).

나는 상임 매니저인 Bob Kelly가 그녀의 지속적인 비난과 함께 그렇게 오랜 시간 동안 일해 왔다는 것을 믿을 수 없었다. 그러나 그들 사이에는 대양 하나만

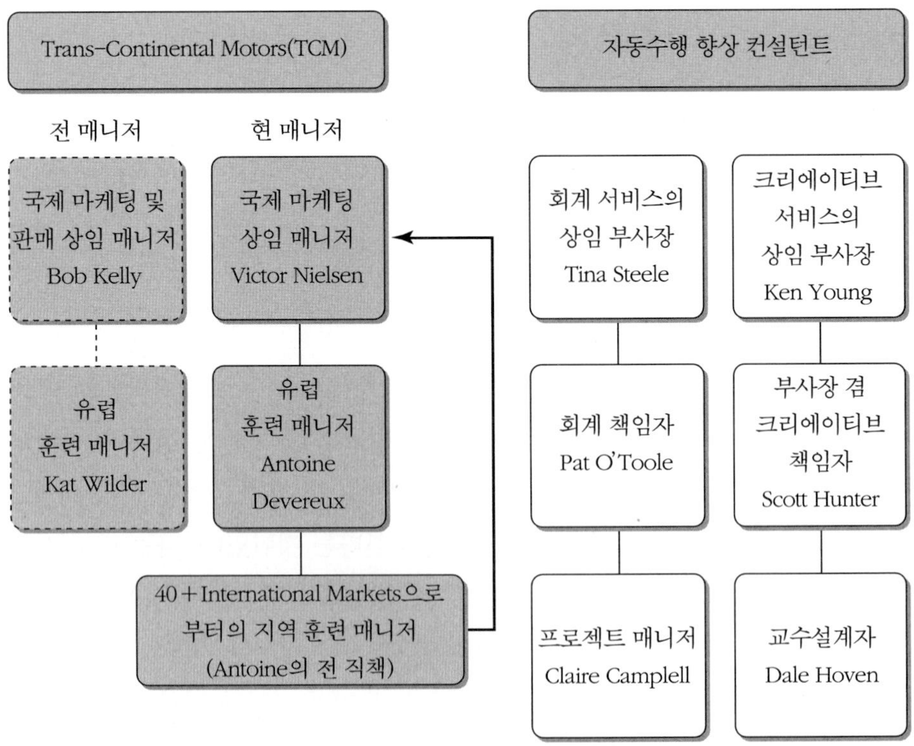

[그림 22-1] 국제 훈련 팀을 위한 고객과 컨설턴트 조직도

큼의 먼 거리와 관료주의가 있었다. Kat은 긴 이메일 메시지를 처리하는 것이나 바쁜 업무들을 해 나가는 데에 뛰어났으나 그녀에게 결과들에 대해 기대되는 비전이 없었다. 우리는 TCM과의 몇 번의 회의를 위해 바다를 건너갔고, '다음 단계' 는 항상 불확실하며 몇 개의 이질적인 프로젝트들이 정리되어 있지 않은 채 펼쳐져 있는 것처럼 보인다는 것을 발견했다. 나는 그녀가 우리를 훈련 제공자로, 혹은 최소한 광고대행사의 어떤 다른 부서에 있는 사람들로 알고나 있는지 궁금했다. 어느 쪽으로든 우리가 충분히 쓰이지 않는 사람들임에는 분명했다. APIC에는 잘 알려져 있지 않았지만, Kat은 그 당시 프랑스에서 온 훈련 매니저 Antoine과 판매 컨설턴트를 위한 자격증 시험을 만들고 있었다. Kat과 Antoine은 파일럿을 조정하기 위해 비밀스럽게 Antoine의 가까운 친척과 함께 일하고 있었다.

"그래서 Kat이 자격증 시험을 개발하게 한 친척 중 한 명을 고용하여 Antoine과 파일럿 프로그램에서 함께 일을 했다고요? 그리고 APIC에서 아무도 그 사실을 모른다고요?"

"네, 맞습니다." 나는 그가 이 드라마에 빠져들고 있다는 것에 놀라워하며 Ken에게 말했다. "자격증 시험은 자격증에서 가장 중요한 부분 중 하나이고, 우리는 명확하게 정비된 전략이 있습니다. 하지만 거기에는 많은 반전과 전환이 있죠." 나는 무용담을 얘기하듯 계속 말했다.

"우리는 계속 이 문제로 고민했습니다. 우리는 회계과의 변동사항들 때문에 약 3~4개월의 시간을 허비했습니다. 회계과 총괄자인 Pat O'Toole이 프로젝트 중간에 유럽에서 미국으로 돌아가야만 했고, 프로젝트 매니저인 Claire Campbell도 약 6개월 전까지는 프로젝트에 전임으로 일할 수 없었습니다. 그래서 우리는 이 모든 프로그램을 9개월이 못 미치는 시간 안에 만들었습니다."

개인적인 문제들이 언급되었고, 나는 우리가 직면했던 다른 걱정에 대해 설명했다. TCM의 많은 훈련 매니저들은 대규모의 유럽의 고급 브랜드에 대해 알아야 할 필요가 있었다. 유럽의 고급 브랜드의 부서는 이미 자격증 프로그램을 시작한 상태였고, 미국 브랜드의 경우는 이 프로그램을 적용하는 데에 어려움이 있었다.

“일리가 있군.” Ken이 말했다.

“글쎄요, 고급 브랜드에 대한 어떠한 일이든 우리에게는 자동적으로 업무가 될 것이라는 것이 사실입니다. 하지만 제 경험에 비추어 보면 이것은 극히 드문 경우입니다.”라고 내가 설명했다. 우리는 이 상황을 겪어 나가면서 매우 다른 두 개의 문화, 다른 소비시장, 생산과 공급, 고객들을 가지고 있습니다. 게다가 TCM은 모든 것이 온라인에서 운영되기를 원하며, 고급 브랜드에 대한 기존의 프로그램은 거의가 서류 형식에 근거합니다.”

“하지만 정치적으로 우리가 고급 브랜드로부터 빌릴 수 있다는 것은 모두에게 좋아 보입니다. 경영진은 모든 부서에 걸쳐 비용이 나뉠 때에 기뻐합니다. 우리가 그렇게 할 수 없겠습니까?” Ken이 물었다.

이 시점에서 나는 Block Exemption Regulation(BER) Task Force의 오전 회

Block Exemption Regulation(BER) Task Force

국제적 훈련은 이미 고급 브랜드를 위한 자격증 과정이 있다.
다음과 같은 몇 가지 이유로 미국 브랜드가 국제시장에서 기존의 프로그램을 적용하기는 어려웠다.

- 자격증 과정이 복잡하다.
- 자격들에 많은 요건이 따르고 250개 이상의 요소들을 포함한다.
- 개인의 행동방식과 성격은 개인의 역량 등에 의해 구성되고, 문화적으로 특정하게 보인다.
- 자격들은 오직 지역 내에서만 유효하며 국제적으로는 일반화되지 않는다.
- 평가과정은 한 사람당 2,000 정도의 비용이 드는 제3의 평가자를 필요로 한다.
- 교육과정은 개인당 최소 18일의 훈련기간이 필요하다.
- 기존의 프로그램은 BER의 요구조건인 개인 개발계획을 포함하고 있지 않다.
- 생산기술 시험들은 복잡하고 비용이 든다. 선다형 답지 형식은 선다형 문항의 답들을 분석하는 데의 비용을 증가시키며, 컴퓨터 프로그래밍의 요구조건들은 너무 복잡한 형식이다. 이 또한 비용을 증가시킬 것이다.

[그림 22-2] Scott의 회의 노트

의에서의 내 노트 복사본([그림 22-2] 참조)을 넘기며 다음과 같이 설명했다.

"기존의 프로그램은 꽤 복잡했고 제3의 평가자에게 각각의 판매 컨설턴트를 평가하도록 하는 데 하루에 1,200유로의 비용이 들었습니다. 게다가 몇몇 나라에서는 평가자가 기업 및 조직 심리학자가 되어야 했습니다. 비용이 터무니없이 비쌌고, 각 나라에 걸쳐 돈을 지불할 능력이 각기 다양했기에 작은 시장에서는 이러한 것이 그저 단순한 것이 아니었습니다. 더욱이 제품 전반에 대한 시험은 정교한 채점 알고리즘이 요구되는 다양한 답들을 가지고 있었습니다. 늘어나는 답의 옵션들 때문에 채점 해석 비용은 비싸질 것입니다. 또한 하나의 답만이 필요했던 전통적인 선다형 질문에 비해 많은 시간과 돈이 요구되는 복잡한 프로그래밍이 필요할 것입니다."

Ken은 "그래서 당신은 무엇을 했나요?"라고 다급하게 물었으며, 인내심이 없어져 가는 것처럼 보였다.

이 시점에서 나는 자격증 모형([그림 22-3] 참조)을 꺼내 보여 주고는 몇 가지

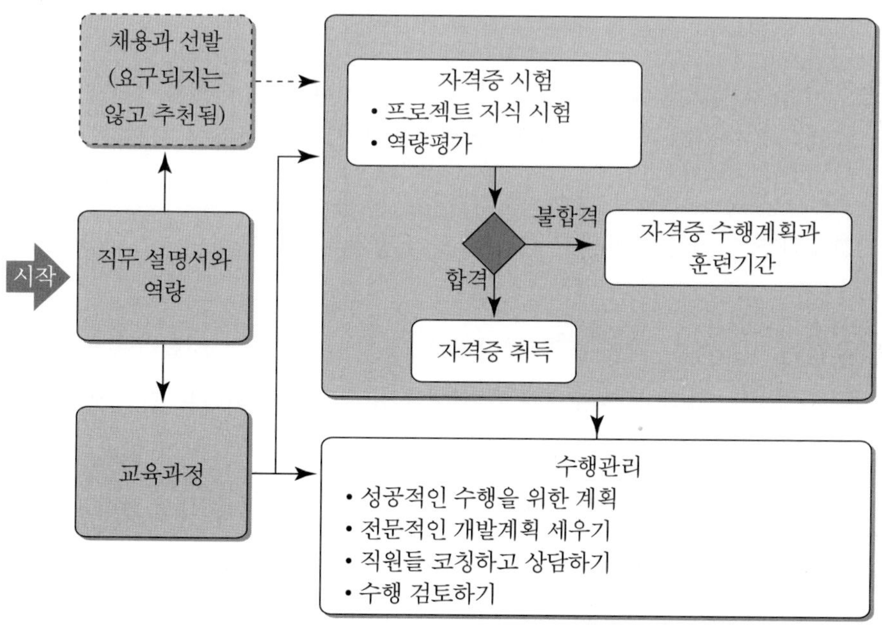

[그림 22-3] 자격증 모형

핵심 요소를 요약해 주기 시작했다.

"우리는 지역 훈련 매니저에게도 자격증 프로그램을 설명하고자 이 모델을 개발했습니다. 이것은 먼저 직무 설명서와 역량으로 시작합니다."라고 내가 말했다. "이 모델을 위해 우리는 고급 브랜드 부서의 자격증 프로그램으로부터 자료를 차용했습니다. 하지만 우리는 자동차산업에서의 우리의 지식과 전문성에 기초하여 콘텐츠와 그들의 역량을 기본적으로 수정하고 단순화하였습니다. 우리는 후에 제가 곧 설명하게 될 이와 같은 자료들을 유효화하였습니다."

"그다음 단계는 유럽 고급 프로그램에서 의무적 요구조건인 브랜드를 대표하는 검증된 판매 컨설턴트들을 확인하기 위한 과정과 절차인 채용과 선발입니다. 미국 브랜드는 법적으로 채용과 선발 절차를 국제적으로 노출하지 않고 있습니다. 왜냐하면 각기 다른 국제시장에서 이러한 활동들에 대한 지불 능력이 각기 다르기 때문입니다. 그래서 우리 프로그램에서는 요구되지는 않고 그저 추천되고 있습니다.

"이 자격증의 내용은 제품지식 시험과 역량평가로 구성됩니다. 생산시험에서는 우리 고객들의 제품에 대한 판매 컨설턴트들의 실질적 지식을 시험하는 기본, 선다형 문제들이 있습니다. 시장에서 유통되고 있는 차량들과 우리가 출판한 지침서에 근거해 문제은행에서 무작위로 수집된 문제들이 시험에 출제됩니다."

"그렇다면 지역 판매처에서 커닝 같은 부정행위가 발생하면 어떻게 처리합니까?" 라고 Ken이 물었다.

"우리는 시험에서 지역 훈련 매니저나 사설 시험기관이 시험감독을 하는 것을 추천합니다. 하지만 우리는 또한 시험 부정행위가 일어나는 것을 막을 수 없을지도 모른다는 것을 받아들여야 했습니다. 우리는 시험 응시자들이 심각하게 자격증 과정을 거쳐야 한다고 생각했으나, 물론 부정행위를 진정 원하거나 혹은 집단적인 부정행위를 하고자 하는 이들은 방법을 강구하고야 말 것입니다. 하지만 우리가 이 점을 쉽게 넘긴다는 것은 아닙니다. 시험문제는 무작위로 선정되고 모든 판매 컨설턴트들은 고유의 ID 번호를 갖게 되며 각기 다른 시험문제를 받게 됩니다.

Ken은 회의적인 것처럼 보였다. "그렇다면 사람들이 시험장에서 시험 답안을 위해 참고서를 보거나 컴퓨터를 사용하는 것을 방지하기 위한 방법으로는 어떤 것이 있습니까?"

"사실 우리는 그것을 완벽히 차단할 수는 없습니다. 하지만 만약에 판매 컨설턴트들이 시험에서 오래 나와 있으면 자동적으로 시간 초과 처리가 됩니다. 그리고 그들이 방문한 웹사이트가 모두 기록될 것이고, 그들이 이미 답한 것은 저장이 됩니다. 하지만 판매 컨설턴트들은 이 과정을 시험이 끝날 때까지 계속해야만 합니다."

"좋습니다. 그렇다면 역량평가는 무엇입니까?" Ken이 계속 물었다.

"우리는 온라인에서의 대안적인 평가자가 있어야 했고, 재정적 및 인적 자원의 제약이 있기 때문에 이 부분이 가장 큰 문제였습니다. 우리는 기초 자료로써 단순화된 능력이 사용되는 상위 5개의 시장에서 판매 컨설턴트들의 직무분석을 결정했습니다. 우리는 고급 브랜드의 프로그램에서 행동방식과 개인 성격들에 관한 시험들을 제거했고, 모든 국제시장에 걸쳐 통용될 수 있는 8개의 역량들을 정의했습니다. 예를 들어, 우리는 구두, 서류 커뮤니케이션에 대한 최소한의 기준을 만들었고, 커뮤니케이션 역량에 관한 실무적 정의를 기술했습니다. 국제시장에서 일하는 모든 판매 컨설턴트들을 심도 있게 평가하는 것을 실현하기는 그리 단순하지 않았습니다. 우리는 상위 수행자들의 샘플을 가지고 중요한 기술들을 적용해서 직무분석을 결정했습니다. 이러한 접근은 우리에게 성공적인 직무수행을 만드는 행동들을 확인하게 했습니다. 우리는 직무분석에 있어 실질적 시나리오를 이용하여 온라인 역량평가를 만들었고, 역량 구성과 직무 설명서를 유효하게 만들 수 있었습니다."

"훌륭해요, 그럼 어떻게 역량평가를 사용하나요?" 감탄하며 Ken이 물었다.

"각 역량에 관한 일련의 질문들을 만들었고, 각 항목에는 세 개의 응답 선택지가 있습니다. 가장 좋은 답변에는 3점이 주어지고, 그 답은 어떠한 입장에서 모범적인 사람이 어떻게 대처하는지를 보여 줍니다. 그리고 어느 정도 만족스러운 답변에는 2점이, 그렇지 못한 답변에는 1점이 주어집니다. 이러한 채점방식은 모범적인 사람과 개선이 필요한 사람 간에 차별을 두기 위해 만들어졌습니다. 역량평가가 끝난 후 각각의 역량과 지원자들에게 점수가 주어지고, 합격과 불합격의 여부가 가려집니다. 그리고 불합격한 판매 컨설턴트에게는 책임 판매 매니저가 역량평가에서 발견된 그들의 약점을 보완하기 위해서 수행계획을 세워야 합니다. 그리고 불합격한 판매 컨설턴트들은 일정 기간 이후에 재시험을 봐야 합니다."

Ken이 궁금해했다. "그러면 역량평가에서 부정행위는 어떻게 방지해야 하나요?"

"그 웹사이트는 생산지식 시험과 같은 방식으로 프로그래밍되어 있고 각각의 지원자들에게는 다량의 질문들이 뒤섞여 제시됩니다. 다시 말하자면, 부정행위를 방지할 수는 없지만 판매 컨설턴트들은 판매를 하는 능력에 직접적 영향을 주는 개개적인 성과에 대한 구조적인 피드백을 받는 것의 이점을 알 것입니다."

"만약 그들이 필수 역량평가를 통과하지 못한다면 자격증 수행계획이 재시험을 준비하는 데 도움이 될 것입니다. 역량평가는 인정이 되건 안 되건 수행을 구별하려는 것이지 벌을 주기 위함은 아닙니다. 궁극적인 목표는 꾸준한 향상이고, 판매 컨설턴트가 자격을 갖췄을 때 그들은 프로그램 중 수행관리 단계에 접어들면 개인 개발 계획표를 받게 됩니다. 그 후 다시 자격을 받기 위해 필요한 단 하나의 요건은 제품지식 시험들을 끝내는 것입니다. 그들이 실적을 향상시키는 데 헌신적이라면 프로그램은 판매 컨설턴트가 더 많은 돈을 벌 수 있도록 잠재적인 도움을 줄 것입니다."

"흠, 모든 것이 다 좋게 들리네요. 그렇다면 문제는 무엇입니까?"

내가 한숨을 쉬며 말했다. "TCM이 최근에 개편되었고 몇몇 자리가 없어지거나 통합되었습니다." 나는 계속해서 설명했다. "그리고 Bob의 직책이 없어진 것으로 인해 Antoine이 유럽에 있는 Victor Nielsen에게 직접 보고를 할 것이라고 말했습니다."

"음, 그렇다면 문제는?"

"문제는…… Bob은 차량운반 전문가가 자격증 시험이 필요하다는 것을 단

요청 보고서

고　객: Antoine Devereux
작성자: Pat O'Toole
참가자: Claire Campbell
Antoine Devereux(유선상으로)
Dale Hovan
Scott Hunter
Pat O'Toole
목　적: 자격증 프로그램
일　시: 10월 3일

목적

이번 회의의 목적은 판매 컨설턴트 자격증 프로그램에 관해 토론하기 위함이다.

배경

- 판매 컨설턴트 자격증 프로그램에 관한 모든 사항은 보고되었고 시작 전에 허가되었다. 포함 내용은 다음과 같다.
  - 직무 설명서와 역량 교정
  - 디자인과 기능성의 조화
  - 제품지식 시험
  - 역량평가
  - 자격증 수행계획과 개인 개발계획
- 차량운반 전문가(VDS) 자격증에 관한 TCM의 질문. APIC는 국제시장에서 70명도 안 되는 재직자들이 있기 때문에 Bob이 차량운반 전문가 자격증 자료를 요청하지 않았다고 TCM에게 통지했다.

토론

- 제조업체가 블록 면제 내규기준(BER)을 만들기 쉽게 차량운반 전문가 자격증 자료들이 첫해에 준비되어야 한다고 TCM이 APIC에게 알렸다.
- APIC는 여러 가지 옵션을 찾기 위해 브레인스토밍 회의를 진행함
  - 역량평가 제공자에게 시세 요청
  - VDS 자격증에 관련 자료가 있는지 지역 훈련 팀에게 확인
  - VDS 자격증 관련 자료가 있는지 확인하기 위해 훈련 매니저들에게 이메일 발송
- TCM의 설명에 따르면, 대부분의 시장에서는 판매 컨설턴트(SC)가 차량 운반을 다루고, VDS 직책은 미국 브랜드나 고급 차량을 판매하는 대리점 같은 아주 큰 시장에만 있다.

VDS 직책은 SC에게는 초보적인 일로 종종 인식되고, VDS는 SC가 하는 기초적인 직무를 이행할 수 있어야 한다.

- TCM은 APIC에게 자격증 관련 서류가 영국에 있는 고급 브랜드에 존재한다고 알렸다. 판매 대리점에 간단한 훈련 프로그램이 전달되고 역할 분담 시나리오로 VDS가 증명되어야 하는지를 훈련 매니저가 결정한다.
- 또한 TCM은 APIC에게 훈련 자격증 시험에서 탈락한 VDS 지원자들에게는 훈련 지원이 반드시 주어져야 한다고 통보했다.

다음 단계

- APIC는 현존하는 자료들을 수집한다. 현재까지 알아낸 것은 다음과 같다.
  - 영국에서 VDS 증빙자료
  - VDS와 SC 직무 설명서와 SC 역량
  - SC 역량평가(아직 사용되지 않은 허가된 항목 포함)
  - 차량 운반을 위한 지역 훈련자료 준비(5급 차량 유흥직 포함)
  - APIC는 역량평가 제공자로부터 견적 받기

[그림 22-4] 요청 보고서

한 번도 느낀 적이 없다고 했습니다. 차량운반 전문가들은 소비자를 직접적으로 만나는 직원들로, 실질적인 판매 거래가 일어난 후에 소비자에게 차량을 넘겨주는 일에만 책임이 있습니다. 그들은 소비자의 질문에 답변을 하고 라디오나 에어컨 시스템 사용법만 설명하면 되므로 Bob은 그들을 포함시키지 않아도 된다고 생각했습니다. 왜냐하면 전체 유럽 조합에는 차량운반 전문가가 60~70명밖에 되지 않기 때문입니다. 하지만 Victor는 차량운반 전문가들을 프로그램에 포함시켜야 한다고 고집하고 Antoine은 요청을 하고 있어, 우리는 그저 시간과 돈을 낭비하고만 있는 실정입니다."

Ken이 질문을 더 했다. "고객과의 최근 미팅에서는 어떠한 내용으로 회의를 했습니까?

"여기 요청 보고서 사본([그림 22-4] 참조)이 있습니다. 난 무엇을 해야 할지 확신이 서지 않습니다."

Ken은 요청 보고서를 훑어보면서 질문을 했다. "그래서 이번 건에 대한 당신의 느낌은 어떻습니까?"

"한 가지 확실한 점은 TCM이 차량운반 전문가들의 성공적인 수행에 대한 주요 행동들을 식별하기 위한 중요한 인터뷰를 할 수 있는 외부 인력을 고용할 만한 자금이 충분치 않다는 것입니다."

"그래서 이번 임무가 얼마나 복잡할 것 같습니까?"

"일반적으로, 제 생각엔 혹시 운반 도중 질문들이 있을 수도 있으니까 차량운반 전문가들이 기초 제품 기능에 관련해 익숙해야 한다고 봅니다. 그들은 여러 가지 차량 내부와 외부에 관련해서 어떻게 설명해야 할지 알아야 합니다. 또 차량 전달과정에서 보편적인 상황이 발생할 수 있기 때문에 기초 지식이 필요하고 직접적으로 소비자를 만나기 때문에 적절히 대처하는 것도 알아야 합니다."

"배송과정에서는 어떠한 대표적인 상황이 발생할 수 있습니까?"

"가끔씩 소비자들이 급하게 주문을 해서 배송시간이 촉박할 수도 있고, 소비자가 왔을 때 차량이 준비되어 있지 않을 수도 있습니다."

"당신 생각에는 Dale Hovan이 이번 일을 할 시간이 있다고 생각합니까?"

"가능합니다. 그리고 Dale은 판매 컨설턴트 자격증 프로그램에 깊이 관련되어 있습니다. 하지만 제 생각엔 이번 일은 차량운반 전문가들을 위한 훈련 프로그램을 찾을 수 있는지에 달려 있습니다."

"네, 그렇군요. 보아하니 우리에게 권고할 방법을 생각할 일주일 정도의 시간이 있습니다."

그 순간 Ken은 그의 시계를 보더니 벽에 걸려 있는 M. Scott Peck의 글귀를 가리켰다. 거기엔 다음과 같이 적혀 있었다.

> 실제로 최상의 상황은 우리가 가장 불편하고 불행하고 불만족스러울 때 발생한다. 그 순간에 우리의 불안함이 계속되기 때문에 우리는 틀에 박힌 일상에서 벗어나려 하고 다른 방식 또는 더 진실한 대답을 찾으려 한다.

Ken이 말했다. "이번 일로 당신이 굉장히 힘들어한다는 걸 압니다. 하지만 차량

운반 전문가들을 위한 자격증 시험이 이번 일의 최고의 순간이 될 것입니다. 어쨌든 Kat은 어떻게 됐습니까?" 나는 사실대로 말했다. "Kat은 해고되고 Antoine이 유럽 훈련 매니저로 승진했습니다."

Ken이 혼돈스러운 듯 중얼거렸다. "하지만 Antoine은……."

내가 덧붙였다. "네, 압니다. Antoine은 그의 친지와 부적절한 사업관계를 맺었죠. 하지만 그는 일을 잘해 왔고 TCM은 그를 승진시켜 줬습니다. 승진의 조건은 그의 친지가 파일럿을 마칠 수는 있지만 그 어떤 국제적 사업도 하지 못하는 것으로……."

"아주 전형적이군." Ken은 고개를 휘저으며 말했고, 다음 회의를 위해 서류들을 챙겼다.

"시간을 내주셔서 감사합니다." 나는 가끔 실상이 가상보다 이상하다고 생각하면서 대답했다. 그리고 이번 문제를 해결해야 하는 것은 나라는 것을 깨달았다. 또 하나의 실행 가능하지만 시간도 적고 예산도 없는 일. "아주 전형적이지." 나는 내 사무실로 향하면서 중얼거렸다.

예 비분석 질문

1. 기존의 자격증 프로그램에 복잡성이 있을 때, APIC가 전개하는 판매 컨설턴트 자격증 프로그램의 접근에 관해 비평하라.
2. 제3의 평가자를 이용하는 경우와 온라인상의 역량평가를 비교하였을 때 각각의 장단점은 무엇인가?
3. Scott Hunter는 "만약 그룹으로 일을 하게 되면…… 일을 하는 과정에서 훨씬 더 많은 것을 배울 것이다."라고 말했다. 부정행위를 다루는 방식과 관련해 이 진술에 대해 어떻게 생각하는가?
4. APIC의 브레인스토밍 회의 이후에 생겨난 옵션들을 평가하라([그림 22-4] 참조). 차량운반 전문가(VDS) 자격증에 관련된 다른 접근은 없는지 제안하라.

ID 실천을 위한 적용

1. ID 프로젝트에 영향을 미칠 수 있는 환경—변동이 심하고, 재구조화되고, 업무순환 전략이 있는—에서 일하는 변덕스러운 고객들과의 프로젝트 설계 임무에 관해 논의하라.
2. 다른 국가에 있는 프로젝트 팀과 일할 때, 특히 프로젝트 팀원이나 대상의 영어가 제2외국어일 때 어떠한 커뮤니케이션 전략이 필요한지 제안하라.
3. 관련 대상들의 규모가 아주 작을 때 수행 향상 요구를 설명하기 위한 전략의 범위를 제안하라.
4. 현장에서 온라인 평가를 실행하는 것과 관련된 쟁점에 관해 토론하라.

사례연구

23

성인 학습자를 위한 학습객체 개발 (Margaret Janson의 사례)

Rod Sims
(Capella 대학교)
Naomi Waldron
(Queensland 기술대학교)

Simon Wilcowsky는 Third Eye Media에서의 자신의 경력을 조용히 생각해 보았다. 비록 원래의 전공 분야는 그래픽디자인이었지만, 그는 지난 몇 년 동안 교수설계 프로젝트에서 다른 전문가들과 함께 구성된 팀에서 일해 왔고, e-러닝 프로젝트 매니저로 승진했다. 지금까지 그는 마감일을 잘 엄수해 왔고 회사에 상당한 이익을 창출시켜 왔으며 고객들의 요구를 아주 성공적으로 처리해 왔다. 그는 그의 지휘 아래 있는 최고의 팀을 가지고 있었다. 교수설계자, 프로그래머, 일러스트레이터, 애니메이터 그리고 비디오 프로듀서까지. 대부분의 고객은 이 회사에 의해 제작된 e-러닝 매체의 질에 만족해 왔다. Third Eye Media는 읽기 쉬운 양질의 그래픽과 일러스트레이션, 그리고 어려운 개념을 설명하는 애니메이션을 사용해 왔다. 더욱이 e-러닝 제품으로 많은 상을 수상하였고, 그 나라에서 성공한 회사 중의 하나로 여겨졌다.

하지만 이 최근의 고객은 달랐다. Australian Vocational Network(AVN)는 학습객체 개발에 관해 이전의 고객들이 요구했던 것과는 다른 아주 뚜렷한 아이디어를 가지고 있었다. Simon은 AVN이 요구한 대략 40%의 완성품에 대한 기술검증(Proof of Concept: POC)에 다시금 의아해했다. 하지만 현재 고객은 이 프로젝트를 빼내고 계약을 취소하려는 위협을 하고 있다. 어찌된 일인지 이 아주 중요한 고객에게는 Third Eye Media가 이뤄내 온 설계작품들에 대한 명성이 받아들여지지 않는 것 같았다. Simon은 그의 상사인 Caroline Porter와 그가 오늘 아침 그녀에게 첫 번째로 보낸 메모에 대해 20분을 통화했고, 무엇이 잘못되었고 왜 그가 거의 10만 달러에 달하는 프로젝트에 대한 실패의 위협에 직면하게 되었는지 설명하였다. 그녀는 기분이 전혀 좋지 않았지만, 그 프로젝트를 유지하게 될 것이라고 보장하였다. 하지만 어떻게? Simon은 때로는 다른 시각이 어려운 문제의 해결에 대하여 빛을 발할 때가 있다는 것을 알았다. 그래서 그는 Third Eye Media의 숙련된 교수설계자인 Margaret Janson에게 이 문제에 대하여 이야기해 보기로 결정했다.

Margaret은 막 중요한 프로젝트를 완성한 후, 그녀의 책상에 앉아 휴식을 취하며 그녀의 대학 친구와 함께 할 티타임을 기대하고 있었다. 그녀는 막 e-러닝 마스터 프로그램에 등록을 하였고 도전을 즐겼다. 그녀의 지도교수는 Third Eye Media와 작업하며 얻은 실천적 지식과 그녀가 배운 이론들을 비교해 볼 것을 장려해 왔다. Simon은 문 사이로 머리를 내밀고 시간이 있는지 물었다.

"당연하죠, 들어와요." Margaret이 대답했다.

"문제가 생겼어요." Simon이 말했다. "심해 석유탐사에 대하여 아는 것 있어요?"

Margaret은 모른다는 제스처로 미소를 지었다. Third Eye의 교수설계자로서 그녀는 평범하지 않은 프로젝트에 익숙해져 있었고, 새롭고 도전적인 과제에 대한 생각은 늘 흥미를 불러일으켰다. "몰라요, 하지만 당신 표정을 보니 곧 알아낼 것 같다는 생각이 드네요." 그녀가 대답했다.

Simon은 말을 이어 갔다. "우리가 얻어 낸 심해 석유탐사의 역량기반 훈련 개발에 대한 10만 달러짜리 정부와의 계약을 알고 있나요? 지시서는 우리에게 신입사원의 인증과 기존 사원들의 재인증을 위한 e-러닝 학습객체 개발을 요구했죠."

그는 마른침을 삼켰다. "그 프로젝트 전체가 위험에 처해 있어요. 우리는 지금 POC 단계에 있고, 우리가 빨리 잘못된 것을 알아내고 해결하지 못한다면 10만 달러짜리 계약을 잃을 수도 있을 상황이에요. 우리 회사의 명성이 떨어질 것은 말할 것도 없고요. 우리의 고객은 Australian Vocational Network예요. 당신도 알다시피, AVN은 우리나라 제일의 직업훈련 기관이에요. 그들은 이 프로젝트에 산업적으로 지정된 석유탐사 전문가뿐만 아니라 배정된 프로젝트 매니저도 가지고 있어요. 그러므로 우리는 그에 관여할 많은 책임자를 가지고 있는 것이죠. AVN과 프로젝트 매니저는 우리의 전문 설계서와 프로젝트 요건들을 이해하고 있지만 심해 석유탐사에 대해서는 아무것도 알지 못해요. 그런 반면 우리의 석유탐사 전문가인 Joe Strickler는 이 산업의 요구에 대하여 아주 잘 알고 있지만 우리가 맡은 분야의 기술적 한계를 완전히 이해하고 있지는 못해요. 그러니까 우리가 만들어 낸 설계는 두 관계자에게 적합하도록 처리되어야 할 필요가 있을 뿐 아니라 우리가 가지고 있는 시간과 예산이 허용되는 한에서 성취되어야 할 필요가 있어요."

Simon은 계속했다. "그들이 학습객체를 통해 무엇을 하려고 하는지도 아주 분명해요. 이것을 보세요." 그는 프로젝트 폴더에서 한 페이지를 빼내어 Margaret에게 건넸다([그림 23-1] 참조).

Simon은 Margaret에게 그가 일찍이 그의 상사에게 보냈던 내부 문서 또한 보여 줬다([그림 23-2] 참조). "난 이것을 현 상황을 설명하기 위하여 본사에 보냈어요. 아마도 당신이 읽어 봤어야 했어요. 곧 돌아올게요. AVN 프로젝트 매니저에게 지금 전화를 해야 하거든요. 새로운 소식과 함께 곧 돌아올게요."

Margaret은 설명서와 메모를 다 읽고는 어떻게 이 프로젝트가 이 국면까지 이

AVN

오스트리아 직업 네트워크
(AUSTRALIAN VOCATIONAL NETWORK)
문 서

To: 학습객체 계약
FROM: 자료연구부
SUBJECT: 학습객체 설명서
DATE: 2005년 1월 12일
CC: 기술훈련 감독

모든 개발자님께

이 설명서는 모든 학습객체 개발에 적용되어야 합니다. 세부적인 정보는 담당 프로젝트 매니저에게 문의바랍니다.

AVN 학습객체의 요구되는 특징:
AVN 학습객체를 위한 약식 지침서로부터의 발췌 - 시리즈 3의 AVN 프로젝트 매니저, 2004년 6월 5일

학습객체의 구조
1) 학습객체로서의 각 모듈은 다음 조건을 만족시키며 설계되어야 한다.
  a) SCORM 규격
  b) 자급식(즉, 모듈 간의 링크 지양)
  c) 학습관리시스템을 통한 보급의 호환성
2) 각각의 모듈은 실제적이고 문제 해결 기반의 환경 속에서 학습자들이 문제 해결을 위해 내용객체를 사용하는 데 열중할 수 있도록 해야 한다(3에 설명된 대로).
3) 각각의 모듈마다 단일 학습객체를 지원하는 세부적인 학습객체가 있어야 한다.

교수-학습의 접근
모듈에 있어 효과적인 교수-학습 접근이 다음 조항에 명시된 대로 드러나야 한다.

- 학습자들을 위한 활동적이고 구조적인 역할을 인지하는 교육 모델
- 단순한 지식의 습득보다는 학습자의 자발적 활동을 불러일으키는 학습활동
- 시각적으로 매력적이고 사용하는 데 편리하고 논리적으로 조직된 자원
- 교과서적 설명보다는 실제적 현장의 환경을 제시

[그림 23-1] AVN 문서

Third Eye Media
Suite 65, 100 Spotty Gum Lane
Eucalyptus Business Park
Gooneellabah NSW 2480
AUSTRALIA
P: 61-2-6623-4567
E: support@3im.com.au

내부 문서

To: Caroline Porter, CEO
FROM: Simon Wilcowsky
SUBJECT: AVN e-러닝 프로젝트
DATE: 2005년 7월 23일

배경

오스트레일리아 교육위원회 산하의 AVN은 Third Eye Media에게 심해 석유탐사와 지하수 굴착을 위한 웹 기반의 학습객체를 개발하도록 위임하였다.

첫 번째 상의에서는 중요 요소와 학습객체의 상관관계 측정에서 문제 해결 기반의 환경에서 맥락화된 활동학습이 되어야 할 것이 강조되었다. AVN 설명서는 비록 이 조항들에 예시나 정의가 제시되어 있지 않았더라도 업무와 학습의 상호작용을 통합하는 매체를 요구하였다.

프로젝트를 위하여 개인적으로 확인된 핵심 요소는 프로젝트 매니저(AVN에 의하여 임명된), 내용 전문가(석유탐사 산업위원회에 의해 임명된), 그리고 교수설계자와 Third Eye Media에 의하여 고용된 멀티미디어 소프트웨어 개발자다.

본사의 요구에 대한 이해와 POC를 고려하고 개발한 것에 따라 AVN은 계약 종결을 요구해 왔다.

핵심 요인

다음은 기대되는 결과물의 보급에 영향을 미치고, 전체 프로젝트를 위기에 처하게 한 핵심 요인과 안건을 제시한 것이다.

- 프로젝트 시작일이 AVN 프로젝트 매니저와 산업위원회 사이의 콘텐츠 선택에 대한 불일치로 인하여 늦어지게 되었다.
- 우리는 기존 교수설계자의 사임으로 교수설계 단계 시작에서 최초의 지연에 직면했다.
- 우리는 내용을 확인하고 모으는 데 있어 어려움을 겪었다. 이에 대한 하나의 이유는 그 단원은 이때까지 고수준의 교과서는 고사하고 기록된 내용도 없이 도제 기반의 일대일

의 형식으로 교육되었기 때문이다.
- POC에 대한 설명서는 샘플 제작이라는 우리의 선행 경험과 일관된 것으로 보인다. 그리고 우리는 이 정보를 첫 번째 결과물의 기초로 사용하였다.

이 요인들의 조합은 우리가 첫 번째 POC 요구에 응하도록 요구되었다는 것이다.

현재 상황

샘플 학습객체에 대한 우리의 첫 번째 교수설계와 수반된 POC는 AVN 프로젝트 매니저를 만족시키지 못하였다. 그들의 피드백을 통하여 두 가지 이유가 제시되었다. 첫째, POC에서 문제 기반의 탐구학습 핵심 요소를 위해 그들이 무엇을 고려했는지에 대한 설명이 되어 있지 않다. 둘째, POC가 스타일과 레이아웃 측면에서 그들이 기대했던 것과 일관되지 않는다. 전반적인 설계 관점에서 AVN 프로젝트 매니저의 생각은 콘텐츠가 잘 구성되지 못하였고 또 그 방향이 명확하지 않다는 것, 그리고 인터페이스 설계가 미완하다는 것이다.

되돌아보면 POC에 대한 우리와 고객의 이해 사이에 의견 차이가 있다고 볼 수 있다. 우리의 생각은 POC는 프로젝트 진행상의 개략적인 구현이었던 반면, 고객은 의뢰한 학습객체의 40%의 완료를 POC라고 여겼던 것이다. 이것은 이전까지 우리가 수행했던 프로젝트의 POC 요구에서는 문제가 일어나지 않았던 사안이다.

나는 우리가 AVN의 추가적 자본 지원 없이 원래 주어진 시간 내에서 POC를 재수행하길 제안한다. 나는 AVN의 주요 연락자와 말을 했고, 그들은 오늘 아침 우리와 다시 대화하는 데 동의했다.

이 프로젝트가 성공한다면 우리의 수입은 10만 달러이며 내년의 프로젝트 계약 역시 기대할 수 있다. AVN의 지지를 받아야 한다는 것이 나의 의견이다. POC 재수행에 대한 이익의 손실에 관한 우려는 프로젝트의 실패로 인한 명성이 손실되는데 불리하게 작용할 것이다.

마음으로부터,

Simon Wilcowsky

[그림 23-2] Simon이 Caroline Porter에게 보낸 문서

르게 되었는지 추측해 보았다. 그녀는 Simon의 팀이 어떻게 확실하게 명시되어 있는 활동학습과 상호작용에 대한 요구를 빠트렸는지에 대하여 곰곰이 숙고하였다. 그녀는 가장 큰 이유가 사용하기 쉽고 보기 쉬운, 하지만 선호 학습접근의 사용에 대해 거의 명확하지 못했던 이전 고객이 요구한 제작물과 관련이 있는지에 대하여 생각해 보았다.

Simon이 돌아왔을 때, 그는 Margaret에게 그녀의 생각을 물었다. "글쎄요……." 그녀는 약간의 망설임과 함께 시작했다. "당신은 완전히 고객의 요구를 잘못 이해한 것 같아 보여요. 확실히 당신이 나한테 준 설명서는 그들에게서 받은 업무의 전부가 될 수 없어요. 어떻게 당신은 교수설계 업무에 착수하고 고객과 서명한 거죠?"

Simon이 대답했다. "가장 먼저 일어난 일은 우리가 시드니에서 브리핑 회의에 초대된 거예요. 우리의 수석 교수설계자인 Janet Smith는 우리를 대신하여 참석하였죠. 하지만 그녀가 곧 사임을 해서 우리는 대신 Trevor Adams를 프로젝트에 참여시켰어야 했어요. Trevor는 좋은 사람이지만 이 프로젝트의 사전 준비가 되는 모든 브리핑 회의를 놓쳤죠. 그래서 우리는 시작부터 뒤처져 있었죠. 그리고 그는 우리가 이전까지 했던 훈련매체 종류의 설계에는 환상적이었던 반면, 진정한 학습 맥락에 관련된 일에 직면했을 땐 조금 헤맸어요. 당신도 알다시피, Trevor는 일을 통해서 훈련되었고 교육과 관련된 사전 지식을 가지고 있지 않았기 때문이에요. 난 최근까지 그 차이를 발견하지 못했고, 이 POC가 고객과 가졌던 첫 번째 서명 지점이에요."

Margaret은 Caroline에게 Simon이 보낸 메모를 다시 훑어보았다. "POC를 위한 40% 완성! 너무 많지 않아요?"

"그렇죠." Simon은 동의했다. "이때까지의 우리의 경험에 근거해 보면, 우리는 POC가 그렇게 완벽할 필요는 없다고 생각해 왔어요. 그리고 스태프의 변동과 Trevor의 이 수준의 개발에 대한 미경험과 더불어, 우리는 아무래도 AVN의 POC에 대한 기대가 모든 작업의 거의 반 이상을 완벽히 끝내야 한다는 것을 뜻한다는 것을 알아채지 못한 것 같아요. 우리는 이전까지 AVN과 일해 보지 않았지만, 어쨌든 그것이 바로 그들이 기대했던 거예요."

Margaret은 잠시 침묵을 지켰고 그녀만의 견해를 더했다. "알아요? 이 프로젝트는 우리가 이때까지 완성했던 대부분의 프로젝트와는 다소 달라요. 그것이 바로 왜 당신이 요구의 일부를 빠트리고 넘어갔는지를 설명해 줘요. 대부분의 우리의 고객은 단지 '전자교재' 방식만을 원했죠. 그러니까 그들은 멋져 보이는 정보의 제시를 원했어요. 하지만 이 프로젝트에서 우린 명백히 아주 정교한 수준의 작업과 구조화된 상호활동을 통한 콘텐츠와 함께 학습자를 끌어들이도록 부탁받았죠."

그녀는 멈췄다. "내가 이 상황을 바르게 이해했는지 한번 보세요. 우리는 이 프로젝트를 얻었고, 일부 초기 인력문제 이후 우리는 단지 과거에 우리가 제출요건 충족을 위해 했던 노력만큼만 해 왔던 거예요."

Simon은 의자에서 이리저리 움직이며 불편한 듯 보였다. "그건 단지 하나의 관점일 뿐이에요. Margaret, 나는 방금 AVN과의 통화를 끝냈고, 그들은 계약을 유지시키기로 동의했어요. 하지만 우리는 일에 착수할 새로운 교수설계자를 임명해야만 해요. 우리의 예산 범위 내에서 새로운 POC를 완벽하게 개발할 시간이 딱 3주밖에 남지 않았어요. 만약 그것이 성공한다면 우리는 모든 프로젝트를 위한 돈을 지급받을 거예요. 그러나 성공하지 못한다면 다른 일에서도 손해를 보게 될 것이에요."

Margaret은 초조하게 웃었다. "3주! 정말 터무니없군요. 이런 종류의 프로젝트는 여러 달은 걸려야 해요. 고객에게 몇 달만 시간을 좀 달라고 부탁할 수 없나요?" Simon은 그녀를 진지하게 바라보았다. "당신은 내가 이 기회를 얻기 위해 그들을 확신시키려고 얼마나 노력했는지 몰라요. 우리에게 더 이상의 시간은 주어지지 않을 거예요. 그들이 우리에게 3주라도 시간을 더 준 것은 내가 그들에게 우리는 이 일을 훌륭히 해 낼 제작 역량이 있다고 설득했기 때문이에요."

Margaret은 긴 한숨을 쉬었다. " 그렇다면 이 프로젝트에 참여할 또 다른 사람은 누구예요?" Simon은 재빨리 대답했다. "당신이 원하는 사람이라면 다 참여시킬 수 있어요. 만약 가능하다면 팀원 전체라도 말이죠. 단지 날 실망시키지 말아요."

'와우, 이것은 상당한 프로젝트가 될 것 같은데.' Margaret은 생각했다. "학습 결과들과 내용은 어디에 있나요?"

Simon은 대답했다. "여기 얼마간의 산업을 기반으로 한 지하수 탐사방법들이 있어요. 하지만 이것은 꽤 전문화된 분야이고 매우 기술 지향적인 내용이에요. 문서화된 교육방법은 존재하지 않아요. 지금까지도 교육은 도제 기반으로 이루어지고 있어요. Martin Howe라는 전문가가 하나 있는데, 그는 수년간 사람들을 훈련시켜 왔어요. 하지만 그는 타스매니아에 살고 있고 오랜 기간 동안 해안에서 멀리 떨어진 유정 굴착장치에서 지내오고 있기 때문에, Trevor는 그와 단지 간단한 전화와 이메일로만 연락할 수 있었어요. 난 그가 지금 돌아올 것이라고 믿고, 당신이 원한다면 그가 이곳으로 와서 팀과 함께 시간을 보내도록 비행기 표를 준비해 둘 수도 있어요. 아무튼 당신이 어떻게 하고 싶은지 생각해 보고 아침의 첫 번째 일에 착수할 계획과 함께 날 찾아오도록 해요."

3주 동안의 고된 작업과 부족해질 수면시간을 생각하며, Margaret은 그녀의 자리에 돌아와 Simon이 두고 간 고객의 초기 POC 피드백([그림 23-3] 참조)을 재검토하였다.

한눈에도 그녀는 몇몇 심각한 문제가 있음을 볼 수 있었다. 교수-학습 접근의 점수는 25점 중 6점이었고, 생산품 가능성은 20점 중 10점, 기준에의 순응은 15점 중 10점이었다. Simon이 POC 제안을 교섭하여 냈다는 것은 아주 명백히 운이 좋은 것이었다. 점수와 의견을 더 자세히 검토해 보면서, Margaret은 왜 교수-학습 접근 부분이 다른 평가에 비해 현저하게 낮은 점수를 받았는지 곰곰이 생각했다. 그녀의 대학공부에서 이론과 상호작용, 실험을 배우는 것의 중요성을 더 이해하기 시작하는 중이었고, 그것들이 개념을 전자학습 결과물에 적용하려고 하는 범위에 대해 궁금해하기 시작했다.

'뭐가 잘못됐을까?' 그녀가 다시 의아하게 생각했다. '그들이 개발을 시작하기 전에 제목을 보지 못했나?' 그러고 나서 그녀는 캡쳐한 화면 두 개([그림 23-4]와 [그림 23-5] 참조)와 POC로 AVN에 제출한 설계 순서([그림 23-6] 참조)를 검

AVN

AUSTRALIAN VOCATIONAL NETWORK
문 서

To: Simon Wilcowsky, Third Eye Media
FROM: 자료연구부 L. J. Smith
SUBJECT: POC에 대한 의견
DATE: 2005년 6월 20일
CC: 기술훈련 감독

Simon,
우리는 심해 유정 굴착기 연구 대상으로 POC를 받아 재검토했습니다.

동봉된 공식 평가와 의견을 확인하고 의견을 주십시오.

보시다시피, 우리는 그 계획을 완성하기 위해 Third Eye Media의 능력에 대해 보류해 둔 중요한 것이 있습니다.

우리는 당신이 그 계획의 상태에 대해 논의하기 위해 AVN 프로젝트 담당자와 만나기를 권합니다.

마음으로부터,
LJ SMITH

자료연구부장
L. J. SMITH

동봉: 평가와 반응 보고서

[그림 23-3] AVN 평가와 반응 보고서(계속)

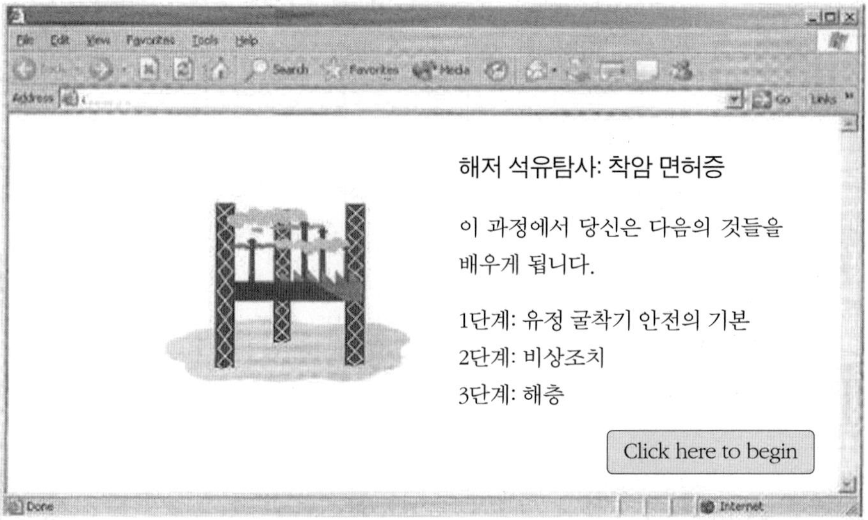

[그림 23-4] 교육과정 시작 화면

토했다.

Margaret이 그 절차를 따라 살펴보았을 때 그녀의 의심이 확인되었다. 팀이 AVN이 요구했던 상호작용성과 진정성의 표본을 확실히 통합하지 않았던 것이다. 이것이 프로젝트를 거의 잃도록 만든 보이지 않는 연결고리였을까? Third Eye가 응용을 완전히 하지 못했다는 e-러닝 훈련계획에 대한 몇 가지 측면이 있었나? 상호작용과 진정한 학습경험을 장려하도록 계획하는 것의 중요성을 말했던 교수를 만나면서 발표를 들었던 것을 기억한 것은 그때였다. 아마도 그는 프로젝트를 완성하는 동안 그들을 도왔을 몇 가지 추가적인 생각을 가지고 있을 것이다.

다음날 Margaret은 그 교수의 명함을 찾았다. Geoff Charles는 상호작용성에 대해 쓴 e-러닝 컨설턴트였다. 그는 Margaret의 수업에서 효율적인 대화식의 학습경험을 개발하는 것이 중요함을 매우 분명히 하였다. Margaret은 Geoff에게 전화를 걸었고, 운 좋게도 바로 그날 오후 그는 커피 마실 정도의 여유가 있었다.

Third Eye POC: 평가와 반응 보고서

훈련과 연수 입문	평가 (1-5)	의 견
학습객체는 학습자에게 능동적이고 구조적인 역할을 알아내는 교육방식을 기초로 한다.	1	산출물은 알려진 어떤 교육모형에도 근거한 것처럼 보이지 않는다.
학습활동은 학습자로 하여금 단순한 지식 획득보다는 당면 과제를 처리하도록 요구한다.	1	활동은 학습자를 속박하지 않고 상호작용은 낮은 단계에서 사용한다.
학습환경과 작업은 의미 있는 의사소통(선생님과 학생 간의 소통뿐만 아니라 학습자들 간의)을 조장한다.	2	학습자들 간 혹은 선생님과 학습자들 간의 의사소통에 직접적인 관계는 없다.
학습환경은 텍스트 서술의 선호에 대한 실제 상태를 나타낸다.	1	학습환경은 매우 단순하다. 그리고 심해석유탐사 환경을 제시하지 않는다.
산출물은 시각적으로 관심을 끄는 것이고, 사용하기에 동기를 부여하는 것이고, 내비게이션에 쉽도록 논리적으로 조직화되어 있다.	1	내비게이션은 매우 혼란스럽다. 산출물을 통한 논리적인 통로가 없으며 산출물의 모습은 빈약하다.
산출물의 기능	**평가**	**의 견**
산출물은 소유자가 없는 개발 소프트웨어를 사용한다.	3	산출물은 HTML과 플래시 형태로 발달되어 있지만 호소력이 없다.
변할 것 같은 내용은 HTML이나 Word로 나타낸다.	4	대부분의 내용이 HTML 원문이나 Word 문서로 나타난다.
산출물은 제안된 학습결과가 적당하더라도 자료를 가지고 다양한 경로를 고려한다.	1	내비게이션은 혼동하기 쉬워서 다른 경로에 대해 학습자들을 위한 지침서가 없다.
산출물은 사용 가능하고 독립적인 일련의 학습객체로 쉽게 나눌 수 있다.	2	기술이 그것을 보조함에도 불구하고, 그들 이 독립된 학습객체가 되도록 하는 부분이 어떤 영역에도 없어 보인다.
기준에 대한 수락	**평가**	**의 견**
산출물은 W3C 1순위 웹 콘텐츠 접근에 동의한다.	5	대부분의 내용이 단순한 HTML로 표기된다.
위의 지침을 따르는 것이 산출물 특징의 바람직한 품질에 어떠한 손실도 가져와서는 안 된다.	2	산출물은 더 매력적인 것으로 만들어져야 한다.
산출물은 SCORM 규격이다.	3	산출물은 기술적으로 SCORM을 수락하지만 각각의 학습과제는 규정되어 있지 않다.

[그림 23-3] AVN 평가와 반응 보고서

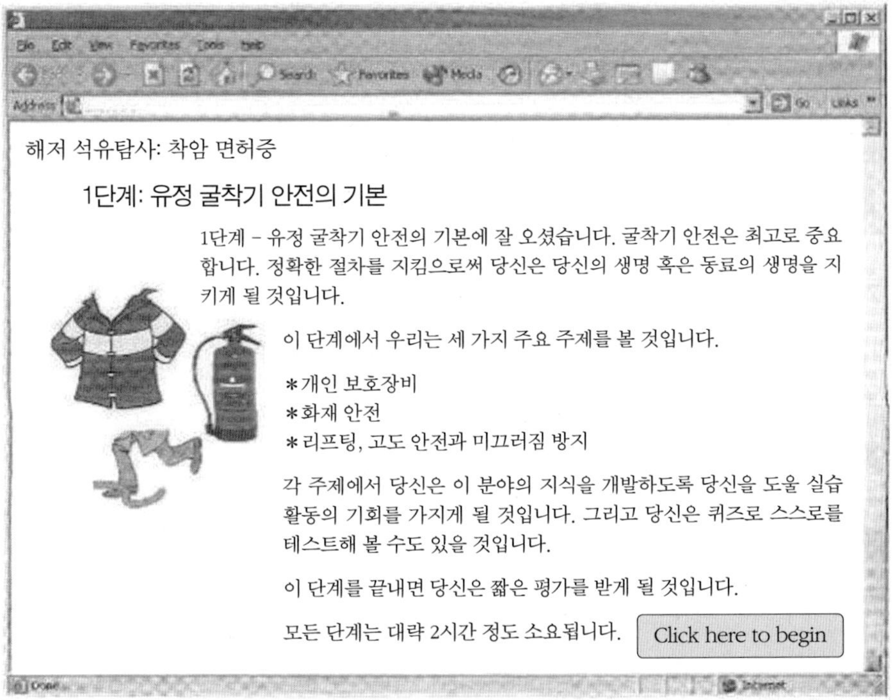

[그림 23-5] 모듈 1 시작 화면

"말해 주세요, Geoff 교수님." Margaret이 물었다. "어떻게 우리가 확실한 계약으로 상호작용성을 갖춘 e-러닝 학습객체를 만들 수 있죠? 우리가 해저 석유탐사가를 훈련시키는 계획을 맡았는데 몇 가지 새로운 아이디어가 급하게 필요해요. 저는 교수님의 발표에서 많은 걸 배웠지만 더 자세하게 알려 주시면 정말 감사하겠습니다."

Geoff는 잠시 동안 생각했다가 조심스럽게 답했다. "넌 지금 상황에 문제점이 있는 것 같구나." 그러고는 광대한 범위의 환경에서 다른 유형의 학습자들에게 성공적임이 증명된 서로 다른 상호작용 전략을 설명하면서 그가 연구했던 몇 가지 프로젝트에 대해 자세하게 설명하였다.

Geoff와 한 시간 동안 이야기를 나눈 뒤, POC가 거절된 이유에 대한 Margaret의 의심은 확인된 듯했다. Third Eye의 이전의 계획들은 몇 가지 정말

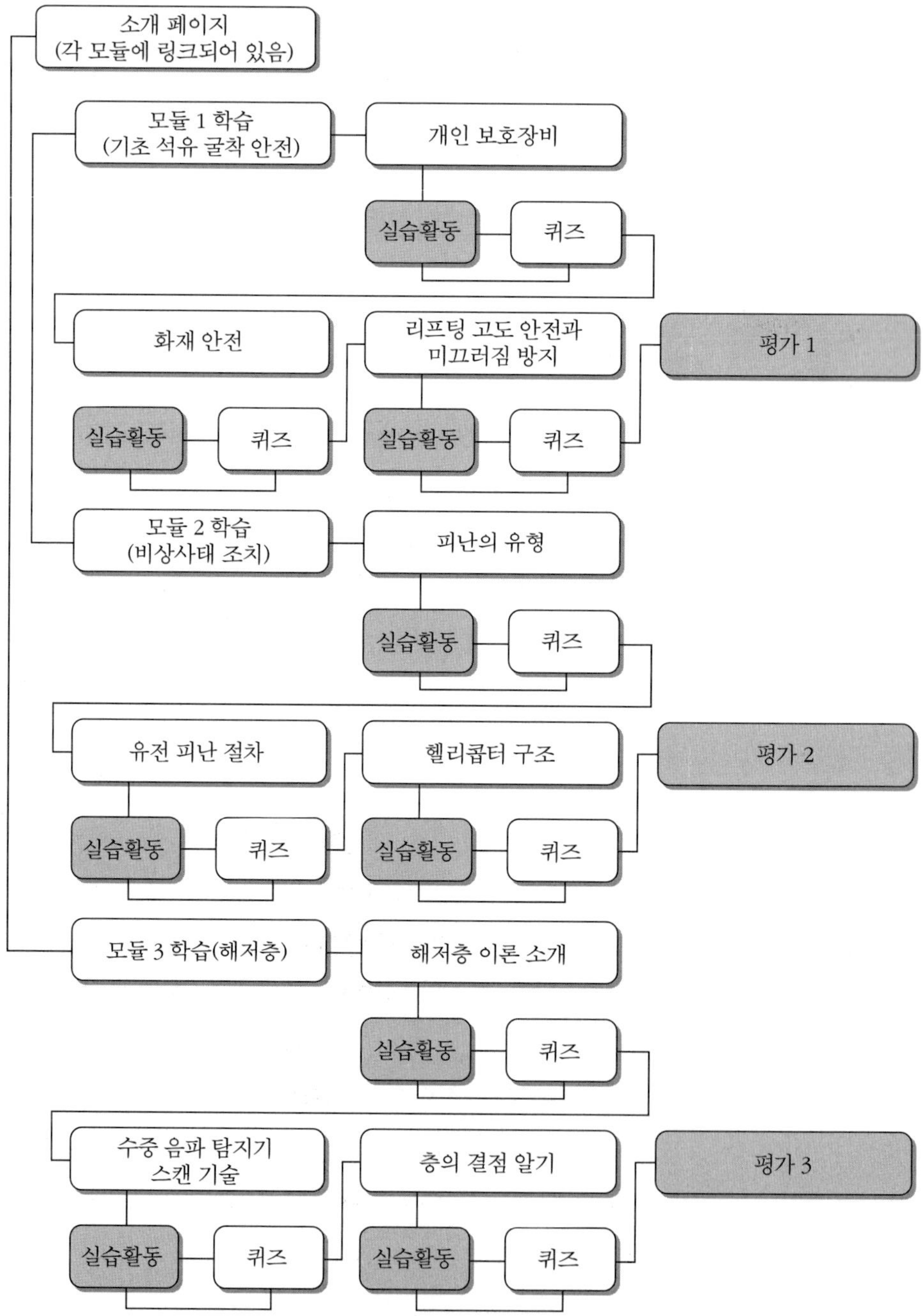
소개 페이지
(각 모듈에 링크되어 있음)
모듈 1 학습
(기초 석유 굴착 안전)
개인 보호장비
실습활동
퀴즈
화재 안전
실습활동
퀴즈
리프팅 고도 안전과
미끄러짐 방지
실습활동
퀴즈
평가 1
모듈 2 학습
(비상사태 조치)
피난의 유형
실습활동
퀴즈
유전 피난 절차
실습활동
퀴즈
헬리콥터 구조
실습활동
퀴즈
평가 2
모듈 3 학습(해저층)
해저층 이론 소개
실습활동
퀴즈
수중 음파 탐지기
스캔 기술
실습활동
퀴즈
층의 결점 알기
실습활동
퀴즈
평가 3

[그림 23-6] 과정 순서도

지루한 내용을 좀 더 이해하기 쉽고 보기 좋은 서식으로 번역하는 것을 강조해 왔다. 그리고 고객은 그들이 새로운 e-러닝 학습객체라고 부르는 것에 매우 만족해 왔다. 하지만 이 고객은 Geoff의 생각과 더욱더 뜻을 같이하는 상호작용성에 대해 완전히 다른 기대를 가지고 있었다.

이것은 매력적인 내용을 보여 주는 것뿐 아니라 실제적 활동에 학생들을 참여시킴으로써 학생들을 학습자료에 몰입하게 하는 것이었다. Margaret은 사무실로 돌아가려고 출발하면서 자신이 이제 AVN의 요구를 충족시킬 POC를 다시 만들 토대를 가졌다고 생각했다.

예 비분석 질문

1. AVN과 Third Eye가 전달한 POC의 메모에서 요구된 학습객체들 간의 차이점을 설명하라.
2. 이 사례에서 생긴 많은 오해와 잘못된 가설들이 있었다. AVN과 Third Eye 간의 의사소통을 개선할 전략을 제시하라.
3. Simon에게 제출할 Margaret의 수행계획을 전개하라. 1일에 프로젝트 브리핑, 21일에 프로젝트 제출을 포함한 3주짜리 달력을 그려라.

ID 실천을 위한 적용

1. 교육설계 프로젝트 담당자의 역할은 곡예사와 비교되었다. 그들은 수시로 상반되는 제3자의 요구들을 시간, 돈, 양질의 제품을 설계하는 자원들의 압박 속에서 처리해야 한다. 고객, 담당자, 개발자들이 설계에 만족하도록 확신하게 하기 위해서는 어떤 전략들이 사용되겠는가?
2. 학습객체들은 최대한 사용 가능하도록 되어 있다. 그러나 일반적인 비판은 학습을 의미 있고 확실하게 만들기 위한 환경이 부족할 것이라는 것이다. 당신은 이 비판에 어떻게 대응하겠는가? 당신은 이 비판에 반격하기 위해 어떤 설계를 고려할 것인가?
3. 상호작용성(학생–학생, 지도자–학생, 학생–내용)에 대한 면대면 학습환경과 온라인 학습환경 연구법들을 비교하라.

사례연구

24

엔지니어의 성과 향상
(David Jimenez의 사례)

Martha Mann
(Arizona Department of Transportation)
Valerie A. Larsen
(Notre Dame 대학교)
Mable B. Kinzie
(Virginia 대학교)

Carillon Production은 1990년대 후반의 교수설계자들의 작은 모임에서 시작해 불과 몇 년 만에 50명 이상의 직원을 두고 있는 교수설계 회사다. Carillon은 교육출판업의 고객들 사이에 멀티미디어 기반 학습교재 개발로 잘 알려져 있다. David Jimenez는 지난 4년 동안 Carillon사의 교수설계자로 수학, 과학 분야의 설계를 전담해 왔다. 그의 혁신적이고 수상 경력이 담긴 설계작품들은 상호작용적인 문제기반 물리학 모듈부터 3D 미분 개별학습까지 넓은 범위에 걸쳐 있다. David는 그의 성공적인 설계작품들을 교수설계자로서 가진 그의 기술, 프로그래밍 기술, 그리고 초등학교에서의 10년간의 과학교사 경력 덕분이라 믿었다. 그의 교사 경력은 그로 하여금 학습자들의 요구를 통찰할 수 있게 하였고, 내용 전문가와 교수개발자의 역할을 할 수 있게 하였다. 이런 면에서 그는 Carillon의 고객들을 위해서 그가 직접 설계하고 개발할 수 있었다. 그러나 David는 석유 분석도구와 추출장비 제조업체인 Dragone Drilling Technologies의 프로젝트 매니저로 고용되었을 때 성공을 위해서 그의 방식을 조정해야 했다. 90일 안에 시장에 출시하기 위해서 Dragone Drilling의 Odysseus System은 천연가스 채굴을 촉진화할 가능성 있고 비용 효율적인 기술을 개발해야 했다. 이 회사는 이 새로운 분석, 보관, 예측 시스템의 사용을 장려할 수 있는 훈련 모듈을 원했다.

Odysseus System 프로젝트는 David에게는 매니저로서의 첫 경험이었고, 내용 전문가들에게 의존하지 않는 독립적인 설계자로 참가한 첫 프로젝트였다. 그러나 David는 이 새로운 도전에 대해 열정적이었고 이것이 그의 리더십과 교수설계 기술을 키울 수 있는 기회라고 보았다. Dragone는 Odysseus System의 베타 버전을 가지고 현장시험을 실시하였다. 그리고 그 결과는 사용자들에 대한 훈련의 필요성을 짚어 주었다. Dragone의 임직원에 의하면, 이 필요성은 제품을 사용하는 엔지니어들의 반대에 의해 증명되었다고 한다. 그들이 생각하는 문제는 일반적으로 새로운 기술을 소개하는 조직의 공통점이다. 그들의 보고서에 의하면 그들은 현장에서 두 달 동안 그 기술을 사용하도록 요청받았는데, 두 번째 달이 끝날 무렵에 엔지니어들은 새로운 기술을 거부하고 기존의 자료수집 도구를 사용했다.

David의 팁

Carillon은 Dragone과 계약을 따낸 즉시, Dragone의 인력자원부는 한 명의 그래픽 디자이너, 세 명의 소프트웨어/인터페이스 프로그래머 그리고 두 명의 견습 교수설계자를 Odysseus System 프로젝트에 배치하였다. 그들은 David의 지시를 받아 작업했다. David는 그들의 고객에게 그의 '스타' 팀이 최상의 팀임을 소개하는 것이 중요하다고 판단했고, 그래픽 디자이너와 인터페이스 프로그래머를 고객과의 면대면 회의에 참여하도록 했다. David는 그들 제품의 다양성에 대해 설명하게 했고, Dragone Drilling 인력자원 부서의 매니저와 Odysseus System의 마케팅 부장이 고객을 대표했다.

Dragone의 마케팅 부장이 Odysseus System을 위한 홍보물을 소개하고 그 기능에 대해 설명했다. 그는 기존의 자료수집 방법은 힘이 들고, 수동으로 표준측정하는 데 시간이 걸리고, 이 외에 현장에서 각 자료 검색을 수동으로 기록해야 하며, 실험실 밖에서 긴 분석이 필요해 시간이 오래 걸린다고 설명했다. Odysseus System은 이 과정을 자동측정과 현장분석을 통해 능률적으로 처리한다. 이 시스템은 세 단계로 이루어진 혼합적인 변화와 잠재적 훈련 장소의 하이드레이트 가스에 대한 자료를 모으는 현장 디지털 시스템을 포함한다. 저장 액체 특성에 대한 다변수적 분석은 자동화되었고, 위성 네트워크 데이터베이스와 통합되었으며, 현장 생산성에 관한 예측 알고리즘을 갖추고 있었다.

마케팅 부장에 의하면, 석유사업은 한계에 달해서 석유자원이 감소하고 경쟁은 증가하고 있다. Odysseus System과 같이 천연가스 하이드레이트 탐사를 위해 새로운 기술에 접근하고 있는 회사들은 시장 점유율이 유지되거나 증가될 가능성을 가지고 있다.

Dragone Drilling의 대표자들은 그들이 Carillon Production으로부터 무엇을 찾고 있는지 설명했다. Dragone는 엔지니어들이 석 달 이내에 Odysseus에 최종 보급이 가능한 상호작용적인 자기주도학습 모듈에서 Odysseus 기술의 장점을 경험해 보기를 원했고 사용방법이 쉽다는 것을 알기를 원했다. 목표는 Odysseus System 현장 사람들이 학습하는 데 있어서 용이하다고 느끼게 하는 것이었다. 그들은 효율적인 훈련 해결책은 Odysseus System이 널리 보급되는 데에 있다고 생각했다.

David는 회의의 이 시점에서 기세를 펴기 시작했고, 설계 단계에 대한 토론을 시작했다. 그는 요구사정을 위해 안정된 승인이 가장 중요하다고 믿었고, 이전의 프로젝트들의 예시를 사용하는 것이 중요하다고 생각했다. 그는 어떤 과정들을 거치면 현장 엔지니어들의 요구를 정확하게 파악할 수 있는지, 그 요구들을 훈련 모듈과 부합시키는 데 도움이 될지에 대해 열정적으로 설명했다. Dragone Drilling 대표자들은 요구사정이 기술 적용 문제의 해결책에 적합한 훈련 모듈을 위한 실제적인 방안이라는 데 동의했다. 그들은 시간이 중요하다는 것을 강조했고, 요구사정이 끝날 때까지 훈련 모듈의 개발이 연기되는 것을 탐탁치 않게 생각했다. 대안으로 Dragone Drilling은 David가 Odysseus System을 설계하고 개발하도록 계약된 프로그래밍 팀의 프로젝트 매니저로부터 그가 필요한 정보를 얻기를 원했다.

토론 후에 David와 그의 고객은 합의하는 데 동의했다. 그들은 교육 모듈의 구조를 위한 소프트웨어나 웹 기반 옵션을 포함한 인터페이스 설계에 대한 주요 아이디어들을 브레인스토밍했다. 후에 이야기한 옵션들이 선택된 후, David 팀은 바로 개발을 시작하는 데 동의했다. 그러나 모듈에 적절한 내용이 포함되도록 하기 위해 David는 Odysseus 개발자들과 제품의 주요 사용자들로부터 요구자료들을 모으고 분석하는 초기 2주간의 시간을 그의 고객들이 허락하도록 설득했다.

그러고 나서 그의 팀원들은 David의 감독 아래 스토리보드를 만들기 시작했고, 그는 그의 팀의 진행에 대해 만족했다. 그는 그가 이끄는 개발자들의 능력에 감명 깊었다. 그는 일반적인 지침을 가지고 폭넓은 자유가 주어졌을 때 그 스스로가 최선을 다해 일한다고 생각했다. 그는 그들이 토론한 인터페이스의 구성요소들이 개발될 수 있도록 지도했고, 그들이 기대하는 최상의 인터페이스를 설계할 수 있도록 지도했다.

Lompoc Technology 팀

David는 요구분석을 시작하기 위해서 남부 캘리포니아 해변 근처에 위치한 소프트웨어 개발회사인 Lompoc Technology Group(LTG)을 방문하였다. 거기에서 교육 모듈의 내용 전문가인 Odysseus 개발 팀의 프로젝트 매니저 Bill

Peters를 만났다.

Bill은 David를 맞이하며 커피를 주고는 회사 구경을 시켜 주었다. 그는 회사 최고정보책임자(CIO)부터 인턴사원까지 만날 수 있었다. 프로그래머들을 위한 오픈된 작업 공간인 '하우스' 에서는 음악이 연주되고 있고, 매우 자주 밤을 새서 일하는 프로그래머들을 위해 회의/게임실에는 음식과 간이 패드가 비치되어 있는 등, LTG 시설은 쾌적한 업무환경을 제공하고 있었다. 프로그래머들은 키보드를 두드리고 모니터만 계속 응시하며 그들의 일에 몰두해 있었다. David는 몇몇 프로그래머들이 소그룹으로 모여 Odysseus 인트라넷을 위한 로그인 형태의 결함에 대해 칠판 주변에서 열심히 토론하고 있는 것을 관찰했다.

LTG 구경은 회사의 회의실에서 프로젝트 일정에 대한 이야기를 나누는 것으로 끝났다. 일정표를 위한 첫 번째 것은 Dragone Drilling이 Lompoc 팀에게 순서도 형식으로 제시한 지침에 대한 설명이었다. 순서도는 Odysseus System이 수행해야 하는 필수적인 기능들에 대한 목록이었다. 마지막 항목은 제품의 실험 사용기간 동안의 최종 교정 단계에 관한 차트였다. 그리고 Bill은 David와 Odysseus 소프트웨어 팀과 함께 제품과 프로젝트 실행에 관해 토론하였다. 그들은 Odysseus System과 유사한 랩톱 컴퓨터로 David에게 데모 버전을 함께 보여 주었다. 대부분이 소프트웨어 설계산업의 2~5년 경력을 가진 젊은 남녀로 이루어진 소프트웨어 팀은 Odysseus의 개별 자료 수집과 분석이 용이한 현재의 분석도구가 매우 우수하다고 믿었다.

프로그래머들은 Odysseus의 경우 사용자들이 각 화면과 기능을 이해하기만 하면 쉽게 사용할 수 있다고 설명했다. 또한 주어진 사용자 가이드는 프로그램과 기능이 설명된 스마트 툴에의 접근이 용이하기 때문에 엔지니어들을 위한 독립된 교육 모듈은 불필요하다고 지적했다. 한 프로그래머가 말했다. "Odysseus를 '얻기' 원하지 않는 현장의 엔지니어들은 그들의 업무에 새로운 기술을 수용하지 않으려는 틀에 박힌 사람들입니다." 다른 프로그래머는 새로운 세대의 엔지니어들이 이런 시장을 뚫어야 한다고 제안했다.

David는 LTG에서 Odysseus System 랩톱과 시험용 소프트웨어 복사본을 받았다. 프로젝트 매니저는 Odysseus System 시험에 참가하는 엔지니어들의 연락처와 Odysseus System 사용자의 모집단으로 추정되는 해외 소재 엔지니어들의 전화번호를 주었다.

액체 저장소 분석

나흘에 걸쳐서 David는 일곱 명의 Odysseus System 사용자들을 만날 수 있었다. David가 인터뷰한 일곱 명 중 여섯 명은 영어를 제2외국어로 사용하는 엔지니어들로 고국에서 전문 분야에서 일했다. 그들은 Texas A&M과 Purdue 대학교 같은 미국의 유명한 공과대학에서 학위를 취득했다. 그들은 그들 능력의 60%가 기술적인 것이고 40%는 '느낌' 이라고 했다. 그들은 그들의 기술을 숙련된 엔지니어로부터 배웠다고 했으며, 비록 그들이 사용하는 장비들이 오래되긴 했지만 사용과정이 편리하고 다양한 상황에서 안정적으로 작동한다고 했다. 그들은 탄화수소 매장량의 신속한 측정과 예측이 가능한 도구를 도입하고 싶다고 했으나, 그것이 액체 저장고 분석을 효율적이고 정확하게 할 수 있는 것이어야 한다고 했다. 엔지니어들 중 네 명은 새로운 기술에 대한 우수성에 대해 걱정하기도 했다. 그들은 이전의 도구를 '세계의 구원자' 로 여겼다. 그러나 그 장비가 오작동했을 때 문제가 된 것은 채택된 도구이기보다 엔지니어의 수행 능력이었다.

David는 2주 동안 휴스턴 지역의 다양한 장소에서 Odysseus System의 여덟 명의 엔지니어들과 만남을 가졌다. 그들 중 네 명은 최근에 대학교를 졸업했고 곧 고국으로 돌아갈 것을 계획하고 있었다. David는 새로운 자료수집 방법을 관찰할 수 있었고, 엔지니어들과 함께 시험연구에 대해 이야기를 나누었다. 엔지니어들은 시험연구 첫 달에는 프로그래밍 결함에 초점을 맞춘다고 했다. 그들의 의도는 오류 수정과 기능성 확인이었다. 오류의 대다수는 인트라넷 접근 시 로그인 문제와 분석 알고리즘이 제공되지 않기 때문에 시스템에 충돌하는 사용자 입력 문제로 판정되었다. 엔지니어들은 4주 과정 동안 새로운 기술을 계속 사용했다.

Odysseus의 페이스를 시험한 후, 엔지니어들은 몇 가지 결함이 있다고 보고했다. 한 엔지니어는 "우리 오래된 장비 위에 새로운 빛이 반짝입니다. 오래된 방법이 현대적인 완벽한 모델같이 보이게 하면서."라고 묘사했다. 그들은 Odysseus 소프트웨어가 제어하기 어렵고 훈련현장에서 설치하기 위한 화면이 여러 개 나타났다고 했다. 엔지니어들은 그들의 자료 전체를 가지고 시작해야 하는 시스템이 종종 사라진다고 했다. 결론적으로 그들은 Odysseus를 확신하지 않았고, 정확도를 보증하는 기존의 도구를 사용하기로 했다. 시험연구에 참가한 엔지니어들은 그들의 정보 입력의 기능성과 정확도에 대해 염려하면서 도구의 최종 발매를 꺼렸다.

태도, 성능 및 시험연구 자료

David는 Carillon 사무실로 돌아와서 Odysseus System에서 경험하고 인터뷰한 것으로부터 얻은 자료들을 정리했다. 몇 시간 동안 사용자 가이드, 직업 도움 카드가 포함된 소프트웨어로 작업한 끝에, 그는 Odysseus의 기본적인 기능뿐만 아니라 그것의 결함에 대해 이해하기 시작했다.

동시에 David는 그의 설계자들이 학습 모듈을 위해 매우 정교하고 눈에 띄게 만든 인터페이스를 감독했다. 마지막 분석을 위해서 요구사정 자료가 준비되었을 때, David는 그의 교수설계자들에게 잠시 쉬었다가 그가 결과를 검토하는 것을 도와달라고 부탁했다. 그들은 복잡하게 이어지는 문제점들을 찾아냈다(〈표 24-1〉, 〈표 24-2〉 참조). 문제점들은 '태도 조정'(소프트웨어 회사에 의해 제안된 것)이나 '수행 훈련'(Dragone Drilling에 의해 요청된 것)으로 해결될 것 같지 않았다.

표 24-1 | Odysseus System의 현장 시험연구 동안의 하드웨어 문제

대조/명암
랩톱 LCD 화면은 직사광선에서 특정한 명암과 대조적인 문제를 보였다. 자연광은 너무 비슷하여 특히 변화하는 명암조건에서 화면의 상을 구별할 수 없었다.
도르래 시스템
측정기는 지하 2만 피트까지 내려가야만 한다. 도르래는 측정 케이블을 조절하고, 샘플 유형에 따라 다른 측정을 조직한다. 장비는 또한 랩톱 연접에 위치한 장력을 감소시킨다. 도르래는 때때로 선을 주름지게 하여 측정을 쓸모없게 한다.
측정기 설치
설치는 기존 시스템과 같이 3시간 걸리지만 엔지니어들은 자료수집 세션에 앞서 도구 눈금을 조정하는 것에 익숙하며, 새로운 시스템의 자동 조절에 만족하지 않는다.

표 24-2 | Odysseus System의 현장 시험연구 동안의 소프트웨어 문제

내비게이션
• 데이터 입력과 분석을 조종해야만 하는 8~14개의 창이 있다. • 데이터를 빠뜨렸는지를 결정하는 유일한 방법은 몇 분 정도 소요되는 분석을 작동시키는 것이다. 분석 후에 화면은 사용자에게 빠뜨린 정보를 알려 준다.
온라인 도움말
• 영어가 제2외국어인 세 명의 엔지니어들은 도움 화면이 부적절하다고 했다. 화면은 업무를 완성하는 데 필요한 단계를 명백히 보여 주지 않는다. 엔지니어들은 조정 팁을 검색할 때 어떠한 용어를 입력해야 하는지 몰랐다. • 영어가 모국어인 두 명의 엔지니어들은 도움 화면이 너무 단순하며 접근에 방해가 된다고 생각했다. • 검색 엔진은 시스템 용어 전부를 포함하지 않았고 단순한 기능의 정의만을 제공했다. • 사용자 지침은 사용자에게 위치를 지시하는 것 없이 링크와 버튼을 나타내곤 했다.
기능성
소프트웨어 기능 몇 가지는 물질의 한 면을 반영하는 명칭이 아닌 독특한 명칭을 가졌다.

다음 단계

데이터를 재검토하면서 David는 제품이 수정될 필요가 있을 때 어떻게 훈련 모듈을 진행할 수 있는지 생각했다. David는 이 난관에 대해 동료들의 제안과 해결이 필요했다. 그는 요구가 명확히 표출되기 전에 팀을 직접적으로 인터페이스 설계에 배치함으로써 교수설계 절차의 유효성을 손상시킬 수 있었음을 알고 있었다. 비록 그는 요구 진단의 완성 이전에 제품 개선을 시작함으로 인한 잠재적인 문제들을 인식하기는 했지만 교육적이지 않은 문제들이 드러난 것에 대해 놀랐다.

24시간 이내에 David와 그의 팀은 교육 모듈 인터페이스의 개선에 대한 연구 결과와 과정을 발표했다. David 팀은 요구분석 데이터와 개발 중인 교육 모듈이 어긋나는 부분에 대해 주소를 지정하는 방법을 정해야 했다. 그는 자료표를 쭉 훑어보면서 생각했다. 'Dragone Drilling이 내년에 내가 방 안에 꼼짝 않고 있도록 허용하기만 한다면 Odysseus System을 재설계하고 그들이 상상하는 혁신적인 해결책을 만들 수 있을 거야.'

예비분석 질문

1. 어떠한 정보가 고객들로 하여금 교수의 필요성을 느끼게 하였는가? David는 초기 회의에서 이 주제에 대해 어떻게 더 깊게 탐색하였는가?
2. David는 어떻게 고객들이 사용자들의 지식, 기술 그리고 태도에 관한 문제 대신에 그들 제품의 문제 인식에 대해 고려하도록 외교적으로 잘 장려할 수 있었는가?
3. 이 프로젝트의 시간적 제한에 대해 고려할 때, David는 즉각적인 훈련 모듈 개발을 위해 어떤 다른 옵션들을 선택할 수 있었겠는가?
4. 이 사례의 끝부분의 상황에서 David는 Dragone Drilling과 어떻게 계속 나갈 수 있겠는가?

ID 실천을 위한 적용

1. 고객들이 교수적 요구를 미리 예정했을 때, 당신이라면 어떻게 고객들이 주주들의 예상 반응을 고려하도록 지시하겠는가?
2. 교수설계자가 설계, 개발 팀을 이끌기 위해 요구되는 프로젝트 관리기술에 관해 나열하고 설명하라.

사례연구

25

전자 수행지원 시스템 설계
(Davey Jones의 사례)

Gary Elsbernd
(수행공학자)
Donald A. Stepich
(Boise 주립대학교)

Davey Jones는 WidgetMart에서 10년간 일해 왔다. 그는 처음에는 회사 내 컴퓨터 판매관리 시스템 과정을 문서화하는 기술 전문작가(정보기기 또는 전자기기에 관한 기술적인 내용을 일반적인 경향으로 알기 쉽게 설명하고 과부족 없이 정보를 제공하기 위한 문서를 쓰는 사람 - 역자 주)로 시작하였으나, 이후 몇 년간은 그 이외에 다른 많은 책임을 맡아 일하였다. 그의 운영과 인사에 대한 지식은 점차 늘어나고 있던 한편, 정식으로 훈련된 교수설계자가 회사 내에 부족했기 때문에 교수설계자와 훈련가라는 두 역할을 동시에 하기도 했다. 새로운 기기의 과정부터 대인관계 기술까지 모든 것을 가르치는 임무를 맡게 된 것이다.

WingetMart는 현재 훈련과 수행을 지원하는 자원들을 통합된 전자 수행지원 시스템(electronic performance support system: EPSS)으로 변화시키는 작업을 하고 있었다. 현재 보유자원의 목적을 재수립하고 온라인화를 위한 새로운 정보가 추가되고 있었다. Davey는 컴퓨터 인터페이스 설계기술을 보유하고 있었기 때문에 그 프로젝트 팀에 자연스럽게 투입되었고, 팀의 성과를 높이라는 지시를 받았다. 그것은 매우 주의를 끄는 프로젝트였고, Davey의 경력에 커다란 획을 그을 수 있는 과업이었다. 그러나 이 일은 쉽지만은 않았다.

배 경

WidgetMart는 1956년 상점 하나로 시작하여 1979년 800개, 1991년에는 4,000개로 상점을 늘리며 꾸준히 성장해 왔다. 이 프로젝트를 할 당시에는 전국에서 가장 싼 가격에 판매하는 부품 소매상으로 5,000여 개의 상점이 미국, 푸에르토리코, 버진 제도, 캐나다에 분포되어 있었다. 매년 회사는 약 1억 5천 명의 손님에게 2억 5천 개가 넘는 부품을 팔아 거의 30억 달러의 매출을 올렸다. 회사는 실제로는 세 개의 관련 상점들로 구성되어 있었다.

- WidgetMart: 셀프서비스 상점에서 고품질의 부품을 알맞은 가격에 파는 곳
- Universal Widgets: 높은 수입을 달성하는 부품시장의 요구를 맞추는 곳
- BuyMore: 대형 도매상점의 한 구역을 임대해서 파는 곳

회사의 연혁을 통해서 직원과 경영자들에게 나날의 업무 수행을 최고 상태로 끌어낼 수 있도록 하는 교육이 실시된 적이 있었음을 알 수 있었다. 1979년 이전에는 대부분 'sit with Fred' 라는 훈련을 실시했는데, 이것은 교육을 받을 관리자들이 이미 교육을 받은 관리자 및 여러 점포에서 최고의 성과를 인정받은 지역의 감독관과 6~18개월 정도를 함께 보내는 것이었다.

그러나 이런 종류의 교육에는 몇 가지 문제가 있었다. 하나는 지역마다, 때로는 상점마다 절차에 있어 차이가 보인다는 점이다. 6개의 지역 관리 사무실에서는 수취물을 처리하는 것에서부터 소비자 반품을 처리하고 진열하는 것까지 전반적인 부분을 아우를 수 있는 가장 효율적인 과정에 대해 거의 동의하지 않았다. 이것은 각 지역으로 전이되는 과정에서 6개의 지역이 지니고 있는 최고의 수행 능력과 어려움이 각각 달랐기 때문이었다. 또 다른 문제는 정보가 면대면으로 전달되면서 마치 복사본의 그다음 복사본처럼 퇴보하게 된다는 점이다. 첫 번째로 훈련을 받은 사람이 어떠한 절차와 그 절차 이면에 있는 이론적 해석까지 이해하고 있다면 그다음 훈련가는 표면적으로 기계적인 기술까지만 이해하게 되는 것이다. 습득한 정보를 각 상점에 적용하려는 시점에는 강력한 사업상의 이유로 절차 자체가 자주 바뀌거나 소실된다. 마치 아이들이 캠프에서 전화게임을 할 때처럼 말이다. 게임에서야 메시지를 바꾸어 전달하든 말든 상관이 없지만, 사업에서는 비효율적이고 비효과적인 결과를 야기하게 된다.

이 문제들은 회사가 1980년대에 폭발적인 성장을 하면서 수면 위로 떠오르게 되었다. 그 결과, 관리자들은 더 형식적이고 지속적인 정보를 만들기로 결정하게 되었다. 널리 적용 가능한 표준을 채택하고, 기술 전문가 팀에서는 도처의 모든 상점들에서 행해지고 있는 최고의 성과를 수집하였다. 그리고 수집한 정보를 작업 매뉴얼(ops manual)에 편집하였다. 한 예로, 1979년 이전에 매매는 개인 상점으로 넘겨졌다. 몇몇의 관리자들은 부품들의 묶음 판매량 증대를 기대하면서 가장 많이 팔리는 부품을 진열하였다. 다른 관리자들은 남은 공간의 낭비를 해결하고 상품 거래액을 늘리는 방안으로 가장 큰 재고품과 함께 부품들을 진열했다. 그러나 계절을 타는 부품들은 그들의 패션 개념과 연결시키는 점을 잊지 않았다. 그리고 상품 진열이 좀 더 통일성을 유지할 수 있도록 작업 매뉴얼에 상품 진열에 대한 표준을 포함시켰다. 그것은 회사에서 기획한 판매를 손님에게 일관된 이미지로 심어 주기 위해 고안된 것이었다. 비슷한 표준은 각 상점의 영업에 알맞게 발전되었다.

이 작업 매뉴얼은 구조화된 일터와 종이 기반의 자기주도학습 자원들을 위한 토대가 되었다. 그러나 이 매뉴얼과 교육자원들은 다르게 조직되었다. 작업 매뉴얼은 리더십, 인적자원, 상점 운영, 판매 경영, 마케팅, 손실 예방 그리고 상점 유지라는 기능적인 부분을 포괄하는 분야를 다루고 있다. 한편 교육자원은 회사 관리 책임자들에 의해 고안되었는데 오리엔테이션, 판매, 고객 만족, 상점 업무, 관리상의 기술, 경영기술 분야 등을 다룬다. 몇 년이 지나면서 이 작업 매뉴얼과 교육자원은 갱신되었는데, 낡고 진부한 정보의 삭제보다는 새로운 정보의 추가에 더 많은 노력이 투입되었다.

1994년 문자 기반의 온라인 참고도구가 추가되었다. 검색 가능한 브라우저 안에 1,100개가 넘는 주제가 색인화되어 ASCII 텍스트 파일에 담겨진 것이었다. 이것은 재사용이 가능하였고, 하이퍼링크된 정보라는 것의 가능성을 열어 주었다. 그러나 당시 기술력으로는 온라인 참고자료가 DOS 환경에서 1MB 크기로 제한될 수밖에 없었다. 그래서 당시에는 최고의 시스템이었지만 미흡한 수준이었다. 1995년 들어 회사는 구식 컴퓨터를 더 정교한 장비로 교체하였다. 이것은 직원들의 훈련과 수행 지원을 점검할 수 있는 가능성을 열어 주었다.

EPSS 설계계획

이 계획은 새롭고 더 정교한 컴퓨터 기술을 사용하여 온라인상의 시스템을 이용해 현재의 자원들을 갱신하고 교체하려는 것이었다. 이 온라인 자원들은 접근과 교정의 용이성이 요구되었다. 또한 손실 예방, 소매 운영, 판매, 인적자원 등 상점 운영에 관한 모든 측면과 관계된 최고의 성과를 포함하고 있어야 했다. 이 목표는 지식을 필요한 정보나 맡은 업무 수행을 위한 도구를 제공하는 데이터 편집, 격려, 오류 메시지와 같이 소프트웨어상에 투입하는 것이었다. 이로 인해 점진적으로 상점에서의 업무 특징이 재정립되었는데, 컴퓨터로 쉽게 해결되는 숫자 계산이나 정보 검색과 같은 업무보다 관리자와 직원들의 상호작용을 요구하는 업무에 집중할 수 있게 되었다. 한 예로 일정 시스템을 들 수 있다. 이전에는 관리자들이 표준 작업량, 노동법, 직원의 요구에 대한 자신의 지식에 근거하여 업무 일정을 손수 만들었다. 그러나 이제는 새로운 EPSS 일정 기능이 위의 여러 요소들에 대한 최신과 최적의 지식을 수집하고 일정의 초안을 짜 주기 때문에, 관리자는 이를 점검하고 승인을 하거나 약간의 편집을 하면 되어 기획한 업무량에 맞게 가장 능률적으로 일정을 구성할 수 있게 되었다. 관리자가 일정에 변화를 주면, 소프트웨어는 업무량, 노동법, 동료들의 요구와 선호도에 반하는 것은 없는지 검토하고 제안이나 경고를 제시해 주었다.

선반의 위치와 같은 컴퓨터 작업과는 거리가 먼 업무에서도 EPSS 소프트웨어는 필요한 데이터(예: 선반의 수, 재고품), 결정기준(예: 현재의 판매기획, 계절에 따른 프로모션), 추천 처리방법(선반을 크기와 스타일별로 정리한 도표)을 사용하기 쉬운 작업 계획표에 제시해 준다. 이 도전은 모든 과정에 대한 지식과 최고의 수행을 EPSS 소프트웨어와 지원 시스템에 투입하려는 것이었다.

몇 단계들은 이미 실시되어 있었다. 상점에서 정보가 어디서 어떻게 쓰일 것인지를 결정하기 위해 업무환경에 대한 완전한 분석이 이루어졌다. 왜냐하면 WidgetMart가 셀프서비스 상점이었기 때문에 직원들은 거의 컴퓨터 앞에 있지 않았다. 직원들은 대부분의 시간을 뒷방에서 발송물을 처리하거나 전시상품들을 판매대에 놓아두는 데 썼다. 상점주들은 일정계획이나 재고품 내역 확인과 같은 업무를 하면서 업무시간 중 15%만을 컴퓨터 작업에 썼다. 그러나 모든 관리자들과 관계자들은 컴퓨터에 접근이 가능했고, 시간 맞춰 물품을 들이고 내보내는 것에 컴퓨터를 사용했다. 이러한 분석에 근거하여 EPSS는 네 가지 기능을 하도록 구성될 것이다.

- 투입된 지식의 적용: 자료들과 훌륭한 수행, 사업 규칙과 같은 컴퓨터 매개 업무들을 위한 소프트웨어의 적용을 말한다. 소프트웨어는 이러한 내용을 배우거나 심지어 다시 복습할 필요까지도 없애 준다. 예를 들면, 소프트웨어를 통해 끼워 팔기에 대한 조언을 받은 재고품 검사원은 고객 만족에 기여할 수 있게 된다.

- 참고 기능: 언제나 필요할 때 접근 가능한 지식 저장소다. 예를 들어, 관리자가 직원의 친지가 사망했을 경우 결근일을 얼마나 주어야 하는지에 대해 알고 싶을 때 정보를 얻을 수 있다.
- 직무보조 기능: 인쇄 가능한 작업 계획표와 상기 시스템을 수집하여 컴퓨터에서 지원 수행까지 널리 쓰일 수 있다. 예를 들어, 선반 위치 지침은 최적의 진열 지침이나 새로 온 직원으로 인한 변화에 대한 윤곽을 짜는 등의 일에 일반화될 수 있다.
- 컴퓨터 기반학습 기능: 구조화된 정보와 지침은 직원들이 정보를 내면화하는 데 도움이 되도록 설계되었다. 예를 들어, 직원들은 성난 고객이 문 앞에 있을 때 어떤 외부적 지원이 없더라도 적절한 반응을 할 수 있어야 한다. 그러므로 직원들은 어려운 고객들을 어떻게 다루어야 하는지 배워야 한다.

이 기능들을 마음에 새기면서, 프로젝트 팀은 EPSS 설계를 위해 회의를 하기로 결정하였다. 첫 번째 회의는 월요일 아침에 잡혔다.

프로젝트 팀 회의

롤케이크에 커피를 곁들여 마신 후, Davey가 프로젝트의 다음 단계를 설명할 수 있도록 모두 모여 앉았다. Davey는 테이블을 둘러보며 팀에서 표현한 지식에 대해 생각했다. 팀원 중에서 정식으로 교수설계를 배운 사람은 없었지만, 그들은 상점 영업의 각기 다른 측면에서 전문가들이었다. Ellen은 판매과정을 이해하고 있었고 EPSS에 통합될 수 있는 많은 사업 적용을 설계해 본 경험이 있다. 그녀는 또한 프로젝트의 운영 책임 중 몇 가지를 맡고 있었는데, Davey가 계속 스폰서 지원과 지지를 받고 긴 범위의 전략을 결정할 수 있도록 허락하였다. Josie는 Universal Widgets의 취득물 관리 팀에서 일하였고 BuyMore 교육 시스템을 특징짓는 데 기여한 경험이 있었다. 그녀는 WidgetMart, Universal

Widgets, BuyMore에서 요구되는 정보들의 다양성을 누구보다도 잘 인식하고 있었다. Tim은 번역 전문가였다. 그는 국가별로 다양한 문화, 언어, 정부 차원의 요구가 무엇인지에 대해 알고 있었다. Barry는 가장 최근에 팀에 합류하였는데, 경영개발과 대인관계 기술에 관한 능력을 갖고 있었다. 그의 초점은 기술적인 성취보다는 본질적 마케팅과 시스템의 경영 측면의 변화에 맞추어져 있었다. 이렇게 팀은 프로젝트를 완성하는 데 필요한 광범위한 지식을 보유하고 있었다.

"여러분은 배경을 알고 있지요." Davey가 입을 열었다. "우리는 네 가지 기능을 할 수 있는 온라인 수행지원 시스템을 만들고 있어요. 네 가지 기능은 바로 투입된 지식의 적용, 참고 기능, 직무보조 기능 그리고 컴퓨터 기반학습 기능이죠. 문제는 방대한 양의 정보입니다. 정보는 작업 매뉴얼과 교육 프로그램 안에 몇 년간 축적되었지만 구시대적인 정보를 삭제한다거나 새 정보와 결합시키려는 노력은 하지 않았습니다. 정보들은 때때로 일치하는 경향을 보입니다. 그리고 때때로 직원들이 각기 다른 그들의 직무에서 다른 시간에 다른 정보를 얻습니다. 그것은 혼동을 일으키게 됩니다. 설상가상으로 우리가 새로운 시스템과 과정을 만들면 새로운 정보가 생겨날 것인데, 그것들의 전체적인 수집에서 주의가 필요할 것입니다."

"새로운 온라인 시스템을 만들기 위해 정보들은 수집되고 걸러져야 하며 네 가지 기능 중 하나에 할당되어야 합니다. 그 목표는 가장 간결하면서도 정확한 정보의 재사용이 가능한 형태로 완전하게 시스템에 통합되도록 하는 것입니다. 다시 말해, 우리는 커다란 정보 더미와 네 개의 바구니를 가진 셈입니다. 다섯 번째 바구니에는 여러분이 걸러낸 쓸데없는 정보를 버리면 됩니다. 우리의 임무는 정보들을 쪼개어 가장 간결하게 사용 가능하도록 분류하고 목록화하는 것입니다. 우리는 어떤 정보를 계속 사용할지, 그리고 각 정보 조각들을 어디에 포함시킬지에 대해 결정하여야 합니다. 우리는 또한 각 기능들이 모순 없이 서로 지원할 수 있는 방법을 이해하여야 합니다."

"이 프로젝트는 발송물을 처리하는 말단 직원부터 20~30개의 상점들을 책임지는 지역 관리자까지 아우를 수 있는 단독적이고 일관적인 패키지를 만드는 것과도 같습니다. 그리고 우리의 세 상점들인 WidgetMart, Universal Widgets, BuyMore를 위한 다양한 정보들까지도 포함하여야 합니다. 그리고 우리가 속한 지역별로 차이를 보이는 독특한 요구들까지도 말이지요."

"그런데 우리 어디서부터 시작해야 하죠?"

예비분석 질문

1. 모든 정보를 얻기 위해 사용될 수 있는 방법들에 대한 개요를 짜 보자. 정보를 지식 목록에 적절하게 포함 가능한 가장 작은 단위로 어떻게 나눌 것인지 설명하여 보자.
2. 프로젝트 팀 회의에서 언급된 다섯 가지 바구니에 정보를 분류하는 데 쓰일 수 있는 방법을 제안해 보자. 즉, 이것은 팀이 모순되지 않는 결정을 하는 방법, 변환시키거나 버려야 하는 정보 결정 및 어떤 정보를 EPSS의 네 가지 기능에 할당할 것인지-불필요한 잉여 정보를 만들지 않고 일관성을 유지하는 것-다.
3. 관련된 모든 정보를 포함하는 재고품 정리가 완전한 상태를 유지하도록 할 수 있는 방법에 대해 설명해 보자. 재고품 정리가 일단 완성되면 그것을 유지하기 위해 사용될 수 있는 방법 혹은 방법들을 제안해 보자.
4. 재고품 현황을 정확히 파악할 수 있는 방법을 설명해 보자.
5. WidgetMart 내의 모든 다양성(상점, 지역, 언어)을 아우를 수 있는 창고에 적용할 계획의 개요를 짜 보자.

ID 실천을 위한 적용

1. 전자 수행지원 시스템(EPSS)은 모든 상황에 적절하지는 않다. 전통적인 교육현장이나 결합 상황 중 어느 때에 EPSS가 사용될 수 있는가?
2. 무엇이 조직 내에서 EPSS가 성공적으로 적용되도록 보장할 수 있는가?
3. 어떤 범주와 방법으로 EPSS와 그것의 조직 내 가치를 평가할 수 있는가? EPSS의 실행 및 설계 평가는 어떻게 이루어져야 하는가?

사례연구

26

교수설계에 대한 신속한 설계 접근법 (Diane King의 사례)

Ronni Hendel-Giller
(Maritz Learning)
Donald A. Stepich
(Boise 주립대학교)

IDEAL Solution 수행 컨설팅 그룹의 노련한 교수설계자 Diane King은 전화를 받고 끊었다. Delta Financial Group의 자동차보험 부서에 있는 그녀의 고객 Stan Smith가 Delta의 지사에 있는 세무과의 팀 리더들을 위해 Diane이 훈련자료들을 설계하고 개발해 주면 좋겠다는 말을 하려고 전화했다.

배 경

약 한 달 전쯤에 Diane은 Delta의 전화판매 대리인들을 위한 교육과정을 완성했는데, 그것은 고객 운용과 관련된 이슈들을 다루었다. 이 과정의 수용자는 Delta의 신참과 수금 작업에 부족한 경험을 가지고 있는 대리인들이었다. 이 새로운 대리인들은 공격적이거나 소원하게 하지 않으면서 자신감 있는 고객 접근법을 개발할 필요가 있었다. 대부분의 새로운 대리인들은 알맞은 대차 계정을 찾는 데 어려움을 겪었다. 이 대차 계정은 고객들이 그들의 경상 계정을 가져오는 방법을 발견하는 것을 돕고 그들에게 이것을 하는 것의 중요성을 보여 주기 위해 필요했다.

Diane과 그녀의 팀은 전화 운용을 위한 모형을 개발했고, 참여자들이 이 모형의 사용을 통해 그들의 통화에서 희망했던 대차 계정을 달성하는 것을 돕기 위해 3일간의 과정을 설계했다. 모형을 유지하기 위해 요구되는 '부드러운' 기술들(청취기술, 협상기술)은 아주 구체적인 역할극과 사례연구들을 사용하여 개발되고 실행되었다. Diane은 그녀가 한 작업에 대해 흥분했다. 그녀의 설계 팀은 굉장했고, 그녀는 그 과정이 잘 설계되었다는 것을 알았다. 그녀는 내용 전문가들로부터 엄청난 지지를 받았다. 그리고 Delta의 영업 도전과 우선권에 대한 깊은 이해로부터 그 과정이 만들어졌다는 것을 알고 있었다.

그러나 프로젝트 초기에 Diane과 Stan은 이 과정의 최종적인 영향이 한정적일 것이라는 것을 깨닫기 시작했다. 최근의 새로운 피고용자들이 전화 운용 시 적절히 자신 있도록 훈련받는 동안, 그들의 동료와 관리자들은 훈련에 무엇이 포함되었는지 몰랐다. 그리고 설상가상으로 대부분의 현 감독관과 팀 리더들은 그들의 일을 시행착오를 통해 배우고 있었다. Diane의 내용 전문가들은 팀 리더들과 베테랑 대리인들이 일반적으로 고객들에게 너무 공격적이거나 혹은 지나치게 수동적이라고 했다. 이는 Delta가 과실문제를 가지고 있는 한 가지 이유이기도 했다. 새로운 대리인들은 그들이 그 과정에서 배운 것을 이행하는 데 지원을 받지 못할 것이라는 것이 명백했다.

문제가 더욱 복잡하게도, 팀 리더 직업은 상대적으로 생소했다. 최근 수금 직무 전부는 재설계되었고 팀 리더 역할이 수립되었다. 팀 리더들은 승진한 대리인들 중에서 선발되었다. 이제 그들 자신이 곤란한 전화 운용을 책임지는 대신에 그들의 일은 대리인 팀을 코치하고 모니터하는 것이 되었다. 새로운 시스템은 전화시간 등과 같은 대책을 따라서 세워졌다. 지금까지 위치 추적장치가 사용된 적은 없었다. 게다가 전화 모니터링 시스템은 팀 리더들이 통화를 듣고 녹음하고 대리인들에게 피드백을 제공할 수 있도록 했다. 새로운 시스템이 작동되었을 때, Delta는 팀 리더들에게 약 두 시간의 시스템 훈련을 제공했다. 하지만 대리인들에게 피드백을 주기 위해 시스템이 생성하는 자료를 어떻게 사용하는지에 관한 훈련은 아무것도 제공되지 않았다.

Diane과 Stan은 대리인 훈련의 개발과 동시에 팀 리더 훈련의 개발을 요청했다. 그러나 Stan은 이 투자를 성사시키기 위해 경영 그룹의 멤버들을 납득시키는 데에 실패했다. 대리인 훈련은 이미 예산이 짜여 있었고 팀 리더 훈련은 어느 누구의 예산에도 맞지 않았다. 기업혁신 전략과 새로운 시스템은 비용이 많이 들었고, 더 이상은 남은 예산이 없었다.

현재 문제

Stan이 Diane에게 팀 리더 과정을 설계해 달라고 전화했을 때, 둘은 웃어야만 했다. 마침내 그 조직은 팀 리더들부터 시작해야 한다는 것을 깨달은 것이다. 모든 Delta 지사에서 팀 리더들이 자신의 임무를 제대로 수행하고 있지 않다는 것은 명백했다. 그들은 최근 그들의 동료가 된 사람들에게 마지못해 피드백을 주었고, 그들이 제공받은 자료들을 어떻게 이용하는지를 잘 몰랐으며, 반드시 가장 효율적인 방법으로 전화를 운용하는 것은 아니었다. 대부분의 팀 리더들은 그들의 이전 행동으로 슬며시 되돌아갔고, 시간의 대부분을 어려운 전화를 받거나 그들의 리더십과 경영 직분을 저버리는 데 사용했다. 그들의 감독자들은 어찌할 바를 몰랐다. 감독자들은 새로운 과정과 장비들을 관리하는 데 그들의 팀 리더들보다 정말로 많이 뛰어난 것은 아니었다. 대부분은 코치와 리더라는 그들 자신의 역할 속에서 최소한의 지도, 지지 및 훈련을 했다.

Stan과 Diane은 이렇게 오래 걸리는 데에 좌절은 했으나 드디어 올바른 일을 할 수 있는 기회를 얻은 것에 대해 흥분했다. 그들은 심지어 감독자들을 훈련과정에 포함시키고 위에서부터 시작하여 아래로 내려올 것을 희망하기도 했다. 동시에 이 프로젝트를 어렵게 만들 수많은 도전도 있었다. Delta는 이제 그들의 지사에 어떤 일이 발생하고 있는지 걱정하며 이 훈련의 우선순위가 높다고 결정했다. 이는 공격적인 일정이 될 것이라는 것을 의미했다. 즉, 최대한 빨리 전개될 필요가 있었다. 게다가 Delta는 이 노력을 위한 최소한의 예산을 가지고 있었다.

Stan은 이것이 ID 과정의 가속화를 위한 방안을 찾을 필요가 있다는 것을 의미한다고 이해했다. 이전에 IDEAL Solution은 강건한 Delta를 위해 자료(그래픽적으로 인상적인 참여자 가이드와 매우 상세한 조력자 가이드)를 준비했다. Diane은 Stan이 완성되지 않은 자료들과 설계과정을 중단시키는 것처럼 보이는 접근법으로 힘들어할 것을 알았다. IDEAL Solution은 과정의 우수한 질과 실행 가능성으로 잘 알려져 있다. '빠르고 싸게' 는 그것의 모토가 아니었다.

그럼에도 불구하고 Diane은 낙담하지 않았다. 그녀는 Delta의 작업환경을 알았고, 고객판매 대리인 훈련의 설계과정에서 몇몇의 팀 리더들을 만났다. 그리고 그녀가 그 조직의 문화를 이해했다고 생각했다. 그녀는 또한 더 빠르고 덜 노동 집약적인 설계과정을 IDEAL이 개발해야 할 필요가 있다고 생각했다. 더욱더 많은 고객들이 속도를 강조했으며, 더욱더 많은 공급업체들이 신속한 속도로 시행되고 있는 조직적 변화 주도를 지속시키기 위한 훈련을 개발하고 있었다. 만약 Diane이 이 프로젝트를 성공시킨다면, 그녀는 IDEAL이 시장에서 더욱 경쟁력 있도록 도울 수 있을 뿐만 아니라 그녀 고객들의 목표를 충족시키도록 도울 수 있다.

IDEAL의 현행 ID 과정

Diane은 IDEAL의 현행 ID 과정을 가속화할 수 있는 방안을 찾기에 노력하기로 결심하고 노동원가를 삭감했다. 현행 과정은 다음과 같은 단계들로 구성되어 있다.

1. 철저한 요구분석을 위한 헌신: IDEAL은 고객들에게 분석이 훈련 효율성을 위한 열쇠이며 철저한 분석이 중요하다고 말했다. 일반적으로, IDEAL은 인터뷰, 포커스 그룹, 훈련 대상자 설문조사를 포함하는 연구를 수행하는 데 3, 4주를 보낸다. 설계 단계에 착수하기 전에 평가 보고서가 나오고, 이는 고객들과 논의된다.
2. 명확하고 뚜렷한 수행목적이 있는 상세한 설계계획의 개발은 의무다. 고객 검토를 위한 일주일과 하루 종일 이루어지는 고객 검토회의와 함께 설계기획 개발을 위한 기한은 보통 2주(이틀의 워크숍 포함)다. 설계기획 수정과 설계에 대한 최종 승인을 위해 한 주가 더 할당된다.
3. 초안개발은 그 프로젝트에 지정된 선임 설계자와 함께 약 한 달을 할당받는다. Diane은 주요 고객 접촉을 맡고 때때로 스스로 몇 개를 개발했다. 이것은 참여자와 조력자 가이드도 포함했다. 역할극과 사례연구는 매우 상세했고, 더 나은 이직을 보증하기 위한 구체적인 작업 상황을 구체화했다. 필요하다면 설계자는 추가 자료를 얻기 위해 내용 전문가와 대화를 나누었다.
4. 초안 검토와 파일럿 시안 개발은 약 3~4주가 걸리고, 내용 전문가로부터 형성적인 피드백과 정확도 점검을 얻기 위한 활동들의 시연, 파일럿을 위해 완성된 결과물 개발을 하는 데스크톱 출판 팀의 참가도 포함했다.
5. 파일럿은 실수요자들의 대표적인 샘플로 거행된다. 일단 파일럿이 거행되면, 약 한 달이 파일럿 수정과 최종 자료 생산을 위해 할당된다.

이 과정에 기초하여 팀 리더 과정과 같은 2~3일 과정이 시작부터 끝까지 약 20주 또는 5개월간 진행된다. 몇 가지 경우에서 IDEAL은 인력을 증가시킴으로써 이 과정을 가속화할 수 있었다. 그것은 시간을 줄이기는 했지만 프로젝트 비용에 영향을 끼치지는 않았다.

신속한 ID 전략

Diane은 신속한 설계에 관해 듣고 몇몇 연구를 하기로 결심했다. 그녀는 학습자들의 필요를 충족시키고 바라던 조직적 결과를 달성하기 위한 훈련을 계속 하는 동안에도, 시간과 설계 비용을 줄이고 과정개발을 위한 몇 가지 전략을 개발하고 싶었다. 그녀의 연구에서 그녀는 전통적인 설계의 기초를 이루고 있는 몇 가지 주요 가정들이 있다는 것과 그중 다수가 신속한 설계전략을 제안하는 이들에 의해 도전받고 있다는 것을 알았다. 그 주요 가정들은 다음을 포함한다.

- 모든 설계과정의 구성요소들은 견고한 결과를 제공하도록 요구된다.
- 설계는 선형적인 과정인데, 이 과정에서 설계모형의 각 구성요소들은 한 번씩 나타나고 수정이 요구되지 않는 한 다시 고려되지 않는다.
- 효율적인 설계는 설계과정에서의 모든 구성요소들의 완전한 실행을 요구한다.
- 설계과정의 구성요소 완성에 실패하는 것은 교육의 효율성을 축소시킬 것이다.

Diane은 이 가정들이 IDEAL 설계과정의 핵심은 아니며 그녀가 교수설계자로서 스스로 그녀의 작업실에서 만든 것이라는 것을 인지했다. 그녀는 또한 이러한 가정들로 생계를 이어 나가는 것이 가끔 힘들다는 것을 알았다. 그녀가 전통적인 설계과정을 중단하려고 노력하거나 때때로 '속이는' 것 같은 느낌이 들었던 시간들이 있었다. 그녀는 신속한 설계 방법론 지지자들이 이 전통적인 가정에 도전하고 새로운 접근법과 전략을 제안하고 있다는 것을 발견했다. Diane이 발견한 몇 가지 신속한 설계의 원칙은 다음과 같다.

- 교수설계는 비선형적인 과정이고, 설계를 위한 유일한 옳은 길은 없다는 믿

음. 서로 다른 단계들이 앞뒤 일렬로 완성되고 나서 반복적인 방법으로 재고될 수도 있다. 초기 예산 제약은 초기 자료들의 결핍된 결과를 낳을 수 있다. 그것은 필수적으로든 희망해서든 후기 단계에서 강화될 수 있다.

- 분석과 설계는 협력적인 과정으로 간주된다. 설계자들은 분석과 설계 작업을 빨리 완수하기 위해 중요한 이해관계자와 일한다. 최종 수요자는 종종 설계과정에서 중요한 선수다. 둘은 모두 개발되고 수정되면서 자료개발과 원형자료의 시험에 기여한다.
- 현존 자료들의 충분한 활용, 그리고 한정적인 목표의 분석과 함께 수집된 자료 양의 제한을 통해 분석은 빨리 완수된다.
- 예산과 시간의 압박은 생산의 수준보다는 내용과 교육적 전략에 초점을 맞춤으로써 다뤄진다. 최소 요구 촉진자와 참석자 자료는 개발될 수 있다(특히 초안 파일럿을 위해). 필요하다면 이것들은 프로젝트 다음 단계에서 확장되고 더 풍부해질 수 있다.
- 실제 훈련기간 동안 참여자의 정보 사용은 완전한 역할극과 사례연구 시나리오 개발에서 제외될 수 있다. 모형의 유형을 배우는 행위에서 실제 이슈와 염려를 공유하는 것은 설계시간을 줄이고 가치와 현장 문제와의 관련성을 높인다.

이러한 전략들을 사용하여 Diane은 프로젝트 초기 두 달 안에 팀 리더 훈련의 수행을 할 수 있는 기획안을 정의 내릴 준비를 했다. 그리고 그 후로 2주 안에 나머지 팀 리더들을 훈련시킬 수 있었다.

예 비분석 질문

1. 사례연구에서 기술된 신속한 설계원칙들을 고려하여 IDEAL 교수설계 과정의 각 단계들을 다시 보라. 당신은 과정을 가속화하고 노동원가를 줄이기 위해 어떠한 제안을 할 수 있는가?
2. 당신은 Delta가 이 제안들을 얼마나 잘 받아들일 것이라 생각하는가? 고객들에 의해 어떠한 걱정 또는 반대가 제기될 수 있을까? 신속한 설계전략을 고객에게 판매하기 위해 당신은 무엇을 할 수 있을까?
3. 어떻게 Diane은 그녀가 신속한 설계 방법론을 통해 개발한 훈련이 IDEAL Solution의 유명한 질적 우수성과 일치할 것이라고 보증할 수 있을까?

ID 실천을 위한 적용

1. 이 사례에서 설계와 교육상품을 개발하는 과정을 가속화하려는 요구 때문에 신속한 설계의 사용은 중요하다. 어떠한 요인들이 교수설계자들이 신속한 설계의 사용을 행하도록 혹은 피하도록 작용할 수 있겠는가?
2. 신속한 설계 접근법의 위험과 이익은 무엇인가? 어떠한 상황에서 신속한 설계가 가장 유용한가? 신속한 설계가 피해야 할 상황들은 무엇인가?
3. 신속한 설계 접근법의 사용이 어떻게 설계자에게 요구되는 지식과 기술들을 바꾸는가?

사례연구

27

통합교육 개발 관리 (Austin McGwire와 Ken Casey의 사례)

I. Andrew Teasdale
(Oakland 대학교)
Sean R. Tangney
(교수설계자)

일류 제조회사에서 새롭게 재구성된 공학부서의 매니저 Brian Joseph은 그의 회사 교육부서에 새로운 강의를 요청하였다. Brian의 부서는 제조를 위한 금속틀의 큰 형판을 만드는 일을 담당한다. 형판의 가격은 100만 달러에서 300만 달러 정도다. 이 교육은 형판 엔지니어들이 그들의 일을 함에 있어 예산 안에서 정해진 시간에 프로젝트를 하도록 지침을 제공하고, 또 시간과 비용 초과 관리에 관한 추천사항을 제공하기 위해 필요한 정보를 갱신하고자 시작되었다. Brian의 요청에는 두 가지 주요한 이유가 있다. 첫째, 그 '재구성' 은 해당 부서의 도구, 사람, 과정들에 많은 변화를 가져왔다. 둘째, 그의 부서에서 관리되는 여러 가지 프로젝트들은 할당 예산을 훨씬 초과하였다. Brian은 이와 같은 예산 초과의 원인들을 확인하였고, 비용 초과 문제에 관한 해결안을 제시하고자 하였다.

교육부서의 Austin McGwire은 그 프로그램의 수석 설계자로 임명되었다. 교육부서는 전통적으로 교실에서 진행되는 수업 개발에 집중한다. 최근 기업의 경영진은 'e-비즈니스' (즉, 기업의 인트라넷 사용과 인터넷을 사용한 작업과정의 효율성 극대화)를 장려한다. Austin은 웹 기반 구성요소들과 교육부서에 의해 개발된 개입(intervention)들을 통합시키는 일을 담당하였다. Austin은 콘텐츠와 인터페이스 설계에 기여할 뿐만 아니라 교수설계에 주된 책임을 가질 계획이었다. Ken Casey는 이 프로젝트의 개발자가 될 것이었다. 이 프로젝트에서 그의 핵심 역할은 모든 인쇄물 기반 자료와 온라인 자료들을 개발하는 일이었다. Ken은 교실기반 과정들을 개발한 경험이 있지만 웹 기반 개발은 처음이었다. 그는 교육 및 개발 분야에서 석사를 마쳤으며, 외부의 교육 관련 제조회사와 계약되어 있다.

1주차

Ken과 Austin은 Brian의 교육 요청에 대해 기업의 e-러닝 독창성(기업은 'e'가 들어가면 아무것이나 매혹된 듯하다)의 일부를 이행할 개입을 원하는 그들의 감독자로부터 배웠다. 이러한 독창성은 기업의 인트라넷을 통해 비동시적으로 콘텐츠를 전달하는 것뿐 아니라 통합적 접근을 지향함으로써 인트라넷 기반과 비디오 기반 전달과 같은 다른 전달방법을 통해 교실에서의 교수법을 통합한 수업 시간을 줄일 것을 요구하였다.

2주차

회의는 Austin, Ken, Brian, 그리고 Brian의 부서에서 온 세 명의 내용 전문가

—형판 개발과정의 다양한 단계와 관련된 이벤트와 배송품을 감독하는 프로그램 시간 전문가, 프로젝트에 투자된 것을 추적하는 스프레드시트를 관리하는 투자 보고 전문가, 그리고 형판의 다양한 부분들을 추적하는 부분관리 시스템 전문가—로 구성되었다.

회의에서 Brian은 교실기반 및 인트라넷 기반 교육 통합의 전자 수행지원 시스템 개입에 동의하였다. 교실의 일부분은 두 가지 논점을 가진다. (1) 새로운 도구와 과정의 교육을 제공하고, (2) 과업에서 접근할 수 있는 수행지원 시스템을 과정 참가자들에게 소개해야 한다. 전자 수행지원 시스템은 과정을 위해 필요한 모든 콘텐츠를 가지며, 필요에 따라 직무에서도 접근할 수 있는 추가적 정보를 가진다.

Austin과 Ken은 형판 엔지니어들에게 임시 요구분석을 위한, 그리고 개발 팀의 멤버가 될 만한 몇몇 엔지니어들을 확인하기 위한 접근을 요구하였다. Brian의 응답은 그가 본질적으로 이미 그들이 무엇이라고 대답할지와 그들의 참여가 프로젝트에 어떤 가치도 부여하지 않을 것이라는 것을 이미 알고 있다는 것이었다. 그는 또한 어떤 엔지니어도 이에 참여할 시간이 없다고 하였다. Ken과 Austin은 개입이 단지 실제 요구를 더할 때 성공할 것이라고 강조하였다. Brian은 그가 엔지니어들이 무엇을 원하고 뭐라고 대답할지 알고 있다고 그들에게 납득시켰다. "그 과정은 우리 조직에서 매우 새롭고, 우리는 그들이 일을 어떻게 해야 하는지 알려 주어야 합니다."

Ken과 Austin은 지식이나 기술의 부족과 관련 없는, 그러면서도 Brian 부서의 수행에 중대한 영향을 미치는 다른 요소들이 있을 것을 우려하였다. 예를 들어, Ken은 Brian에게 엔지니어가 프로젝트의 예산을 초과했다는 것을 알게 될 경우 무엇을 해야 하는지 물어보았다. Brian의 응답은 '프로젝트를 더 잘 관리하는 것' 이었다. 좀 더 구체적인 응답을 요구하자, Brian은 그가 다른 곳의 프로젝트 관리문제를 다룰 것이라고 응답하였다.

Ken과 Austin은 회의기간 동안 다른 문제들을 들추었다. 가장 중요한 것은 Brian의 적극적인 프로젝트 일정에 대한 의문이다. 그는 평가가 가능할 때 몇 주

일찍 개입이 준비되기를 원했다. 그들은 Brian에게 그가 제안한 기한에 일을 마치기 위해서는 Brian의 팀에게 콘텐츠를 제공하기 위한 엄격한 일정이 세워지고 팀이 그 제안된 일정에 충실해야 가능하다고 말하였다.

Ken과 Austin은 또한 회의에서 말하지 않은 추가적인 일정에 문제가 있었다. 그들은 웹 기반 요소를 포함한 그들의 회사를 위한 혁신적 접근과 함께 떠오를 수 있는 기술적 문제를 감안하지 않은 점을 염려하였다. 게다가 그들은 검증되지 않은 설계자이자 웹 개발자인 Ken이 웹 기술에 대해 배울 충분한 시간을 가질 수 없다는 것에 대해 걱정하고 있었다. 마지막으로, 그들은 개발환경의 특성이 팀원 간 정보의 교환이 지나치게 지연되는 상황을 야기할 수 있다고 생각하였다. 고용된 직원으로서 Ken은 회사의 인트라넷에 접근할 수 없고 Brian과 그의 팀 간의 정보를 이리저리 옮기기 위해 다른 팀원들에게 의지해야 했다.

짧게 주어진 프로젝트 기간 동안, Austin은 개발 팀이 개입을 설계하기 위해 신속한 견본 제작을 이용할 것을 제안하였다. Brian, Ken과 Austin은 이 진행과정을 확인하는 데 매주 회의가 필요하다는 것에 동의하였고, 이 회의 일정은 Austin에게 신속한 견본 제작을 위한 완벽한 시나리오가 되었다. 게다가 Austin은 신속히 견본을 만드는 일에는 두 가지 중요한 장점이 있다고 믿었다. 즉, 신속한 견본 제작은 고객에게 매주 확인할 수 있는 기회를 줌으로써 불만족스러울 수 있는 설계를 개발하는 데 걸릴 시간적 위험을 줄일 수 있고, 고객이 설계에 좀 더 참여하고 그 개입에 주인의식을 가질 수 있도록 한다는 것이다.

3주차

Austin은 프로젝트의 두 가지 요소인 설계와 콘텐츠에 대해 생각하기 시작하였다. 그는 두 부분 모두 프로젝트의 연장선으로서, 프로젝트의 시작 시에는 설계에 좀 더 중점을 두다가 프로젝트가 진행됨에 따라 콘텐츠에 더 많은 관심을 두어야 한다고 믿었다. Ken과 Austin은 수행지원 시스템의 설계뿐만 아니라 교실 교수설계 일을 하였다.

Ken은 이미 지원 정보, 도구, 기한에 맞춰 수행지원 시스템 견본의 개괄적인 계획을 세웠다([그림 27-1] 참조). 일정 부분('프로그램 타이밍'과 '이벤트 기반 절차')은 학습자들이 프로젝트의 흐름, 연대기 그리고 배송품에 대해 이해하도록 돕기 위함이다. 지원 정보 부분은 FAQ(자주 묻는 질문) 페이지와 과정의 개요를 포함한다. 주간 회의에서 Brian은 임시 설계에 열광적으로 반응하였고, 콘텐츠들이 각기 다른 분야에서 어떻게 적용될 수 있을지에 대해 제안하였다. 수행지원 시스템에 대한 토론이 대부분의 시간을 차지하였고, 수업의 구성요소에 대해서는 그다지 언급되지 않았다.

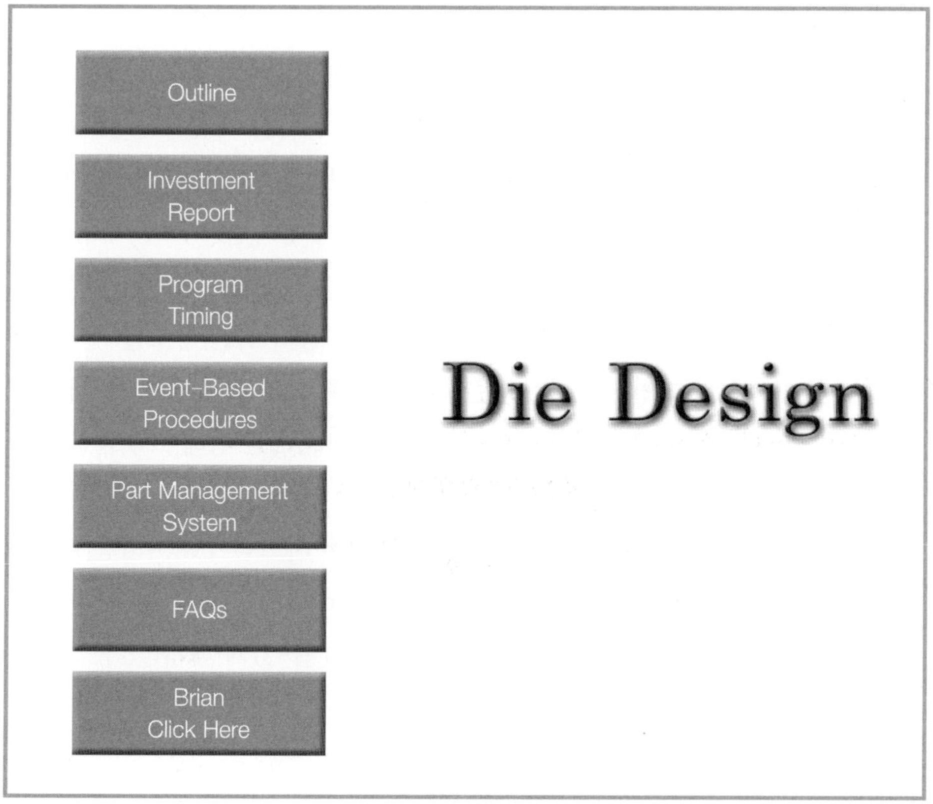

[그림 27-1] 수행지원 시스템 메인 화면의 임시 설계

4주차

Austin과 Ken은 둘 다 매주 회의에 랩톱을 들고 와서 수행지원 시스템을 원활히 진행하였다. Austin은 수행지원 시스템을 전시하고 발표를 진행하였다. Ken은 또한 그의 랩톱에 수행지원 시스템을 복사해 두었다. Ken은 수정이나 제안 부분이 있으면 빠르게 갱신하였다. 회의의 쉬는 시간이나 대화가 잠시 다른 주제로 넘어가면, Ken은 Austin에게 수정된 자료를 보여 주고는 그것으로 회의를 이어 가도록 하였다. 게다가 그들은 각각의 회의를 녹음하였다. 그 테이프들은 교실 구성요소를 위한 참가자들 지침서를 개발하는 데 매우 유용한 것으로 증명되었다.

Austin과 Ken은 그들의 학습법에 예상 못한 이익을 경험하였다. 프로젝트의 시간적 촉박함 때문에 그들은 결코 완전한 콘텐츠 문서를 개발하는 데 노력을 쏟지 못하였고, 이와 같은 관심의 부족으로 인해 콘텐츠에 있을 격차의 가능성을 받아들였다. 프로젝트가 진행됨에 따라 그들은 수행지원 시스템이 유사 콘텐츠 문서로 작용하고 있다는 것을 깨달았다. 매주 회의에서 수행지원 시스템의 재검토는 놓친 콘텐츠와 현재 콘텐츠의 정련을 확인하기 위한 구조를 제공하였다. 없어진 콘텐츠를 확인했을 때, 수많은 내용 전문가들에게 과제가 주어진다. 그들은 Austin에게 콘텐츠를 제공한다. 그러면 다음 회의를 위해 그것들을 수행지원 시스템에 끼워 넣는다. Ken은 또한 수행지원 시스템의 메인 화면에 버튼을 추가한다. "Brian, 여기를 클릭하세요." 수행지원 시스템이 회사의 인트라넷에서 실행 가능할 때부터 Ken의 임시 설계는 Brian이 확인하여 올릴 수 있다. 이것은 Ken과 Brian이 회의 중간에 아이디어를 나눌 수 있게 해 주었다. 그리하여 수행지원 시스템 설계의 도입 단계는 어떤 면에서 보면 콘텐츠 문서를 구성하는 데 있어 아날로그적 방법이었다.

5주차

5주가 되던 때, 최초 프로젝트 출시의 흥분은 시들해졌다. 최초의 전략회의에서 Brian은 그의 사람들이 Austin과 Ken에게 콘텐츠를 빨리 제공하도록 약속하였다. 하지만 이미 그들이 콘텐츠를 제공하도록 약속한 시간보다 늦은 현 시점에서 Brian과 그의 팀은 그들의 약속 범위에 대해 깨닫기 시작하였다. 지난 회의 기간 동안 Ken과 Austin은 임박한 기한을 신경 쓸 것을 재차 강조하였다. 그들은 콘텐츠를 확인하고 모으는 데 책임이 없고 콘텐츠가 늦어서 과정 파일럿과 첫 수행지원 도구의 공개가 연기되는 것에 책임이 없었다.

이번 주 회의에서 Brian은 최초의 프로젝트 기한이 비현실적이었다는 것을 인정하였고, 그에 따라 프로젝트 기한은 사라졌다(즉, 과정 파일럿의 날짜가 뒤로 미뤄졌다).

Austin과 Ken은 둘 다 안심했다. 기한이 어긋날 것임을 짐작하였지만, 그의 일에 대한 Brian의 깨달음은 Austin과 Ken이 그에게 말해 주는 것보다 더 나았다. 회의 마지막에 Ken은 Austin에게 "우리는 이 프로젝트에서의 어떤 연기도 우리가 원인이 아니라는 것을 확실히 해야 돼."라고 속삭였다.

심지어 콘텐츠를 얻는 것이 연기되었지만, 수행지원 시스템의 개발은 자연스럽게 진행되었다. Ken은 웹 개발과 그래픽 소프트웨어에 더 편안해졌다. 그는 소프트웨어를 활용한 형식적인 교육을 받을 기회가 없었지만 경험과 그의 건물 내 다른 웹 개발자들에게 한 끊임없는 질문을 통해 배웠다. Ken은 기술적인 자신감이 증가되었지만 그의 통제를 벗어난 다른 문제를 해결해야만 했다. 왜냐하면 그는 고용된 직원이었고, 기업의 인트라넷에 접근 권한이 없고 그 회사의 다른 팀원들을 통해 메시지를 전달받을 수 있었다. 예를 들어, Ken이 누군가 동료에게 콘텐츠를 보내는 것을 배웠다면(보통 이 콘텐츠는 이메일에 첨부파일로 보내진다), 그는 그의 동료로부터 그의 컴퓨터로 정보를 얻는 방법을 찾아내야 한다. 만약 파일이 상대적으로 작으면 그것을 디스크에 저장하거나 그의 컴퓨터로 옮길 수 있다. 그러나 그 파일이 현저하게 크다면(그림 파일이 있는 파워포인트 자료의 경우 흔히 그렇다) 파일을 압축하거나 그의 빌딩에 있는 회사 인트라넷과 대용량 드라이브에 접근 가능한 다른 직원에게 이메일을 다시 보내야 한다. 데이터의 전송은 이 조직 내에서는 매우 귀찮은 일이다.

Ken과 Austin은 주간 회의에 대해 좀 더 괜찮다고 느낀다. 그들은 콘텐츠를 제공하기 위해 내용 전문가들을 기다린다. 그 수행지원 시스템은 재검토되었고, Brian은 그 과정에 대해 매우 기뻐했다. 수행지원 시스템은 기능적이지만 아직 콘텐츠에 대한 관리가 매우 부족하다.

6주차

발달과정의 관점에서 보았을 때 이번 주는 매우 생산적이었다. Ken과 Austin은 수행지원 시스템의 유용성을 상당히 향상시켰다. 그중 하나는 방향을 정하기 위한 새로운 방식이었다. Ken과 Austin은 몇 시간 동안 인터넷 탐색을 하며 다른 사이트의 아이디어를 검토했다. 이전 버전에서 사용자들은 수행지원 시스템의 한 부분에서 다른 부분으로 넘어가려면 메인 메뉴를 거쳐야 했다.

인터넷에서 이 설계에 근거하여 Ken과 Austin은 대부분의 페이지에 나타나는 내비게이션 바를 만들었다. 이 내비게이션 바는 사용자들이 한 번의 클릭으로 한 부분에서 다른 부분으로 갈 수 있도록 하는 탭들을 포함하고 있었다([그림 27-2] 참조). 수행지원 도구를 위한 구성은 거의 완성되었다. 하지만 상당한 내용이 아직 채워지지 않고 남아 있었다.

이번 주의 회의는 약간 다른 분위기였다. 내용 전문가들은 Ken에게 느린 속도로 정보를 제공해 왔고, 납품 기한은 다시 연기되었다. 또한 처음으로 Brian이 그가 수행지원 시스템과 교실지도에 포함하길 원했던 구성요소들을 작업하기 시작했다.

Ken과 Austin은 일정의 변화에 위안을 가졌다. 결국 이 변화는 그들의 작업

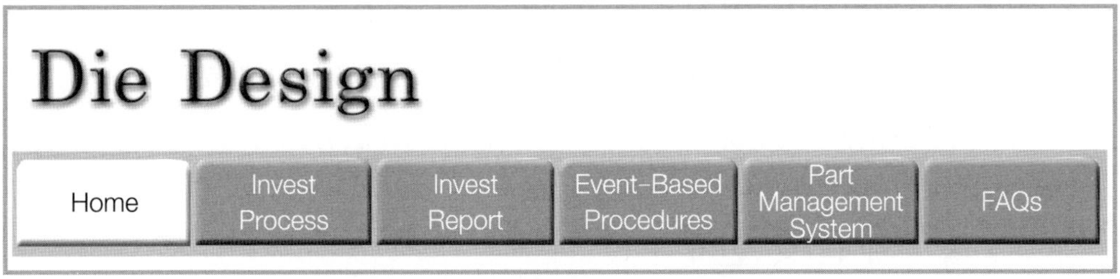

[그림 27-2] 새롭게 설계된 내비게이션 바

을 용이하게 만들어 줄 것이다. 왜냐하면 설계나 변화, 그리고 Ken이 기술을 배우는 데에 더 많은 시간을 가질 수 있게 되었기 때문이다. 그렇지만 이번 주에 있었던 범위의 감소는 성가신 문제였다. Austin과 Ken은 벌써부터 진짜(혹은 완전한) 문제를 실행하지 못할 수도 있다는 것을 걱정했다. 이젠 그 범위가 줄어들었고, 그들은 Brian이 처음에 제기한 문제점을 제대로 검토하지 못할 것을 더욱 걱정했다.

7주차

이번 주 회의 중 Austin은 최신 버전이 아닌 내용을 몇 차례 선보였고, Brian은 그것에 약간 실망했다. Ken이 내용 전문가들로부터 내용을 얻는 과정 중 어딘가에서 문제가 있었고, Ken 역시도 적당한 버전의 정보를 얻지 못했다. Ken은 그들이 내용을 어떤 방식으로 주고받을지에 대해 너무 형식적이라는 사실을 깨달았다. Ken과 Austin은 오후 회의에서 다음 프로젝트부터는 수월하게 내용을 주고받고 그 과정을 고객에게 드러낼 수 있는 과정을 발달시킬 것을 결정했다.

그럼에도 불구하고 수행지원 시스템은 잘 작동하고 있었고, 내용의 빈틈도 채워지고 있었다. 교실의 구성요소는 거의 완성되었고 제때에 맞추어 준비될 것이었다. Ken과 Austin은 교실의 컴퓨터에서 수행지원 시스템을 시험해 보았다. 약간의 문제점은 있었지만 바로 시정되었고, Brian은 그 진척에 기뻐했다. 그는 이번 주 수행지원 시스템에 대한 심각한 보류로 약간의 문제가 있었음을 인정했지만 지금은 그것이 진정한 이익을 가져다줄 것이라고 믿고 있었다.

파일럿 전주

이번 주 회의에서 팀은 파일럿 동안 수행지원 시스템을 작동시킬 사람(즉, 교실의 앞에서 컴퓨터를 작동할 사람)으로 Ken을 결정했다. Brian은 파일럿을 위한 교수자가 될 것이다. 그는 그가 선택한 대상들의 반응을 개인적으로 살피길 원했다. 그는 또한 어떠한 질문에도 답할 수 있기를 원했고, 그다음의 수업을 위해 만들어진 변화를 확정하길 원했다. Brian은 내용이나 주어진 상황에 자신감이 있었고, Ken과 Austin도 설계에 만족했다.

조금은 놀랍게도, Ken과 Austin은 마지막 순간의 기술적 문제에도 혼란에 빠지지 않았다. 그들은 발달 초기 단계에 사업계획을 세워야 했고, 대부분의 분야에서의 주의사항을 확인했다. 그들은 파일럿에 앞서 교실에서 지원도구를 시험해 보았고 그것은 설계된 대로 작동되었다. 그들은 더욱이 회사의 인트라넷이 작동되지 않을 이변에 대비하여 개인 컴퓨터에 업로드할 수 있는 수행지원 시스템의 CD-ROM 버전을 만들어 낼 정도였다.

파일럿

파일럿은 Brian이 원래 원했던 것보다 두 달 늦게 시행되었다. 재미있게도, Ken과 Austin이 정확하게 예상한 대로였다. Brian은 지연에 실망했지만 문제의 근원을 파악했다. 파일럿은 잘 진행되었고 계기들은 문제없이 작동되고 있었다. 유일한 문제는 Austin이 참가자들을 위한 평가표를 종합하는 것을 잊은 것뿐이었다. 교육부서에서는 표준화된 평가 형식을 가지고 있었지만 Austin은 수행지원 시스템을 다루는 특별 부분을 주 내용으로 삼고 싶었다. 그는 (그것을 시험해 볼 시간도 없이) 서둘러 평가 형식을 만들었고, 다행히 그것은 제시간에 준비되었다. 그러나 그 평가표는 시험검사가 부족했고 세밀함이 떨어졌다. Austin은 머릿속으로 다음 프로젝트부터는 사업계획에 평가 부분을 더하는 것, 사업 문서를 정기적으로 검토하는 것을 진행해야겠다고 생각하였다.

20명의 학생들이 파일럿에 등록했다(많은 수의 학생들이 지명되었다). 파일럿은 컴퓨터실에서 열렸고, 학생들은 각각 그들의 컴퓨터 앞에 있었다. Ken은 파일럿 동안 수행지원 시스템을 작동시켰고, 단 하나의 결함(하이퍼링크 오류)만이 있었다. Ken이 시스템을 작동시킬 동안, Brian은 대상들로부터의 질문과 피드백 반응을 자세하게 생각할 수 있었다. 수행지원 시스템의 설계는 Ken이 예상치 못한 변화에도 맞춰 가는 데 무리 없이 구성되어 있었다. 대부분의 내용은 세 번의 마우스 클릭으로 접근할 수 있었다.

Ken이 시스템을 작동시키는 동안, Austin은 몰래 대상들, 그리고 그들이 지원도구와 상호작용하는 모습을 관찰했다. 몇몇은 컴퓨터를 만지길 거부했다. 그들은 Brian과 그가 보여 주는 내용에 집중하고 있었다. 다수의 사람들은 Ken의 안내에 따라 컴퓨터에 보이는 내용들을 클릭했고, 약간의 사람들은 사이트 전체를 탐색했다(그들은 Brian의 강의에 별다른 관심을 주지 않았다). Austin은 가장 큰 관심을 불러일으키는 것이 중요 과정의 도식적 표현 같은 지원도구의 시각적 부분이라는 사실에 주목했다.

수행지원 시스템에 대한 수업 참관인들의 반응은 대부분 Ken과 Austin이 예상했던 대로였다. 그러나 그들은 몇몇 사람들이 컴퓨터를 만지길 거부했다는 사실에 놀랐다. 스마일 시트 평가표(교실경험에 대한 일련의 질문으로 구성된)의 결과는 이 과정이 성공적임을 보여 주었다. Austin이 특별히 보충한 질문들은 수행지원 시스템과 실제 작업현장에서의 유용성에 관한 것이었다. 반응은 호의적이었으나 특별하지는 않았다. 몇몇 참가자들은 도구가 문서를 기준으로 한 지침에 바탕을 두지 말아야 한다고 적었다.

Brian은 개입에 만족했다. 그는 파일럿이 잘 진행되었다고 느꼈으며 수업에서 진행된 토론을 즐겼다. 그는 발전에 도움이 될 몇 가지 조언을 들었고, 이를 수일 내로 Ken에게 보내기로 약속하였다.

6개월 후

상황은 조용했다. 너무나 조용했다. 교실 수업은 잘 진행되고 있었고 매주 20명의 학생들이 수업을 들었다. 평가는 교육부서 주관하에 다른 과정들과 함께 계속 진행되었고, 수행지원 시스템은 그 과정의 목적에 맞게 그 임무를 계속하고 있었다. 교수자는 수행지원 시스템에 대해 긍정적인 반응을 보였고, 모든 링크는 잘 작동되고 있었다. 지원 시스템에 반영하기 위해 교수자는 학생들로부터 과정의 변화에 대한 피드백을 받았다. 그는 수주 내에 그것을 정리하여 보내 줄 것을 약속했다.

그러나 교수자로부터 받은 피드백이 Ken과 Austin이 받은 피드백의 전부였다. 더 이상의 정보에 대한 요청이나 설명, 수정에 대한 요청이 없었다. Austin은 몇 가지의 상황을 추측했다. 수행지원 시스템이 너무나 잘 설계되어서 완벽하게 작동되고 있는 것인가, 아니면 아무도 사용하지 않는 것인가? 그는 후자의 상황을 의심했다. 수행 지원 시스템에 대한 반응의 부족은 그들의 걱정을 크게 했다. 거의 완벽한 고요함이었다. 거미줄은 그 위에 올려진 짐이 없을 땐 케이블선만큼 튼튼하다. Ken과 Austin은 수행지원 시스템에 아무런 짐이 올려져 있지 않은 것은 아닌지 걱정했다.

예 비분석 질문

1. 프로젝트 초기 단계에 교수설계 팀은 학습 대상에게 접근을 거부당했다. 당신이라면 이 상황에서 어떻게 했겠는가? 만약 당신에게 선택권이 있다면 그 프로젝트를 계속하겠는가? 왜 그런가 혹은 왜 그렇지 않은가?
2. Ken과 Austin은 Brian의 일정에 대해 걱정했다. 그들의 입장에서 Brian 일의 최종 기한을 맞추려면 어떻게 할 것인가?
3. Ken과 Austin이 프로젝트 일정을 바꾸어야 한다는 것을 알아차렸을 때, 그들은 어떻게 다르게 행동했는가?
4. Austin은 몇몇 수업 참가자들이 학습 상황에서 컴퓨터를 사용하고 싶어 하지 않는다는 것을 알아냈다. 컴퓨터로 학습하는 것을 불편하게 느끼는 대상 학습자들을 돕기 위해서 그라면 어떤 전략을 사용했겠는가?

ID 실천을 위한 적용

1. Ken과 Austin은 통합교육을 제공할 것을 요청받았다. 그것은 교실 수업과 웹 기반학습이 혼합된 형태다. 이러한 통합교육을 설계하려면 어떤 것이 중요하다고 생각하는가?
2. Ken과 Austin은 이 프로젝트에서 새로운 교수설계 접근법을 사용하였다. 새로운 접근들을 시도하는 데 있어서 장점과 단점은 무엇인가?
3. 종종 사람들 또는 조직들은 오직 문제를 확인하고 나서야 교육의 필요를 느낀다. 이 상황에서 고객의 요구에 더 빠르게 반응해 ID에 반영하기 위해서는 어떻게 해야 하는가?
4. 많은 조직들은 그들의 교육과정의 개발과 운영을 교육과 e-러닝 전문 외부 업체에 맡긴다. Ken은 계약직원으로서 그의 상황에 단점이 있다는 것들을 알아냈다. 왜냐하면 그의 고객들은 그의 활동에 대한 충분한 기술적 지원을 제공받지 못하기 때문이다. 그렇다면 외부 업체에 맡겨진 교육 프로그램의 장점으로는 어떤 것이 있다고 생각하는가? 그리고 단점들은 무엇인가?
5. 만약 당신이 교육 개입에 새로운 기술을 수행하도록 요구받았다면 기술 수행이 자연스럽게 이루어지기 위해서 어떻게 할 것인가?

사례연구

28

제조업체 환경에서의 훈련 관리 (Natalie Morales의 사례)

Krista D. Simons
(Purdue 대학교)
Shanna M. Salter
(Rio Rancho 소재 Intel)

Natalie Morales는 긴장감과 흥분으로 Chipex Manufacturing에서의 첫날을 시작했다. 교수공학(IT) 분야의 석사학위를 최근에 받은 이후로 그것은 그녀의 첫 컨설팅 일이었다. 그녀의 교수 중 한 분이 이 기회를 주었을 때 그녀는 뛸 듯이 기뻐했다. Natalie는 이전에 이 교수를 위해 제조환경에서 많은 IT 일을 해 왔다. 컴퓨터에서부터 신호등과 휴대폰에 이르기까지 어디에서든지 사용되는 전기 마이크로칩을 제조하는 거대한 반도체 조직에서 일하는 이 기회가 그녀에게 좋은 기회라고 느꼈다. 이 특정 공장이 남동부 쪽에 있는 반면, Chipex는 미국과 세계 전역에 공장을 가지고 있는 거대한 제조업체였다.

Natalie는 그녀에게 그녀의 실질적인 직무에 대해 더 많은 정보를 주었던 인적자원 부서의 책임자 Rich Davis와의 미팅에 정확히 8시 도착했다. "우리는 훈련에 문제가 있습니다." Rich는 설명했다. "내가 당신에게 기본적인 것들을 줄게요. 그리고 자세한 사항은 Michelle Griego를 만날 때 알게 될 것입니다. 우리는 당신이 몇몇 문제의 해결책들을 찾아내길 바랍니다. 우리는 그동안 우리 공장 기술자들의 자격요건 과정에 대한 문제를 인식하고 있었습니다. 그들은 사실상 라인을 통해 반도체 기판을 움직이는 바닥에서 일하고 있는 사람들입니다. 그들은 그들의 자격요건을 받아들이고 유지해야 할 의무가 있지만 감독관이 그 요건들에 대해 다르게 우선순위를 매겨 왔다는 것이 우리의 관심을 불러 온 것입니다. 또한 거기에는 기본 규정과정도 없고 말입니다."

Natalie는 최대한의 속도로 적고 있었지만 그녀의 얼굴 표정은 혼란을 보이지 말아야 했다. Rich는 발걸음을 멈추었다. "좋아요, 내가 조금 실마리를 주죠. 그리고 당신에게 더 많은 정보를 주겠어요. Chipex에서의 그 훈련과정은 한 문장으로 요약될 수 있어요. '너 자신이 너의 계발의 주체다.' 다시 말하면, 고용자들은 그들 자신의 훈련과 발전을 유지할 것이 기대됩니다. 특히 기술자들은 다양한 자격증을 갖고 유지할 의무가 있습니다. 마치 기술자 안전절차 준수처럼 몇몇 자격증은 모든 기술자들에게 요구됩니다. 다른 것들은 분야별 또는 직업별로 세분됩니다. 더 많은 자격증을 가지고 있는 기술자일수록 더 높게 가치가 측정됩니다. 이것은 매년 이루어지는 승진에서 아주 중요한 요소입니다."

Natalie는 끄덕였고, Rich가 이야기하는 동안 계속 적고 있었다. "자격요건에 대한 문제를 우리에게 제기한 사람은 Michelle이었습니다. 그녀는 우리 회사의 처리공정 분야 중 하나에서 감독관으로 있으며 기술자들을 관리합니다. 당신은 오늘 좀 있으면 그녀를 만나게 될 것입니다. 그리고 그녀는 당신이 무엇을 했는지 훑어볼 겁니다. 그 기본적인 문제는 우리가 관리와 우선적 자격요건에 대한 표준 규격절차가 없다는 것입니다. 모든 감독관들은 우선순위를 다르게 두고 있습니다. 예를 들면, 한 분야에서는 몇몇 기술자들이 엄청난 자격증을 가지고 있지만 그것들은 선적 요구에서는 그렇게 중요한 부분을 차지하지 않습니다. 또 다른 분야에서는 기술자들이 그다지 많은 자격증을 가지고 있지 않을 수 있습니다. 하지만 그 분야에서는 그것들이 중요한 것들이 될 수 있다는 것입니다. 좌우간에 Michelle이 당신에게 모든 자세한 사항들을 설명할 겁니다. 당신은 그녀를 7시에 만날 겁니다."

Natalie는 시계를 보았다. 오전 8시 15분. "7시라고요?" 그녀가 물었다.

Rich는 정확히 했다. "이것이 실시간 공장입니다. 그러니까 우리는 24시간 가동한다는 뜻이지요. 일주일에 7일 근무고요. Michelle은 야간 근무이니 저녁 7시에 만나게 될 겁니다. 그 사이에 당신에게 당신의 서류 작업, ID 배지, 임시 이메일 주소를 준비해 줄 담당 관리자를 소개할게요. 당신의 최종 보고서와 몇 주 안에 나에게 줄 추천서를 기대하겠습니다."

Natalie는 그녀에게 주어진 복잡한 과제들에 의한 도전을 느끼면서 금방 자리에서 일어났다. 그녀는 그녀의 메모들을 정리하고 Michelle에게 물어볼 질문지를 만들어야겠다고 마음먹었다.

그곳의 모든 사람들이 바빠 보였다. 그리고 그녀도 그녀에게 의미 있는 시간이 되길 바랐다.

메모들을 정리한 후, 그녀는 Michelle에게 물어볼 질문들을 생각했다.

- 무엇이 '과정' 분야인가?
- 얼마나 많은 기술자들이 이 분야에 있나? 얼마나 많은 분야들이 있나?
- 어떻게 정확히 자격증을 받게 되는가?
- 자격증을 획득하기 위해서는 얼마나 많은 시간이 소요되는가?
- 어떻게 그 기술자들은 자격증을 유지하기 위해 노력하나?
- 내가 이야기를 나눌 수 있는 다른 사람은 누구인가?
- 언제 내가 기술자들과 이야기를 나눌 수 있는가?

Natalie는 또한 Michelle을 만나기 전에 Chipex에 대해 더 많이 알기 위해서 시간을 할애했다. 그녀는 전자 마이크로칩 제조과정에 대해서 알기 위해서 인터넷에 접속했다. 그녀는 실리콘 반도체 기판에서 칩이 시작되었다는 것을 알아냈다. 반복해서 언급되는 과정이라는 이것은 예를 들어 화학적, 금속 또는 자외선 부식법 등을 써서 반도체 기판에 사용된다. 그 반도체 기판은 다양한 과정들을 거쳐 만들어지는 것이다. 제조과정의 마지막에서는 수백의 마이크로칩으로 나누어진다.

Natalie는 이 정보들을 Rich가 전에 말했던 이야기들과 연결시켰다. 그러고는 그가 과정에 대해 이야기해 주었던 조언들이 반도체 기판에 쓰이는 화학적, 금속 또는 부식법 과정 중의 하나라는 것을 결론지었다. 그래서 그녀는 모든 과정에서는 반드시 기술자 한 팀당 감독관이 있어야 한다는 것을 알아냈다. 그녀는 자기 질문 목록에서 첫 번째 질문을 지울 수 있어서 기뻤다.

그것을 알아내는 Natalie의 조사는 거의 하루 종일 이루어졌다. 24시간 가동 공장에 대한 Rich의 이야기를 기억하면서, 그녀는 그것이 아마 늦은 저녁일 것이라고 예상했다. 그래서 그녀는 Michelle을 만나기 전에 낮잠을 자고 저녁을 먹었다. Michelle은 웃으며 그녀를 따뜻하게 반기며 이 일을 같이 하게 된 것을 고맙게 생각한다고 말했다. "이것은 정말 나에게 중요해요. 왜냐하면 많은 근무의 스트레스가 이 사안에 문제를 줄 수 있기 때문이죠."

Natalie는 웃음으로 답하면서 Michelle이 Rich만큼은 이상하게 보이지 않아 다행이라고 안심했다. "정말 저도 이 일을 하게 되어서 기뻐요. 또 좋은 경험이 되기를 기대해요. Rich와의 미팅으로 기본적인 질문 목록을 만들었고, 이제는 무엇이 과정인지 조금 알겠어요, 근데 과정이 무엇인지, 그리고 자격증이 무엇인지 조금 더 이야기해 줄 수 있나요? 한 분야에 얼마나 많은 사람이 있고, 어떻게 그 분야에서 인증을 받게 되는 건가요?"

"좋아요, 그러면 우선 여기서부터 시작합시다. 각각의 분야는 20~30명의 기술자들로 구성되어 있어요. 그리고 한 명의 감독관이 있지요. 하지만 그 수는 변할 수 있어요. 내 근무지에는 17명의 기술자들이 있어요. 기술자들은 반드시 자격증을 취득해야 해요. 그건 곧 공식으로 인증된 훈련을 거쳐야 하고 그 기술을 수행할 수 있어야 한다는 것을 뜻해요. 예를 들면, 공장에서 널리 사용되는 기술자 안전절차 준수 자격증은 모든 기술자가 취득해야 해요. 예외의 경우도 있긴

하지만 이 자격증은 대부분 수업을 통해 취득할 수 있어요. 직업별 또는 분야별로 세분되는 자격증은 관련 연장을 가지고 반도체 기판에 사용되는 과정에 적용하는 기술을 보여 주는 것을 수반합니다. 내가 반도체 기판 과정이라고 말하면 무슨 뜻인지 알겠어요?"

Natalie는 끄덕였다. 그리고 그녀가 한 메모에 뿌듯해했다. "좋아요. 내가 말했던 것처럼, 사실 반도체 기판에 사용되는 엄청나게 큰 연장이 있어요. 내가 연장이라고 말하는 것은 당신 차고에서 찾을 수 있는 그런 작은 연장이 아니라는 것을 명심하세요. 사실상 몇몇 연장들은 너무 커서 당신의 차고에 들어가지도 않아요! 인증된 연장기술에서는 두 가지 과정이 있어요. (1) 수업을 듣거나 직장 트레이너와 일대일 과외를 하는 것이 있고, (2) 그 기술 수행 능력에 대한 인증을 트레이너에게 받는 것이 있어요. 그리고 얼마나 그 연장이 복잡한가에 따라서 자격증의 수료기간은 18개월까지 걸릴 수 있어요. 하지만 대부분의 기술 자격증은 몇 개월 정도밖에 안 걸리고, 또 몇몇은 몇 주 안에 취득할 수 있어요. 신입 기술자가 고용될 때는 그들이 자격증을 취득할 때까지 트레이너의 지도가 있어야 하고, 취득한 후에는 독자적으로 일할 수 있어요. 실질적으로 오랫동안 일할수록 더 많은 자격증을 소지하고 있어야 하지요. 지금까지 잘 이해하고 있지요?

Natalie는 끄덕였고 Michelle이 해 준 설명을 계속 적고 있었다. "기술에는 수준 차이가 있어요. 수준 1은 가장 기본적인 기술을 이야기하는 것이고, 수준 4는 전문가 정도를 말하는 것이지요. 수준 4는 연장 사용에 있어서 복잡한 절차가 요구되는 보호 · 유지와 무언가가 잘못될 시 보수를 할 수 있어야 해요. 다양한 연장 사용을 가르치는 트레이너들은 적어도 수준 3 자격증까지는 가지고 있어야 하고 '동료 트레이너' 자격증을 가지고 있어야 합니다. 누군가가 자격증이 필요하고 아무도 그 직무를 가르칠 수 없다면 그 기술자는 반드시 다른 누군가와 다른 근무시간에 훈련 일정을 잡아야 합니다."

Michelle은 계속 이야기했다. "이제 당신은 배경 지식이 있으니까 몇 가지 문제점들에 대해 이야기해 봅시다." 한 가지는 요즘 기술자들과 트레이너들에 의해서 자기 감찰이 이뤄지고 있는 걸로, 나 같은 감독관들은 기술자들의 자격증을 관리하는 것과 우리의 필요한 직무를 확실히 하는 것이 일이에요. 예를 들면, 높은 수준의 자격증을 소지한 기술자는 없으면서 균형에 맞지 않게 수준 1 자격증을 가지고 있는 기술자들만 많이 두고 있는 것은 나에게 전혀 이해되지 않는 일이에요. 유사하게, 수준 4의 기술자들만 많이 두고 있는 것도 시간 낭비 이지요. 왜냐하면 그 기술을 취득하려면 많은 시간이 걸리지만 사실 그것이 거의 필요하지 않거든요. 그렇다고 해서 낮은 수준의 기술을 가진 사람과 높은 수준의 기술을 가진 사람의 완벽한 비율이 있는 것처럼 보이지는 않아요. 왜냐하면 모든 과정이 다 어렵기 때문이지요. 감독관은 그 과정에서 당장 필요한 것에 대해 알아야 합니다. 그리고 거기에 적당한 기술자들과 일해야 해요. 불행하게도, 이번 문제는 어려울 수도 있는 문제입니다. 특히 기술자들과 감독관들이 다들 선견지명이 없기 때문이지요. 그들은 좀 더 즐거운 것을 추구하고 막무가내로 일에 접근하고 가능한 한 많은 수준 1을 습득하려고 혈안이 되어 있죠. 어떤 기술자들은 이런 방식으로 많은 상을 받았습니다. 거기에다 더 많은 장기목표가 정해져 있는 더 높은 수준을 받는 것은 어렵습니다."

Natalie는 생각할 시간을 가졌다. 그리고 가능하다면 몇몇의 기술자들과 관리자들과 이야기해 보는 것이 필요하다고 생각했다. "확실히 우린 이에 대해 더 많이 생각해 봐야 할 것 같아요." Natalie는 자신의 생각을 강하게 표시했다. "가능하다면 몇몇 기술자들과 이야기를 나누고 싶은데요. 제가 어디로 가서 그분들의 생각을 얻을 수 있을까요?"

"좋아요. 당신이 그들과 이야기하고 싶어 하는 것을 잘 알겠어요. 저는 다른 회의가 있어서 가 봐야 할 것 같아요. 기술자들은 다 공장 안에 있기 때문에 인터뷰를 하는 것이 좋은지 저는 잘 모르겠네요. 다음 교대근무 동안에 당신을 회의실에 있게 하고 거기에 몇몇 기술자들을 보내는 것이 제가 할 수 있는 최선이라고 할 수 있겠네요. 어쩌면 늦은 저녁 근무시간에 가능할 수도 있겠어요. 인터뷰는 아마 짧을 수 있고 중간에 중단될 수도 있고요. 괜찮겠어요?"

"그럼요, 가능하다면 오늘 저녁부터 시작할게요."

"좋아요. 제가 생각해 놓은 두 사람이 있어요. 제가 곧 보내 드리죠. Hector Madrid와 Tran Nguyen이에요. 그들 모두 폭넓은 기술 자격증을 가지고 있지요. 모두 동료 트레이너이고요. 여기서도 오래 근무했어요. 아마 그들이라면 당신에게 좋은 정보를 줄 수 있을 거예요. 질문 더 있으세요?"

Natalie는 잠시 동안 그녀가 적어 놓은 것을 보았다. "확신하지는 못하겠지만 직업별 및 분야별 자격증은 차이가 있는 것 같네요."

"좋은 질문이에요. 직업 자격증은 작동에 관한 일에 관련되어 있어요. 다시 말하면, 라인을 통해서 반도체 기판을 움직이는 도구들을 작동하는 것과 관련되어 있지요. 그리고 분야 자격증의 의미는 기술자들이 이 분야에서 반도체 기판의 과정을 반드시 이해해야 한다는 거예요. 이것은 한 차원 높은 기술이지요. 분야 자격증을 가지고 있는 기술자들은 생산품의 우선순위에 대해서 더 잘 이해하고 있으며, 반도체 기판이 어디서부터 오고 어디로 가야 하는지를 기초로 하여 가장 효율적으로 더 많은 생산품을 운송합니다."

"오, 그게 뭔가를 떠오르게 하네요……. 당신이 내 직무의 자격증에 대한 이해를 돕기 위해서 당신을 위해 간단한 매트릭스([그림 28-1] 참조)를 만들었어요. 저는 이 팀을 몇 주 동안 감독해 오고 있어요. 그래서 최근 상황을 보기 위해서 이것을 다 모아 두었지요. 이것으로 이름과 얼마 동안 근무해 왔는지 왼쪽에서부터 내림차순으로 정리했어요. 자격증은 위에서부터 일렬로 나열했어요. 그런데 제가 우리가 쓰는 약칭으로 썼기 때문에 아마 당신은 그것을 이해 못할 수도 있어요. 어찌됐든 이건 중요하지 않아요. 기술과 그들의 숙련도에 관련된 것은 아래 나열되어 있어요. 숫자 1~4는 자격증의 수준을 뜻하는 것이고, 당신도 곧 알게 되겠지만 안전은 모두에게 요구되는 것으로 수준에 상관없어요. 게다가 과정기술은 오직 수준 2에만 있습니다. 마지막으로 P는 기술자들이 자격증을 받는 중이라는 뜻입니다. 또한 이 매트릭스는 도구와 과정 자격증 전체 중에 작은 일부 샘플이라는 것을 명심하세요."

Natalie는 간단히 그 매트릭스에 대해 공부를 하고 그녀의 참고자료들을 모아 두었다.

한 시간 뒤, Natalie는 큰 회의 테이블의 모퉁이에 Tran과 Hector와 같이 앉아 있었다. 그녀는 그들에게 자격증 과정에 대한 그들의 생각을 물어보았다.

"음, 글쎄요." Hector가 말하기 시작했다. "자격증은 기술자들을 훈련하는 데 흥미로운 접근방식이지요. 또 하나 있다면 트레이너 역할을 하는 것이 즐겁다는

				Operations: Tool A				Operations: Tool B				Operations: Tool C				Operations: Tool E				Operations: Tool F				Process: PCMT		Process: Ops	
Name	Length of Emp.	Safety A.1	Safety A.2	Level 1	Level 2	Level 3	Level 4	Level 1	Level 2	Level 3	Level 4	Level 1	Level 2	Level 3	Level 4	Level 1	Level 2	Level 3	Level 4	Level 1	Level 2	Level 3	Level 4	Level 1	Level 2	Level 1	Level 2
Hector*	>6 yr.	×	×	×	×	×	×					×	×	×										×	×	×	×
Tran*	>6 yr.	×	×					×	×	×						×	×	×	×	×							
Rod*	5 yr.	×	×	×	×															×	×	×					
Phuoc	4 yr.	×	×					×	P							×	×	P									
James	4 yr.	×	×	×	×	×						×	×	×	×												
Tinh	4 yr.	×	×													×	×	×	P								
Mario	4 yr.	×	×	×	×	×																		×		×	
Angela	3 yr.	×	×	×	P			×				×	P			×				×	P						
Carlos	3 yr.	×	×	×	×	×						×	P											×	P		
Carmen	3 yr.	×	×	×	P							×	×	×													
Phuong	3 yr.	×	×					×	P							×	P										
Gregg	3 yr.	×	×	×	×																						
Pete	3 yr.	×	×	×	P			×				×				×				P				P			
Tong	2 yr.	×	×					×	P							×											
Amato	2 yr.	×	×	×								×	P														
Rachael	2 yr.	×	×	×				×												×							

* 표시는 동료 트레이너 자격증을 나타냄.

[그림 28-1] 종업원 훈련 자격증 현황

것이죠. 하지만 제가 신입사원 시절 수준 1을 받으려고 했을 때는 정말 끔찍했어요. 또 다른 것으로 다른 사람과 시간을 맞추어야 한다는 것이 있습니다. 만약 그들이 서두른다면 당신은 좋은 질의 지도를 받지 못할 겁니다. 그렇기 때문에 훈련기간이 오래 걸리는 것이지요. 훈련은 간혹 중도에 그만둘 수도 있고 분기와 분기 사이에 배웠던 기술을 잊어버릴 수도 있지요. 그래서 나는 그에 대해 좀 더 신경 쓰려고 하지요. 내가 만약 자격증을 필요로 하는 사람을 안다면 정말로 그 사람을 위해서 일하려고 합니다."

Tran이 말했다. "그래요. 하지만 모든 것들이 전보다 훨씬 쉬워졌어요. 우리가 처음에 자격증을 받을 때를 생각하면, 그땐 우리가 하는 기술들을 보고 기술을 인정해 주는 사람을 외부에서 초빙했죠. 지금은 그들을 다 잘라내 버렸기 때문에 우리 같은 사람이 이제 그런 기술을 증명하는 사람이 된 거죠. 당신도 아마 지금은 사인을 받는 것이 훨씬 더 쉬워졌을 거라는 걸 상상할 수 있을 거예요. 만약 어떤 사람이 시험 중에 기술을 잘 수행하지 못했다 할지라도, 당신은 '내가 이 기술을 가르쳤어. 그리고 내가 이 기술을 가르칠 때 잘하는 것을 보았어.' 하고 생각할 것입니다."

Natalie는 그 말이 옳지 않다는 생각이 들었지만 어찌됐건 고개를 끄덕였다.

"잠깐만요." Hector가 소리를 질렀다. "당신 말은 그럼 당신이 기술을 전체적으로 잘 수행하지 못한 기술자에게 사인을 해 줬다는 말이에요?"

"그게…… 난 그렇게 말하지 않았어요." Tran이 대답했다. "난 단지 만약 기술자들이 한두 단계 건너뛰더라도 내가 전에 가르칠 때는 잘하는 것을 보았다면 그냥 그렇게 내버려 둘 거라는 거예요. 내 생각은 그냥 사인을 해 주는 것이 더 나은 것 같아요. 우리가 그들에게 무엇을 가르쳤는지 아니까요. 게다가 내가 많은 사람을 인정해 줄수록 나의 트레이너로서의 지위도 더 올라가니까요."

"당신 제정신이야?" Hector가 분노했다. "나는 정말 세심하고 면밀하고 고통스럽게 기술자들에게 자격증을 주었는데, 당신은 고작 높은 지위를 보장받겠다고 자격증을 할로윈 캔디 나눠 주듯 줬단 말이냐고!"

"아니야…… 그렇게 주지 않았어."

"좋습니다."라고 Natalie가 개입했다. 그녀는 일이 더 커지기 전에 자신이 무엇인가를 해야 한다는 것을 알았다. "이 문제로 인해서 제가 또 다른 질문을 해야 할 것 같네요. 당신은 누구를 훈련시킬지 어떻게 결정했죠?"

그녀는 Hector가 여전히 화가 나 있다는 것을 알 수 있었다. 하지만 Tran은 그 질문에 바로 끼어들었다. "대개 기술자들이 우리에게 오지요. 하지만 다행히도 감독관은 기술자들과 계획된 대로 일을 하고 기술자들이 어떤 수준 1을 받게 될지를 도와주죠. 그리고 나서 언제 수준 2를 받게 되는지도요. 우리는 그냥 그들이 물어보면 가르쳐 주는 거예요. 그들이 필요로 하는 것이 무엇인지를 알지요."

"Tran이 말한 것은 완전히 틀린 거예요." Hector가 거들었다. "때로는 다른 요소에 의해서 정해집니다. 예를 들어, 나는 스페인 말을 할 줄 알고 Tran은 베트남 말을 할 줄 알아요. 영어를 잘 못하는 기술자가 들어왔는데 그들이 베트남에서 온 기술자들이라면 Tran에게 가서 훈련을 받지요. 지금 우리는 엄청난 수의 베트남 기술자들을 갖고 있어요. 그리고 그들의 기술은 오직 Tran이 가르칠 수 있는 것만큼 한정되어 있죠. 시간이 지남에 따라 그들의 영어 실력도 늘고 있지만 그래도 여전히……." Hector는 말을 끝었다. "이것은 나도 마찬가지에요. 스페인어는 하지만 영어는 그다지 못하는 사람들의 경우가 해당되죠."

Natalie는 나중에 볼 매트릭스를 떠올려 거기에 무슨 패턴이라도 있을 것이라 생각하면서 메모하며 끄덕였다.

"감독관이 이 문제에 대해 특별히 언급한 것은 무엇인가요?" Natalie가 Hector에게 직접적으로 질문했다.

Hector가 말했다. "음, 감독관마다 달라요. 몇몇 감독관들은 그들이 사방에 모든 것을 갖춘 기술자를 둘 수 있게 기술자들이 정말 생산적인지 알고 싶어 해요. 문제는 정말 그들이 일다운 일을 언제 하느냐인 거죠. 만약 그들이 모든 자격증을 다 가지고 있다면 일을 하지 않거나 한 근무조에 엄청 많은 직원을 두고 있게 된다는 것이죠. 하지만 반대로 한 근무조에 적은 자격증만이 있다면 그 역시 문제가 돼요."

Tran이 덧붙여 말했다. "글쎄요. 나는 많은 자격증을 가지고 있는 게 문제가 된다는 Hector의 말에 동의하지 않아요. 한 팀이 많은 자격증을 갖고 있다는 것이 그렇게 문제가 되나요? 나로서는 더 큰 문제가 있어요. 매니저들은 매년 또는 반년마다 직무를 바꾸는 경향이 있어요. 한 감독관이 중요하다고 말한 것이 어쩌면 새로운 감독관의 우선순위가 아닐 수도 있어요. 이것이 가끔 이해하기 어려워 우리는 중간에서 허우적대고 있죠. 내 말은 Hector나 나 같은 기술자들은 위태로운 처지에 놓여 있지 않지만 새로운 기술자들은 항상 목표를 정하고 계획을 짤 수 있는 형편이 되지 못해요. 그래서 감독관이 바뀔 때마다 그들은 버려지죠."

"이번만큼은 이 문제에 대해서 Tran과 내가 동의한다고 할 수 있겠네요." Hector가 말했다. "하지만 모든 것을 해결할 시간이 없네요. 빨리 공장에 다시 돌아가 봐야겠어요."

Natalie는 그다지 많은 것을 알아냈다고 생각하지 않았다. 그녀는 그 프로젝트는 거대한 문제들의 복합체라는 것을 깨달았다. 각 문제들이 모두 중요하게 보였다. 그녀는 지친 상태였지만 한 시간 동안 더 매트릭스를 공부하고 지금까지 배운 것들을 목록으로 만든 후 앞으로의 일정을 짜기로 마음먹었다.

예 비분석 질문

1. Chipex에서 훈련 자격증 과정에 영향을 미치는 요소에 대해 알아보라. 이런 요소들을 열거하기 위해 Natalie가 필요로 하는 다른 정보는 무엇이라고 생각하는가?
2. 이 상황에서 언어가 노동자들의 수행과 능력을 발전시키기 위해서 이 사례에서 묘사되었던 방법들을 열거하라. 이 문제를 논의하기 위한 다른 잠재적 전략들이 있는가?
3. Hector와 Tran은 기술자들을 훈련시키는 것에 대해 다른 동기와 접근방법을 가지고 있다. 어떤 문제가 Chipex에 영향을 미쳤는가?
4. Chipex에서 자격증을 표준화하고 모든 이해관계자의 구매를 획득하기 위한 전략을 제시하라.
5. Chipex를 위해 Natalie가 제시할 수 있는 모든 계획을 가지고 이 사례에서 제시된 문제에 대한 전략적인 해결책을 제시하라. 그리고 이 사례에서 보인 각각의 제약에 대한 당신의 계획을 설명하라.

ID 실천을 위한 적용

1. 어떻게 트레이너들이 조직 안에서 훈련 수행 관리의 내용적인 요소들에 영향을 줄 수 있을까? 훈련 수행에 대한 지침이 제공될 때 이 요소들을 가지고 교수설계자들은 수행할 것인가?
2. 고용인들에게 동등한 훈련 기회가 없는 것에 대한 합법적이고 도덕적인 문제에 대해 논의하라.
3. 일대일 동료훈련의 장점과 단점에 대해 논의하라. 그리고 조직 안에서 일대일 동료훈련의 관리와 수행에서의 지침을 제시하라.

사례연구

29

교수설계 프로젝트에서의 과정과 인사 관리(Catherine Nelson의 사례)

Linda Lohr
(Northern Colorado 대학교)
Laura L. Summers
(Northern Colorado 대학교)

주요 제조회사인 Insulware는 Instructional Media Solutions(IMS)에게 이틀간 교수자 주도 온라인 코스를 재설계할 것으로 계약을 제시했다. 계약의 일환으로, IMS는 지도자 기술훈련을 세계 각지에 있는 Insulware 관리자들을 위한 웹 기반의 교육으로 바꿔 줄 것을 요청받았다. 코스의 첫 번째 변환이 성공적이었기에, 웹 기반 대학을 개발하여 66개의 Insulware 시설들이 코스를 들을 수 있도록 IMS와 Insulware 사이에 더 큰 계약이 맺어졌다.

Insulware 프로젝트의 수석 설계자는 30대의 자신감 넘치는 IMS의 5명 경영사원 중 한 명이며 회사의 4명 부회장 중 한 명인 Catherine Nelson이 맡았다([그림 29-1] 참조). 하지만 Catherine은 더 큰 계약의 사항들을 IMS가 실제로 충

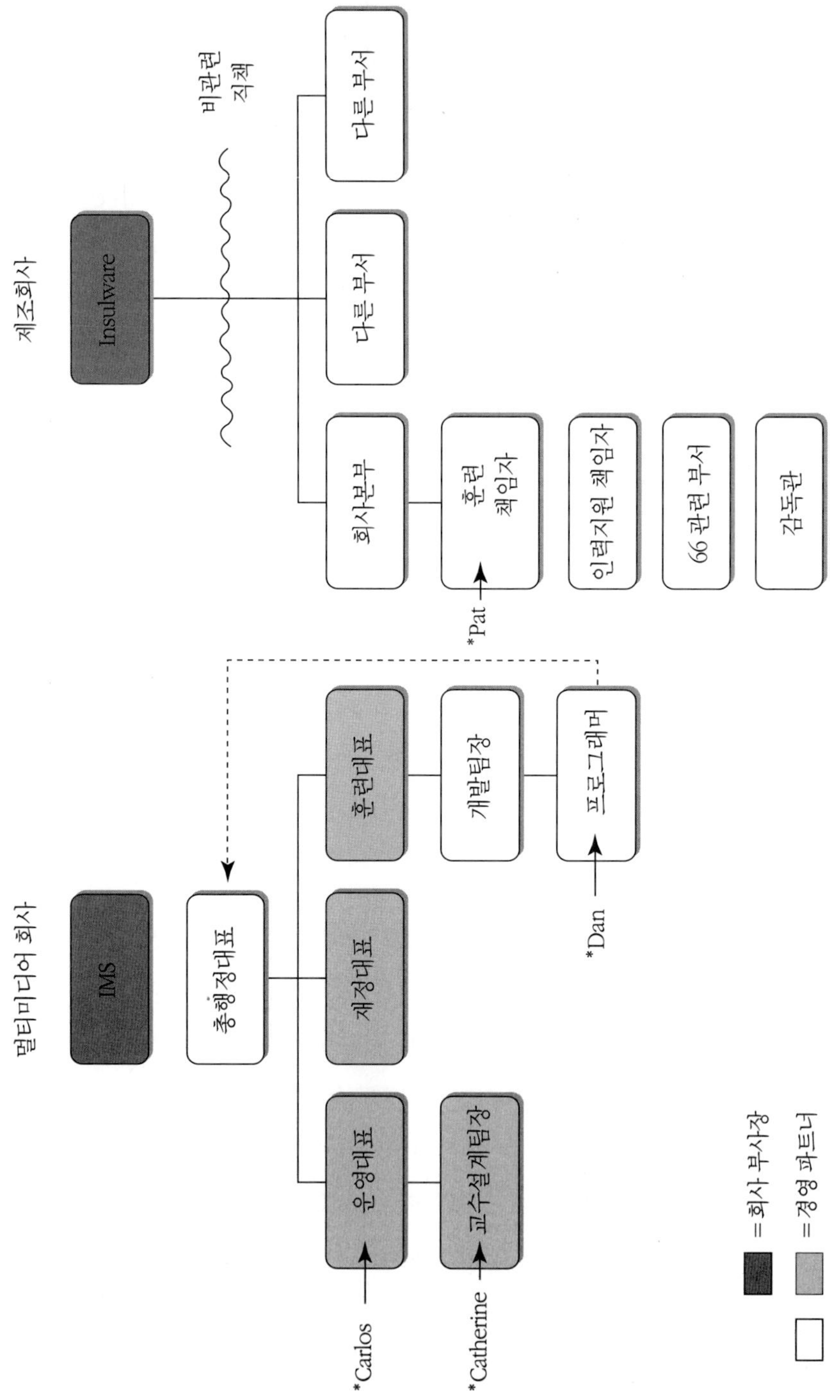
멀티미디어 회사
IMS
총행정대표
운영대표
재정대표
훈련대표
교수설계팀장
개발팀장
프로그래머
*Carlos
*Catherine
*Dan
*Pat
제조회사
Insulware
비관련 직책
다른 부서
다른 부서
회사본부
훈련 책임자
인력지원 책임자
66 관련 부서
감독관
= 회사 부사장
= 경영 파트너

[그림 29-1] 조직도

족시킬 수 있을지 의아해했다. IMS는 비록 프로젝트를 성공적으로 완수했지만, 첫 번째 Insulware 코스를 개발하는 과정은 내부적인 문제들로 가득 차 있었다. Catherine은 프로젝트의 역사에 대하여 생각해 보았다.

4월 초

프로젝트 시작 시, Catherine은 IMS에서 맡은 자신의 임무에 대해 긍정적인 생각으로 가득 차 있었다. IMS와 같이 이제 막 시작하는 멀티미디어 학습 기업에서 장기적인 직업 안정성은 보장되지 않았지만, 잠재적인 성공의 자극은 위험 요소를 무마시켜 주었다. 매일이 새롭고 흥분되었다. Catherine은 최고 업무진행 책임자(COO)이며 Insulware 프로젝트 매니저인 Carlos Martinez, 컴퓨터 프로그래머인 Dan Layton, 그리고 Insulware 교육 담당자인 Patricia Morrison을 처음 회의실에서 만났을 때 자신의 들뜬 감정을 기억했다. 회의실은 밝고 활기찼으며 여유로운 분위기를 풍기고 있었다. Dan은 청바지를 입고 있었으며 근처에 있는 책장에 발을 걸치고 있었다. Catherine과 Carlos도 캐주얼한 정장을 입고 있었다.

Carlos가 Pat을 소개하였을 때, Catherine은 일어나서 정중하게 악수를 청했다. Dan은 가벼운 목례로 Pat에게 인사를 하였다. Catherine은 Pat에 대한 미묘한 무례에 살짝 기분이 언짢았지만, 프로젝트에 대한 관심으로 인하여 Dan의 행동에 대해서 신경을 별로 쓰지 않았다. 그러나 회상해 보면서 그녀는 그의 행동이 앞으로 나타날 문제점들에 대한 적신호였다는 것을 깨달았다.

그날 회의 전에 Dan은 그녀가 교수공학 박사학위 프로그램에서의 수업에 대하여 언급하자 비웃었다. Dan은 "우리 분야에서 교육은 아무 의미가 없어. 뭘 하느냐가 중요한 거지."라고 말했다. "나는 독학했어. 박사학위 따위는 필요 없지." Catherine은 그가 박사학위를 말했을 때의 태도는 그녀와 그녀의 성과를 무시한 것이라 생각했다.

Dan의 자신감은 어느 정도는 이해할 수 있었다. 그의 아버지는 CEO였으며, 23세라는 젊은 나이에 그는 북서부 쪽의 다른 기업으로 가는 조건하에 10만 달러대의 봉급을 제안받았다. Catherine을 포함한 모든 사람들이 그가 IMS를 떠나는 것을 원치 않았기 때문에 다른 사람들은 그가 양해받지 못할 행동을 해도 넘어가 주었다. Dan은 그의 기술적 능력이 그가 생색을 부리고 무례하게 굴어도 되는 권리를 준다고 생각하였다.

그날 다른 적신호들도 있었다. Carlos는 평소의 카리스마가 넘치는 재주로 회의를 시작하였다. 그는 모든 사람들을 편하게 만들었고, 남들이 그의 능력에 자신감이 생기게 하는 뭔가가 있었다. 그는 주요 날짜와 전달 가능한 시간 등이 제시되어 있는 임시 프로젝트 일정을 나누어 주었다. 그는 그날 회의의 목적이 큰 그림에 대한 토의를 하고 프로젝트의 전체적인 목표가 명료화되는 것이기 때문에 첫 회의부터 불필요한 세부사항까지 설명하여 혼란스럽게 하고 싶지 않다고 Pat에게 설명하였다. 그는 Pat에게 다음 주중으로 자세한 프로젝트 계획을 볼 수 있을 것이라고 보장하였다. 돌이켜 보건대, Catherine은 그녀 자신과 Dan 그리고 Pat이 자세한 프로젝트 계획을 받지 못했다는 것을 깨달았다.

마지막 적신호는 어떤 종류의 교수분석에 대한 Pat의 태도였다. "나는 단지 기존의 훈련을 온라인에 넣었으면 좋겠어. 훈련을 바꿀 필요는 없어. 쉬울 거야. 모든 것이 다 여기에 있어." 이렇게 말하면서 그녀는 훈련자료 더미를 가리켰다. "그리고 나는 예산을 넘기고 싶지 않아. 이 프로젝트의 비용을 최소로 할 필요가 있어. 난 그게 매우 걱정돼."라고 강조하였다.

Catherine은 현존 훈련에 대하여 전단분석을 고려해 보도록 설득하였다. "Pat, 우리는 Insulware에게 높은 품질의 교육경험을 제공하고 싶어. 우리는 훈련을 고객들의 필요와 웹 기반 교육에 맞추려고 노력해야 돼. 기존의 훈련도 매우 좋겠지만, 새로운 정보를 추가하거나 현 정보 중에 바꿔야 할 것이 있는지 찾아볼 거야. 난 몇 개의 시설들을 방문하여 이 훈련을 사용하는 사람들과 대화를 해서 그것을 알아낼 수 있을 거야."

Pat은 확실히 이러한 소식에 흥분되지 않는다는 표정으로 멈칫하였다. 그녀는 "방문을 해야 할 필요를 못 느낄 것 같아. 이 훈련은 과거에도 매우 성공적이었어. 그리고 비용을 줄이는 것이 매우 중요해." 라고 대답하였다.

Catherine은 웃으면서 "이미 현장 방문하는 비용을 지불했어. 계약의 일부니까 문제 없을 거야." 라고 대답하였다.

Pat은 반신반의한 태도로 현장 방문을 지원하기로 하였다. "알았어, 다음 주에 갈 수 있도록 조정해 놓을게." 라고 말하며 수첩에 메모했다.

일주일 후

얼마 후 Catherine은 복도에서 Carlos를 붙잡았다. 그녀는 최초의 프로젝트 계획에서 제시된 과감한 기한에 대하여 걱정하고 있었다. 그녀는 그가 그러한 기한을 어떻게 정한 것인지 알고 싶었다.

"Carlos, 내 계산에 의하면 150:1의 개발 비율이 Insulware 훈련을 개발하고 시험하는 데 걸릴 시간을 예측하는 데 사용되었어." Carlos가 당황한 표정을 짓자, 그녀는 "알잖아, 조달 가능한 교수 1시간에 150시간의 개발시간. 내 경험으로는 300:1의 비율이 더 현실적인 것 같아."

Carlos는 Catherine에게 자신의 사무실로 들어와서 앉으라고 얘기하였다. "현실적이지 못한 것은 알고 있지만 난 우리가 Insulware와의 계약을 하기 원해서 낮게 조건을 제시했어. 이번 프로젝트에서 일을 잘 처리하면 미래에도 더 많은 프로젝트들을 맡을 수 있을 거야. 이것은 발을 들여 놓는 단계라고 생각하면 돼. 어떻게 보면 마케팅 비용이라고 볼 수 있지."

"알겠어." 라고 대답하면서 Catherine은 자신이 더 많은 일을 해야 될 것이라고 생각했다. 다음 4개월은 굉장히 긴 시간이 될 것이다. "우리가 갖고 있는 시간을 효율적으로 사용하기 위해서 어떤 일들을 해야 할지 정하기 위해 회의를 한 번 했으면 좋겠어."

Carlos는 Catherine에게 웃으면서 "당신이 우리의 친밀관계 상을 괜히 받은 것이 아니야. 회의를 한번 주도해 보는 게 어때?"라고 말했다.

그녀와 Carlos는 시간이 괜찮은 날짜 몇 개를 적은 후 Dan의 사무실에 들어가서 어떤 날짜가 좋은지 물어봤다. 하지만 Dan은 그의 책에서 눈도 떼지 않은 채 "그냥 나한테 이메일로 보내 줘."라고 말하였다. 하지만 Dan은 이메일에 답장을 보내지 않아서 Carlos와 Catherine 둘이서 회의를 하였다. 회의 도중에 디자인 문서, 스토리보드 그리고 현장 방문을 위한 조달 가능 시간의 간략한 일정을 완성했다. Catherine은 Dan의 비협력적인 태도가 한동안은 그녀를 막지 못할 것이라고 생각했던 것이 기억났다.

4월 중순

Catherine은 Dan에게 자신의 교육이 회사의 귀중한 자산이며 그녀가 자신이 하는 말이 정확히 무엇인지 알고 있다는 것을 보여 줄 수 있는 기회이기 때문에 이 주요 프로젝트의 수석 설계자가 되는 것이 매우 흥분되었다. Dan은 그녀의 교수공학 분야에서 받은 학위의 불필요성에 대하여 자주 언급하였다. 지난주만 해도 그녀에게 분수대 앞에서 "내가 교육을 더 받았더라면 직장 동료들의 웃음거리가 되었을 거야."라고 말했다.

4월 중순에 Catherine은 Pat을 만나기 위해 Insulware 본부로 갔다. 로비에서 몇 분간 기다린 후, Pat은 보안용 유리문 뒤에 나타났다. 청색 정장을 입고 있었으며 도시 전체를 내려다볼 수 있는 사무실로 활달하게 걸어갔다. Catherine은 Pat이 이 회사의 100년 된 역사에 대해 말하는 것을 들었다. 남성들이 주도하는 이 사업에서 Pat은 조직의 관리자 계급에 오른 9명의 여자 중 한 명이라는 점이 운 좋게 느껴졌다. Pat은 설립시설들을 자주 방문했으며, 고등학교부터 이 회사에서 근무했던 매니저들과 대부분 알고 지내는 사이였다.

Catherine의 첫 방문지는 오클라호마 주 북동쪽에 위치하고 있는 작은 농업과 제조업을 겸하는 도시 마이애미로서 그곳의 세 시설을 방문할 예정이었다.

Catherine이 인사 담당자를 만나서 다른 시설들로 데려다 주어 그쪽에서 6명의 선택된 관리자들과 얘기할 것으로 정해졌다. 방문의 목적은 설계 문서를 쓰기 위하여 충분한 자료를 모으는 것이었다. Catherine이 "하루만 인터뷰해도 괜찮을까?" 라고 걱정을 표시하자, Pat은 오클라호마에 있는 3개의 시설들이 66개의 시설 모두를 가장 잘 대표할 것이며, 이 방문 하나로 Catherine의 분석자료가 충분할 것이라고 보장하였다. "이 자료를 사용해. 필요한 모든 것이 여기 들어 있어." Pat은 IMS 사무실에서 첫 회의 때 언급한 현재 교수자 주도 훈련에 대한 2개의 커다란 바인더를 넘겨 주었다. Catherine은 그 후 회의에서 떠나 웹 기반 코스들을 주도하는 기술자들과 얘기를 나누었다.

IMS로 돌아간 후, Catherine은 수석 기술자들과 얘기를 나누어 Insulware에서 서버 소요를 확인할 수 있도록 적절한 기술자들을 제공할 것을 요청하였다. Catherine은 예술 관리자와도 얘기를 나누어서 마이애미의 현장 사진 몇 장을 찍어서 회사의 '보고 느끼는 것' 에 대한 개념을 제공할 것이라고 보장하였다. 이것은 웹 코스 인터페이스 설계와 구성의 기반을 제공할 것이다. 그다음 몇 주는 시설의 일정에 맞추어 Pat과 언제 또 현장 방문을 할 수 있는지 확인하면서 보냈다. Pat이 병에 걸려서 비행기를 탈 수 없게 되자, Catherine이 홀로 방문을 하여 인사 관리자를 첫 번째 설립시설에서 오전 8시에 만나기로 했다.

6월 초

Catherine은 오클라호마에서 관리자들과 긍정적인 만남을 가졌다. "난 여러분의 의견을 들으러 온 것입니다. 여러분이 전문가이며, 난 여러분이 아는 지식을 최대한 많이 수용하기 위해서 온 것입니다." Catherine이 6명의 지정된 관리자들에게 간략한 이전 웹 기반 코스에 대한 시범을 보인 후 말하였다. 그녀의 진심 어리고 적극적인 접근에 근거하여, Catherine은 그것이 받아들여졌다고 느꼈다. 모두 남자인 관리자들은 현재의 기업 주도의 훈련에 대하여 자신들의 경험을 Catherine에게 말해 주기 시작하였다.

그들은 훈련이 주기적이지 않으며 그들의 평상적인 임무와 관련이 없다고 하였다. 추가적으로, 수행능력 평가가 지역적으로 실시되지 않았기 때문에 그들에게 평가가 적용된다고 느끼지 못하였다. 또한 훈련은 실제 상황으로 전이되지 않았다. "내 팀원들과 함께 일하러 돌아갈 때, 그들은 역할극을 할 때의 파트너와 같은 반응을 보이지 않지요."라고 관리자 중 한 명인 Ben이 말하였다. "나의 팀원들은 18세로 성실함이 없어요. 그들은 늦게 들어오며 아무것도 신경 쓰지 않죠."

다른 관리자 중 한 명인 Ted도 "나는 12년 동안 현장에서 일하다가 갑자기 나의 동료들이었던 사람들을 관리하게 되었어요. 그들은 이러한 권력 변화를 원망하고 있죠. 훈련은 이러한 상황들에 도움을 주지 못하고 있어요."

회의가 끝난 후, Catherine은 관리자들의 요청을 디자인 문서에 통합시켜 놓고, 현재의 훈련자료가 관리자들의 요구사항을 충족시키지 못한다는 것을 메모하였다. Catherine은 그의 개인시간에 시설물의 훈련 수요를 분석하는 일을 훌륭히 수행해 왔기 때문에 여러 개의 훈련 문서를 시설 관리자에게 요청하였다.

일주일 후, Pat은 교육과정에 대한 것을 제외하고 설계 문서에 대한 자신의 승인을 알리기 위해 전화하였다. 그녀는 훈련자료를 바꾸고 싶어 하지 않았다. 그녀는 모든 시설에 해당되는 균일한 기업 접근법을 원했다. 그녀는 Catherine이 관리자들과의 인터뷰에서 습득한 시설들의 개별 자료를 사용하지 않기로 요청하였다. Catherine이 지역적으로 시설들이 어떤 일을 하는지 왜 살피지 않느냐고 묻자, Pat은 모든 곳마다 정책이 다르며 Insulware는 일반적인 접근법이 필요하다고 설명하였다. Catherine은 그녀가 교육과정 자료를 바꿀 수 없다면 적어도 교육을 최대한 상호작용적인 것으로 만들 것이라고 결정하였다.

6월 중순에서 8월 중순까지

현장 방문에서 돌아온 후, Catherine은 Carlos가 다른 프로젝트로 바빴기 때문에 그와 교류를 별로 하지 않았다. 그가 바쁜 와중에 스토리보드를 읽지 않았으며, Dan의 일정상 충분한 개발을 이루지 못했다. 6월부터 8월까지 단 하나의 스토리보드 회의가 이루어졌으며, 거기서 Dan이 모듈 속의 연동되는 구성요소의 개수와 관련하여 언성을 높였다. 그들이 침착하게 스토리보드에 대하여 토의할 수 없게 되자, Dan과 Catherine은 나중에 더 침착해진 후에 다시 만나기로 정했다. Catherine은 불필요한 애니메이션을 빼지만 Dan이 요구했던 것처럼 연동성 자체를 없애지는 않는 방향으로 스토리보드에 대한 최초의 계획을 계속하였다. 하지만 Dan은 그녀의 회의에 대한 요청을 한 번도 수락하지 않았다. Catherine은 그의 사무실에 주기적으로 들려서 그들이 만나야 한다고 알려 주었다. 매번 Dan은 컴퓨터에 눈을 떼지 않고 "나중에 할게."라고 대답하였다. Catherine은 Dan이 그의 개발 일정에서 시간을 내어 그녀와 연동 구성요소에 대하여 얘기할 수 있을 것이라고 생각하고 있었다.

그동안 Insulware의 기술 팀은 웹 기반 코스가 내부적으로 실행될 것인지 혹은 외부적으로 실행될 것인지 결정할 수 없었다. 추가적으로, 기술 팀은 모든 시설들이 웹 접속 기능을 갖고 있지 않으며, 임시적인 혼합의 해결책이 도입될 필요가 있을 것이라고 확인하였다. 웹 기반의 모듈은 웹 접속이 가능할 때까지 CD-ROM으로 임시적으로 옮겨져야 할 것이다.

Catherine이 스토리보드를 끝낸 후, Carlos가 Dan과 상의하지 않은 채 Pat이 서명할 수 있도록 보냈다. 불행하게도, Dan은 고객에게 전달되는 기한 전까지 그것들을 훑어볼 시간이 없었다. Pat은 교수설계, 내용의 창의성과 명확성, 그리고 연동되는 멀티미디어 구성요소의 수에 만족해했다. 설계과정 동안, Catherine은 Dan과 Carlos에게 내용의 진부한 성향과 고객들의 간단한 오디오 기반 스크린의 필요성 등을 근거로 상호작용의 중요성을 계속 설명하였다. Catherine은 Dan이

스토리보드를 읽었는지 다시 확인했으며 설명해 달라고 요청하였다. Catherine은 그의 사무실에 들러서 열린 마음으로 친절한 태도를 유지하려고 노력한 것을 기억했다.

그녀는 친절하게 "Dan, 난 당신이 개발을 얼마나 진행했는지 알고 싶어요." 라고 말했다. 그가 대답하지 않자, "스토리보드는 Pat의 승인을 받았어. 우리는 준비가 다 됐어. 이해하지 못한 것이 있다면 얘기해 줘." 라고 말했다.

Catherine의 협조적인 팀원이 되려는 노력에도 불구하고, Dan은 회의 때 아무 말도 하지 않고 비협조적인 태도를 유지하였다. 시간이 지나자 Catherine은 Dan이 프로젝트 계획을 따라오지 않고, 연장을 요구하는 대신에 그녀의 스토리보드에 있는 상호작용 전략과 피드백 요소를 잘라냈다는 것을 깨달았다.

8월 말

Catherine은 코스의 최종 검토 중에 모듈 8의 연습활동에 있어서 Dan이 승인받지 않은 변경사항을 넣었다는 것을 깨달았다. 그녀는 그를 직면하면서 "Dan, 왜 모듈 8의 연습활동을 변경했어? 이것은 스토리보드를 Pat이 승인하였을 때 다 정해진 사항들이잖아."

Dan은 소리 지르기 시작했다. "스토리보드에 있는 모든 상호작용을 넣을 방법은 도저히 없어. 나에게 주어진 개발시간에는 불가능해. 어차피 당신이 설계한 연습활동은 모두 쓸모없는 것들이야."

Catherine은 기한 내에 상호작용 요소들을 복구하기에 너무 늦었기 때문에 절망감을 느꼈다. 이에 반응하여 프로젝트 매니저인 Carlos가 연습활동의 실수를 고치기 위해서 기한 전에 Catherine과 Dan을 만났다. Dan은 그가 이미 개발한 것에 수정사항을 넣는 것을 거부하였다. "난 Catherine이 모듈을 보고 그녀가 이 활동들을 설계할 때 한 실수를 볼 때까지는 아무것도 고치지 않을 거야. 이것이 그녀가 뭘 하고 있는지 안다는 것을 증명할 수 있는 유일한 방법이야."

9월 초

Pat은 신속히 몇 개의 모듈을 검토한 후에 코스 설계를 승인하였다. 그녀의 유일한 의문점은 모듈 8에 있어서 Dan이 넣은 변경사항이었다. "사용자가 적절하고 부적절한 의견을 선택하는 부분은 어디로 갔어? 그 연습활동들은 이것을 매우 좋게 만들었어. 그런데 왜 없는 거지? 미안하지만 난 이걸 받아들일 수 없어. 이 선다형 문제들로는 부족해. 현실적이지 않으며 이해하기도 힘들어." Pat의 피드백을 받은 후, Dan은 더 이상 저항하지 않고 수정하였다.

그다음에 웹 훈련은 여러 개의 Insulware 시설들에 투입되었고 관리자들이 함께 사용하였다. IMS는 이 시설들에 대하여 포커스 그룹 분석을 실시하여 훈련의 효과성을 평가하였다. 관리자 한 명은 그가 컴퓨터를 좋아하지도 않고 곧 은퇴할 것인데 그의 시간을 내서 훈련을 평가해야 한다는 것에 불만을 토로하였다. 대부분의 의견은 긍정적이지도 부정적이지도 않았다. Catherine은 관리자들이 교육을 평가하는 것에 익숙지 않으며, 포커스 그룹 과정에 대하여 잘 모른다고 평가하였다. 그녀는 향후 포커스 그룹의 노력의 일부로, 웹 기반의 교육을 어떻게 평가하는지 더 자세히 설명할 것이라고 결론지었다.

한 달 후

Catherine은 Insulware 전달 날짜에 따른 IMS의 부정적인 분위기를 기억한다. Catherine, Dan과 Carlos는 사후 회의를 실시하려고 노력했다. 하지만 Catherine과 Dan이 아직 실수에 대해 서로를 책망하고 있었다. 프로젝트의 관리 실수로 인하여 IMS는 같은 실수를 반복하지 않기 위해 새로운 내부 과정에 대한 얘기를 나누었다.

불행히도, Catherine의 팀에 속해 있는 교수설계자들은 그들이 지난 몇 달 본 것을 바탕으로 Dan 주변에서 긴장을 하였다. 어떤 멀티미디어 질문으로도 그에게 접근하기가 두려웠다. IMS가 다른 Insulware 프로젝트를 맡게 된다면 Dan은 그녀의 팀과 어떻게 협력할 것인가?

예 비분석 질문

1. Catherine의 전단분석을 바탕으로 그녀의 설계를 위한 의사결정을 평가하라.
2. 당신이 이 프로젝트의 프로젝트 매니저라면 팀 역동을 향상시키기 위해 어떻게 행동할 것인가?
3. IMS가 팀 내부 행동을 위해 미래에 어떤 전략을 향상시킬 것을 추천하겠는가?
4. 이 사례에서 프로젝트 관리의 도전을 확인하고 현재 경제에서 적용 가능한 조정전략에 대하여 설명하라.

ID 실천을 위한 적용

1. 실제 상황에서 표준 ID 모형을 수행하는 것에서의 도전에 대하여 토의하라.
2. 교수설계 팀 내의 역동이 단체의 직무 수행에 어떤 영향을 미치는지 설명하라.
3. 프로젝트 할당계획이 어떻게 예상을 명확하게 하고 내부적인 문제들을 완화시킬 수 있는지 토의하라.
4. IMS와 같은 신생 기업에서 프로젝트 관리가 어떤 특이한 도전을 제공할 것인지 토의하라.

사례연구

30

평가 맥락에서의 컨설팅 활동 관리 (Andrew Stewart의 사례)

Steven M. Ross
(Memphis 대학교)
Gary R. Morrison
(Old Dominion 대학교)

Andrew Stewart 박사는 Lois Lakewood 박사와 그녀의 스태프를 Rainbow Design에서 만나는 화요일 회의를 기대한다. 앨버커키에 다시 가 보고 싶은 점(그가 마지막으로 들른 지 약 10년째다)을 제외하고, 그는 Rainbow의 설계 프로젝트의 프로그램 평가자로서 그에게 주어진 역할을 고려했다. 잘 다루기 위한 준비뿐만 아니라 즐기기 위한 것이었다. Andrew는 보스턴의 유명한 대학에서 교수설계 전공의 교수였다. 그는 설계 이론과 연습의 여러 측면에 대해서 잘 알았다. 그리고 교육평가에 있어 알아주는 전문가로 여겨졌다.

BTB Global Transport와의 계약

Andrew에게 전문적인 도전과 기회는 굉장한 것처럼 보였다. Rainbow Design은 BTB Global Transport(큰 선박회사)로부터 100만 달러의 계약을 따냈다. 그 계약은 Galaxy라고 불리는 새로운 컴퓨터 시스템에 맞는 사용자 기반 시스템을 BTB에 맞게 개발하는 것이다. 새로운 시스템은 재고관리, 회계, 홍보, 구매 등 거의 모든 사업 기능을 지원할 수 있다. 그리고 직원의 직무 기능과 구체적 직무의 큰 변화에 대한 지원도 요구된다.

화요일에 Andrew는 Rainbow Design 프로젝트의 계획을 좀 더 검토해 보기로 한 작업을 방해하는 것으로부터 달아나 Logan 공항에 일찍 도착했다. 비행기가 착륙할 때, 그는 계획에서 '핵심'과 관련된 부분을 완전히 다시 알게 되었다. Rainbow Design은 학습자 통제 타입의 형식을 사용하면서 사용자 지원방식을 다양하게 개발할 필요가 있었다. 단서 카드(간략한 정의, 상기점 또는 방향), 컴퓨터 기반학습(CBI), 위저드(정보처리 기능을 가진 증거/적용 기능)의 예를 포함해서 구체적으로 각각의 직무에 있어 직원이 메뉴 옵션에서 온라인 지원이 필요할 때 선택할 수 있는 것처럼 말이다. Andrew의 주요 책임은 평가 형태를 지도하는 것—전반적 설계접근에 대한 것이 우선이고 그들이 개발했던 개별적 기반 도구는 다음이다—이었다.

독서에 집중하다가 Andrew는 비행기가 보스턴을 뒤로하고 웨스트와 앨버커키 쪽으로 안정적으로 이륙하는 것에도 거의 신경 쓰지 않았다. 아침 일찍 일어나 졸렸지만, 도착하기 전에 그는 계획(직원들 부분)에 대해 하나라도 더 알아보고 싶었다. 그것은 괜찮아 보였다. Rainbow Design에는 Cecilia Sullivan이라는 프로젝트 매니저가 있었는데, 그녀는 ID 결정 외에 필요한 행정적인 기능을 수행하고 있었다. Lois Lakewood는 재능도 있고 전국적으로 인정받는 학사 프로그램의 박사학위가 있는 설계자다. 그리고 그는 텍스트 기반학습 전문가, 컴퓨터 프로그래밍, CBI 그리고 그래픽 기술 설계자이기도 했고 7명 설계자 팀의 수장이기도 했다. 모호하고 무의식적인 상태(특히 그가 졸린 상태)에서 Andrew는 세인트루이스에 위치한 두 번째 외부 설계 팀의 역할과 관련해 불안함을 느꼈다. BTB Global Transport가 세인트루이스에 큰 독립 벤처를 가지고 있었기 때문에 Cecilia는 세인트루이스에 있는 컴퓨터 프로그래머들과 연결하기 위해서 그들을 지역 설계자로 고용하는 것이 현명하다고 생각했다. Galaxy 컴퓨터 시스템이 완성되었을 때 어떻게 그것을 작동시키는지 더 잘 이해하기 위해서 말이다. 이 프로젝트의 과감한 도전은 사용자 기반 모형이 오로지 강한 인상과 Galaxy 모델의 초안을 바탕으로 개발될 필요가 있어서였다. 왜냐하면 실제 시스템은 무한히 애매한 시간을 위해 존재하지 않기 때문이다. 세인트루이스 팀은 세 명의 젊은 디자이너로 구성되어 있었고, 모두 세인트루이스에 위치한 Davis 대학교에서 받은 교수설계 석사학위를 가지고 있었다. 그들의 리더인 Alicia Rosenthal은 30대 초반에 그곳에서 박사학위 논문을 완성했다.

회의계획

앨버커키에 도착한 후, Andrew는 공항에서 약 10마일 떨어진 교외 쇼핑 센터 건물에 위치한 Rainbow Design 사무실로 가는 택시 안에서 좋은 시간을 가졌다. 회의는 일정대로 오후 1시에 시작되었다. Rainbow 팀, 세인트루이스 팀, 그리고 BTB 프로젝트 매니저 Carlton Grove를 포함해 모든 주요 참가자가 그 자리에 함께했다. Carlton은 ID 훈련에 대한 지식이 부족하기는 했지만(그의 지식은 인간적인 면모가 있었다) 그들이 기대하는 것을 설명했다. 그리고 사용자 기반이란 것이 어떻게 적용되어야 하는지에 대한 훌륭한 직관적 범위, 그리고 어떻게 장점과 유용성을 증가시킬지에 대해 말했다.

토의가 이뤄진 몇 시간 동안, 표면상의 제스처와 그 외의 점을 미루어 세인트루이스 팀을 관찰한 Andrew는 준비된 오리엔테이션에 대해 태만하다 느꼈고 왠지 불만스러웠다. 그 팀은 세부적인 순서도 정도의 간략적인 설명과 선택된 모형을 지지해 주는 Gagné, Mager 그리고 다른 이론가들의 이론을 준비해 왔다. 그러나 그들의 오리엔테이션에는 선택한 모형을 충분히 학습한 시간이 느껴지지 않았다. 이를 바탕으로 Andrew는 세인트루이스 팀의 구성원들이 주요 담당자가 되면서부터 이것에 관심이 많지 않았음을 느꼈다. 그는 Lois가 세인트루이스 팀의 이상한 준비에 눈살을 찌푸렸고 무언가 말을 할 때 다소 긴장되고 조심성 있어 보였다고 메모해 두었다.

Andrew는 형성평가 계획의 명료하고 설득력 있는 개관으로 그날 회의를 마무리 지었다. 그는 늘어가는 관심과 이해의 진보적인 면, 초안에서부터 거의 최종 결과물에 이르기까지 변화해 온 기반모형과 관련해 설명했다. 모든 면에서 평가는 복합적 자원(다른 참가자 그룹에서 나온 다른 도구)을 모두 포함했다. 삼각측량을 제공하고, 설계와 그 산물의 질에 관련된 피드백의 양을 증가시키기 위해서였다.

프로젝트 진행

두 달이 지나 Rainbow의 스태프는 다양한 직원의 직무 기능을 위한 사용자 기반 모형을 몇 가지 만들었다. 실망스럽게도 동일한 일을 한 세인트루이스 그룹은 다른 자료를 만들기에 느렸고 어쩔 수 없이 하는 것 같았다. 그리고 아직도 그들이 ID 코스에서 학습했던 교과서 모형에 대한 강한 집착을 버리지 못하고 있었다.

Andrew, Lois(Rainbow), Alicia(세인트루이스 팀) 그리고 Carlton(BTB)이 모인 몇 번의 회의에서 Alicia(세인트루이스 팀)와 Carlton(BTB)의 토의에는 분명히 긴장이 있었다. 최근 Alicia가 지시받은 제안에 대해 반항을 하는 것에 점점 마음이 불편해진 다른 이해관계자들은 점점 협의사항에 대한 각자 팀의 개별적 업무를 멈추게 되었다. 그러나 Andrew 팀의 협의사항은 프로젝트의 최근 상태에 의해 이미 명확하게 정의가 내려졌다. 사용자 기반의 첫 번째 시리즈가 개발되었고(Carlton이 종종 그룹에게 상기시킨 대로) 상당량의 비용이 이미 빚이 되었다. 형성평가를 시작할 시간이 되었고, Carlton은 "다음 주에 다 될 것입니다."가 아닌 '어제' 다 완료되었다는 말을 원했다. Andrew는 이것이 그가 최근에 대학원생들에게 예상하라고 주의를 준 현장 상황의 정확한 유형이라고 깊이 생각했다.

평가계획의 개발

며칠이 지난 후, Andrew는 질문들을 뽑고 대강의 도구계획을 만들고 Lois에게 팩스로 보냈다. 마지막 산물은 평가를 단계별로 안내해 주는 교육과 촉진제 그리고 도구의 완전한 모음으로 구성된 '평가 매뉴얼'이었다. 간단히 말해, Andrew에 의해 설계된 기본 오리엔테이션은 인터뷰에 응해 준 참여자들이 그랬듯이 하나씩 시도해 가는 것이었다. (1) 참여자의 배경과 직무활동을 묘사하라. (2) 수송산업의 직무 기능(특히 철도 선적 일정)을 컴퓨터 시뮬레이션을 통해 시연하라. (3) 세부 업무에 이용 가능하도록 만들어진 사용자 기반 도구 샘플을 관찰하라. (4) 다양한 유용성, 사용자 중심 인터페이스 그리고 미적 차원에 따라 각각의 도구를 평가하라. (5) 그것의 가능한 적용점을 '명백히 반영하라'. (6) 장점, 추천거리를 만들어라. 이 매뉴얼은 곧바로 컴퓨터 시뮬레이션과 조화하여 기능했고, 효율적인 데이터 리코딩 시스템뿐만 아니라 데이터 수정과정에서도 빈틈없는 통제를 제공했다.

평가의 출시 전 마지막 단계들이 인터뷰를 위해 준비되었고 그것으로 평가자들을 훈련시켰다. 인터뷰를 받은 사람들은 6개의 전국적 BTB 사이트 직원 10명 정도였다. 평가자들은 Rainbow Design의 좀 더 제한된 범위 내 설계자들과 Andrew(시간과 일정의 압박을 받은) 그리고 세인트루이스 스태프(Lois에게 위임 업무와 오리엔테이션에 대해 걱정을 끼친)들로 구성되었다.

첫 번째 인터뷰가 미니애폴리스 지사에서 열리기 3일 전, Lois는 Alicia로부터 전화 한 통을 받았다. Alicia는 말했다. "BTB와 하는 우리 업무를 지연시키는 것을 알려 주세요. 사용자로부터 평가 데이터를 수집하는 역할을 지도하는 것이

제게 꽤 흥미롭습니다. BTB에서 아웃된 것이 누구인가 하는 것은 나와 우리 스태프에게 정말 좋은 느낌을 주었어요. 사용자 분석은 정말 우리의 강점입니다." Lois는 이 부탁에 대해 불안의 기미를 느꼈지만 이 아이디어는 몇 가지 장점을 가지고 있었다. 그것은 결국 세인트루이스 그룹이 점유하고 있었다. 이것은 세인트루이스 팀을 고용한 그녀의 보스 Cecilia의 좋은 책략이었던 것이다. 그리고 그것은 지금 늘어나는 수요에 설계 일을 하느라 충분히 여행을 하지 못하는 Rainbow의 스태프를 일로부터 해방시켜 주기도 했다. Alicia와 스태프가 어떻게 산더미 같은 사용자 인터뷰(약 60건 중 약 40건)를 했는지에 대해 의견 일치가 되었다. 그들은 앨버커키로 날아가서 Andrew와 Lois를 만나고, Rainbow 직원과 함께하며 평가절차를 훈련받았던 것이다.

평가의 실행

데이터 수집이 시작되었다. 몇 주 뒤(대략 3월 말 즈음), Andrew와 Lois는 각자 소수의 인터뷰를 관리했고 그들이 설계했던 절차와 자료에 대해 좋게 생각했다. Alicia가 Lois를 불렀다. (그들은 늘 긍정적이었기 때문에) 현장으로부터의 간헐적인 현 상태 보고서를 주기 위해서다. BTB의 Carlton은 4월 2일에 Andrew를 불러서 평가 보고서를 4월 15일까지 '전달 가능' 하게끔 제출해 달라고 요구했다. '가능하다.' 라고 Andrew는 생각했지만, 그것들을 일주일 정도 안에 마무리 짓기 위해서, 그리고 그에게 데이터를 가져다줄 Alicia가 필요했다. Lois를 부른 Alicia가 동의했다.

4월 10일 세인트루이스의 반환 주소가 적힌 큰 박스가 Andrew의 보스턴 사무실에 도착했다. 그는 기대하며 그것을 열었다. 그는 당장 데이터를 코딩하고 분석해 줄 대학원생 조수를 만날 필요가 있었다. 박스의 뚜껑을 당겨 올리자마자 그는 곧바로 Alicia로부터 온 커버 메모를 보았다("여기 우리 데이터 형식의 모두를 보냅니다. 42건의 인터뷰!!"). 그리고 그는 위로부터 약 10개의 평가 매뉴얼 더미를 치웠다. 모두가 첫 페이지를 옳게 작성한 것—인터뷰 이름, 직원 이름, 시간, 장소 등—처럼 보였다. 두 번째 페이지로 넘겼을 때, 그는 그것이 작성되어 있지 않음을 알아차렸다. 첫 번째 기반 도구의 사용자 평점도 없고 오직 평가자들이 손으로 작성한 기록들만 있었다. 나머지 다른 매뉴얼들도 사정은 같았다(평점은 없고 오직 간략하고 읽기조차 어려운 주석들만 있었다). '아마도 이것은 옳은 방향이 아니야.' 라고 그는 생각했다. '정말 사용할 수가 없네.' 다음 매뉴얼을 보면서 그의 맥박은 빨라졌고, 그다음 매뉴얼을 보면서, 그리고 2개를 더 보는 동안 그의 심장은 점점 더 빠르게 뛰박질했다. 그는 박스의 중간을 파헤쳐 3개의 매뉴얼을 손에 쥐었다. 모든 것들이 완전히 평점을 생략하고 비형식적인 방법으로 작성되어 있었다.

진실과 결과

Lois가 Alicia에서 나쁜 소식을 가지고 다시 전화하게 된 때는 Alicia가 Lois에게 한 전화로 인해 Lois가 Alicia에게 전화하게 된 다음날 일이었다. Alicia의 그룹은 굉장히 자기 발견적인 그들만의 평가 매뉴얼을 선택했고, 평점표나 구체적 해설이 사실상 필요치 않게 되었다. Alicia가 말했다. "사용자 분석을 하는 데 있어 내 설계자들은 좀 더 전체적이고 양질의 오리엔테이션에 호의적이라고요." 그리하여 그들은 기꺼이 공유해야 할 확실한 포괄적인 견해를 만들었다. (Andrew 역시 몇 가지 옵션을 가지고 있었으나, '공유' 라는 것은 그것들을 제시하는 방식으로는 너무 점잖은 것이었다.)

그후 며칠간에 끼친 여파는 Cecilia가 Alicia와 그녀의 그룹을 심하게 꾸짖고 프로젝트를 유보 상태로 둔 것이다. 그러나 Andrew는 제출해야 할 보고서가 있었다. 인간요소 연구에서 과학적 오리엔테이션을 한 BTB의 Carlton은 적어도 약간의 양적인 결과(막대그래프 같은)를 기대하고 있을 것이다. 그런데 Andrew는 오직 약 13개만 정확히 완성된 평가 매뉴얼—어떤 하나는 그와 Rainbow Design으로부터 온 것이다—을 가지고 있다. 보고서는 3일 기한이었다.

예 비분석 질문

1. 이 사례에서 네 가지 주역—평가자, 설계 매니저, 외부 설계 팀, 고객 프로젝트 매니저—의 관점에서 각각의 이슈를 논의하라.
2. 최종 산물(평가연구)을 성공적으로 만들어 내는 점에서 네 주역이 한 행동에 대해 각각 평가하라.
3. 일어난 문제를 피하기 위해 네 주역이 각각 해야 했을 행동에 대해 논의하라.
4. 네 명의 주요 이해관계자가 결과물에 대해 만족하는 성공적인 시나리오를 만들어 보라.

ID 실천을 위한 적용

1. 교수설계 모형에서 형성평가의 역할을 설명해 보라.
2. 기대하지 않은 역동적인 환경과 실제 삶의 맥락에서 일어나는 일들이 어떻게 교수설계 실제에 강한 영향을 주는지 설명해 보라.
3. 설계 프로젝트를 진행하는 프로젝트 사업 매니저, 프로젝트 설계 매니저, 교수설계자, 평가자 그리고 고객 프로젝트 매니저의 역할을 구별해 보라.
4. 설계 프로젝트 진행 시 다양한 컨설턴트 그룹들의 활동을 조화롭게 만드는 좋은 경영 시스템의 중요성에 대해 설명해 보라.

사례연구

31

병원환경에서 사전 동의에 관한 안건 (Alan Wydell의 사례)

Nada Dabbagh
(George Mason 대학교)

월요일 아침

McGee 종합병원의 책임자인 George Troppell 박사는 월요일 아침 회의를 활기찬 모습으로 시작했다. "여러분, 좋은 아침입니다!" 그는 크게 인사하며 그의 팀원들이 "좋은 아침입니다."라고 응답하기를 기다렸다. 그는 큰 타원형의 마호가니 탁자에 둘러앉은 팀원들에게 그의 오른편에 앉은 젊은 남자를 소개했다. Alan Wydell은 사전 동의에 관한 병원의 실습과정 설계를 위해 병원에 의해 고용되었다. 사전 동의는 수술이나 의학 실험을 하는 것에 대한 환자의 동의를 일컫는 법률 용어다.

Alan은 교수설계 분야의 석사학위를 소지하고, 시카고의 유명한 훈련기관에서 일하다가 자신의 컨설팅 회사를 세우기 위해 펜실베이니아로 막 돌아온 상태였다. 이번 일이 그가 처음 맡은 현장 일이었다. 펜실베이니아에 위치한 McGee 병원은 453개 침상과 입원 시설을 갖추고 있고, 2,800명의 직원과 1,130명의 전문의, 106개 병동을 갖추고 있었다. 이 병원은 특히 담낭 수술과 관련 부작용을 전문으로 하고 있었다.

회의에 있던 사람들이 자기소개를 하는 동안, Alan은 병원 홈페이지에서 사진을 본 몇몇 사람들을 알아볼 수 있었다. 병원의 전임 변호사인 Joe Gambrel, 의학연구 담당자인 Welch Green 박사, 인사 담당인 Stephanie Robus와 부책임자인 Sue Shipman이 그 자리에 있었다. 소개가 끝나자, Troppell 박사는 행정부서의 스태프들에게 어떻게 Alan이 병원에서 할 일을 도와줄지 설명했다. “Alan이 우리 병원에서 하는 일을 잘 이해할 수 있도록 필요한 정보를 최대한 많이 제공해 주세요. 저는 우리가 우리의 담낭수술 환자에게 가능한 한 빨리 사용할 수 있는 무엇인가가 있기를 바랍니다. 당신의 도움이 없다면, 그것을 얻지 못할 것입니다. 그렇죠? 라고 그는 마지막으로 강조했고, 팀은 “맞습니다.” 라고 응답했다.

Alan은 병원시설이 어떻게 운영되고 있는지를 이해하는 것이 쉽지는 않을 것이라는 것을 감지했지만 사전 동의가 심각한 문제가 되고 있기 때문에 그 일을 하기로 결정했다. 그 주제와 관련하여 예비연구를 실시해 보자, 그는 그 문제는 수술의 위험성을 잘못 제시하지 않더라도 완전히 제시하지 않거나 환자 쪽에서 끊임없이 걱정을 드러내는 것 중의 하나라는 것을 깨달았다. 더욱이 문제가 방관되지 않을 때에도 문제가 발생할 수 있기 때문에, 그러한 위험을 줄이기 위해 환자는 정해진 안전수칙과 표준적인 수술과정을 인식해야만 했다.

회의가 다가오자, McGee의 법률가인 Joe Gambrel은 기대어서 속삭였다. “회의 끝나고 저를 만나시오. 당신과 공유할 정보가 제게 있습니다” Alan은 끄덕이며 응답했다. 회의가 끝나자, Troppell박사는 Alan에게 그가 8층 행정층에서 일하게 될 것이라고 설명했다. "당신의 사무실은 이미 준비되어 있으나, 당신은 일을 시작하기 전에 당신과 같은 임시직을 포함한 모든 새 직원의 필수사항인 이틀간의 McGee의료시설에 대한 오리엔테이션을 참석해야 합니다. 인적자원부서의 Stephanie Robus가 시간과 장소를 알려주기 위해 연락할 것입니다. 그동안 병원의 층별 계면도에 친숙해 지도록 하시고, 병원의 직원들과도 인사를 나누십시요." Alan은 Troppell에게 그는 Joe Gambrel을 만나서 정보를 얻을 것이라고 말했고, Troppell은 승인하듯이 고개를 끄덕였다. Alan이 떠나려고 문을 향해서 걸어가자 Troppell박사는 "저는 당신을 금요일 오전 10시에 당신의 수행계획을 듣기 위해 만날 것이오. 그럼 시작해 봅시다!"라고 말했다.

그날 늦은 아침

"안녕하세요! 오신 걸 환영합니다. 와 주셔서 감사합니다." Joe Gambrel은 책상 뒤에서 일어나 다가와 두 손으로 악수하며 말했다. "저는 물론 당신이 우리의 상황에 익숙해지실 필요가 있다는 걸 알고 있지만, 우리가 이미 알려 드린 사전 동의에 관한 문제에 대해 우리가 심각하게 생각하고 있다는 것을 말씀드리고 싶습니다." "안녕하세요, Joe." Alan이 대답했다. "물론 이것은 복잡한 문제이고 도움을 주신다고 제안한 것에 대해 감사드립니다. 법적인 문제와 관련해서 어떤 종류의 정보를 저에게 주실 수 있겠습니까? McGee 병원에서는 혹 이런 문제에 관한 사례를 직접 다룬 적이 있습니까?" "저는 당신처럼 본론부터 말씀하시는 것을 좋아합니다!" Joe가 웃으며 말했다. 그는 Alan에게 그의 책상 앞에 놓인 두 개의 밤색 가죽의자 가운데 하나에 앉기를 권했다. "무엇보다도 여러 의료기관에서 사용된 환자의 동의를 받아내기 위해 정보를 제공하는 절차를 검토한 결과, 환자에게 앞으로 제공할 의료 서비스에 관한 세부 정보와 환자에게 정보를 주기 위해 사용한 방법의 차이가 서로 큰 것을 알 수 있었습니다. 의료기관에서 본 진료가 시작되면서부터 진료 범위에 대한 서명을 받기 위해 제공되는 정보의 양—의사나 의료 보조자가 참가하는지 뿐만 아니라 적절한 사진, 비디오 자료나 모형 등—이 진료에 대한 간단한 설명을 주는 것부터 전혀 설명을 하지 않는 것까지 다양합니다. 많은 의사가 환자에게 그들의 질문에 솔직히 말할 것이며, 그들이 원치 않는 것을 강요하지는 않을 것이라고 합니다."

"제가 제대로 이해한 것인가요?" Alan이 물었다. "동의를 얻기 위해 환자에게 정보를 제공하는 것에 대한 국가적 기준이 존재하나요?" Gambrel이 고개를 끄덕이고는 말을 이어 나갔다. "수술 전 환자의 기대와 수술 후 환자의 현실 사이에 괴리가 있어 소송이 제기될 때, 뒤이은 소송에 대한 최종 결과는 소송 관련 사실에 대해 정확히 검토했느냐보다는 법적인 전문적 조언을 충분히 받았느냐의 여부에 따라 결정됩니다. 환자에게 치료가 이루어지기 전에 제공되는 정보에 대해 검토해 보면 관련 문제에 대한 정보 전달이 어떻게 충분히 이루어지지 못했는지 밝혀지는 경우가 많습니다. 간단히 환자에게 어떤 진료가 있을 것인지만 말해 준다거나, 관련된 정확한 위험에 대한 정보나 절차를 충분히 알려 주지 못한 경우가 있습니다. McGee 병원은 이와 관련된 특정 소송건을 경험하지는 않았습니다. 하지만 최근 담낭 수술 부작용 및 잘못된 시행과 관련된 소송이 증가하는 것을 감안할 때 우리가 특별한 조치를 취하지 않는다면 우리도 소송에 말려드는 것은 시간문제라고 생각합니다."

"음, 그럼 저는 지금부터 시작해야겠습니다. 저에게 관련 사항에 대한 정보와 도움을 주신 것에 감사드립니다. 저는 사전 동의와 관련해 생긴 법적 소송건을 찾기 위해 도움이 필요합니다. 저를 도와주실 수 있으신가요?" Alan이 물었다. "문제없습니다." Joe가 대답했다. "저는 주 보건부에 아는 사람이 있는데 그가 최근에 일어난 담낭 수술과 관련하여 정보를 공지받지 못하거나 수술 관련 위험에 관해 잘못 공지받은 사건을 알고 있을 것입니다. 제가 정보를 드릴 수 있을 때 이메일을 보내겠습니다." Joe가 Alan과 악수하면서 덧붙여 말했다. "여기 사람들 가운데 쉽게 말을 걸 수 있는 사람도 있고 그렇지 않은 사람도 있을 겁니다. 어떤 식으로든 제가 도울 일이 있으면 언제든 연락 주세요." "그럼 연락 기다리겠습니다." Alan은 Joe의 사무실을 떠나며 웃으며 말했다.

Alan의 사무실

Alan이 사무실에 도착했을 때, 그는 통신망과 팩스, 프린터와 스캐너가 연결된 최신 컴퓨터를 보고 기뻐했다. 컴퓨터 옆에는 그의 로그인 아이디와 임시 비밀번호가 적혀 있는 쪽지도 함께 있었다. Alan은 자리에 앉아 그의 한 주를 계획했다. 그는 새 컴퓨터의 잔잔한 진동음을 들으며 이 사례와 관련해 만날 사람들의 목록을 작성했다. 그에게 첫 번째 이메일이 도착했음을 알리는 소리가 들렸다. Troppell 박사로부터 온 이메일이었다([그림 31-1] 참조).

Troppell 박사의 이메일을 읽은 후에 Alan은 사전 동의의 절차와 실행에 관련된 정보를 어떻게 모을지 생각했다. 설문지를 만들어야 하나? 목표 대상은 누구인가? 환자들, 아니면 의사들, 간호사들? 어떤 질문을 해야 할까? 그때 마침 전화벨이 울려 그의 생각을 방해했다. "네, Alan Wydell입니다." "안녕하세요, 인사과의 Stephanie입니다. 오늘 2시에 우리 프로젝트 오리엔테이션이 병원 회의실에서 있습니다. 이번에 새로 온 직원이 8명뿐이어서 원래 이틀이 걸리는 오리엔테이션이 오늘 오후에 시작하면 이번에는 하루 반 만에 끝날 것 같습니다." "그거 좋은 소식이군요." Alan이 대답했다. "그럼 2시에 병원 로비에서 만나겠습니다." 조직의 구조를 이해하는 데 있어서 오리엔테이션이 얼마나 중요한지 알고 있는 그는 오리엔테이션에 대한 기대가 일었다. 한편으로는 수요일 사무실로 돌아와 이 상황에 대한 분석을 하는 것도 기대되었다.

주 제: 사전 동의
날 짜: 28일 월요일 아침, 10시 54분 39초
보내는 사람: George Troppell 〈gtroppell@mcgeemedical.com〉
기 관: McGee 종합병원
받는 사람: Alan Wydell 〈awydell@mcgeemedical.com〉

Alan,
지난 2년 동안 펜실베이니아에서만 99개의 의료 과오가 있었고 그중 15개가 담낭 수술과 연관된 사건이었습니다. 우리 McGee 병원에서는 이런 경우가 없었지만 우리 담낭병동 의사들은 매우 염려하고 있고, 실제에 대해 조사하고 싶습니다.

그래서 문제는 우리 병원이 어떻게 법적 요구사항을 지키고, 어떻게 효율적이고 능률적으로 다양한 교육 배경과 문화에서 온 담낭 환자들을 제안된 수술절차의 성격과 그에 따르는 위험성에 대해서 교육하는가입니다.

그럼 금요일 아침에 만나 당신이 어떻게 이 일을 해결할지 구체적인 계획을 듣도록 하겠습니다.

안녕히 계세요.
George

****
의학박사 George Troppell
병원 관리자
McGee 종합병원

당신의 건강은 우리 병원의 유일한 사명입니다.

[그림 31-1] Troppell 박사로부터의 이메일

수요일 아침

Alan은 수요일 아침 일찍 사무실에 들어섰다. 할 일이 많았다. 그는 오리엔테이션을 마친 것이 잘한 일이라고 생각했다. 이제 그는 병원의 문서를 어디서 찾아야 할지, 누가 어느 병동의 책임자인지 알게 되었다. 그는 라운지에서 금방 뽑아낸 커피를 한 잔 가져와 자리에 앉아 그의 컴퓨터를 켰다. 그가 기다리고 있던 이메일이 Gambrel 변호사로부터 왔다는 소리가 기분 좋게 들렸다([그림 31-2] 참조). "바로 왔구나." 그가 기뻐 소리쳤다.

주 제: 문서
날 짜: 29일 화요일, 오후 5시 25분 59초
보내는 사람: Joe Gambrel 〈jgambrel@mcgeemedical.com〉
기 관: McGee 종합병원
받는 사람: Alan Wydell 〈awydell@mcgeemedical.com〉
첨 부: cases.doc

Alan,
오리엔테이션은 잘 진행되었습니까? 주 보건부의 제 친구가 Alan이 검토할 세 건의 소송건을 찾았습니다. 그 사건들을 자세하게 적은 문서를 첨부합니다. 제가 해설해 드릴 법률 용어나 정보가 있으면 주저 말고 알려 주세요. 좋은 시간 되세요.

Joe

****
Joe R. Gambrel
변호사
McGee 종합병원

당신의 건강은 우리 병원의 유일한 사명입니다.

[그림 31-2] Gambrel 변호사로부터의 이메일

Alan은 세 건의 소송건을 검토했다. (1) Broadway 대 St. Paul, (2) Addison 대 Emfinger, (3) Blackwell 대 Nelson. 이 중 한 사건이 수술 전에 수술의 위험성에 대해서 환자에게 고지하기를 실패한 건으로 의사와 보험회사 대상의 소송이었다. 다른 두 사건들은 의사와 병원이 환자의 상태를 치료하는 것을 무시한 것에 대한 소송이었다. 그러나 의사들이 담낭 수술이나 담낭 대안치료에 대해 환자에게 제대로 된 정보를 주지 않거나 잘못된 정보를 준 사건들의 수를 고려했을 때(지난 2년 동안 15건이 발생했다고 Troppell 박사가 알려 주었다) 이것이 보험 사건인지 의료 사건인지 궁금해졌다. Alan은 환자들이 수술 전 의료절차나 부작용에 대해 잘 알고 있다는 것을 증명할 수 있는 법적 방안이 있다면 보험회사들에게도 큰 혜택이 되겠다고 생각했다. 그는 McGee 병원의 절차와 실행에 관한 구체적인 자료를 수집하기 전에 사전 동의에 대한 일반적 이슈들에 대해서 좀 더 알아보기로 결정했다.

사전 동의

Alan은 사전 동의에 대해 알아보면서 남은 오후를 보냈다. 그는 『Black 법률사전(Black's Law Dictionary)』에서 사전 동의의 정의를 찾는 것부터 시작했다([그림 31-3] 참조). 그는 또한 『미국의료협회 의학백과사전(American Medical Association Encyclopedia of Medicine)』(1992)와 2004년 10월 UCLA 대학의

> **사전 동의**
> 이성적으로 신중한 의사가 의료기관에서 이성적인 치료를 행함에 있어 환자에게 제안된 처방에서 발생할 수 있는 모든 상처의 위험을 밝힐 의무가 있다는 것에 대한 일반적인 법의 원리를 명명하는 것이다. 그렇게 함으로써 환자가 자기 자신을 돌보는 데 있어 제안된 치료법, 대안법 혹은 아무 방법도 택하지 않는 것에 따르는 위험성과 가능한 혜택에 대해 논리적으로 균형 잡힌 판단을 이성적으로 내릴 수 있게 한다.

[그림 31-3] 『Black 법률사전』 제7판(1999)의 정의

Office for Protection of Reserch Subjects에서 출판한『피험자 보호를 위한 연구가 매뉴얼(Investigator's Manual for the Protection of Human Subjects)』등으로부터 자료를 모았다([그림 31-4] 참조).

Alan은 왜 그가 검토한 두 건의 소송이 법률 제10조에도 불구하고 의사를 두둔하는 쪽으로 결론이 났는지 궁금했다. 법률 제10조에서는 환자가 동의를 할 때 치료법에서 발생 가능한 부작용을 설명하지 않았을 경우 발생한 해악은 의사들의 책임이라고 명시하고 있다. Alan은 이제 McGee 병원은 어떤 종류의 동의서를 사용하는지, 그 동의서가 환자들에게 어떻게 전달되는지를 알아봐야

기억해야 할 사항:
사전 동의

- 사전 동의는 의료 치료 전에 환자에게 제공되는 교육의 일종으로, 환자가 제안된 치료에 대해 이해한 상태에서 동의를 해야만 한다. 이 절차는 환자에게 치료와 관련된 몇 가지 사항을 알리는 것인데, 그 사항들은 제안된 치료를 해야 할 이유, 절차에 관련된 사항, 절차의 예상결과, 절차에서 일어날 수 있는 부작용 등을 포함한다.
- 1960년대와 같은 최근까지 미국의 많은 의사들은 질병과 치료법을 환자에게 알리지 않아야 한다고 믿었다. 그 당시 의사들은 환자가 말기 암 환자라 하더라도 알리지 않았고 환자가 곧 죽을 수 있다 해도 알리지 않았다. 비슷하게, 많은 의사들은 사망할 수 있거나 심각하거나, 혹은 아무리 작더라 하더라도 마취를 요하는 수술이나 피할 수 없는 부작용에 대해서도 환자와 상의하지 않았다. 특정 약을 사용하는 치료법에 따른 모든 가능한 부작용에 대해서도 설명하지 않았다. 의사들이 환자에게 필요한 치료법에 대해서 가장 잘 알고, 환자들은 이런 용어나 개념을 잘 이해하지 못한다는 가족주의적인 믿음으로 의료 전문가들은 그러한 은폐를 합리화했다.
- 1960, 1970년대의 소비자 권리 보호운동의 영향으로 이런 생각들이 많이 없어졌고, 현대 의사들은 환자들이 자신의 질병과 치료법에 대해 정확한 모든 정보를 알아야 할 필요성을 깨달았다. 1970년대 후반의 법률 조치(미국 법률 제10조 18.2항)에 따라 미국 보건부는 의료와 수술에 관련된 동의서를 만들었고, 의사와 병원 직원들이 환자의 질병과 가중한 치료법, 그에 따른 위험성을 환자들에게 일체 알리기를 요구했다. 의사들은 환자가 동의를 할 때 제공되지 않은 치료법으로 인해 발생 가능한 해악으로 고통받을 경우 자신을 방어할 권리가 없다.

[그림 31-4] Alan의 노트

겠다고 생각했다. 그는 행정 부책임자 Sue Shipman에게 연락을 취해 동의서를 어디서 구할 수 있을지 물었다. Sue는 수술 전 치료법, 마취법과 같은 다양한 의료, 치료법에 따라 사용하는 문서가 다르다고 했다. Alan은 모든 동의서 양식을 볼 수 있는지 물었고, 곧 Sue가 네 개의 동의서 양식을 Alan의 사무실로 가져왔다.

Alan은 이 동의서들을 면밀히 검토했다. 동의서들은 각각 다른 세부사항들을 표시하기는 했지만 일반적인 내용만을 포함하고 있었다. 예를 들어, 담낭 수술이나 그 위험성, 가능한 치료법에 대한 자세한 정보는 전혀 없었다. 이 동의서들은 환자나 보호자, 의사 그리고 증인으로부터 각각 서명을 받도록 되어 있었다([그림 31-5] 참조).

McGee 종합병원

외과 수술과 관련된 의학절차를 위한 사전 동의서

날 짜: ______________

시 간: ______________ (오전, 오후)

1. 나는 내가 동의 하였다는 것, 그리고 의사 ____________와 그의 보조자로 지정된 다른 의사들이 ____________(환자 이름)를 위한 진료를 하는 것에 대한 권리를 위임한다는 것을 이 문서에 대한 나의 서명으로 보증한다. 수술과 그 절차는 다음과 같다.

____

2. 만약 나의 의사의 판단 아래 어떤 새로운 발견이나 생각지 못한 상황이 수술이나 그 절차로부터 생겨났고, 그에 따라 지금 관찰하고 있는 것과는 다르거나 또는 추가 절차가 요구될 때, 나는 그에게 최고의 치료가 될 방안에 대해 생각하고 그것을 행할 것을 요청하며 그 권리를 위임한다.

3. 나의 의사는 이 수술 또는 수술절차의 목적과 성격에 따라 가능한 모든 위험과 합병증, 대안책에 관한 모든 설명을 나에게 해 주었으며, 내가 만족할 때까지 나의 질문에 대답해 주었다. 나는 수술과 치료의 실행이 정확하게 과학적이지 않다는 것을 알고 있으며, 내가 얻게 될 결과에 대한 보장이 없다는 것을 인식하고 있다.

4. 나는 제거될 조직과 부분에 대한 처분과 존속의 권리를 병원에게 위임한다.

5. 나는 나의 수술과 회복, 또는 병원의 치료과정에서 수혈이 필요하게 된다면 수혈을 받을 것에 동의한다. 나는 수혈의 이익과 위험에 대해 이미 알고 있다.

6. 나는 수술실에 권리가 있는 참관자의 출입, 그리고 나의 의사가 필요하고 적절하다고 생각하는 사진을 찍는 것에 동의한다.

____

하나에 체크하세요.

________ 환자
________ 변호사
________ 부모
________ 법적 보호자

____

증인

____

동의를 얻는 의사

[그림 31-5] McGee 병원의 외과 수술을 위한 사전 동의서

목요일 아침

목요일 아침 Alan이 출근했을 때 Troppell 박사로부터 금요일 아침 10시 회의가 있는 것을 다시 한 번 알리는 이메일이 와 있었다. Alan은 긴장되기 시작했다. 오늘까지 Troppell 박사에게 보여 줄 계획서를 만들어야 했다. 그는 어제 모은 자료들과 오리엔테이션에서 받은 문서들을 검토했다. 그는 다시 사전 동의의 법적, 의학적 측면에 대해 좀 더 알아보기로 했다. 미국 보건부의 홈페이지를 둘러보다 법률 제10조 18.2항에 입각한 다섯 종류의 사전 동의서를 찾아냈다. (1) 수술, 마취와 그 밖의 절차에 따른 수술 동의서(제10조 18.21항), (2) 입원을 하게 되면서 발생하는 의료, 수술법에 의한 동의서(제10조 18.22항), (3) 의료나 수술, 검사 동의서(제10조 18.23항), (4) 수술 동의서(제10조 18.24항), (5) 수술 허가서(제10조 18.25항).

Alan은 다시 의학 서적과 저널들을 검토하며 환자와 의사들의 사전 동의에 대한 생각과 관련해 어떤 연구가 이루어졌는지 온라인 의학 저널들을 조사하기 시작했다. 『미국의료협회 저널(Journal of the American Medical Association)』, 『가족제도 의료지(Family Systems Medicine)』, 『담낭 수술 저널(Journal of Gollbladder Surgery)』, 『결장 수술의 동향과 이슈(Trends and Issues in Colon Surgery)』에서 6개의 관련 자료를 찾아냈다. Alan은 사전 동의서의 실행과 절차에 대한 여섯 명의 인식을 설문 조사한 결과들을 검토하기 시작했다. 그 결과를 면밀히 검토하다 6명의 의사 모두 2번, 8번, 10~15번 문항에 같은 응답을 했음을 알 수 있었다. 예를 들자면, 그들 모두, (a) 『Black 법률사전』에 근거해서 사전 동의를 정의하고 있었다. (b) 의사들의 직업보험은 어느 정도의 정보를 환자들에게 주어야 하는지 정확하게 명시하지 않고 있었다. (c) 환자들은 오직 수술의 위험성과 부작용 치료절차에 대해 알고 싶어 했다. (d) 의사들은 환자가 수술이나 연관 치료법에 대해 편안하게 질문할 수 있는 분위기를 조성했다고 동의했다.

또한 설문조사에 응한 의사들은 병원은 환자가 동의서에 서명하기 전에 받는 정보를 평가할 방법이 없다는 데 동의했다. 또한 환자가 동의서에 서명을 했는지 확인할 방법이나 수술 후에 환자에게 제공된 정보가 도움이 되고 필요한 것이었다고 환자가 느끼는지 알 수 있는 방법도 없다는 데 동의했다. 더 나아가 6명의 의사는 환자에게 어느 정도의 정보를 제공해야 할지 가장 잘 안다고 느꼈고, 사전 동의를 받는 데 있어서 정해진 기준도 필요 없다고 했으며, 의료 공동체가 이런 사안들을 책임감 있게 잘 다루고 있다고 느꼈다고 했다. 그러나 다른 질문사항들에 대한 그들의 응답은 각기 달랐다. 이런 다른 응답들은 〈표 31-1〉에 요약되어 있다.

Alan은 이 설문조사 결과가 McGee 병원의 의사들에게도 적용되는지 궁금했

표 31-1 | 의사들의 설문조사 결과

의사들의 설문조사 결과	
질문 1: 귀하는 의료계에 얼마나 종사하셨습니까?	의사 1: 20년 의사 2: 15년 의사 3: 8년 의사 4: 30년 의사 5: 10년 의사 6: 25년
질문 3: 귀하의 의과 교육 과정 중에 사전 동의에 관한 정책에 필요한 의사소통에 대한 교육을 받았습니까?	의사 1: 아니요 의사 2: 아니요 의사 3: 네, 레지던트 생활 중에 멘토를 관찰하면서 의사 4: 아니요 의사 5: 네, 관찰을 통해서 의사 6: 아니요. 시행착오를 겪으면서 배웠습니다.
질문 4: 제안된 치료의 어떤 측면이 환자와 상의되어야 합니까?	의사 1: 주요 위험과 부작용 의사 2: 수술에 관한 일반적인 정보와 부작용 의사 3: 수술절차에 관련된 모든 사항 의사 4: 환자가 필요로 하는 모든 정보 의사 5: 주요한 위험요소, 부작용과 대안법 의사 6: 의사가 느끼기에 환자에게 필요한 것
질문 5: 모든 환자들이 같은 양의 정보를 필요로 합니까, 아니면 환자에 따라 정보의 양이 달라져야 합니까? 만약 달라져야 한다면 환자의 어떤 성격에 따라 달라져야 합니까?	의사 1: 환자의 마음 상태에 따라 달라집니다. 의사 2: 환자의 교육 수준의 따라 달라집니다. 의사 3: 모든 사람들은 같은 양의 정보를 가질 권리가 주어집니다. 의사 4: 환자의 질문에 따라 달라집니다. 의사 5: 모든 환자들은 같은 양의 정보를 얻어야만 합니다. 의사 6: 환자와의 관계에 따라 달라집니다.
질문 6: 일반적인 의사와 환자의 논의에서 환자에게 수술에 관련된 절차에 대해 알릴 때 어떤 방법(비디오, 책자, 사진, 설명 등)을 쓰십니까?	의사 1: 개인면담 의사 2: 비디오, 토론 의사 3: 비디오, 유인물, 토론 의사 4: 말로 하는 설명 의사 5: 사진, 유인물, 토론, 질의응답 의사 6: 설명, 환자의 질문과 관련된 모든 것

(계속)

질문 7: 귀하가 환자와 함께 담낭 수술에 대해 의논할 때, 그 의논시간은 얼마나 된다고 예정하십니까?	의사 1: 30분 의사 2: 30분 의사 3: 경우마다 다름 의사 4: 15분 의사 5: 일반화할 수 없음. 모두 다름 의사 6: 30분
질문 9: 귀하의 병원 내 사전 동의에 대한 분쟁에 대해 알고 있습니까? 만약 그렇다면 그 상황의 근거는 무엇입니까?	의사 1: 아니요 의사 2: 아니요 의사 3: 네. 위험 관련 정보가 부족해서 한 환자가 소송을 걸었습니다. 의사 4: 아니요 의사 5: 네. 대안법이 부족했기 때문이라는 법정 사건이 있습니다. 의사 6: 아니요

Wade, P. D., O'Brien, T., & Manchester, S. (1999). Informed consent: Patients' attitudes towards informed consent. *The Journal of Gallbladder Surgery, 77,* 75-79.

환자들은 그들의 상태와 그에 따른 치료법에 대해 더 많이 알고 싶어 한다. 치료를 시작하기 전에 환자의 신뢰를 얻는 것은 그들이 기대하지 않았던 결과에 대한 법적 배상을 요청하는 기회를 줄일 수 있는 좋은 방법이다. 장래 법률이 발효하는 외과 수술에 대한 사전 동의 연구의 한 부분으로서, 우리는 사전 동의에 대한 환자들의 태도를 가치 평가하기 위해 다른 유형의 동의 면접자들을 사용하였다. 우리는 대부분의 환자들은 담당의의 충고에 따를 때 행복하다고 느끼고 있지만, 그것이 환자들에게 정보를 주기 때문에 사전 동의에 대한 인터뷰는 중요하다고 생각한다는 사실을 발견하였다. 그들은 또한 전부는 아니더라도 진행에서의 곤란한 상황에 대해 거의 모든 것을 알고 싶어 한다. 환자들의 대략 1/4은 마취제에 관해 걱정하고 있으며, 대략 1/8은 깨어나지 않을 것을 걱정한다. 이와 유사한 비율의 사람들은 합병증과 고통과 구역질 같은 다른 요소들을 걱정한다. 대부분의 환자들은 사전 동의서가 법적 효력이 있다고 생각한다. 또한 대부분의 환자들은 동의서에 서명하는 것에 의무감을 느끼고 있으며, 그것이 의학·법률적 의미를 함축하고 있다고 생각한다. 그러나 일부 환자들(17%)은 사전 동의서에 서명하는 것에 의무감을 덜 느끼며 수술의 의사결정 과정에 더 참여하기를 원한다.

[그림 31-6] 『담낭 수술 저널』에서의 인용문

Smith, J. M., & Murphy, G. L. (1998). What do patients want to know about informed consent? *Trends and Issues in Colon Surgery*, *85*, 235-246.

사전 동의는 의료기관과 환자들 사이에서 점점 더 중요하게 되어 가고 있지만, 이 이슈와 관련 있는 실험에 근거한 연구들은 거의 없다고 할 수 있다. 이 기사는 80명의 환자들이 최소한 복강경 결장 수술을 경험한 후에 한 달 동안 실행되었던 연구에서의 환자들 의견에 대해 밝히고 있다. 약 80%의 환자들은 그들의 의사들이 치료에 관한 의사결정을 하는 것이 편안하다고 느끼면서도 더불어 치료의 세부사항과 모든 가능한 부작용에 관해 알기를 원하고 있다. 대략 60%의 환자들은 수술에 관하여 쓰인 정보가 보증되고 있다고 믿고 있지만, 약 25%의 환자들은 그것이 그들의 불안을 증가시킨다고 생각했다. 환자들 중 거의 90%는 그들이 서명한 사전 동의서가 법적으로 묶여 있고 수술에 대한 그들의 동의를 나타낸다고 생각한다.

[그림 31-7]『결장 수술의 동향과 이슈』에서의 인용문

다. 설사 그렇지 않더라도 그 결과는 Alan 자신이 분석을 할 수 있는 토대가 되었다. 그는 또한 다른 두 저널의 논문 두 개를 다시 보았다([그림 31-6], [그림 31-7] 참조).

Alan은 그가 방금 읽은 것들을 곰곰이 숙고하면서 의사와 환자 모두에게 필요한 것들이 무엇일지 생각해 보았다. 환자들에게는 의료절차에 동의하기 전에 적절한 질문들을 할 수 있도록 교육하는 것이 필요하다. 또는 환자들이 자기가 어떤 위험에 처하게 될 수도 있음을 잘 이해하고 적절한 결정을 내릴 수 있도록, 또한 의미 있고 조직적인 방법으로 환자들에게 정보를 전달할 수 있도록 의사들을 도울 전략이 필요할 수 있다. 혹은 이 두 가지를 통합한 방법일 수도 있다.

Alan의 생각은 McGee 병원의 의학연구 담당자인 Welch Green 박사에 의해 방해받았다. "안녕하세요, Alan! 우리는 월요일 회의에서 만났죠. 나와 함께 점심 먹지 않겠어요?" Alan은 그의 시계를 힐끗 보며 이미 정오가 지났음을 깨달았다. "물론이죠. 저는 오늘 아침에 제가 읽은 사전 동의에 관한 몇몇 연구에 대해 설명해 주실 분이 필요했는데 도와주실 수 있으세요?" 그는 그의 서류들을 모아 Green 박사와 점심을 먹기 위해 나갔다. 점심시간 동안 Green 박사는 사전 동의에 관련된 이슈들에 대한 그의 생각을 말해 주었다. 그는 Alan에게 일반적으로 의사들은 의대에서 환자들에게 정보를 전달해 주는 방법에 대한 훈련을 받지 않고 있고, 많은 병원들은 의사들이 매우 바쁘다는 이유로 간호사들에게 사전 동의를 얻는 과정을 위임한다는 사실을 알려 주었다. 또한 Green 박사는 비록 많은 연구들이 의사와 환자 모두를 보호할 수 있는 사전 동의를 획득하기 위한 '최선의 실행' 을 위한 길을 밝혀 주고 있지만 모든 병원들이 환자들, 행정 구조, 의학 세부 분야를 기반으로 그들 스스로의 실행방식을 개발해야 한다고 믿는다고 Alan에게 말했다.

점심을 먹은 후, Alan은 다음 날 아침 Troppell 박사에게 보낼 수행계획을 작성하기 위해 사무실로 돌아왔다. 그는 그가 계획의 초안을 짜는 것에 대한 충분한 정보를 가지고 있다고 믿었다. 그 계획은 사전 동의를 실험하는 절차에서 필요한 단계들과 그것이 효과적이든 그렇지 않든 특별히 담낭 수술 분야에서 McGee 병원이 의사결정을 하는 과정들에 대한 윤곽을 잡아 줄 것이다. Alan은 점심시간 이후로부터 저녁이 시작할 때까지 꼬박 일했다. 그는 그의 수행계획이 Troppell 박사와 그의 팀원들에게 도움이 될 것이라는 자신감을 가지고 집으로 돌아갔다.

참고문헌

Clayman, C. B. (Ed.). (1992). *American Medical Association Encyclopedia of Medicine*. Washington, DC: AMA.

Garner, B. A. (Ed.). (1999). *Black's Law Dictionary* (7th ed.). Washington, DC: West Group, Thompson.

Office for Protection of Research Subjects at UCLA. (1978). *Investigator's Manual for the Protection of Buman Subjects*. Retrieved June 15, 2006, from http://www.oprs.ucla.edu/human/manual/TOC.

U.S. Department of Health and Human Services. (2004). *Code Article 10. Section 18. 2*. Retrieved June 15, 2006, from http://www.hhs.gov/.

예비분석 질문

1. 이 사례에 나타난 주역들의 역할과 상대적인 책임에 대해서 열거하라.
2. 이 사례에 나타난 사건에 대한 Alan의 불확실성이 의술문제 또는 의료보험 문제 중 어떤 것과 더 관련 있는지 응답하라.
3. Alan이 지금까지 경험했던 분석절차에 관해 논평하고, 만약 분석절차를 완성하기 위해 필요한 다른 것이 있다면 서술하라.
4. Alan이 팀원들에게 보여 줄 수 있는 적절한 수행계획을 작성하라.

ID 실천을 위한 적용

1. 넓은 범위의 사용자들(예를 들자면, 다른 이해 정도와 교육 수준, 다른 불안 정도를 가지고 있는)에게 대처하기 위한 해결책을 개발하고 전달함에 있어서 어떤 문제점들이 생길 수 있는가?
2. 교수설계자는 사용자들이 의도된 상황에서 제안된 해결책에 따라 수행하는 상황을 최적화하기 위해 무엇을 할 수 있는가?
3. 교수설계자는 중대한 이해관계 속에서 발생할 수 있는 잠재적 법적 문제에 대해 어떻게 다룰 수 있는가?

D. 공공부문(군대)

사례연구 32. 온라인 교수평가
(Andrew Brown과 Deborah Frye의 사례)

사례연구

32

온라인 교수평가 (Andrew Brown과 Deborah Frye의 사례)

Thomas Brush
(Eli Lilly and Company)

William Sugar
(East Carolina 대학교)

Jeannie Brush
(Eli Lilly and Company)

Andrew Brown은 그의 사무실에 앉아서 창밖을 응시하고 있었다. 그는 그의 회사 Instructive Technologies에서 막 완성한 미 군부 Office of Online Learning (OOL)을 위한 평가 프로젝트의 예비 자료를 재검토했다. 프로젝트는 임무분석(임무에 쓸모 있는 이점을 재검토하고 할당하는 일)을 완성하기 위한 정보를 모으는 데 초점이 맞춰진 새로운 웹 기반 과정의 형성평가를 포함하고 있었다. Andrew는 그 결과에 놀라지는 않았지만 OOL이 극도로 실망스럽다는 사실을 깨달았다. 자료에 기초해 볼 때, 그것은 심각한 문제점을 나타내고 있었다. 행정상 요약의 몇 가지 중요한 점을 검사해 봄으로써 그는 놀라운 패턴을 알아챘다.

- 평가에 참여한 개인 25명 중 4명만이 최종 평가에서 합격점을 받았다.
- 관찰자료에 의하면 다수의 참여자들이 과정을 진행함에 어려움을 느꼈고, 몇몇 참여자들은 인터페이스에서 완전히 나오게 됨으로써 과정을 그만두었다.
- 25명의 참여자 중 20명은 과정활동을 마치기 위해 좀 더 많은 안내가 필요하다고 진술했다.
- 25명의 참여자 중 23명은 다른 방법(예: 면대면 과정, 요구된 읽기)으로 임무분석을 배우는 것이 낫다고 진술했다.

게다가 15명의 참여자는 단독 온라인 과정이 임무분석에 적절한 훈련을 제공하지 못하고 있다고 진술했다. 그리고 몇몇은 입문에서 온라인 과정을 사용하기 전에 면대면 과정을 추천하기도 했다.

OOL의 이러한 결과를 논의하기 위한 좋은 방법을 고심하던 그는 온라인 코스가 개발되고 평가될 수 있는 접근법에 대해 생각했다. 평가로부터 좀 더 나은 결과를 내기 위해 과연 달라져야 할 것은 무엇일까? OOL에게 그가 추천할 수 있는 사항에는 무엇이 있을까?

임무분석

지난 몇 년 동안 웹 기반 훈련(WBT)은 미 군부의 훈련 요구를 충족하기 위한 인기 있는 해결책이 되었다. 과거에는 자금과 인적자원이 전 미군을 대상으로 하는 교수자가 이끄는 훈련을 지원하기에 넉넉하지 못했다. 게다가 교수자가 이끄는 훈련은 만나서 이루어지는 최소한의 교육상 요구에만 초점이 맞춰져 있었다. 다수의 지식기반 코스는 쉽게 웹 기반학습으로 전환되었고 온라인 시험과정은 요원이 특정 학습목표에 도달했는지 확인하기 위해 개발되었다. 그러나 절차적 과제에 초점이 맞춰진 코스는 웹 기반학습으로 전환하기 힘들었고 적절한 온라인 평가전략의 개발 또한 문제가 되어 왔다.

온라인 훈련의 증가된 요구는 5년 전에 군대가 OOL을 만들도록 이끌었다. 이 부서의 임무는 모든 웹 기반학습의 개발, 평가 그리고 실행을 살피는 것이었다. Frank Lewis(군대에서 8년 동안 훈련 프로젝트를 살펴온 경험이 있는 전문 직원)는 이 부서를 관리하고 감독하기 위해 선발되었다. Frank는 Western Arizona 대학교에서 교육공학 석사학위를 받았고, 참여자들에게 좀 더 관련 있는 실제적인 훈련활동을 만들어 주기 위한 방법을 탐색하는 데 지난 3년을 보냈다.

Frank가 그의 사무실에서 온라인 훈련자료와 관련된 가장 최근의 요청건을 검토하고 있을 때 한 주제가 그의 주의를 끌었다. Louisiana주 Fort Safford에 있는 보병지원 학교가 강연 기반한 임무분석 코스를 웹 기반 코스로 바꾸기를 요구해 왔다. Frank는 그 코스의 개발을 돕는 데 1년 이상을 보냈고, 과정 중 다루어지는 개념과 절차들이 매우 복잡하다는 것을 알았다. 성공적인 임무분석은 유용한 자료들, 정확한 임무 상태 분석, 그리고 임무를 위한 유용한 자산을 정확히 할당하는 데 달려 있었다. 따라서 그것은 상황에 따라 일정하지 않은 변화 때문에 고정된 방식의 절차를 따를 수 없었다. 게다가 성공적인 임무분석에 요구되는 필수적인 지식이 광범위했다. 군인들은 일반적으로 그들이 장교훈련을 끝마치고 일 년이 지나도 그 과정을 수행하지 않았다.

Frank는 그 요청건을 훑어보다가 생각했다. '이것은 이 코스를 활동적 학습경험으로 바꿀 수 있는 완벽한 기회다! 만약 우리가 학습자들에게 다양한 종류의 상황을 제공하고 그들이 다양한 상황에서 임무분석 기술을 배우도록 할 수 있다면, 그들은 그 기술들을 다른 상황에도 적용할 수 있게 될 것이다.' Frank가 예측할 수 있었던 유일한 잠재적인 문제는 빠듯한 일정(보병지원 학교는 그 과정이 6개월 안에 가능하도록 요구한다)이었다.

Frank는 OOL의 설계 팀과 함께 개정된 교수를 위한 설계 문서를 만드는 작업을 시작했다. Frank는 학습자들이 실제적인 임무와 임무분석 보고서를 완성하는 데 필요한 정확한 정보와 자료들을 모으고 분석하고 고르는 수단을 제공할 실제적인 시나리오의 사용에 특별히 초점을 두기를 원했다.

팀원들이 이 가상 환경의 개발에 더 깊이 몰두하고 있을 때, 그들은 정확하게 그 과정을 웹상에서 가능하게 하고 그것의 군부대 배치를 정해진 시간에 맞추려면 추가적인 전문 기술이 필요하다는 것을 깨달았다. 그들이 만들고 있던 시나리오는 학습자들이 다양한 가상 환경을 통과하도록 요구했고 현실적인 시나리오를 제공하고자 했다.

Frank는 가상 환경의 개발을 도와줄 Blumstone Horizons(온라인 훈련에 전문기술을 가진 교육회사)와 계약을 맺기로 결정했다. Frank는 이전 프로젝트에서도 Blumstone Horizons와 그 회사의 주도적인 개발자인 Lichin Chu와 함께 일했었다. Lichin은 컴퓨터 및 정보 과학의 학사학위를 가지고 있었고 2년간 몇몇 포춘 500대 기업들을 위한 온라인 학습환경을 개발한 경험이 있었다. 게다가 Lichin은 단지 3년 전에 임무분석 코스의 교수자 버전을 수행한 보병대의 장교였다(그는 학위 취득 후에 그 군부대에서 5년을 보냈다). 따라서 그는 수석 개발자와 내용 전문가의 두 역할을 동시에 수행할 수 있었다. 주어진 빠듯한 일정에서 그 코스를 완성하는 데 있어, Frank는 Lichin이 두 역할을 하도록 함으로써 그들이 정말로 약간의 시간을 벌 수 있을 것이라고 믿었다.

Lichin도 새로운 온라인 과정에서 시뮬레이션을 포함하는 강력한 웹 기반 도구를 사용함으로써 수업을 따분한 초급 강의에서 활동적이고 흥미 있는 경험으로 변화시키고자 했다. 그는 재빨리 이번 프로젝트를 업무 목록 중 최우선 순위로 옮겼다.

이후 다섯 달 동안 Lichin은 Frank의 팀과 함께 설계와 임무분석 과정을 개발하는 작업을 함께 했다. Frank의 OOL 팀은 목적과 평가 그리고 고안된 활동들이 일관되도록 하기 위해 교수활동과 평가절차에 대한 일반적인 설계에 중점을 두었다. Lichin은 OOL의 설계 문서를 그와 Frank가 계획한 웹 환경으로 변화시키기 위해 노력했다. 그는 시뮬레이션 활동을 가능한 한 현실적으로 만들기 위해서는 웹상에서 3D 환경을 만드는 데 필요한 개발 엔진의 사용을 필요로 했다. '나는 3D 시뮬레이션을 가진 군부대의 온라인 훈련을 본 적이 없다. 그들은 아마도 그 시뮬레이션이 만들어 내는 부가된 현장감에 감명을 받을 것이다.' 라고

Lichin은 생각했다.

평가계획

개정된 코스마감일이 다가오자, Frank는 그 코스의 마지막 공식적인 평가를 Instructive Technologies가 수행할 가능성이 있는지 논의하기 위해 그 회사의 Andrew Brown을 만났다. Instructive Technologies는 비교적 소규모의 자문 회사(단지 3명의 고용인을 둔)에 불과했지만 평가방법(특히 컴퓨터 기반 및 온라인 훈련에 중점을 둔)에 풍부한 경험을 가지고 있었다. Andrew는 Northern Indiana 대학에서 교수공학 박사학위를 받았고 개인적으로 미 군부대의 몇몇 평가 프로젝트를 수행했다. 그의 동료인 Deborah Frye는 Northern Indiana 대학에서 교수공학 석사학위를 받았고 미 군부대에서 6년 동안 일반인 훈련 전문가로 있었다. Andrew는 그와 Deborah가 그 평가를 관리하겠다고 말했다.

Andrew와 Deborah는 평가계획을 검토하고 이전에 프로젝트의 형성평가 단계에서 수집한 자료의 종류에 대해 이야기하기 위해 Frank와 Lichin과의 회의를 요청했다. Deborah는 그 코스의 완성과 그들이 관리한 평가의 결과에 관련된 현황 보고를 요청하면서 회의를 시작했다.

"그래서 그 코스는 얼마나 완성되었습니까?" Deborah가 물었다.

이에 Frank는 "우리는 약 2주 안에 당신을 위해 평가자료를 수집하도록 할 것입니다. 또 우리는 참여자를 모으고 컴퓨터을 예약해서 당신들을 도울 것입니다."라고 대답했다.

"좋습니다. 나는 당신들의 유용성 시험이 완성되었고 그 결과도 상당히 안정적이라고 예상하고 있습니다. 당신들은 그것을 웹상에서 아직 시험해 보지 않았습니까?" Deborah가 말했다.

"우리는 그것을 모든 개발기간 동안 나의 사무실에서 시험해 왔습니다. 그것은 아직까지 약간의 결함을 가지고 있지만, 우리는 당신들이 시험을 시작할 때쯤에는 그것들이 해결되어 있을 것이라고 확신합니다." Lichin이 대답했다.

"당신들의 유용성 시험의 결과에 대해서 말해 주실 수 있습니까? 사용자들은 당신들이 사용한 새로운 3D 웹 환경에 대해서 어떻게 생각합니까?" Andrew가 물었다.

"OOL에서 우리가 함께 작업한 사람들은 그것을 대단하다고 생각합니다!" Lichin이 말했다. "그들은 진심으로 우리가 그 코스에 상호작용성을 추가한 방식을 좋아했습니다." Frank가 동의하며 말했다. "그렇습니다. 우리는 그 코스가 보이는 방식이 매우 기쁩니다. 그것은 그 과정을 수강하는 사람들에게 매우 매력적으로 보일 것입니다."

"하지만 사용자들은 어떻게 생각합니까?" Andrew가 물었다. "그들은 그 시나리오대로 수행하면서 어떠한 문제도 없었나요? 나는 지난주에 몇 시간 동안 노력해서 그 활동 중 몇몇을 끝냈습니다. 내가 내용 전문가가 아니라고 하더라도 나는 무엇을 해야 할지 결정하는 데에 있어서 많은 어려움이 있었습니다. 그 수행도구들은 나에게 다소 복잡하게 보였습니다."

"우리는 이번 주나 다음 주에 몇 명의 군인들이 그 결과물을 수행해 보도록 계획하고 있습니다." Lichin이 말했다. "그러나 우리는 정말로 그들이 문제를 겪을 것이라고 예상하지 않습니다."

"당신들은 아마도 우리가 와서 마지막 형성평가를 실시하기 전에 그렇다는 것을 확신하고 싶을 겁니다." Deborah가 말했다.

"우리가 그것을 살펴보겠습니다." Lichin이 말했다.

"내용 전문가의 검토는 어떻습니까? 그들은 내용과 새 전달방식을 승인했습니까?" Andrew가 물었다.

"Lichin은 임무분석 과정 분야에 전문 기술을 가지고 있습니다. 따라서 그는 개발자 겸 내용 전문가로 활동할 수 있었습니다." Frank가 말했다. "정말로 그는 설계와 개발 과정을 능률적으로 할 수 있게 했고 많은 시간을 줄일 수 있었습니다. 전체적으로 우리는 내용과 그 결과가 웹 강의를 위해 개정된 것이 매우 기쁩니다."

Deborah는 Frank와 Lichin을 바라보았다. "당신들은 외부 내용 전문가가 그 코스를 검사하기를 원하지 않습니까?"

"나는 그것이 많은 부가적인 이익을 만들어 낼 것이라고 생각하지 않습니다. 그리고 우리는 정말로 우리의 일정을 유지할 필요가 있습니다." Frank가 말했다. "우리는 30일 후쯤에는 과정이 보병지원 학교에서 가능하도록 계획하고 있습니다."

"알겠습니다." Andrew가 말했다. 하지만 그는 이것이 좋은 생각이라고 생각하지 않았다. "마지막으로 한 가지 제안합니다. 당신들은 아마도 당신이 우리가 평가를 위해 사용하게 될 컴퓨터로 미리 과정을 시험해 보기를 원할 것입니다. 그런 방법으로 우리는 자료수집 중에 발생하는 몇몇 이상한 결함의 가능성을 최소화할 수 있습니다."

"우리가 당신들을 위해서 그 점을 살펴보겠습니다." Lichin이 말했다.

2주 후, Deborah는 평가를 위해 확보해 둔 훈련 실습실에 도착했다. 그녀는 임무분석 보고서 복사본뿐만 아니라 의견 관련 자료를 모은 몇몇 평가 양식들을 가지고 왔다. 그 보고서가 그 과정의 마지막 평가활동의 한 부분으로서 온라인에서 완성되기로 되어 있었지만, 그녀는 만약을 대비해서 약간의 복사본을 가져오는 것이 최선일 것이라고 생각했다. 그녀는 생각했다. '결국 이것이 아마도 우리가 이 코스를 평가하는 데 있어서 필요한 가장 중요한 부분일 거야.'

안으로 들어갔을 때, 그녀는 Frank와 Lichin이 방 안을 돌아다니면서 각 컴퓨터에 바쁘게 CD들을 끼워넣는 것을 보았다.

"무슨 일입니까?" Deborah가 물었다.

"오, 이 컴퓨터들이 3D 엔진에 필요한 브라우저 플러그인을 가지고 있지 않습니다." Lichin이 말했다. "그래서 우리는 지금 그것들을 컴퓨터들에 설치하고 있습니다."

"당신들은 이 컴퓨터들로 그 코스를 시험했습니까?" Deborah가 조심스럽게 물었다.

"엄밀히 말해, 이 컴퓨터들은 아닙니다. 하지만 이 컴퓨터들은 우리가 시험차

Blumstone 사무실에서 사용했던 것과 같은 모델입니다. 그러니까 우리는 괜찮을 겁니다." Lichin이 말했다.

바로 그때 한 보병대 장교와 그의 소대원들로 보이는 25명의 군인들이 실습실로 들어왔다. 그 장교는 Frank에게 걸어왔다.

"Johnson 중위, 보고합니다." 그 장교가 말했다. "우리는 일종의 검사를 위해 이곳으로 오라는 명령을 받았습니다."

"맞습니다, 중위." Frank가 말했다. "이쪽은 Frye입니다. 이 검사를 책임지고 계십니다."

"안녕하십니까, 부인." Johnson 중위가 말했다. "우리가 무엇을 하기 원하십니까?"

"평가에 쓰일 컴퓨터들은 준비되었습니까?" Deborah가 Lichin에게 물었다.

"지금 막 마지막 하나를 끝냈습니다." Lichin이 말했다. "나는 사무실로 돌아가 봐야 합니다. 하지만 모든 것들이 준비되었다고 생각합니다. 오로지 인터넷 익스플로어를 열고 '즐겨찾기' 메뉴의 '임무분석' 을 선택하기만 하면 됩니다. 행운을 빕니다!"

이 말과 함께 Lichin은 서둘러 실험실을 나갔다.

"좋습니다, 중위. 당신의 소대원들을 각각 하나의 컴퓨터 앞에 앉도록 하세요. 나는 그들이 왜 이곳에 왔는지 간단히 알고 있다고 생각하고 있습니다."

"그렇지 않습니다, 부인." Johnson이 말했다. "우리는 약간의 훈련운동을 하고 있는 중이었습니다. 그리고 저희 지휘 장교는 우리가 가능한 한 빨리 이곳으로 가야 한다고 말했습니다. 정확히 우리가 왜 이곳에 있어야 합니까?"

Deborah는 Frank를 쳐다보다가 다시 중위에게로 돌아와서 생각했다. '난 그들이 그렇게 한 것을 믿을 수 없어!' 그러나 그녀는 예의 바르게 대답했다. "음, 우리는 임무분석 코스의 새 버전의 평가를 수행하고 있습니다. 그것은 온라인 코스로 재설계되었고, 우리는 개개인이 코스에서 배운 정보를 사용하여 임무분석 문서를 성공적으로 완성할 수 있는지 확인하고 싶은 겁니다."

"저도 그 코스를 이수했습니다." Johnson이 말했다. "그것은 정말 지루했습니다. 나는 이번 개정판이 좀 더 흥미 있기를 바랍니다. 제 병사들은 매우 쉽게 산만해집니다!"

"난 그들이 잘할 것이라고 확신합니다." Frank가 말했다.

"좋습니다." Johnson 중위가 말했다. "그럼 시작해 봅시다. 이 그룹은 꽤 철저한 도시 전투훈련을 받고 있습니다. 그래서 나는 그들이 가능한 한 빨리 그들의 임무로 돌아가도록 해야 합니다."

군인들이 컴퓨터 앞 그들의 자리에 앉자, Deborah는 Frank 쪽으로 움직였다.

"도시 전투훈련이라고요?" 그녀가 속삭였다. "나는 당신에게 이 평가를 위해 중급 보병을 보급해달라고 요구했습니다. 이 사람들이 이 코스를 위한 선행 지식을 가지고 있습니까?"

"글쎄요, 이들은 대상 집단과는 정확히 맞지 않지만 거의 비슷합니다." Frank가 말했다. "게다가 우리는 이번 평가를 위해서 꽤 빠듯한 기한이 주어졌습니다. 그리고 당신은 훈련 중이거나 해외 배치 준비 중에 있는 많은 개개인을 이 평가를 위해서 어떤 집단으로든 배정하는 것이 얼마나 어려운 일인지 믿지 못할 것입니다."

"나는 가야 할 다른 회의가 있어서 이만 나가 봐야 합니다." Frank가 말했다. "오늘 오후에 전화 주세요. 그리고 어떻게 일이 되었는지도 알려 주세요."

예 비분석 질문

1. Instructive Technologies, Blumstone Technologies 그리고 Office of Online Learning은 어떻게 형성평가를 보는가에 있어서 각각 다르다. 그들 각각의 접근법을 요약하라. 이 접근법들이 주어진다면, Andrew와 Deborah는 타당한 평가 기회를 완벽하게 활용하기 위해서 어떤 것을 해야 하는가?
2. Andrew와 Deborah의 주요 인물(Frank Lewis, Lichin Chu)과의 대화를 비평한다면, 그들은 무엇을 다르게 했어야 했는가? 만약 그렇다면 당신은 무엇을 권할 것인가? 당신의 논리를 설명하라.
3. 만일 당신이 Andrew라면 평가결과를 Frank Lewis와 논의할 것인가? 아니면 Lichin Chu와 논의할 것인가?

ID 실천을 위한 적용

1. 교수설계자들이 평가들을 관리/처리할 때 그들을 지휘하기 위한 행동원칙을 개발하라. 고객과 다른 사람들과의 의사소통을 위한 지침을 포함하라.
2. 교수설계자가 불충분하고 부적절한 평가절차의 연구결과를 제시하려면 무엇을 해야 하는가?
3. 형성평가와 온라인 교수의 사용자 편의성 검사 간의 관계를 설명하라.

저자 소개

Peggy A. Ertmer Purdue 대학교의 교육공학과 부교수다. 사례연구로 가르치는 것을 좋아하고, 최근에는 사례기반학습과 교수설계 전문성 계발의 관련성을 연구하고 있다. 그녀는 사례기반 및 문제기반 교육학, 테크놀로지 도구, 자기조절 학습기술 등을 사용해서 예비교사, 현직교사, 학생, 동급 모두를 열성적으로 지도한다.

James Quinn Oakland 대학의 인적자원학과 부교수다. 그는 훈련과 개발을 위한 석사 프로그램 조정자로 몇 년간 종사했고, 교수설계와 평가과목들을 가르친다. 그의 주된 연구 관심은 교수설계자를 위한 대학원 교육과 전문성 계발에 있다.

Sue Bennett 호주의 Wollongong 대학 쌍방향 학습환경 연구센터 부지휘관이자 교수교육과의 선임 강사다. 교육과 훈련 프로그램의 정보공학을 가르치고 있다.

Jeannie Brush 인디애나 주 인디애나폴리스에 있는 Eli Lilly and Company의 상임 훈련 책임자로 일하고 있다. 연구 관심은 CBT, 시나리오 기반 훈련, 형성평가, 교수 자격증의 개발 등이다.

Thomas Brush Indiana 대학의 교수 시스템 공학과 부교수다. 연구 관심은 K-12 환경에서의 질의기반학습을 지원하는 테크놀로지가 강화된 환경의 개발, 활용 및 평가를 포함한다.

Katherine S. Cennamo Virginia Tech의 교수설계공학과 부교수다. 기업, 비영리 재단, 학교조직을 위한 교수자료의 설계와 개발 분야에 20년 이상의 경력을 가지고 있다.

Lauren Clark 덴버에 있는 Colorado 대학 간호대 건강과학센터의 연구 부학장이다. 공중위생간호와 질적 연구를 가르치고 있다. 라틴계 가족의 아동 비만의 문화적 측면과 관련된 연구를 수행한다.

Nada Dabbagh George Mason 대학 교수설계공학과 부교수다. 연구 관심은 e-러닝 환경, 하이퍼미디어 학습환경에서의 문제 생성과 제시를 구조화하는 것과 분리된 학습환경에서의 자기조절을 지원하는 것을 포함한다.

Mellissa J. Dark Purdue 대학 공과대 부교수다. 산업체, 정부, 고등교육과 관련된 몇 개의 STEM(Science, Technology, Engineering, and Mathematics) 교과과정과 교수 프로젝트를 수행해 왔다.

Kara Dawson Florida 대학 교수-학습학과 부교수다. 연구 관심은 교육공학과 교사교육 분야를 넘나든다. 교육공학과의 학과장이자 온라인 석사학위 프로그램과 교수-학습 Ed.S. 통합 프로그램 학과장이다.

Walter Dick Florida 주립대학의 교수 시스템학과 명예교수다. 주요 관심 분야는 교수 설계와 평가다. 널리 사용되고 있는 *The*

*Systematic Design of Instruction*의 공저자다.

Aaron Doering Minnesota 대학의 교과과정 및 교수학과 내 학습공학 프로그램의 조교수다. 원격교육과 우수 학습환경 개발을 가르치고 연구한다. 가장 최근 연구는 K-12 교실의 지리적 정보 시스템의 통합과 모험학습 환경에 초점을 맞추고 있다.

Stephen Dundis Northeastern Illinois 대학의 인적자원개발 부교수다. 교수설계, 요구분석, 컴퓨터 기반교수와 관련된 수업을 가르친다. 연구 관심은 온라인 학습/지원, 가상협동과 문제 해결, 사례와 도제 기반 교수전략과 관련된 설계 이슈를 포함한다.

Joanna C. Dunlap 덴버에 있는 Colorado 대학과 건강과학센터의 교육과 인적개발대학의 부교수다. 교수와 연구는 학습자의 개발과 경험, 교수자 개발, 온라인 수업과 프로그램 설계를 강화하기 위한 상황적 학습의 사용, 사회적 구성주의적 접근에 초점이 맞추어져 있다.

Gary Elsbernd 수행공학과 수행중심 설계 영역에서 15년 이상의 경험이 있고, Boise 주립대학의 교수 및 수행 공학 석사학위를 소지하고 있다.

Teresa Franklin Ohio 대학의 교수공학과 부교수다. K-12 교과과정 개발에서 테크놀로지를 통합하는 것과 관련된 교수설계 문제와 관련하여 폭넓게 일하고 있다.

Michael M. Grant Georgia 대학의 교수공학 박사학위를 취득하고, Memphis 대학의 교수설계공학과 부교수로 있다. 테크놀로지를 강화한 학습환경의 설계와 학습자 특성을 연구한다.

Barry Harper 호주의 Wollongong 대학 교육미디어 연구실의 책임자이자 교수교육 책임자를 맡고 있다. 교육공학의 주요 국제학회의 조직위원회 일원, 국제 저널의 편집위원으로 활약하고 있다. 연구 관심은 교육과 훈련에서의 인지전략과 교수과정, 네트워크된 환경에서의 협력학습, 학습설계, 학습객체 등이다.

John G. Hedberg 호주 시드니에 있는 Macquarie 대학의 ICT와 교육 밀레니엄 혁신회장이자 Macquarie ICT 혁신센터의 책임자다. 이전에 싱가포르 Nanyang 기술대학교의 학습과 학기술학과 교수였다.

Ronni Hendel-Giller Maritz Learning의 Automotive Operations의 부사장으로 재직 중이다. 교수설계자로서 경력을 시작하여 인적 수행 컨설턴트와 학습 촉진자를 포함한 다양한 역할을 수행해 왔다.

Janette R. Hill Georgia 대학의 교수공학과 부교수다. 교수설계, 연구, 온라인 학습 영역에서 대학원 수준의 수업을 가르친다. 연구 관심은 가상환경에서의 공동체 구축, 학습목적을 위한 학습공학, 온라인 학습을 위한 효과적인 전략 등이다.

Simon Hooper Minesota 대학의 교육과정 및 교수학과 부교수다. 새로운 미디어에 관심이 있고, 어떻게 공학이 교수와 학습을 지원하는지 이해하는 것에 초점이 맞추어져 있다.

Carol S. Kamin Colorado 의과대학의 교육연구 및 개발센터 책임자이고 소아과 부교수다. 문제기반학습을 위해 멀티미디어 사례를 개발하는 라이브 프로젝트 협회의 책임자이기도 하다. 연구 관심은 미디어와 공학의 역할과 그것이 학습에 미치는 영향의 이해에 초점이 맞춰져 있다.

Mable B. Kinzie Virginia 대학의 부교수다. 요구사정, 신속한 프로토타이핑을 수반하는 사용자 중심 교수설계를 특화하였다. 성인/평생학습, e-러닝, K-12 교육, 소비자/보건 등을 위한 다양한 프로그램을 설계했고, 35개 이상의 출판물을 냈다.

Ann Kovalchick Tulane 대학의 혁신공학 서비스 및 설계의 행정 책임자다. 사용자 서비스, 교수-학습, 그리고 행정 서비스의 적용 개발을 보조하기 위한 정보와 의사소통공학의 통합을 이끌고 있다.

Valerie A. Larsen Notre Dame 대학의 가톨릭 교육동맹을 위한 교육공학 컨설턴트다. 테크놀로지 통합에 관한 대학원 수업을 가르치고 있고, 원격학습에서의 교수설계와 행정적 책임을 맡고 있다. 그녀는 경영학회에서 설계와 훈련 서비스를 제공하고 있다. 연구 관심은 멀티미디어 설계, 원격교육, 사례 연구를 포함한다.

Lori Lockyer 호주 Wollongong 대학 약학대 교육개발 책임자이고 디지털 미디어 센터 책임자로 Faculty of Education의 학습 프로그램이 있는 ICT 내에서 가르친다. 9년 넘게 교육적 상황에서 테크놀로지 기반 학습환경을 설계, 개발, 활용 및 연구해 왔다.

Linda Lohr Northern Colorado 대학의 부교수다. *Creating Graphics for Learning and Performance*(Merrill/Prentice Hall, 2003)의 저자이고, 원격학습, 교수설계, 교수적 그래픽, 인적 수행공학 수업을 가르친다.

Deborah L. Lowther Memphis 대학 교수설계공학과 부교수다. 또한 CREP의 선임 연구자로 일하고 있다.

Martha Mann 애리조나 교통부 안전건강 부서의 교수설계자이자 유용성 분석가다. 또한 부서의 e-러닝 프로그램 정책, 설계 및 개발 안내서의 개발을 보조했다.

Skip Marshall 플로리다 탬파에 있는 기업훈련 집단에서 교수설계자이자 미디어 개발자로 일하고 있다. 주안점은 기업훈련의 주역으로서 역동적인 교수환경, 상호작용적 시뮬레이션, 학습경영 시스템 등을 개발하는 것을 포함한다.

Gary R. Morrison Old Dominion 대학 교수설계공학과 교수다. 연구 관심은 인지부하이론, 교수전략, K-12 공학통합, 원격교육 등이다. *Designing Effective Instraction and Integrafing Computer Technology into the Classroom*의 선임 저자다.

Julie Muehlhausen Crawfordsville 고등학교 영어과 주임이며, 25년 이상 영어와 사회학을 가르쳤다. 대학교수 경력은 영작과 영어방법 수업을 포함한다. 독립적 읽기 프로그램, 4학년용 포트폴리오 시스템, 그리고 9~12학년용 랩톱 읽기와 연구 프로그램을 설계하고 개발했다.

Chandra Orrill Georgia 대학의 학습과 수행지원 연구실 연구자다. 교육심리와 교수공학과 겸임교수로 있다. 현재 연구 관심은 교사 전문성 개발과 3~8학년 수학에서 테크놀로지 통합과 수학교육에 특별한 강조점을 둔 학교 변화다.

Rose M. Pringle Florida 대학 교수-학습학부 조교수다. 과학교육을 가르치고, 측정과 과학 방법 수업에서의 기술 통합에 관심이 있다.

Steven M. Ross Pennsylvania 주립대학 교육심리학과에서 박사학위를 취득했다. 1974년 Memphis 대학으로 가서 교육공학과 교수설계, 위험에 처한 학습자, 교육개혁, 컴퓨터 기반교수, 개별교수에 관한 6권의 교재를 쓰고, 120개 이상의 논문을 저술했다.

Shanna M. Salter 2000년 5월부터 뉴멕시코 리오 란초 소재 Intel에서 제조감독자로 일해왔다. 그녀의 강점과 열정은 인적관계와 종업원 관계에 있으며, 최근 인적자원 전문가로서의 지위를 얻기도 했다.

Patti Shank 국제적으로 잘 알려진 교수설계와 공학 컨설팅 그룹 Learning Peaks의 회장이다. 훈련과 교수공학 학회에 종종 초청받은 연사였으며, *Make Sensc of Online Learning*(Pfeiffer, 2004)을 저술했다.

Krista D. Simons Purdue 대학 교육공학과 조교수다. K-12 환경과 관련된 테크놀로지 통합의 몇 가지 측면에 관심이 있다.

Rod Sims Capella 대학의 컨설턴트이자 온라인 교수로서 1980년 이래 교수설계와 컴퓨터 기반학습을 전공했다. IBSTPI(International Board of Standards for Training, Performance, and Instruction)의 부회장이다.

David L. Solomon 대부분의 직장경험을 학습과 수행 향상의 영역에서 가져왔다. 현재 영업 인력, 의사교육과 계약에 주안점을 둔 혁신적인 건강관리 통신회사의 선두주자인 미시간 펀데일 소재 Big Communications의 설계와 개혁 책임자로 있다.

Timothy W. Spannaus 교수공학의 선임 강사이자 미시간 주 디트로이트에 있는 Wayne 주립대학의 학습과 수행 향상을 위한 기관 연구자로 일하고 있다. 최근 연구 관심은 고등교육에서 교수-학습을 향상시키는 기술을 사용하고, 학습을 위한 게임과 시뮬레이션을 사용하는 것을 포함한다.

Donald A. Stepich Boise 주립대학의 교수 및 수행공학과 부교수로 있다. 온라인과 면대면 수업을 동시에 하고 있다. 교수설계 분야에서 15년 이상의 직업과 교수 경력이 있다.

Toni Stokes-Jones Eastern Michigan 대학 교사교육과 교육미디어공학 프로그램의 부교수다. Wayne 주립대학에서 교수공학 전공으로 Ph.D와 M.Ed.를 취득했다.

William Sugar East Carolina 대학 도서관학 및 교수공학과 부교수로 재직 중이다. 최근 연구 관심은 교사를 위한 효과적이고 대안적인 기술통합 전략 개발과 인간 컴퓨터 인터페이스 설계 원리와 교수설계 원리 등이다.

Brenda Sugrue ASTD(American Society for Training and Development)의 상임 연구 책임자이며, 모든 연구와 벤치마킹 활동을 주관하고 있다. 2003년 ASTD에 합류하기 전에 Iowa 대학의 교수설계공학과 교수였다.

Laura L. Summers Northern Colorado 대학 교육공학과 조교수이자 학교도서관 프로그램 학과장이다. 기업, 고등교육, K-12 교육에서 16년 이상의 교수설계자로서의 경력을 가지고 있다.

Sean R. Tangney 미시간 주 로체스터 Oakland 대학의 훈련과 개발학과에서 석사학위를 취득했다. 교수주도 훈련을 개발했을 뿐만 아니라 디트로이트에 있는 자동차산업과 사업 회사에서 웹 기반 훈련과 프로그램을 개발했다.

I. Andrew Teasdale Indiana 대학의 교수 시스템 공학과에서 박사학위를 취득했고, General Motors와 Eli Lilly에서 근무할 때 코스웨어 개발과 내용저작 도구 영역에서 수상 경력이 있다. Oakland 대학과 Brigham Young 대학에서 가르쳐 왔다.

Christine L. Thornam 저소득층 예비 어머니를 돕는 국내의 비영리 단체 NFP(Nurse-Family Parnership)의 원격 보급을 위해 가정방문 간호사와 감독관 교육과정 개발을 이끌었다.

Monica W. Tracey 미시간 주 디트로이트에 있는 Wayne 주립대학 교수공학과에서 박사 학위를 취득했다. 미시간 주 로체스터의 Oakland 대학에서 교수설계자로서 교수를 설계, 개발 및 전달하는 사업에 19년 이상의 경력을 가지고 있다.

Naomi Waldron Queensland 기술대학의 학습설계자다. 학습과 교수를 지원하기 위한 효과적인 기술 사용을 위해 대학 교수들에게 조언을 해 왔다.

Brent G. Wilson 덴버에 있는 Colorado 대학 정보학습공학과와 건강과학센터의 교수다. 교수설계, 행동연구, 최근의 동향 등에 관한 수업을 가르쳐 왔다.

Michael L. Wray 덴버에 있는 Metropolitan 주립대학에서 조리와 식당행정 부서의 책임자로 있다. 대학 수준의 교수경험이 있으며, 요리사 및 식품과 음료 책임자로서 일했다.

역자 소개

정선영(鄭善永)

이화여자대학교 교육공학과를 졸업하고, 미국 Florida 주립대학교의 교육심리 및 교수 시스템학과에서 교수시스템 전공으로 석사와 박사 학위를 취득했으며, 동 대학 경영대에서 경영정보시스템 전공으로 석사 학위를 취득했다. 그 후 미국 Florida 주정부의 국세청 전문인력개발부에서 훈련 및 연구 컨설턴트로 재직했으며, 미국 New Jersey 주의 Richard Stockton 주립대학교 교수를 거쳐 현재 국민대학교 교육학과 교수로 재직 중이다.

주요 연구 관심 분야는 온라인 협력학습, 인지주의 및 구성주의에 입각한 문제해결학습, 정서 및 사회성 발달, 메타인지 등을 위한 교수설계다.

사례기반학습을 위한
교수설계 사례집
The ID CaseBook: Case Studies in Instructional Design

2012년 3월 10일 1판 1쇄 인쇄
2012년 3월 15일 1판 1쇄 발행

엮은이 • Peggy A. Ertmer · James Quinn
옮긴이 • 정선영
펴낸이 • 김진환
펴낸곳 • (주) 학지사
121-837 서울특별시 마포구 서교동 352-29 마인드월드빌딩 5층
대표전화 • 02)330-5114 팩스 • 02)324-2345
등록번호 • 제313-2006-000265호

홈페이지 • http://www.hakjisa.co.kr
커뮤니티 • http://cafe.naver.com/hakjisa

ISBN 978-89-6330-753-4 93370

정가 18,000원